사명당대사집
四溟堂大師集

동국대학교 불교기록문화유산아카이브사업단(ABC)
본서는 문화체육관광부 지원으로 동국대학교 불교학술원에서 간행하였습니다.

한글본 한국불교전서 조선 19
사명당대사집

2014년 6월 20일 초판 1쇄 인쇄
2014년 6월 30일 초판 1쇄 발행

지은이 사명 유정
옮긴이 이상현
펴낸이 김희옥
펴낸곳 동국대학교출판부

주소 100-715 서울시 중구 필동로 1길 30
전화 02-2260-3483~4
팩스 02-2268-7851
Homepage http://www.dgpress.co.kr
E-mail book@dongguk.edu
출판등록 제2-163(1973. 6. 28)
편집디자인 꽃살무늬
인쇄처 서진인쇄

ⓒ 2014, 동국대학교(불교학술원)

ISBN 978-89-7801-398-7 93220

값 26,000원

이 책의 무단 전재나 복제 행위는 저작권법 제98조에 따라 처벌받게 됩니다.

한글본 한국불교전서 조선 19

사명당대사집
四溟堂大師集

사명 유정 四溟惟政
이상현 옮김

동국대학교출판부

사명당대사집四溟堂大師集 해제

조 영 록
동국대학교 사학과 명예교수

1. 개요

『사명당대사집四溟堂大師集』은 사명당四溟堂 유정惟政(1544~1610)의 시문집으로서 대사가 입적한 뒤에 그가 남긴 여러 종류의 작품들을 제자들이 수집하여 7권 1책으로 편집 간행한 것이다. 대사는 승려 출신으로 청·장년기에 조정의 사대부 관료나 시인 문사들과의 시문 활동으로 많은 작품을 저술하였으나, 그 상당수는 임진 전화에 소실되었다. 또한 전란을 당하여 장수로서의 활동, 혹은 국내외에서의 외교와 귀국 후의 활동 등에 따른 작품들 역시 매우 다양하다. 특히 왜장 가등청정加藤淸正과의 외교교섭을 진행하면서 조정에 올린 상소문과 보고서 등 특수한 전쟁 관련 문장들은 따로 보관되어 오다가 조선 후기에『분충서난록奮忠紓難錄』으로 편집 간행되었다.

이 밖에 대사가 저술한 문장과 시와 서간문 일부가 타인의 문집에 실려 수습되지 못한 경우도 있고, 혹은 개인이 소장하다가 세간에 전해진 유묵들도 있다. 이런 가운데서 대사가 전 생애에 걸쳐 저술한 작품들로 구성

된 이 시문집은 그의 불교 사상과 함께 동아시아의 대표적 지성인으로서 폭넓은 활동을 했던 모습을 담고 있다. 한편 사명당의 문집은 저자가 입적한 2년 후인 1612년에 제자 혜구惠球가 교산 허균에게 서문을 얻고 뇌묵당 처영에게 발문을 얻어 처음 간행하였으나, 현재는 찾아보기 어렵다. 그 뒤 1652년에 성일性一이 다시 해안海眼이 쓴 행적行蹟과 자신이 쓴 발문을 넣어 중간하였다. 이 역주본은 성일의 중간본을 저본으로 한 것이다.

2. 저자의 생애

1) 출가와 그 동기

　대사의 법명은 유정惟政이고, 자는 이환離幻이며, 호는 사명四溟·종봉鍾峰·송운松雲 등이 있다. 그는 1544년에 밀양군 무안면 고라리에서 태어났다. 속성은 풍천豊川 임씨任氏로, 증조부 효곤孝昆은 문과에 급제하여 벼슬이 장악원정掌樂院正(正三品)에 이르렀다. 할아버지 종원宗元은 유학幼學이며, 아버지 수성守成은 교생校生으로 달성 서씨 가문에 장가들었다. 대사의 석장비문과 행적에 의하면 증조부는 일찍이 대구 부사를 지낸 인연으로 조부 대에 집을 밀양으로 이사하였다고 하니, 그 전까지는 아마도 서울에 살다가 낙향한 것 같다.

　대사의 출가에 대하여 여러 가지 설이 있다. 비문에서는 7세에 조부가 역사를 가르치니 심성학心性學에 관심을 두고 공부에 열중하였으며, 13세에 황악산 유촌柳村 황여헌黃汝獻에게 가서 『맹자』를 배웠는데, 어느 날 번뇌 없는 학문을 배우겠다고 하여 곧바로 직지사 신묵信默 화상을 찾아가 삭발하고 『전등록』을 배워 심오한 뜻을 요해했다고 한다. 행적에서는 대사가 7세에 조부에게 배웠으며, 8세에 세속의 학문을 좁다 하고 신묵 화상에게 배워 선지禪旨를 깨달아 출가하였다고 한다. 그러나 불과 10세를 전후한 소년이 어떻게 그와 같이 세속을 떠날 생각을 갖게 되었던 것일까? 이는 필시 그의 가정환경에 연유하는 바가 없지 않을 것이다.

　대사 본인의 말을 들어 보자. 그는 임진전란 중에 올린 상소문에서 "자신은 임씨의 후예로서 조부가 밀양으로 옮겨 와 15, 16세에 부모를 잃고 혈혈단신이 되었다."라고 토로하고 있다. 그 뒤 일본 사행 길에 올라 죽도竹島에서 쓴 시에서 "서주西州에서 태어난 임씨의 후예로서 가세가 점점 기울어 몸 둘 곳이 없어" 출가하였다고 한 대목들에 주목할 필요가 있다. 이런 글들을 종합해 보면 그의 조부 대에 밀양으로 낙향한 것은 집안이 영락했기 때문이며, 그가 출가한 직접적 이유는 부모가 그의 나이 16세에 서세逝世하였기 때문인 것으로 보인다. 이렇게 보면 그의 가정이 낙향한 것은 당시 일반 사대부 가문의 지역 이동이 주로 처가나 외가가 있는 지역으로 이사하는 경우와는 달리 순전히 불행한 가정 형편 때문이었음을 알게 해 준다.

　사명당의 선대先代 가계家系를 알려 주는 기록은 대부분 17세기 후반에서 18세기 후반에 걸쳐 성립된 풍천 임씨 족보들이다. 이들에 따르면 '대사의 증조부 임효곤이 고려 공민왕 대 정승을 지낸 향珦의 아들'이라고 기록하고 있으나, 장악원정은 조선 성종 대에 생긴 관직이므로 그들은 부자 관계가 성립될 수 없다. 이 밖에도 또한 조부 종원이 괴과魁科를 거쳐 강계부사江界府使를 역임했다든가 대사의 형 응기應箕가 진사進士 출신이라고 하는 것 등의 여러 가지 기록들 역시 사실과 부합하지 않는다.

　다음으로 사명당의 불가의 후예라고 밝힌 벽담碧潭이 찬술한 『사명근원록四溟根源錄』이 있다. 여기에는 대사의 속가 계보에 대해 "(사명당은) 서하군 임공 자송의 후예인 문과 장악원정 대구수 임효곤의 증손이다.(西河任公。子松之裔。文科掌樂正。大邱倅。任孝昆之曾孫也。)"라고 하여, 족보에서 말한 자순子順—향珦의 계통이 아닌 향의 백부伯父 자송子松의 후손이라고 하고 있다. 자송의 계통에서는 5대손 견肩, 6대손 원준元濬에 이르기까지 서하부원군西河府院君의 봉호를 받았을 뿐 아니라, 원준의 아들 사홍士洪에 이르기까지 장기간 종가宗家의 영달을 누렸다. 그러나 이 집안이 사홍과 그 자제 대에 이르러 중종반정으로 인한 수난으로 몰락한 가문임은 주지의 사실이다.

　최근 일부 임씨 족보 연구자는 사홍과 효곤이 사촌 간으로서 중종반정 시에 화란을 당했을 가능성이 있다는 추정을 하고 있다. 그 하나의 근거로서 효곤이 관직에 있을 때 "바른말을 하다가 밀양으로 귀양갔다.(以正言謫密陽)"라는 일부 임씨 족보의 기록이 귀양의 가능성을 보여 준다는 것이다. 두 번째 근거는 효곤의 묘소가 밀양뿐만이 아니라 어디에서도 찾을 수 없다는 것이다. 이러한 일은 모두 효곤이 근족인 사홍의 반역죄로 인하여 희생될 때 가족들이 몰래 밀양으로 낙향하였기 때문에 생겼을 것이라는 추정이다. 그러므로 이 집안은 아들과 손자 대에 와서는 타향에서 미미한 가세를 이어갔고, 대사는 어려서부터 총명하여 감수성이 많은 소년 시절에 출가하게 되었을 것이라는 추측이다. 상당히 설득력 있는 주장이라 여겨진다.

　대사의 생가터인 밀양에 세워진 〈표충사사적비表忠祠事蹟碑〉에 의하면 "(대사가) 전란을 평정하고 돌아와 산 동쪽 기슭에 초옥 수간을 지어 살 곳으로 삼아 '백하白霞'라는 현판을 걸고, 선영이 가까우므로 늙은 창두 종생과 말생으로 하여금 지키게 하였다."라고 한다. 그리고 조부모와 부모 묘소는 그 후 마을 사람들의 보살핌으로 오늘에 이르기까지 관리되고 있다. 이와 같이 대사는 가문이 영락하여 출가를 하게 되었고, 선영을 지킬 사람이 없어 자신이 건립했던 백하암은 조선 후기에 와서 표충사表忠祠로 변하였다가 다시 표충사表忠寺로 이건移建하여 오늘에 이르고 있다.

2) 두 번의 깨달음을 얻고

1561년(18세) 선과(禪科)에 응시하여 장원급제한 후 봉은사에 머물며 불교 경전을 부지런히 읽었다. 20여 세에 동년배들로 갑회(甲會)를 조직하고 갑회문을 지어 나라와 백성을 위해 기도하며 건전한 승려 생활을 실행하자는 뜻을 다짐하였다. 한편 사암 박순, 아계 이산해, 재봉 고경명, 고죽 최경창, 자순 임제, 손곡 이달 등 사대부 문인들과 시를 지으며 교유하였다. 한번은 하곡 허봉과 중국의 문장가 한유(韓愈)의 글 한 편을 외우는 내기에 이겨 책 한 권을 받았다. 기고봉이 이 이야기를 듣고 "재주만 믿고 스스로 만족하면 학문에 발전은 없을 것"이라 하니, 이 말을 새겨듣고 공부에 열중하였으며, 소재 노수신에게서 많은 책을 빌려 읽는 이외에도 사자(四子)(공자·맹자·증자·자사)와 이백(李白), 두보(杜甫)의 시를 배워 일취월장하였다. 아마도 이 무렵에 병법에 대해서도 공부하였을 것이다.

1573년(30세) 직지사 주지로 있으면서 허응당 보우(普雨)의 문집과 잡저의 간행에 발문을 쓰고, 교정을 보았다. 이 무렵 처음으로 밀양 고향집을 찾아 선영을 배알하였다. 2년 후에 선종의 수찰인 봉은사 주지로 천거되었으나 굳이 사양하고, 묘향산 보현사 서산 대사의 문하로 들어갔다. 스승의 한마디 가르침에 크게 깨닫고, 이로부터 3년 동안 수행과 질정(質正)을 통하여 새로운 경지를 증득하였다. 그 중간중간에 대사는 대동강 부벽루에 오르고, 고운 최치원의 족적을 따라 해인사를 비롯하여 사천 곤양성과 하동 악양루를 유력하니, 이는 바로 자신을 찾는 구도행각에 다름 아니었다.

1578년(35세) 서산의 문하를 떠나 금강산 보덕암(報德庵)으로 들어가 세 번의 안거를 지내며 〈동해사〉 등 많은 시를 지었다. 다음 해에 『선가귀감』의 발문, 그 다음 해에 〈부석사 안양루 중창기문〉을 짓고 썼다. 이어 팔공산, 지리산, 청량산, 태백산 등을 순력하면서, 특히 태백산 운망사(雲望寺)의 이름을 고쳐 영은사靈隱寺라 한 것으로 보인다.

1583년(40세) 가을 관서로 가는 도중에 귀양살이하는 친한 벗 하곡을 생각하며 시를 지었다.

1586년(43세) 봄에 옥천沃川에서 제자들을 가르치고 있던 중 간밤의 비바람에 떨어진 낙화를 보고 문득 '무상無常의 법'을 깨달았다. 이에 "부처는 내 안에 있는데 어찌 밖에서 구하겠는가!" 하며, 제자들을 다 돌려보내고 홀로 선방에 들어가 가부좌하고 열흘 동안 선정에 들었다. 이것이 서산 문하에서 깨달은 후의 두 번째 깨달음(頓悟)이다. 다음 해는 오대산 영감난야에 머물면서「월정사 법당의 서까래를 고치고 올린 글(月精寺法堂改緣疏)」을 지어 모금하며 사찰의 중수에 매달렸다. 이러한 가운데 정여립의 역모 사건에 모함을 받아 투옥되었으나 강릉 사림의 도움으로 풀려났다. 5년 동안 계속된 공사는 단오절을 맞아 낙성식과 향조대회를 열어 완성을 고한 다음 금강산으로 들어갔다.

3) 승장으로서의 활동과 대일 외교

1592년(49세) 6월에 금강산 유점사에 일본 삼길성森吉成의 부대원들이 침입하여 승려들을 결박하고 보물을 강요했다. 대사는 밖에서 이 소식을 듣고 태연하게 사찰 대웅전으로 들어가 대장과의 필담으로 불교의 자비를 설하였다. 이에 그들은 승려들을 풀어 주면서 팻말에 "이 절에는 도승이 있으니 다시는 들어오지 말라."라고 게시한 다음 물러갔다. 수일 뒤 다시 주둔 본부가 있는 고성高城으로 내려가 적장에게 "인명을 해하지 말라."라고 설득하니, 그들은 계를 받들고 3일 동안 예우한 뒤 전송하였다. 이로써 영동의 9개 군郡이 무사하였다.

그러나 왜적의 침탈 소식이 계속되자 대사는 건봉사에 승병 150명을 모아 춘천으로 출병하려 했는데, 그러던 중 평양의 서산 대사로부터 근왕

勤王의 격문이 당도하였다. 8월에 출병하여 9월 하순에 해주를 거쳐 10월 초 상원을 지나 평양 교외 임원평에 도착했을 때는 병사들이 많이 증가했다. 순안에 본부를 둔 도체찰사 유성룡과 도총섭 서산 대사의 휘하에서 대사는 의승도대장에 임명되어 2천 명의 승군을 거느리고 평양성에 웅거한 왜군을 교란하면서 후방과의 연락을 차단하는 전과를 올렸다.

1593년(50세) 초 조·명 연합군은 평양성을 공격하여 탈환하였다. 관군과 의병의 세력은 전쟁 초기에 크게 꺾여 있던 때라 대사가 거느린 날쌘 의승병의 활약이 명 이여송의 원군들을 도와 전과를 올린 것이다. 퇴각하는 왜군을 추격한 승군은 2월 양주에 진을 치고 관군과 공동으로 수락산 승첩을 거두어 대사는 선교종판사禪敎宗判事에 오르고, 이어 당상관이 되었다. 이 무렵 행주대첩에 공을 세운 전라도 의승장 처영處英과 함께 안성에 진을 치자 노경老境의 서산 대사가 뒷일을 부탁하고 입산하였다. 6월 승군은 도원수 권율을 따라 영남으로 내려가 전공을 세우고, 장기전에 대비하여 병량과 병기의 준비에 힘썼다.

1594년(51세) 4월 명 심유경沈惟敬과 왜장 소서행장小西行長의 협상 루트와는 별도로 대사는 왜장 가등청정과 풍신수길豊臣秀吉을 이간시키려는 계책의 주역을 맡게 되었다. 이때 처음으로 송운松雲이라는 법명으로 서생포 왜성을 찾아 가등청정과 회담을 진행했는데, 왜승 일진日眞 등이 필담을 도왔다. 물러나와 명 유도독부劉都督府에 보고한 다음 조정에 「갑오년 4월에 청정淸正의 진영에 들어가서 정탐한 기록(甲午四月入淸正營中探情記)」 및 「별도로 왜적의 정세를 보고한 글(別告賊情)」을 올렸다. 이에 조선 조정에서 처음으로 전쟁의 전모를 파악하게 되었다. 이 글은 『분충서난록』에 수록되어 있다. 7월 6일 청정과의 두 번째 회담에서 일본이 요구하는 영토 할양과 인질 문제 등은 전혀 불가능하다는 이유를 설명하였다. 또한 조선의 보배가 무엇인가라는 물음에 대사가 "그대의 목이 우리의 보배"라고 답했다는 이야기는 아마 이 무렵의 일로 보이며, 청정과 일진에게 계사戒辭와 법어法語 등을 써 주었다. 두 차례의 적영 방문기가 「갑오년 7월에 재차 청정의 진영에 들어가서 정탐한 기록(甲午七月再入淸正陣中探情記)」이다.

9월에 상경하여 두 차례의 정탐과 회담 내용을 토대로 올린 상소문에서 제반 개혁안을 펼쳤다. 이에 선조는 차비문差備門으로 불러 "그대가 산인山人의 신분으로 의기를 떨쳐 왜적을 토벌해서 전공을 많이 세웠고, 지금도 적과 대치하고 있으며, 심지어는 적의 소굴에 출입하여 온갖 위험을 겪었다.……그대가 만약 환속을 한다면, 응당 백리百里의 소임을 맡길 것이요, 삼군三軍의 장수를 제수할 것이다."라고 하였으나 사양하였다. 11월에 정3품 절충장군첨지중추부사가 되었다. 의병장 김덕령이 조언을 구하는 편지에서 대사의 전술과 전공을 크게 찬양하였다. 12월 석방된 왕자의 편지를 가지고 울산에 도착하였으나 청정은 우총병 김응서와 소서행장 사이에 이미 강화협정을 맺은 것으로 오해하여 부장副將 희팔喜八과 종군승 일진을 보내 회담의 취소를 통고하였다. 추운 겨울날 양측 인원들은 강변에 막사를 치고 밤을 지낸 뒤 헤어졌다.

1595년(52세) 그간 심유경과 소서행장은 승산 없는 전쟁을 조속히 끝내려고 「관백항표關白降表」를 위조하여 보내니, 명에서 이를 믿고 2월에 책봉사절을 조선에 보냈다. 이 무렵 조선에서도 화의가 논의되는 가운데 대사는 「을미년에 상소하여 시사時事를 말하다(乙未上疏言事)」라는 소를 올려 향후의 대책을 개진하였다. 8월 5일까지 악견산성과 용기산성이 완성되었고, 겨울에는 대구 팔공산성의 수축에 착수하니, 체찰사 이원익은 대사의 승도들이 축성한 공을 높이 칭찬하였다. 가을에 명 책봉부사冊封副使 양방형楊方亨의 내방을 받고 시로써 위로하였다.

1596년(53세) 3월 팔공산 축성 중에 경상도 방어사 이용순이 와서 전쟁이 재발하면 이 성을 본부로 삼겠다고 호언하였으며, 늦은 봄에는 도체찰사 유성룡이 방문하여 시를 지어 위로하였다. 초가을부터 경상도 총섭總

攝 신열信悅이 축성의 책임을 맡아 완성하였으며, 이어 선산의 금오산성도 이루어졌다. 9월 대사는 군사 60명을 거느리고 남한산성으로 들어가 다음 해 초까지 머물렀다. 그 겨울에 서애 유 상공의 저택에서 공무로 방문한 허균과 만나 오랜만에 서로의 회포를 풀었다.

1597년(54세) 정유년 2월 청정은 일본에서 서생포로 돌아와 대사와의 면회를 요청하였다. 전년 10월 풍신수길은 명 책봉사와 조선의 사신을 쫓아 보내며, 행장行長과 청정을 각각 1진과 2진으로 하여 재출병토록 하였다. 3월 서생포로 내려가 행한 청정과의 제3차 회담에서 청정은 왕자의 볼모 등 어려운 문제를 제기했으나 성사될 일이 아니었다. 물러나오자 곧바로 사태의 위급함을 비변사에 알리는 한편 따로 4월 13일자 상소를 올려 대책에 만전을 기하도록 건의하였다. 이에 사신史臣이 논하기를 "유정의 상소는 말에 조리가 있고 의리가 발라서 당시의 병통을 적중시켰으니, 육식자肉食者들이 어찌 부끄러워하지 않겠는가."(『선조실록』 30년 4월 13일)라고 하였다. 8월 정유년 재침략군이 밀양에서 청도로 올라온다는 보고에 순찰사 이용순은 사명당의 만류에도 불구하고 군사 수천을 이끌고 팔공산성을 나갔다. 왜적은 주력이 서쪽으로 빠져 불과 수백 명의 소수 인원이었음에도 미처 접전하기도 전에 무기를 버리고 도망가고 말았다. 대사는 불과 수백 명의 군사로써 냉천에 이르러 게릴라전으로 적을 물리쳐 승리를 거두었다. 무능한 순찰사 때문에 버려진 성과 막대한 군량과 무기 등은 얼마 후 남하한 청정의 군에 의하여 불타 없어졌다. 12월 초 조·명 연합군이 총동원되어 울산 도산성을 칠 때 대사는 명 마귀麻貴의 군대와 함께 싸워 공을 세웠으며, 그간 산사들을 중심으로 비축한 많은 군량과 기갑을 나라에 바쳤다.

1598년(55세) 7월 남원에 주둔한 명 도독 유정이 적과 싸울 뜻이 없음을 보고, 대사가 빗대어 독전督戰을 권유하였으나 변명만 늘어놓았다. 8월 승군 3백 명을 거느리고 주포에 진을 치고 예교전투에서 많은 전공을 세웠다. 그 무렵 풍신수길이 죽고 왜적이 물러가니, 그 해 11월 비로소 7년 전쟁이 끝났다.

4) 전후의 축성과 일본 파견

1599년~1600년(56세~57세) 전쟁이 끝나자 아마도 서애 유성룡의 지시에 따라 안동 도산 용수사에서 명을 기다린 것 같다. 인근의 동성同姓인 용담 임흘 등 지역 사대부들과 함께 시도 짓도 글씨도 썼으며, 혹은 단양과 춘천 등 연고 있는 가까운 지역의 사찰을 찾아 쉬기도 하였다.

1601년(58세) 향후 일본의 동태를 알 수 없는 상황이었다. 조정에서 봄부터 대사로 하여금 승군을 동원하여 부산성을 수축토록 하여 완공되자 가을부터 부근 산사에 들어가 쉬었다. 황폐한 불교계에서는 대사와 같은 지도자가 빨리 돌아와 사찰을 복구하고 훼손된 승풍을 바로잡아야 한다는 목소리가 높았다. 하지만 오랜 전쟁에서 이산된 가족과 심지어는 이국으로 끌려간 무고한 백성들의 아우성 소리를 대사는 외면할 수 없었다.

1602년(59세) 조정에서 전후 일본의 정탐을 위해 파견할 인물로 처음부터 사명당이 거론되었다. 여름에 체찰사 이덕형이 지방관청을 정비하는 일로 밀양 영남루에 머물 때 대사와 동향인 손기양 등이 함께 노닐며 시를 지었다. 여름을 지나면서 대사를 서울로 불러 대마도 파견 문제를 논의하고, 10월에 동지중추부사의 직을 제수하면서 그의 부모와 증조부모에게도 증직하였다. 고향 마을 영취산에 조부모의 신위를 모신 백하암은 이 무렵에 세운 것으로 보인다.

1603년(60세) 여름에 휴가를 얻어 금강산 유점사의 서산 대사를 알현하였는데, 지난해 비변사로부터 도로 찾은 도총섭직을 바치면서 자신이 일본에 가게 된 사정을 고하였다. 스승과 작별한 뒤 오대산 상원사에 머물며 가을에 강릉으로 가 허균을 만나 남종선의 깊은 뜻을 깨쳐 주었다. 이

해에 제자들로 하여금 전쟁으로 불탄 통도사 금강계단과 달성 용연사의 중창불사를 일으키게 하였다.

1604년(61세) 2월 서산 대사가 입적하여 묘향산으로 분상奔喪하던 도중 대마도 사신 파견 문제로 조정의 연락을 받고 서울로 직행하였다. 3월 사명당을 대표로 하고, 절충장군 손문욱을 동행시키기로 하여 7월 초에 부산으로 출발하였다. 1차 목적지는 대마도였으나 필요시 정탐을 위하여 본토까지도 가는 권한을 암암리에 부여받았다. 8월에 부산을 출발해서 대마도에 도착하여 도주 종의지宗義智에게 정부의「대마개유서對馬開諭書」를 전달하였는데, 일부 피로인의 송환에 대한 감사와 함께 대마에 대한 허화許和와 개시開市를 허용한다는 내용이었다. 그러나 사명당은 무엇보다 일본에 억류 중인 피로인들의 쇄환을 소망한다는 점을 들어 새 집권자 덕천가강德川家康의 평화에 대한 의지를 타진하였다. 이에 유천조신柳川調信은 상경하여 피로인의 송환과 함께 가강의 화평에 대한 확신을 얻어 옴으로써 대사의 경도행을 이끌어낸 것이다. 11월 하순 대마도 도주 일행의 인도를 받은 조선사절단이 대판을 거쳐 경도에 도착한 것은 12월 27일이었다. 덕천가강은 막부의 경도 출장소인 경도소사대京都所司代의 책임자 판창이하수승중板倉伊賀守勝重을 파견하여 사절단을 정중하게 영접하였다. 사명당의 상담역은 경도 오산五山 상국사相國寺의 주지로서 막부의 정치 외교 고문인 서소 승태西笑承兌였다. 숙소는 일련종日蓮宗 계통의 본법사本法寺였는데, 이는 가등청정의 종군승으로 왔던 일진日眞의 주선에 따른 것이었다. 회담을 기다리는 동안 홀로 시를 짓고 오산의 승려들과 시회詩會도 가졌는데, 주된 관심은 되도록 많은 피로인들을 구제할 수 있도록 그들의 협조를 당부하는 데 있었다. 이는 피로인 쇄환의 약속을 이끌어 내는 데 그치지 않고 미래의 평화 시대를 성공적으로 열어 가려는 일념에 찬 행동이었다.

1605년(62세) 2월 9일 덕천가강은 강호江戶를 떠나 차기 장군으로 내정

된 아들 수충守忠과 함께 경도에 머무르면서 조선사절단을 초청하여 인사를 나눈 뒤 8만 대군의 무력시위로 새 집권자의 위용을 과시하였다. 28일에는 서소 승태가 주지로 있는 상국사로 사명당과 현소玄蘇 등을 초청하여 경내 풍광사豊光寺 녹원원鹿苑院에서 성대한 법회를 겸한 시회를 여는 등 많은 배려를 아끼지 않았다. 사명당 역시 서소 장로를 추켜세우며 피로인의 쇄환에 대한 적극적인 협조를 구하려 애썼다. 3월 4일 가강과의 복견성伏見城 회담에서 대사는 "두 나라 백성이 오랫동안 도탄에 빠져 있으므로 그들을 구제하러 왔노라."라고 하자, 불교 신자인 가강은 신심을 일으켜 공경하였다. 가강은 "지난 임란 때 자신은 관동關東에 머물러 전쟁에는 일체 간여한 바 없다."라고 변명하면서 조선의 피로인들도 모두 돌려주겠다고 약속하였다. 3월 27일 사절단을 거느린 대사는 대마도 도주 일행과 함께 경도를 떠나 4월 15일 대마도에 도착하였다. 회담 후에는 경도의 봄을 즐기며 가벼운 마음으로 돌아갈 날을 기다렸지만, 되도록 많은 동포들을 쇄환할 일에 정신을 모았다. 그동안 대마도에서는 막부로부터 피로인 송환에 대한 식량을 지원받으면서 여러 지역과 연락하여 피로인들을 불러 모았다. 도주 종씨宗氏와 중신重臣 유천柳川은 귤지정橘智正으로 하여금 조선사절단을 배행하여 4월 말 대마도를 출발하였다. 이때 송환된 피로인은 1,391명으로 48척의 배로 운송하였는데, 그 경비의 상당 부분은 대사가 지참한 노자와 일본에서 받은 적지 않은 예물로써 충당하였다.

5) 귀국 후의 행적

 1605년(62세) 5월 5일 영도에 도착한 대사가 피로인들을 수군에 인계하고, 상경하여 비변사에 보고한 것은 6월 초였다. 선조는 그를 가의대부 행 용양위대호군에 올리고, 3대를 포증褒贈하는가 하면 그를 따로 내달內闥로 불러 위로하고 어마御馬와 모시옷 한 벌을 하사하였다. 우리 백성들은 일본으로 피랍되어 간 동포들의 쇄환에 대하여 특별한 찬사를 보내며 여러 가지 영웅담을 만들어 갖가지 임진록壬辰錄의 일부를 장식하였다. 대사의 일본에서의 활동을 알지 못하는 처지에서 나온 불가피한 일이었다. 대사의 귀국 당시 조정에서는 전쟁에 불탄 사고史庫의 설치 문제로 고심하고 있던 중 대사를 맞아 오대산사고의 설치를 상의하였다. 대사는 곧장 오대산으로 들어갔다가 10월 하순에 묘향산 보현사로 가서 서산 대사의 영탑전에 치제하고「등계 대사의 소상에 올린 글(登階大師小祥疏)」을 엎드려 읽었다. 다음 해 4월에 영감난야 앞에 오대산사고가 세워졌다.

1606년(63세) 봄에 선조의 부름을 받고 상경하여 삼청동에 초가를 지어 기거하면서 영선군을 거느리고 궁궐 공사를 감독하였다. 5월에는 법형제들과 의논하여 금강산 유점사에 서산 대사의 사리탑을 세우는데, 대사는 공사에 매달려 있어 주지 태희太熙에게「등계의 탑을 세우며 올린 축문(登階建塔祝文)」을 지어 보냈다. 윤6월 궁궐 역사의 공로로 정2품 형조판서 겸 지의금부사刑曹判書兼知義禁府使 직에 올랐다.

1607년(64세) 정월 조정에서 회답겸쇄환사回答兼刷還使 여우길呂祐吉 일행을 일본에 파견하니, 이는 바로 대사가 가강家康과 약속하고 돌아온 결과로서, 제1회 조선통신사였다. 대사는 이들 사신 편에 서소 승태를 비롯한 경도 오산의 장로들과 대마도 현소 등에게 일일이 피로인 송환을 촉구하는 편지를 보내었다. 7월 3일 여우길 일행이 귀국할 때 서소 장로가 대사에게 보낸 답서에서 "수년간 일본에 구류되어 있는 조선의 인민은 여러 가지 인연에 얽혀 떠나기 어려운 형편이지만 우리 장군은 본인이 원하면 보낼 방침"이라 하였다. 사신이 귀환할 때 대마도로부터 1,418명의 피로인을 데리고 왔다. 가을에 대사는 각림사 심검당 낙성일에 맞추어 치악산으로 들어가 쉬었다.

1608년(65세) 2월 선조가 승하하자 서울로 올라와 배곡하니, 이로 인하여 병이 더하여 해인사로 내려갔다. 광해군이 등극하였으나 당파 싸움이 심하였다. 북방 건주여직建州女直의 세력이 커 가자 사명당을 기용하여 북변 방어를 담당시키려 하였다. 어의御醫를 보내어 여러 차례 대사의 병을 치료하였으나 전쟁 중에 얻은 지병인 중풍은 차도가 없었다.

　1610년(67세) 임종 1개월 전까지 나랏일로 대마도 도주 앞으로 편지를 써야 했다. 8월 26일 여러 제자들을 불러 모으고 드디어 작별을 고하고 적멸에 드니, 광해군은 전교를 내려 조상하고 장례에 쓸 물목을 지급하게 하였다. 3개월 후에 화장하고 해인사 서쪽 기슭(현 해인사 홍제암 뒤)에 부도를 세웠다. 허균이 비문을 찬술하면서 사적으로 자통홍제존자慈通弘濟尊者라는 시호를 지어 바치니, 대사는 "한 교敎에 구애되지 않고 선림禪林과 국가에 넓고 크게 베푼 존귀한 분"이라는 뜻이다.

3. 서지 사항

　먼저 『사명당대사집』의 형성과 출판 경위를 간략히 살펴보기로 한다. 대사의 입적 2년 후인 1612년에 제자 혜구慧球와 단헌丹獻 등이 스승의 저술 가운데 산일되고 남은 시문들을 수집하여 후세에 전할 목적으로 이를 간행하였다. 문집의 초판본은 교산 허균의 서문과 「석장비명병서石藏碑銘幷序」, 그리고 뇌묵당雷黙堂 처영處英의 발문跋文으로 이루어진 7권본으로, 1612년 여름에 간행되었지만 현재는 찾아볼 수 없다. 이후 성일性一에 의하여 대사의 시문집이 중간重刊된 것은 1612년으로부터 40년이 지난 1652년 가을이다. 여기에는 교산의 서문과 시문 7권에 이어 해안海眼의 행적과 교산의 비명을 싣고, 그 말미에 뇌묵당의 발문과 성일의 발문을 차례로 실어 마감하고 있다.

　교산의 서문에서 혜구가 문집의 서문을 청할 때 "교산의 중형 하곡荷谷

의 집에 맡겨 놓았던 기천 수나 되는 대사의 시가 전란에 불타 버렸다."
라고 한 것을 보면 대사가 젊은 날에 수많은 시를 지었으나 상당 부분 없
어졌음을 알 수 있다. 또한 사명당과 친분이 두터웠던 용담龍潭 박이장朴
而章(1547~1622)의 『용담선생문집』 권4에 「송운대사시집서松雲大師詩集序」가
실려 있으나 그 작성 연대는 알 수 없다.

이 『사명당대사집』 역주본의 저본이 되는 판본은 성일의 중간본으로서,
동국대학교 소장본과 동일한 서울대학교 소장본 등이 있다. 해안의 행적
은 저자가 후기後記한 바와 같이 사명당이 입적한 지 30년이 지난 경진년
(1640), 그러니까 초판본이 상재된 지 28년이 경과한 뒤에 쓰인 것이다. 그
리고 성일의 발문이 붙은 중간본의 간기는 임진년이라 하였으니, 허균이
서문을 붙인 임자년(1612) 이후 첫 임진년인 1652년(효종 3)으로 봄이 옳을
것이다. 그 밖의 판본들로는 순천 송광사 소장본, 고려대학교 소장본, 연
세대학교 소장본, 한국학중앙연구원 소장본을 들 수 있는데, 이들에는 일
부 내용이나 행적 혹은 발문이 결락되는 등 약간씩의 차이를 보이고 있다.

4. 내용과 성격

1) 문집의 구성

『사명당대사집四溟堂大師集』의 구성은 다음과 같다.

「사명집서四溟集序」: 교산蛟山 허단보許端甫 서敍
권1 : 사辭 6편, 고시古詩 8편
권2 : 오언율시五言律詩 19편
권3 : 칠언율시七言律詩 42편

권4 : 오언절구五言絶句 8편, 칠언절구七言絶句 85편
　　권5 : 선게禪偈 27편
　　권6 : 잡문雜文 19편
　　권7 : 잡체시雜體詩 68편
　「유명조선국 자통광제존자 사명당 송운 대사 행적有明朝鮮國慈通廣濟尊者四溟堂松雲大師行蹟」: 문제자 방장산인方丈山人 해안海眼 찬
　「유명조선국 자통홍제존자 사명 송운 대사 석장 비명 병서有明朝鮮國慈通弘濟尊者四溟松雲大師石藏碑銘幷序」: 교산 허단보
　　발문跋文 : 만력 임자萬曆壬子 맹하孟夏 뇌묵당雷默堂 근발謹跋
　　발문跋文 : 임진 중추壬辰中秋 문인 공봉산인公峯山人 성일性一 근지謹誌

2) 내용상의 특징

　위 구성에서 보는 바와 같이 문집의 서두에 교산의 서문이 있다. 권1에서 권7까지의 내용은 '사'와 '시' 그리고 '선게' 등이고, 문장으로는 '소문', '발문', '권선문', '갑회문', '축문', '서신', '기문' 등이 있다. 그 뒤에 부록에 해당하는 제자 해안이 찬술한 행적과 교산 허균의 「석장비명병서」가 배열되어 있고, 책의 말미는 뇌묵당과 성일의 발문으로 마무리되어 있다.
　수록된 시문들은 모두 대사가 승과 합격 이후에 저술한 것으로서 그 내용과 특징에 대하여 살펴보면, 우선 총 7권의 내용상 특징을 이등분해 볼 수 있다. 전반 4권의 일반 '시' 계열과 후반 3권의 '선게'를 비롯한 '잡문'과 일본 사행 관련 '잡체시'가 그것이다.
　전반 권1의 '사'와 '고시', 권2의 '오언율시', 권3의 '칠언율시', 권4의 '오언절구'와 '칠언절구' 등은 '시'의 체제에 따라 그 성격이나 저술 시기 등과는 관계없이 배열되어 있다. 이들은 저자가 승려로서의 개인적 특수한 환경에서 저술한 것이며, 더구나 전쟁이라고 하는 국가적 내지 사회적 고난

속에서 때로는 장수로서, 때로는 외교관으로서 특수한 삶을 살아야 했던 역동적 생애가 녹아 있는 것이다. 때문에 이 시문집의 내용을 올바로 이해하기 위해서는 그가 살아온 주요한 고비의 역정과 관련하여 그 면모를 살펴보아야 한다.

대사는 1561년 18세에 승과에 급제한 뒤 30대 초반까지는 불교계에서 촉망받는 승려로서의 본분을 지키는 일 이외에도 유명한 문사들과의 시교詩交가 활발하였다. 특히 같은 해에 급제한 아계 이산해와 같은 재사들을 비롯하여 쟁쟁한 문사들과의 시작 활동이 있었다. 21세에 쓴 〈선죽교〉에서 "인심을 가진 자, 어찌 이 다리를 무심히 건너랴! 선생의 그날 일 생각하니, 단풍잎 우수수 떨어진다.(豈有人心者。尋常渡此橋。先生當日事。霜葉下蕭蕭。)"라 하여 간결하면서도 얌전한 선비의 시풍을 보여 준다. 이 시는 문집에는 누락되어 있지만 아마도 정포은의 후손으로 여겨지는 정 진사鄭進士 다순多順에게 지어 준 듯하다.

32세 이후 장년기에는 서산 대사의 문하에 들어 선禪의 바다에 노닐며 천하의 명산대찰을 찾아 구도하는 자세로 이르는 곳마다 아름답고 호쾌한 시와 문을 쏟아 내었다. 1576년 당시 33세 나이에 해인사로 구도행각을 벌이면서 〈병자년 가을에 가야산에서 노닐며〉란 시를 써서 "나의 삶 세상의 그 무엇과 비슷할까. 독특하고 기이해서 적당한 것이 없네. 사람들 모두 나를 광객狂客이라 부르지만 나는 정말 광객이 아니라고 생각하네."로 시작하는 장편의 고시古詩를 지었다. 그 4년 뒤에 쓴 「부석사 안양루 중창기문」(문집에 부재)에서는 삼교三敎 합일의 호방한 사상을 피력하면서, 그 간기에 "사명광한四溟狂漢이 쓰다."라고 하여 스스로를 미치광이라고 쓰고 있다. 서산 문하를 떠나 1578년 35세 무렵에 금강산 만폭동 보덕암으로 들어가 3년간 머물며 "여기가 바로 인간 세상의 백옥경白玉京, 유리琉璃의 동부洞府요 중향성衆香城이로세. 날아 흐르는 만폭은 천봉의 눈발, 긴파람 한 소리에 천지가 놀라도다."라는 〈만폭동〉을 비롯하여 〈동해사東海辭〉, 〈명사행鳴沙行〉 등 수많은 시를 지었으며, 이후 40대 초반까지의 그의 시 역시 호방하고 활달하다.

43세에 옥천에서 돈오를 경험한 이후부터 그의 시와 문은 종교적 경향이 강해지고, 중후하고 의미 있는 경향으로 흐르게 되었다. 뇌묵당은 문집의 발문에서 대사는 "늦은 나이에 서산 대사에게서 법을 얻고는, 그동안 왕복하던 길에서 수레의 방향을 돌려 예전의 잘못을 단박에 깨달았으니, 오히려 스승보다 뛰어났다."라고 하였다. 사실 대사가 32세에 선종의 수찰 봉은사 주지직을 마다하고 서산의 문하로 들어간 것은 하나의 커다란 방향 전환이었다. 뒤에 그가 일본에 가서 당시의 일을 회고하는 〈이 진사의 시에 차운하다次李進士韻〉에서 "서울에 손 되어 오래 돌아가지 못한 채 누런 먼지에 성가시게 하의荷衣만 더럽혔네. 몇 번 줄 없는 곡조 타려고도 하였지만, 슬프다, 지음知音은 세상에 드물기만 하였으니."라고 한 것도 그 뜻이다. 그의 첫 방향 전환은 묘향산으로 들어간 일이고, 두 번째는 옥천에서의 돈오였던 것이다.

그 해 여름에 봉은사에 머물고 있을 때 소년 교산이 중씨 하곡을 따라와 하룻밤을 지내면서 대사의 인상기를 남겼다. 훤칠한 키에 말은 간략하고 뜻이 원대하다는 인상을 받았으며, 하곡은 대사의 시는 당나라 아홉 스님에 비길 만하다고 일러 주었다고 한다. 다음 해는 오대산 영감난야에 머물면서 월정사의 중수를 위하여 5년 동안 매달려 있었다. 이때 지은 시문들도 30대의 발랄한 격조에서 벗어나 중후하면서도 달관한 경지를 열어 가고 있었다.

월정사 중수를 끝내고 금강산으로 들어가 쉬고 있던 1592년(49세) 여름날 유점사에서 왜군의 침략을 몸소 겪게 되었다. 우선 문집 권1의 초두에 배치한 두 편은 7년 전쟁 초기에 국왕의 몽진 소식을 듣고 의승병을 일으켜 달려가는 우국충정을 읊은 글이다. 〈임금의 행차가 서쪽으로 향했다는 말을 듣고 통곡하며 짓다〉라는 제목을 단 첫 번째 글은 전쟁 초기의 절박한 상황에서 비분강개하는 심정으로 우국충정을 담은 것이다. 두 번째 글은 〈시월 삼일에 눈이 오기에 회포를 적다〉라는 제목으로, 의승병을 이끌고 왜적의 창칼에 어육이 된 백성들의 시체를 헤치며 임금을 구하러 가는 승장의 심정을 진솔하게 드러내고 있다. 한편 이 두 편의 글을 문집의 초두에 내세워 대사의 호국승장으로서의 면모를 부각시키려 한 편집 의도를 볼 수 있다.

그러나 전쟁 중에 가등청정의 영중을 드나들며 상소문이나 보고서 등을 작성하는 일을 제하고는 시문 활동을 중단할 수밖에 없었다. 두 번째 청정과 회담하러 가면서 지은 권4의 〈재입적영再入賊營〉과 같은 시는 특수한 경우에 해당한다. 그러나 전쟁이 끝나면서부터 시작 활동은 다시 재개된다. 1599년에서 1603년 동안 영남 지역에 수자리 살면서 부산성을 수축하는 등 비교적 한가한 시간을 이용하여 지인들과의 시교가 재개되었다. 처음 안동 도산 낙동강변의 용수사에 머물면서 임흘 등 사대부들과 어울려 시도 짓고 글씨를 썼다. 〈기해년 가을에 변 주서와 헤어지며 드리다(己亥秋奉別邊注書)〉, 〈기해년 겨울에 단양에 가는 도중에 전마가 쓰러져 죽다(己亥冬丹陽途中斃戰馬)〉 등이 그 무렵의 시들이다. 때로는 고향과 산사를 그리는 회고의 시를 썼으며, 때로는 체찰사 이덕형과 영천 도촌陶村으로 은퇴한 목사牧使 조호익曺好益 등과 왕래하며 시를 주고받았다. 이 무렵 한음은 대사를 일본에 사신으로 파견할 적격자로 적극 추천하였다.

이상에서 살펴본 바와 같이 전쟁 후 수년까지 대사가 지은 일반 시들은 극히 일부—예컨대 3권에 수록된 제1회 회답겸쇄환사 여우길이 일본으로 떠날 때 지어 준 작별시, 곧 〈회답사와 작별하며 올린 시(奉別回答使)〉 등—만 제외하고 나머지 대부분은 4권에 걸쳐 게재되었다.

다음으로 문집 권5의 '선계'와 권6의 '잡문' 그리고 권7의 일본 사행 관련 '잡체시'는 각각 특징 있는 내용들이다. 이를 차례로 살펴보기로 하자.

문집 권5의 '선계' 27편은 선리禪理를 시로 표현한 것이다. 대사가 〈이

공이 한마디 말을 청하기에 답하다〉에서 "붙잡을 곳 하나 없는 깎아지른 절벽에서, 목숨 놓고 형체 잊고 한 발 성큼 앞으로, 다시 칼날 위에서 한 번 몸을 뒤집어야, 공겁空劫 이전의 시절을 비로소 알게 되리."라고 하였다. 이는 당나라 경잠慶岑 선사의 "백척간두에서 진일보하라."라는 명구와 같은 뜻이다. 교산은 문집 서문에서 "스님이 진종眞宗의 묘제妙諦를 투철하게 깨우치고 염화拈花의 밀전密傳을 곧바로 이어받았으며 난세를 구제한 것도 그 하나의 계통에서 나온 것임을 알았다."라고 하여 대사의 일생 번다한 구세제민이 바로 선사상에서 나온 것이라 하고 있다. '선게'는 비단 권5에만 실려 있지 않고 앞 4권의 일반시들 가운데에도 적지 않게 산재되어 있다. 따라서 대사의 선관禪觀을 이해하려면 이들을 두루 참고할 필요가 있다.

다음 권6의 '잡문' 19편은 대부분이 불교와 관련된 작품들로서 그 종류로는 소문疏文, 발문跋文, 권선문勸善文, 갑회문甲會文, 축문祝文, 서신書信, 기문記文 등이다. 이들 중 특히 「원준 장로가 베낀 법화참문 뒤에 쓴 글(圓俊長老法華後跋)」이나 『화엄경』의 발문(華嚴經跋)과 같은 글은 대사의 교학사상을 이해하는 데 중요한 자료가 되며, 「갑회문」은 20대 초반의 글로서 대사의 청년 시절의 종교적 염원과 사상적 입장을 알아볼 수 있는 좋은 자료이다. 궁녀 출신인 한방응의 시주로 간행된 경전의 발문, 곧 「한방응이 부모의 천도를 위해 간행한 경전의 발문(韓方應薦父母印經跋)」은 교敎에 대한 선禪의 우위적 입장을 천명한 설법이며, 「월정사 법당의 서까래를 고치고 올린 글(月精寺法堂改椽疏)」은 '옥천의 돈오' 이후 대사의 구도적 삶의 깊이를 심화시켜 가는 자세를 다짐하는 염원을 담은 영혼의 소리이다. 다음 「등계 대사의 소상에 올린 글」은 사명당이 일본에 다녀와 스승의 영전에 바친 제문으로서 그중에 "관산월關山月 십 년에 흰 머리털만 나부끼고, 부상국扶桑國 만 리에 정신만 소모하였습니다."라고 표현한 대목은 주목할 만하다. 그의 일본행이 비록 승려의 본분을 벗어난 행위라 하더라도 스승의 가르침에 따라 창생구제라는 불교의 자비행에 대한 겸손한 표현임을 알아야 할 것이다. 처영은 문집의 발문에서 이러한 대사의 행위를 "부도지도不道之道와 부덕지덕不德之德을 오직 스님이 깊이 알고서 시행했다고 할 것이다."라고 평하여 그 정곡을 찌르고 있다.

이 밖에 「홍도원을 세우기 위해 지은 권선문(洪度院造成勸善文)」과 「청랭각기淸冷閣記」 2편은 일반 기문이지만 사회적 선행을 기리는 점에서 반드시 불교와 관계가 없는 내용이라 할 필요는 없다. 그리고 나머지 '서신' 3편은 대사가 일본에서 교유한 장로 승려들에게 보낸 것이다. 2편은 경도 오산의 장로승 원광 원길圓光元佶과 숙로 준악宿蘆俊岳 앞으로 보낸 것이며, 1편은 대마도 선소 앞으로 보낸 것이다. 이 3편과 함께 서소 승태에게 보내는 편지 1편이 본래 있었으나 편집자의 실수로 누락되었는데, 이에 대해서는 후술한다.

마지막으로 권7의 '잡체시' 68편은 대사가 서울을 떠나 일본에서 외교활동을 벌인 1년 동안의 작품들이다. 1603년 초반부터 일본 사행 문제가 논의되다가 일단 결정을 보게 되자 대사는 조정 대신들에게 도해시渡海詩를 청하는 글을 돌렸으며, 이에 그 반응은 일반인에게까지 뜨거웠다. 특히 어느 무명 시인의 "조정에 삼정승이 있다고 하지 말게나. 조정의 안위安危는 한 승려에게 달렸노라."라는 시가 인구에 회자되었다고 한다. 대사가 7월 1일 서울을 떠나 부산까지 가는 동안 지은 시가 9편은 차례로 배치되었으나, 나머지 59편은 8월 말 대마도를 거쳐 경도를 오가며 저술한 작품들로서 선후 없이 배열되었다.

대사 일행은 처음 대마도에 도착하여 체류하다 경도로 올라갈 때 풍신수길이 처음 조선 침략군을 결집하여 출병한 명호옥名護屋(본문에는 浪古城)으로 배를 몰았다. "……종놈이 천하를 요동시킬 줄 누가 알았으랴! 세간을 뒤엎을 줄은 전혀 생각도 못 했노라." 하고 그 만행을 시로써 꾸짖는 일을 잊지 않았다. 다시 내해를 통하여 경도에 도착, 오산의 선승들을 중심으로 한 외교와 시작詩作에 전후 약 6개월 동안 실로 많은 시를 지었다.

사명당의 상대역은 상국사相國寺 주지 서소 승태로서 막부정치의 정치외교 고문역을 담당하는 두 사람 중 한 사람이었다. 2월 28일 그는 사명당과 현소 등을 초청하여 풍광사 녹원원에서 성대한 법회를 열고 시회도 개최하였다. 이때 사명당은 〈승태의 시에 차운하다〉에서 '널리 창생을 구하는 뜻이 스님의 손놀림 가운데 있다'는 점을 부각시키기도 했고, 남종선의 종지가 '중생제도의 자비심에 있다'는 점을 부각시키기도 하는 등 승태와 주고받은 시가 5편이나 된다. 이는 가강과의 회담을 앞둔 시점에서 그의 적극적인 협조를 구하려는 노력이었다. 그와 이별할 때도 "나그네 조각배로 바다와 산을 넘어 멀리 방장 찾아 선관을 두드렸네. 내일 아침 연운 따라 떠나가오만, 꿈속에선 그래도 이 땅 돌아오리라."라는 노래로 정을 나누어 자신이 귀국한 뒤에도 계속될 피로인 쇄환에 그의 지속적인 협조를 구하려 애썼다. 그로부터 수일이 지난 3월 4일에 덕천가강과의 복견성 회담이 있었다. 가강은 불교 신자로서 대사에 대하여 신심을 일으켜 공경하였다고 한다. 가강의 큰 아들이 간청하여 선계를 지어 주었던 것도 이때 일이었음이 틀림없다.

회담이 끝난 뒤에는 봄철을 맞아 보다 자유로운 분위기에서 관광을 하며, 승태를 비롯한 오산의 장로승들과 창화하였다. 일련종찰 본법사에 유숙하면서 돌아갈 날을 기다리며 서울을 그리고, 오대산과 금강산으로 돌아가는 양주 길도 그리워하는 시를 지었다. 또한 흥성사興聖寺 원이圓耳 교사敎師에게는 자를 허응虛應, 호를 무염無染이라 하여 창생을 제도하는 일이 불도의 근본임을 가르치려 하였다. 아마도 조선 구산선문의 맥─허응은 조선의 보우普雨, 무염은 신라 낭혜朗慧 선사─을 일본에 전하려 했던 것일까?

문집 '잡체시'에는 부제를 달아 "생령生靈을 구제하기 위해 명을 받고 바다를 건널 때 지은 것들이다."라고 하였다. 이는 임금의 명을 받들어 바다를 건넜다는 의미다. 그러나 실제로 그는 일본의 현장에서는 서산의 '명'을 받들어 활동하였다. 대사가 일본으로 떠나기 전에 은사 서산 대사가 일찍이 반납했던 도총섭직을 다시 찾아 드린 일이라든지, 『선가귀감』 등 은사의 저술을 소지하고 도해하는 등 세심한 마음의 준비가 있었다. 이는 그가 일본의 막부가 경도 오산五山의 장로승들을 중용한다는 사실을 알았으며 그들과의 외교를 위해서는 조선불교를 대표하는 서산 대사의 위명을 앞세울 필요가 있었기 때문이다. 그러므로 "생령을 구제하기 위해 명을 받고……"라고 한 '명命'의 본래 뜻은 '임금의 명'이었으나 실제로는 서산의 명을 받들고 활동한 것이다.

대사의 일본 활동은 다양한 계층의 인사들 요구에 따라 질문에 답하고 때로는 가지고 온 달마 그림에 제를 써 주는 등 바쁜 나날을 보내었다. 후에 신유한申維翰(1681~1752)이 조선통신사의 일원으로 일본에 갔을 때 대사의 유묵을 그때까지 소중하게 간직하고 있더라고 하면서, 이는 대사의 필력이 뛰어나기도 했지만 특히 그의 인품이 훌륭하였기 때문이라는 말을 『분충서난록』에 적어 당시의 일을 되새기고 있다. 대마도의 현소와는 도착해서부터 경도로 동행하고, 다시 귀국할 때까지 시종 가까이 지냈다. 그와 관련된 시도 5, 6편이 되며, 작별할 때도 시를 지어 주었다. 대마도인들의 주선으로 각처의 동포들을 모아 고국으로 돌아올 때는 그 막중한 책임감으로 인하여 한 편의 시마저 쓸 정신이 아니었던 것으로 보인다.

이상 대사의 시문에 대하여 교산은 '행하고 나머지 일(餘事)'이라 하였고, 처영은 '어떤 상황을 당하여 별로 생각하지도 않고 붓 가는 대로 휘두른 것'이라고 하였다. 저들은 대사를 가장 잘 아는 이들이다. 대사의 시문이 구세제민의 자비정신을 따라 걸어간 그 족적을 문자로 남긴 데 불과한 것이라는 말일 것이다.

5. 문집에서 누락된 대사의 주요 시문

1) 『분충서난록』의 상소문·보고서·서한문

『분충서난록』은 임진왜란 중에 사명당이 가등청정과의 외교교섭 과정에서 그 경과를 보고하고 대책을 건의하는가 하면 적정을 정탐하여 보고하는 등 여러 가지 형태의 문장을 중심으로 하되, 그에 관련된 타인의 문장까지 포함하여 편집된 대사의 외교 실기이다. 그 후 사명당에 대한 표충사업이 추진되는 가운데 5세 법손 남붕南鵬의 노력으로 송운의 사적들을 모아 조선 후기의 문장가 신유한申維翰이 편집하여 조정 대신들의 서와 발을 받아 『분충서난록』을 비로소 간행하였다.

이러한 까닭으로 이 책에는 대사가 가등과 교섭할 때 명나라 도독 유정劉綎이 쓴 「유시문諭示文」이나 기타 문장들을 서로 이어 주는 신유한 자신의 글이 포함되어 있다. 뿐만 아니라 사명당의 사적을 칭송하는 잡다한 기록과 그 밖의 여러 가지 자료들이 첨부되어 있다. 이러한 과정에서 때로는 문집과 중복되거나 혹은 문집에 게재되어야 할 것들이 이쪽에 실린 혼동도 있게 된 것이다. 이제 이러한 복잡한 문제를 정리하는 의미에서 대사가 쓴 문장의 제목을 열거하고, 아래에 중복되거나 혼동된 글들을 적시한다.

(1) 상소문과 보고기 총 7건
(2) 일본 경도 오산 장로승에게 보낸 서신
    가.「원광 원길에게 주는 글(與圓光元佶長老書)」
    나.「승태 서소에게 주는 글(與承兌西笑長老書)」
    다.「현소에게 주는 글(與玄蘇書)」
    라.「숙로 선사에게 주는 글(與宿蘆禪師書)」

이상 4편의 서신은 대사가 경도 오산의 장로승에게 보낸 것이다. 대사가 덕천가강과의 회담에서 조선의 피로인들을 돌려보내겠다는 약속을 받고 돌아온 2년 뒤 제1회 회답겸쇄환사 여우길 일행이 떠날 때 오산의 장로들에게 편지로써 당시의 일을 연상시켜 협조를 구한 것이다. 그 가운데 원광과 숙로 그리고 대마도 현소에게 보내는 3통은 문집에도 중복 게재되어 있다. 그러나 서소에게 보내는 1통은 문집에 누락되어 있어 편집할 때 실수였음을 알 수 있다. 서소 승태야말로 막부의 신임을 받고 있던 외교 고문으로서 사명당의 체일 교섭 시 상대역을 맡았던 가장 비중 있는 인물이며, 편지 내용으로 보아도 가장 핵심적이며 구체적일 뿐 아니라 보낸 선물 역시 무게를 둘 만큼 배려하였다. 그런데도 누락되었던 것은 상당한 실수였다. 더구나 문집의 자료를 수집하여 편집하는 데 중심 역할을 한 혜구는 대사를 따라 일본으로 갔던 5명 가운데 한 사람이었음에도 이런 실수가 있었다. 본래 대사가 보낸 서신에는 선물까지 기록하였으나 문집의 서신에는 이를 기록하지 않았으며, 현소에게 보낸 서신 말미에 대마 태수에게 묻는 안부도 삭제하는 등 약간씩의 차이를 보이고 있다.

2) 타인 문집에 있는 서·발문

사명당이 1573년 30세에 직지사 주지직에 있을 때 허응당 보우의 문집과 잡저 두 책을 그 제자 태균太均이 간행하였다. 대사는 여기에 다음과 같이 각각 발문을 쓰고 교정을 하였으며, 그 후 서산 대사의 문집에도 서와 발을 다음과 같이 쓰고 있으나, 자신의 문집에는 모두 누락되어 있다.

(1) 보우, 『허응당집虛應堂集』, 만력 원년(1573) 4월 일, 한산 이환寒山離幻 근발謹拔
(2) 보우, 『나암잡저懶庵雜著』, 직지사 주지 중덕中德 유정惟政 교校

(3) 휴정, 『선가귀감禪家龜鑑』, 만력 기묘(1579) 춘절, 조계종수曹溪宗遂 사명종봉四溟鍾峰 유정惟政 배수구결拜手口訣 인위근발因爲謹拔
　(4) 휴정, 『심법요초心法要抄』「부록」, 『강서백장황벽임제 사대사상당서江西百丈黃檗臨濟四大師上堂序』, 사명四溟 술述·소제자小弟子 쌍흘雙仡 근서謹書

3) 기타 누락된 글들

　이런 글들 역시 적지 않으나 시기상으로나 내용 면에서 특징이 있는 몇 편의 시문을 적으면 다음과 같다.
　(1) 〈증정다순순선죽교贈鄭多純順善竹橋〉, 갑자(1564) 9월(대사의 21세 시 작품으로 현존하는 시문 중 최초의 작품)
　(2) 「부석사안양루중창기浮石寺安養樓重創記」, 사명광한四溟狂漢 기記, 경진(1580) 추칠월 상한上幹
　(3) 〈용담쾌각제영차운龍潭快閣題詠次韻〉, 『용담집龍潭集』, 서하西河 명진자冥眞子 송운松雲(전쟁 직후인 1599년~1600년 무렵에 안동 용수사龍壽寺에 머물 당시의 작품으로 추정)
　(4) 「유 감찰柳監察에게 주는 서신」, 만력 을사(1605) 5월 초8일, 유정惟政 돈수(일본에서 돌아온 직후 아마도 부산에서 지인 유 감찰에게 쓴 것으로 추정)

6. 참고 자료

金東華 등, 『護國大聖四溟大師硏究』(서울: 동국대학교 불교문화연구소, 1971)
오준호, 「四溟惟政 硏究」(서울: 동국대학교 대학원 박사학위논문, 2000)
조영록, 『사명당평전』(서울: 한길사, 2009)

차례

사명당대사집四溟堂大師集 해제 / 5
일러두기 / 43
사명집四溟集 서문 / 45
주 / 50

사명당대사집 권1 四溟堂大師集卷之一

사辭-6편

임금의 행차가 서쪽으로 향했다는 말을 듣고~ 聞龍旌西指痛哭而作 55
시월 삼일에 눈이 오기에 회포를 적다 十月初三日雨雪寫懷 57
응상 선자에게 주다 贈應祥禪子 58
동해사東海辭 60
추풍사秋風辭 61
청송사靑松辭 62

고시古詩-8편

사화의 책임을 맡은 조운강을 수행하여~ 陪任使華趙雲江夜泛鏡湖 63
금계 심 명부에게 드리다 奉錦谿沈明府 64
서산으로 돌아가는 경 장로를 전송하며 送冏長老還西山 65
송암에게 주다 贈松庵 66
불정암에 묵다 宿佛頂庵 67
해서의 산으로 돌아가는 욱 스님을 전송하며 送昱師還海西山 68
병자년 가을에 가야산에서 노닐며 丙子秋游伽耶山 69
화축에 제하다 題畫軸 72

주 / 73

사명당대사집 권2 四溟堂大師集卷之二

오언율시 五言律詩 - 19편

금계 심 명부에게 드리다 奉錦谿沈明府 83
신안사에서 천 산인에게 주다 新安寺贈天山人 84
해서로 돌아가는 욱 산인을 전송하며 送昱山人還海西 85
진주 자사에게 화답하다 和眞珠刺史 86
한양에서 병석에 누워 서애西厓 상공에게 올리다 洛下臥病上西厓相公 87
복주 서원사에서 福州西原寺 88
부벽루에서 이 한림의 운을 쓰다 浮碧樓用李翰林韻 89
복주의 성루에서 묵으며 宿福州城樓 90
해주의 성에서 묵으며 宿首陽城 91
해서의 산으로 돌아가는 욱 스님을 전송하며 送昱師還海西山 92
또 又 93
강계의 반자에 임명된 유 정랑을 전송하며 送兪正郞除江界半刺 94
정 생원의 시에 차운하다 次鄭生員韻 95
정 종사의 시에 차운하다 次鄭從事韻 96
은천의 역사에서 이 정자와 헤어지며 銀川傳舍別李正字 97
명주의 관소에서 묵다 宿溟州舘 98
서애 상공의 시에 차운하여 탄준의 시축에 제하다 次西厓相公韻題坦俊軸 99
신경의 시축에 제하다 題信敬軸 100
이 한림이 맹호연에게 준 시에 차운하다 次李翰林贈孟浩然韻 101
부벽루에서 이 한림의 운을 쓰다 浮碧樓用李翰林韻 102

주 / 103

사명당대사집 권3 四溟堂大師集卷之三

칠언율시 七言律詩 - 42편

무외 장로에게 드리다 贈無畏長老 111
봉익의 부채를 달성의 자사에게 드리며 鳳翼奉達城刺史 112
연경으로 가는 홍 정언을 전송하며 送洪正言赴京 113
부벽루에 오르다 登浮碧樓 114
악양의 강 어구에 배를 대고 고운孤雲의 유적을~ 泊岳陽江口訪孤雲舊跡 115
동호로 일찍 떠나다 東湖早發 116
동화사 상방에서 야반의 종소리를 듣고 桐華寺上房聞分夜鐘 117
금계의 영벽루 시에 차운하여 심 명부에게 드리다 次錦谿映碧樓韻奉沈明府 118
황주의 자사에게 부치다 寄黃州刺史 119
백련사의 승려에게 주다 贈白蓮僧 120
웅 상인에게 주다 贈雄上人 121
고향 하늘 바라보며 望鄕 122
가주로 돌아가는 승려를 전송하며 送僧還嘉州 123
진주의 자사에게 화답하다 和眞珠刺史 124
계미년 가을에 관서로 가는 도중에 癸未秋關西途中 125
영남 금오 아래에 병들어 누워 운중의 재조를~ 嶺南金烏下臥病憶雲中才調 126
만경대 위에서 한음漢陰 좌상에게 올리다 萬景臺上漢陰左相 127
죽촌도에 실린 여러분의 시를 차운하여 用竹村圖羣賢韻 128
존조를 모시고 서쪽으로 가는 송암을 송별하며 別松庵陪尊祖西行 129
을미년 가을에 양 책사에게 봉정하다 乙未秋奉楊册使 130
원적암 圓寂庵 131
온천으로 가는 이 찰방과 헤어지며 別李察訪向溫泉 132
소릉의 운을 쓰다 用小陵韻 133
그냥 쓰다 謾書 134
부휴자에게 증정하다 贈浮休子 135
한 감사에게 드리다 奉韓監司 136
서쪽으로 돌아가는 은 대사와 헤어지며 別訔大師西歸 137

허 사인의 시에 차운하다 次許舍人韻 138
김해의 옛 능 金海古陵 139
서울로 가는 자장에게 주다 贈子長赴京行 140
기해년 가을에 변 주서와 헤어지며 己亥秋奉別邊注書 141
조 목사에게 드리다 奉曺牧使 142
임인년 가을에 남관묘에 머무르며 壬寅秋留南關廟 143
진천을 지나가며 過震川 144
삼가 서울의 여러 재신들에게 올려 도해시를 청하다 謹奉洛中諸大宰乞渡海詩 145
한음 대상의 시에 차운하여 서 청안에게 드리다 次漢陰大相韻奉徐淸安 146
서유하며 최고죽에게 올리다 西遊奉崔孤竹 147
송도를 지나며 過松都 148
호사에서 고인과 헤어지고 湖寺別故人 149
관찰사 유 서애에게 드리다 奉觀察使柳西厓 150
최 종성 고죽의 죽음을 애도하며 哭崔鐘城孤竹 151
회답사와 작별하며 올린 시 奉別回答使 152

주 / 153

사명당대사집 권4 四溟堂大師集卷之四

오언절구 五言絶句 - 8편

정자의 시에 차운하다 次鄭子韶 169
응상 선자에게 주다 贈應祥禪子 170
또 又 171
행각승에게 주다 贈行脚僧 172
매죽의 병풍에 제하다 題梅竹屛風 173
강선정에 제하다 題降仙亭 174
또 又 175
기축년에 역옥의 횡액을 당하다 己丑橫罹逆獄 176

부벽루에서 이 한림의 운을 쓰다 浮碧樓用李翰林韻 177
해운에게 주다 贈海雲 178

칠언절구 七言絶句-85편

해서로 돌아가는 욱 산인을 전송하며 送昱山人還海西 179
계미년 가을에 관서에 가는 도중에 癸未秋關西途中 180
영남 금오 아래에 병들어 누워 운중의 재조를~ 嶺南金烏下臥病憶雲中才調 181
완산에서 몽촌 판상에게 올리다 完山上夢村判相 182
남원 군영에서 在南原營 183
전라방어사 원장포에게 드리다 奉全羅防禦使元長浦 184
쌍운당에서 담 상공의 운을 쓰다 霅運堂用譚相公韻 185
함양을 지나며 過咸陽 186
존조를 모시고 서쪽으로 가는 송암과 헤어지다 別松庵陪尊祖西行 187
산거 집구 山居集句 188
재차 기도를 지나며 再過箕都 190
집구 集句 191
북망산을 지나가며 過印山 192
향로봉에 올라 登香爐峯 193
서도를 지나며 過西都 194
하양 가는 도중에 찬공의 선실이 생각나기에 시를~ 河陽途中憶寄瓚公禪室 195
신녕 가는 도중에 해공의 상방에 기별하다 新寧途中簡寄海公上方 196
김천의 승에게 주다 贈金泉僧 197
춘주 자사에게 부치다 寄春州刺史 198
불정암에서 묵다 宿佛頂庵 199
시왕동 十王洞 200
진헐대 眞歇臺 201
만폭동 萬瀑洞 202
녹문 장천에서 문하의 여러분과 헤어지다 鹿門長川別門下諸公 203
협곡을 빠져나와 강화석에서 쉬다 出峽憩江花石 204
송암과 헤어지다 別松庵 205

청평사 서쪽 동구에서 清平寺西洞 ……… 206
어떤 장로가 나에게 법화경을 강론해 달라고~ 有長老邀我論妙蓮華詞以却之 ……… 207
반야사에서 묵다 宿般若寺 ……… 208
원 장로에게 주다 贈圓長老 ……… 209
백련사의 승에게 주다 贈白蓮僧 ……… 210
쌍회당에서 심 명부에게 부치다 在霅檜堂寄沈明府 ……… 211
강선정降仙亭 ……… 212
가을밤에 난간에 앉아서 秋軒夜坐 ……… 213
이 자사의 죽음을 애도하며 哭李刺史 ……… 214
비선정의 저녁 경치 秘仙亭夕望 ……… 215
귀향歸鄕 ……… 216
영은사에서 검영의 시를 지어 백 정랑에게 올리다 靈隱寺題劒纓奉白正郎 ……… 217
용천관에서 밤에 가을벌레 소리를 듣다 龍泉舘夜聽秋蟲 ……… 218
신라의 옛 관소에 밤에 앉아서 新羅故舘夜坐 ……… 219
원효대에 올라 登元曉臺 ……… 220
회포를 쓰다 寫懷 ……… 221
임진년 시월에 의승을 이끌고 상원을 건너다 壬辰十月領義僧渡祥原 ……… 222
설봉 장로에게 주다 贈雪峯長老 ……… 223
왜적의 진영에 다시 들어가다 再入賊營 ……… 224
은 어산 대사의 죽음을 애도하며 挽誾漁山大師 ……… 225
선죽교를 지나며 過善竹橋 ……… 227
어산 찰방과 헤어지며 別魚山察訪 ……… 228
청랭각에 제하다 題淸冷閣 ……… 229
기해년 겨울에 단양에 가는 도중에 전마가 쓰러져~ 己亥冬丹陽途中斃戰馬 ……… 230
중사와 헤어지며 別中使 ……… 231
정 종사의 시에 차운하다 次鄭從事韻 ……… 232
이 수사에게 드리다 奉李水使 ……… 233
손 만호를 전송하며 送孫萬戶 ……… 234
지호 선사에게 주다 贈智湖禪師 ……… 235
혜윤의 시축에 제하다 題惠允軸 ……… 236

홍 양성의 시에 차운하다 次洪陽城韻 237
장흥의 승에게 주다 贈長興僧 238
낙산의 승에게 주다 贈洛山僧 239
한 상사에게 드리다 奉韓上舍 240
서울로 가는 자장에게 주다 贈子長赴京行 241
기해년 가을에 변 주서와 헤어지며 드리다 己亥秋奉別邊注書 242
정자의 시에 차운하다 次鄭子韻 243
조 목사에게 드리다 奉曹牧使 244
낙천당의 시에 차운하다 次樂天堂 245
임금의 행차가 서쪽으로 향했다는 말을 듣고~ 聞龍旌西指痛哭而作 246
허생에게 주다 贈許生 247
낙양의 사인에게 주다 贈洛陽士 248
성 수재에게 주다 贈成秀才 249
동림사에서 추석에 밤중에 앉아 東林寺秋夕夜坐 250
심 명부와 헤어지고 나서 신안사에 묵다 別沈明府宿新安寺 251
만취에게 부치다 寄晚翠 252
고향에 돌아가는 대매를 전송하며 送大梅歸鄉 253
도중에 찬사를 만나서 途中遇贊師 254
명사鳴沙를 걷다 鳴沙行 255
명주를 지나며 過溟州 256
송도를 지나며 過松都 257
산중에서 山中 258
강릉으로 붙잡혀 오다 擒下江陵 259
관동의 구 방백에게 드리다 奉關東具方伯 260
월정사 금강연에서 방백을 접대하며 月精寺金剛淵待方伯 261
회문시를 지어 기 수재에게 주다 回文贈奇秀才 262
의지와 조신과 선소에게 주다 贈義智調信仙巢 263
신경의 시축에 제하다 題信敬軸 264
옥련에게 주다 贈玉蓮 265

주 / 266

사명당대사집 권5 四溟堂大師集卷之五

선게禪偈-27편
부휴자에게 주다 贈浮休子 ……… 279
영운 장로에게 주다 贈靈雲長老 ……… 280
이공이 한마디 말을 청하기에 답하다 酬李公求語 ……… 281
청학동에서 가을에 앉아 靑鶴洞秋坐 ……… 282
연 선자가 한마디 말을 청하기에 답하다 賽蓮禪子求語 ……… 283
한 장로에게 주다 贈閑長老 ……… 284
연 장로에게 주다 贈蓮長老 ……… 285
고향으로 돌아가는 경 법사에게 주다 贈冋法師還故鄉 ……… 286
송을 청하는 원 사미에게 주다 贈圓沙彌求頌 ……… 287
두류산의 운 선자에게 주다 贈頭流雲禪子 ……… 288
해형에게 주다 贈海兄 ……… 289
난 법사에게 주다 贈蘭法師 ……… 290
갈댓잎 하나로 장강을 건너다 一葦渡江 ……… 291
일 대사에게 주다 贈日大師 ……… 292
대의 장로에게 주다 贈大義長老 ……… 293
수 법사에게 주다 贈琇法師 ……… 294
정응 선자에게 주다 贈正凝禪子 ……… 295
연 참학에게 답하다 酬衍參學 ……… 296
응 도자에게 주다 贈膺道者 ……… 297
혜응 선자에게 주다 贈惠凝禪子 ……… 298
순 장로에게 주다 贈淳長老 ……… 299
묵 산인에게 주다 贈默山人 ……… 300
밤에 앉아서 우스개로 짓다 夜坐戲題 ……… 301
지호 선백에게 주다 贈智湖禪伯 ……… 302

일주 선자에게 주다 贈一珠禪子 303
영진에게 주다 贈靈眞 304
일본에 있을 적에 어떤 왜인이~ 在日本有倭持神農嘗百草畫像求讚書之 305

주 / 306

사명당대사집 권6 四溟堂大師集卷之六

잡문雜文-19편

한방응이 부모의 천도를 위해 간행한 경전의 발문 韓方應薦父母印經跋 315
원준 장로가 베낀 법화참문 뒤에 쓴 글 圓俊長老法華後跋 316
『화엄경』의 발문 華嚴經跋 318
천준이 스승을 천도한 글 天俊薦師疏 322
등계 대사의 소상에 올린 글 登階大師小祥疏 324
여러 불보살을 그린 그림을 경찬한 글 畫諸佛菩薩慶讚疏 328
각림사 심검당을 낙성하고 올린 글 覺林寺尋劒堂落成疏 332
월정사 법당의 서까래를 고치고 올린 글 月精寺法堂改椽疏 334
상주 대사를 천도한 글 尙珠大師薦疏 338
갑회문甲會文 341
등계의 탑을 세우며 올린 축문 登階建塔祝文 343
홍도원을 세우기 위해 지은 권선문 洪度院造成勸善文 345
개골산 흥성암의 불상을 조성하기 위해 지은 권선문 開骨山興成庵造佛勸善文 347
일본 승려 원광 원길에게 준 글 贈日本僧圓光元佶書 349
선소에게 준 글 贈仙巢書 351
숙로 선사에게 준 글 贈宿蘆禪師書 353
청랭각기淸冷閣記 354
상롱암을 중창하고 올린 글 上聾庵重創疏 356
아미타불을 조성하고 점안하며 올린 글 彌陁造成點眼疏 358

주 / 359

사명당대사집 권7 四溟堂大師集卷之七

잡체시 雜體詩-68편

단양 역사에서 밤에 감회에 젖어 丹陽傳舍夜懷 ……… 371
죽령을 넘으며 踰竹嶺 ……… 372
배를 타고 작원으로 내려가며 乘舟流下鵲院 ……… 373
김해 역사에서 밤에 감회에 젖어 金海傳舍夜懷 ……… 374
분성에서 옛일을 생각하며 盆城懷古 ……… 375
죽도에 있을 적에 한 늙은~ 在竹島有一儒老 譏山僧不得停息 以拙謝之 ……… 376
감만에 있을 적에 어떤 유자가~ 在戡蠻 有一儒問一路所記 以是無頭話謝之 ……… 377
부산 앞바다에서 태연 장로와 헤어지며 남겨 준 시 釜山洋中留別太然長老 ……… 378
부산의 대양에서 釜山大洋 ……… 379
대마도 해안의 포구에 도착하여 배 안에서 짓다 到馬島海岸浦舟中作 ……… 380
대마도 객관에서 왼쪽 두 번째~ 在馬島客館 左車第二牙無故酸痛 伏枕呻吟 ……… 381
구월 구일에 등고의 뜻으로 시를 지어~ 九月九日以登高意示仙巢 ……… 382
선소가 선가 조파의 축을 가지고~ 仙巢持禪家祖派軸 示余懲讚 不獲已書之 ……… 383
동명관에 있을 적에 서풍이 바다에서 불어~ 在東溟舘 西風吹海 黃葉下庭~ ……… 384
대마도의 승려 만실에게 주다 贈馬島僧萬室 ……… 385
선소의 시에 차운하다 次仙巢韻 ……… 386
대마도 관소의 뜰에 국화가 만발하였기에~ 在馬島舘庭菊大發感懷 ……… 387
덕천가강의 장자가 선학에~ 家康長子 有意禪學 求語再勤 仍示之 ……… 388
대마도 청학동에서 노닐며 遊馬島靑鶴洞 ……… 389
대마도에서 꿈속에 한강을 건너고는 깨고 나서 짓다 在馬島夢渡漢江 覺而作 ……… 390
선소가 달마의 기일에 한마디 말을 청하기에 仙巢以達麽忌日求語 ……… 391
적관의 바다에서 밤에 묵으며 赤關海夜泊 ……… 392
높이 올라 사방을 바라보며 登高四望 ……… 393
밤에 배에 앉아서 舟中夜坐 ……… 394

적관의 바다를 건너 안황의 유상을 보고 渡赤關海見安皇遺像 ········ 395
선소가 왜승 몇 사람과 함께 말하기를~ 仙巢與數倭僧說稱~ ········ 396
왜장 하나가 말하기를, "당나라 때에 일본에~" 有一倭將 以大唐時 日本~ ········ 397
본법사에서 섣달 그믐날 밤에 在本法寺除夜 ········ 398
어떤 늙은 왜승이 머리를 덮어쓴~ 有一老倭僧 持以蒙頭達麽畫幀徵讚 書之云~ ········ 399
어떤 왜승이 한마디 말을 청하기에 有一倭僧求語 ········ 400
밤의 회포 夜懷 ········ 401
상진의 바다에서 회포를 쓰다 霜津海中寫懷 ········ 402
본법사에서 종소리를 듣고 회포를 쓰다 在本法寺聞鍾寫懷 ········ 403
오산의 왜승 세 사람이 찾아와서~ 五山三倭僧來見 因問禪宗綱領 以無頭話贈 ········ 404
송원종 장로승에게 주다 贈松源宗長老僧 ········ 405
승태에게 주다 贈承兌 ········ 406
상야수의 죽림원竹林院 벽 위에 제하다 題上野守竹林院壁上 ········ 407
승태의 시에 차운하다 次承兌韻 ········ 408
왜승 오초가 달마의 영정을 가지고~ 倭僧悟初 持達麽幀來見 仍以徵讚 書之 ········ 409
밤비가 아침까지 오기에 붓 가는 대로 회포를 쓰다 夜雨朝來 作斷頭語 寫懷 ········ 411
승태의 시에 차운하다 次承兌韻 ········ 412
한 왜승이 인도와 중국의 여러~ 有一倭僧 持西竺中原諸祖派軸 來求讚 書之 ········ 413
원길의 시에 차운하다 次元佶韻 ········ 414
신인의 화상에 쓰다 讚畫像神人 ········ 415
낭고성으로 배를 돌려 평수길이 진을~ 回舟浪古城 過平秀吉結陣處 ········ 416
정월 십이일에 눈이 오는데, 송원종 장로승이~ 正月十二日雨雪 松源宗長老~ ········ 417
홀로 앉아서 돌아갈 생각을 하다 獨坐思歸 ········ 418
대마도의 객관에서 소회를 쓰다 馬島客舘寫懷 ········ 419
본법사에서 밤에 앉아서 本法寺夜坐 ········ 420
유대에게 주다 贈柳岱 ········ 421
승태의 시에 차운하다 次承兌韻 ········ 422
본법사에서 밤에 앉아서 本法寺夜坐 ········ 423
매화를 보고 見梅 ········ 424
백운사白雲寺 ········ 425

꿈에서 벗을 보고는 夢見友人 426
일본의 원이 교사에게 주다 贈日本圓耳敎師 427
왜승에게 주면서 겸하여 나그네의 회포를 쓰다 贈倭僧兼用旅情 428
선소와 헤어지며 別仙巢 429
승태의 시에 차운하다 次承兌韻 430
일본의 승려에게 주다 贈日本僧 431
달마의 후품 達麽後品 432
달마가 금릉에 도착해서 達麽到金陵 433
형체를 머물러 만방으로 응하다 留形應方 434
원길의 시에 차운하다 次元佶韻 435
숙로의 시에 차운하다 次宿蘆韻 436
참현하는 사람에게 주다 贈叅玄人 437
이 진사의 시에 차운하다 次李進士韻 438
화첩에 제하다 題畫帖 439

주 / 442

유명조선국 자통광제존자 사명당 송운 대사 행적 有明朝鮮國慈通廣濟尊者四溟堂松雲大
　師行蹟 / 457
유명조선국 자통홍제존자 사명 송운 대사 석장 비명 병서 有明朝鮮國慈通弘濟尊者四溟
　松雲大師石藏碑銘幷序 / 468

발문 / 483

주 / 488

옮긴이의 말 / 497
찾아보기 / 499

일러두기

1 '한글본 한국불교전서'는 문화체육관광부의 지원을 받아 동국대학교 불교학술원에서 수행하고 있는 '불교기록문화유산아카이브사업(ABC)'의 결과물을 출간한 것이다.
2 이 책은 『한국불교전서』(동국대학교출판부 간행) 제8책의 『사명당대사집四溟堂大師集』을 저본으로 하여 번역하였다.
3 번역문에 이어 원문을 병기하였다. 원문은 『한국불교전서』를 저본으로 하였으며, 문文, 행장行狀, 비명병서碑銘并序의 원문에만 간단한 표점 부호를 넣었다.
4 원문 교감 내용은 원문 아래에 표기하였다. ㉔은 『한국불교전서』의 교감 내용을, ㉡은 번역자의 교감 내용을 가리킨다.
5 음역어는 현재의 한문 발음대로 표기하고, 그에 해당하는 범어 표기는 『불광대사전佛光大辭典』에 의거하였다. Ⓢ는 범어를, ⓟ는 팔리어를 뜻한다.

사명집四溟集 서문

 지난 병술년(1586, 선조 19) 여름에 내가 중씨仲氏(許篈)를 모시고 봉은사 아래에 배를 대었다. 그때 한 남자가 옷깃을 펄럭이며 뱃머리에 와서 합장하였는데, 체격이 훤칠하고 용모가 엄숙하였다. 자리에 앉아서 함께 이야기를 해 보니, 말은 간략해도 그 뜻은 심원하였다. 내가 그의 이름을 물어 보니 종봉 유정鍾峰惟政 스님이라고 하였다. 나는 마음속으로 벌써 그에게 친밀감을 느꼈다.
 밤에 매당梅堂에서 묵었는데, 그의 시를 또 꺼내어 보았더니, 경쇠 소리처럼 맑고 아름다웠으므로, 중씨가 더욱 감탄하면서 "당나라 구승九僧[1]의 반열에 끼일 수 있겠다."라고 하였다. 그때 나는 아직 어려서 그 묘한 대목을 이해하지는 못하였으나, 개인적으로 마음속에 기억해 두고 감히 잊지 못하였다.
 그로부터 3년이 지나 중형仲兄이 세상을 하직하였다. 스님이 오대산에서 와서 슬피 조문하고 통곡을 하였으며,[2] 또 만시輓詩를 지은 것을 보아도 괴로워하고 애처로워하는 표현을 구사하였으므로, 죽고 사는 문제를 환히 풀지 못한 것처럼 보였다. 그래서 나 혼자 의심하기를 "스님의 도는 아직 상승上乘의 경지를 깨닫지 못했나 보다. 그렇지 않다면 어째서 구저분하게 속인의 희로애락을 본받으려 한단 말인가."라고 하였다.

임진년(1592, 선조 25) 겨울에 병란을 피하여 명주溟州로 갔다. 그때 스님이 의병을 규합하여 국난을 구하러 가서, 그 스승을 대신해 군사를 거느리고 누차 마군魔軍을 무찔렀다는 말을 듣고는 또 뛸 듯이 기뻐하였다. 그 뒤에도 스님이 왕명을 받들고 적진에 들어가서 왜적을 타일러 크게 공적을 세웠는데, 그 인품을 상상만 할 뿐 다시 볼 수가 없어서 나 혼자 애를 태웠다.

병신년(1596, 선조 29) 겨울에 내가 괴원槐院(承文院)에 근무할 때에 공무로 수규首揆(영의정)인 서애西厓(柳成龍) 상공에게 갔더니, 스님이 아변峨弁(고위 무관의 모자)에 긴 수염 차림으로 그 사이에 끼어 앉아 있기에 손을 잡고 반갑게 옛일을 이야기하고는 역려逆旅로 물러 나와 당세當世의 일을 이야기하였다.

그가 강개하여 손뼉을 치며 이해 관계를 단호하게 논할 때에는 고인의 절조와 호협의 풍도가 있었고, 안장에 걸터앉아 좌우를 돌아보며 요기妖氣를 숙청할 뜻을 보일 때에는 또 획책喡喈한 노장의 면모를 떠올리게 하였다.[3] 그래서 내가 더욱 공경하고 존중하면서 '시문은 단지 여사餘事일 뿐이요, 그 재질은 난세를 크게 구제할 수가 있는데, 상문桑門(불교)에 실각을 하다니 애석한 일이다'라고 생각하였다.

그러다가 계묘년(1603, 선조 36) 가을에 스님이 조정에서 물러나기를 청하여 상원암上院菴의 옛 은거지로 돌아갔다가 감호鑑湖의 별장으로 나를 방문하였다.

그때 나는 세상에서 외톨이가 되어, 우선 내전內典[4]을 가져다 보면서 호장한 마음을 달래며 세월을 보내고 있었으므로, 그 집안에서 말하는 명심견성明心見性의 대목에 대해서 나름대로 관견을 갖고 있었다. 그래서 시험 삼아 한두 가지를 거사擧似[5]했더니, 스님이 융회관통融會貫通하고 초오랑예超悟朗詣하여 조계曹溪[6]와 황매黃梅[7]의 가법을 참으로 얻고 있었다. 나는 그때에야 비로소 스님이 진종眞宗의 묘제妙諦를 투철하게 깨우치고 염화拈花의 밀전密傳을 곧바로 이어받았으며, 난세를 구제한 것도 그 하나의 계통에서 나온 것임을 비로소 알았다.

그리고 스님은 며칠 동안 묘제에 대해서 터놓고 얘기하였으므로 내가 듣지 못했던 것을 더욱 듣게 되었다. 이로부터 스님이 경련京輦(경성)에 오기만 하면 번번이 서로들 왕래하면서 늦게야 알게 된 것을 유감스럽게 생각하였다.

경술년(1610, 광해군 2) 9월에 스님이 입적했다는 소식을 듣고 글을 지어 조문하고 시를 지어 전송하였으며, 스님의 현묘한 경지를 영원히 접할 수 없게 된 것을 스스로 한하면서 그 때문에 눈물을 흘리며 탄식하였다. 그 때에야 나는 스님이 중씨를 애도한 마음이 또한 내가 오늘 스님을 애도하는 마음임을 알았다. 정情이라는 것이 과연 무엇이기에 사람을 이와 같이 잘도 끌어당긴단 말인가.

금년에 스님의 문도인 혜구惠球가 스님의 문집을 가지고 와서 청하기를, "우리 스승님이 지은 시 몇 천 수가 공의 중씨 댁에 있었는데 병화兵火로 소실되었습니다. 이 문집은 근일近日에 수집하였는데, 전체에 비교하면 태산泰山의 터럭 하나와 같습니다. 우리들이 스승님의 은혜를 갚을 길이 없기에 약간의 시문을 모아서 간행하려고 합니다. 우리 스승님의 문장의 고하와 도道의 심천을 알아서 자기가 좋아하는 사람이라고 하여 무턱대고 추켜올리지 않을 분으로는 공만 한 분이 없으니,[8] 모쪼록 한마디 말씀으로 빛나게 하여 영원히 썩지 않게 해 준다면, 그 은혜를 잊지 않겠습니다."라고 하였다.

이에 내가 말하기를, "아, 내가 어떻게 차마 스님의 문집에 서문을 쓰겠습니까. 스님의 시는 사림詞林에 영예를 드날렸고, 스님의 공은 또 국가의 재건에 들어 있고, 스님의 도는 이미 범인凡人을 뛰어넘어 여래如來의 경지에 들어갔습니다. 어찌 나의 글을 덧붙인 뒤에야 더 중하게 되겠습니까. 그러나 우리 형제는 실로 스님과 지기知己의 인연을 맺었으니, 어찌 감히 글이 비루하다고 하여 사양할 수 있겠습니까."라고 하였다.

그리고는 그 시종始終을 차례로 나열하여 부탁한 뜻을 겨우 메우고, 그리워 잊지 못하는 나의 회포를 함께 덧붙였다.

만력萬曆 임자년壬子年(1612, 광해군 4) 정월에 교산蛟山[9] 허단보許端甫는 쓰다.

四溟集序[1)]

頃在丙戌夏。不佞侍仲氏。舟泊奉恩寺下。有一衲翩然來揖于艙頭。頎乎其身。肅乎其容。就坐而與之言。則辭簡而旨遠。不佞問其名。曰鍾峰惟政師也。心固艶之。夜宿梅堂。又出其詩。則鏗爾而淸邵。仲氏亟加激賞。以爲可班於唐九僧也。時不佞尙少。雖未解見其妙處而私識諸中不敢忘焉。閱三歲。仲兄捐館舍。師自五臺來。吊哭之哀。且輓以詩。則苦語悽詞。似猶未釋然於死生之際。竊自疑師之道。猶未悟上乘耶。不然則何爲屑屑效俗子悲歡爲乎。壬辰冬。避兵溟州。聞師糾義徒。徍捍王艱。代其師統衆。屢摧魔軍。又躍然以喜。其後承命。入賊營諭倭。懋著功績。想其人而不可復見。私自勞神。丙申冬。不佞仕槐院以公事。詣首揆西厓相。則師峨弁長胡。厠坐其間。握手驩然道故。仍退於逆旅。談當世務。其慷抵掌擘畫利害。有古節俠風。而據鞍顧盼。志在澄氛。則又似嚄唶老將。不佞尤敬重之。以爲詩文特餘事。而才可以弘濟艱虞。惜也。失脚桑門哉。逮癸卯秋。師乞身於朝。歸上院舊隱。訪不佞於鑑湖墅。時不佞畸於世。姑取內典。以消磨壯心。故於渠家明心見性處。忒有管見。試擧似一二則。師融會貫通。超悟朗詣。信得曹溪黃梅家法。乃始知妙透眞宗。直嗣拈花密傳。其濟世救難者。亦出其一緖也。數日劇談妙諦。益聞所不聞。自是師到京輦。則輒相徍來。恨相知晚也。庚戌九月。聞師之入寂。爲文弔之。且祖以詩。自恨永違玄賞。爲之嗟涕。乃知師悼仲氏之心。亦不佞今日悼師之念。情者何物。熊[2)]牽人若是。今年其門徒惠球。以師之文集來請曰。吾師所著詩幾千首。曾在公仲

氏許。失於兵火。此集裒於近日。殆泰山毫芒也。吾輩無以報師恩。編成若
干卷。將繡諸梓。知吾師之文之高下。道之深淺。而汗不阿所好者。莫如公。
願以一語侈之。俾永不朽。君之惠也。不佞曰嗟夻。吾尙忍叙師文乎。師之
詩播譽於詞林。師之功亦存於重恢。而師之道已超入如來地。何待不佞模
畫。而後增其重也。顧不佞兄弟。寔於師有綘帶之雅。其敢以文鄙爲辭。乃
序列其始終。而塞其請。以寓感念之懷云。

峕萬曆壬子春孟。蛟山許端甫氏叙。

1) ㉑ 저본은 동국대학교에 소장된 刊年 미상의 판본이다.(許端甫序·行蹟·碑銘·
雷默堂跋·性一跋이 있다.) 甲本은 順天 松廣寺에 소장된 간년 미상의 판본이다.(許
端甫序·性一跋·雷默堂跋이 있고, 권6과 권7이 缺落되었다.) 乙本은 고려대학교에
소장된 간년 미상의 판본이다.(許端甫序가 있고, 권6 및 雷默堂跋文의 일부분이 결
락되었다.) 丙本은 동국대학교에 소장된 간년 미상의 판본이다.(許端甫序가 있다.)
丁本은 연세대학교에 소장된 간년 미상의 판본이다.(雷默堂跋文이 있고, 序文은 없
다.) 2) ㉮ '熊'은 '能'의 오기인 듯하다.

주

1 구승九僧 : 보통은 송나라 초기에 시를 잘 지었던 9인의 승려를 총칭하는 말로, 회남淮南의 혜숭惠崇, 검남劍南의 희주希晝, 금화金華의 보섬保暹, 남월南越의 문조文兆, 천태天台의 행조行肇, 여주汝州의 간장簡長, 청성靑城의 유봉維鳳, 강동江東의 우소宇昭, 아미峨眉의 회고懷古를 말한다. 또 그들의 시를 모아 편집한 『구승시九僧詩』라는 시집도 있다. 『송사宋史』「예문지藝文志」 8. 그러나 여기서는 만당晩唐 시기에 활동한 9인의 시승詩僧들을 말하는 듯하다. 참고로 명나라 양신楊愼의 『승암집升菴集』 권60 「만당양시파晩唐兩詩派」 조에 "만당의 시는 두 파로 나뉜다. 하나는 장적張籍을 본받은 자들이니, 주경여朱慶餘·진표陳標·임번任蕃·장효표章孝標·사공도司空圖·항사項斯가 그들이요, 하나는 가도賈島를 본받은 자들이니, 이통李洞·요합姚合·방간方干·유부喩鳧·주하周賀·구승九僧이 그들이다.(晩唐之詩。分爲兩派。一派學張籍。則朱慶餘陳標任蕃章孝標司空圖項斯其人也。一派學賈島。則李洞姚合方干喩鳧周賀九僧其人也。)"라는 말이 나오고, 또 『승암집升菴集』 권73 「당오서승唐五書僧」에 "당나라에 시승 아홉 사람이 있었는데, 지금 『구승집』이 전하고 있다.(唐有詩僧九人。今有九僧集)"라는 말이 나온다. 또 원나라 방회方回의 『영규율수瀛奎律髓』 권10에, 송나라 구준寇準의 〈춘일등루회귀春日登樓懷歸〉의 시를 평하면서 "구래공寇萊公의 시는 만당의 시를 본받아서 구승九僧의 시체詩體와 서로 유사하다.(萊公詩學晩唐。九僧體相似。)"라는 말이 나오고, 고려 이숭인李崇仁의 『도은집陶隱集』 권5 「제천봉시고후題千峰詩藁後」라는 제목의 글에도 "당나라 『구승집』이 세상에 전해지기에 내가 언젠가 대략적인 내용을 살짝 훑어본 적이 있었는데, 만우卍雨가 얻은 시를 그것들과 비교할 때 어찌 많이 양보해야 할까 보냐 하는 생각이 들었다.(世傳唐九僧集。予甞竊窺其梗槩。雨之所得。豈肯多讓乎彼哉。)"라는 말이 나온다. 이 구승의 이름은 미상이다. 식자의 교시를 바란다.

2 스님이 오대산에서~통곡을 하였으며 : 1588년 허균의 중형인 하곡荷谷 허봉許篈이 강원도 금화현 생창역에서 죽었으므로 사명당이 이곳으로 와서 조문하였다.

3 안장에 걸터앉아~떠올리게 하였다 : 사명당이 젊은이처럼 원기가 왕성하여 용맹을 과시했다는 말이다. 후한의 복파장군伏波將軍 마원馬援이 62세의 나이 때문에 출정을 허락받지 못하자, 광무제光武帝 앞에서 '말안장에 훌쩍 뛰어올라 좌우를 둘러보면서(據鞍顧眄)' 자신의 무위를 과시하자, 광무제가 "이 노인네가 참으로 씩씩하기도 하다.(矍鑠哉是翁也)"라고 찬탄했던 고사가 전한다. 『후한서後漢書』 「마원열전馬援列傳」. 획책嚄唶한 노장은 용맹한 백전노장이라는 뜻이다. 획책은 크게 웃고 크게 고함치는 소리를 뜻하고, 노장은 수없이 전쟁터를 누빈 노련한 장수라는 말이다. 전국시대 위나라의 장군으로 10만 대군을 거느렸던 진비晉鄙를 '획책숙장嚄唶宿將'이라고 묘사한 기록이 『사史

記」「魏公子列傳」에 나온다. 숙장宿將은 노장과 같다.

4　내전內典 : 불교도의 입장에서 불경佛經을 칭하는 말이다. 그 이외의 서적은 외전外典이라고 한다.

5　거사擧似 : 들어서 보인다는 뜻의 선림禪林의 용어이다. '似'는 '示'와 같다. 즉 언어를 가지고 고칙을 제시하거나 물건을 가지고 사람에게 보이는 것을 말하는데, 여기서는 전자前者의 뜻으로 쓰였다.

6　조계曹溪 : 조계산曹溪山 보림사寶林寺에서 선풍을 떨친 혜능慧能을 말한다. 5조 홍인弘忍의 의발을 전수하였으므로 육조 대사六祖大師라고 칭하기도 한다.

7　황매黃梅 : 중국 선종 5조인 홍인을 가리킨다. 그는 기주蘄州 황매 사람으로, 7세에 4조 도신道信을 따라 황매 서북쪽 쌍봉산雙峰山의 동산사東山寺로 출가하였고, 나중에 황매 동북쪽 풍무산馮茂山의 진혜사眞惠寺에서 교화를 펼쳤으므로, 세상에서 홍인을 오조 황매五祖黃梅 혹은 그냥 황매라고 일컫게 되었다.

8　자기가 좋아하는~분이 없으니 : 허균許筠이야말로 사명당을 객관적으로 공정하게 평가할 수 있는 안목을 지닌 사람이라는 말이다. 참고로『孟子』「公孫丑 上」에, 재아宰我와 자공子貢과 유약有若의 지혜가 비록 낮다고 하더라도, "자신이 좋아하는 사람이라고 해서 무턱대고 공자를 추켜올리려는 생각은 가지고 있지 않았을 것이다.(汚不至阿其所好)"라고 맹자가 평한 말이 나온다.

9　교산蛟山 : 허균許筠(1569～1618)의 호이다. 자字는 단보端甫이다.

사명당대사집 제1권
| 四溟堂大師集 卷之一 |

사辭 / 고시古詩

임금의 행차가 서쪽으로 향했다는 말을 듣고 통곡하며 짓다
聞龍旌西指痛哭而作

[1]
나의 삶 무엇과 비슷하다 할까	吾生兮何似者
해마다 홀로 누대에 기대는 몸[1]	頻年兮獨倚樓
세월은 빨라서 새가 지나가듯	歲月忽兮如過鳥
서리 이슬 흰 초가을이 슬프도다	霜露白兮悲早秋
제결鵜鴂은 높이 날고 상수湘水는 차가운데[2]	鵜鴂高飛兮湘水冷
초목이 소슬하니 나의 생각 유유해라[3]	草木蕭瑟兮我思悠悠
진운秦雲을 바라보니 요산遼山은 멀고	望秦雲兮遼山遙
기러기도 관해關海에 막혀 있구나[4]	鴻兮鴈兮隔關海

[2]
임금님 수레 서쪽으로 가니	龍輿兮西幸
도성이 온통 텅 비었어라	鳳城兮一空
문무의 훌륭한 인재들은 죽어서 구렁에 구르고	文武多士兮轉于丘壑
개돼지 같은 왜적들은 남북과 동으로 치달리네[5]	犬兮羊兮南北與東

[3]
먼 하늘 바라보고 바라보아도	望望兮天遠

중국에 간 사신은 돌아오지 않고	關使兮未廻
개돼지만 떼 지어 거리에 가득한 때	犬羊羣兮滿路
저물녘 찬 하늘에 홀로 누에 올랐네	日暮天寒兮獨登臺
임금님 계신 머나먼 하늘 저쪽을	有美人兮天一涯
바라보다 가을도 가고 해도 기우뚱	望望經秋兮日欲斜
제결은 높이 날며 해도 지려 하니	鶗鴂高飛兮歲將晚
멀리 황하에 뭇 향초도 시들겠네	衆芳歇兮遙黃河

[4]

낙엽 진 텅 빈 산에	落葉兮空山
원숭이 우는 차가운 밤	猿啼兮夜寒
마음이 암담하니 무슨 말을 하리오	悄然兮無語
요해遼海는 머나멀고 봉鳳은 돌아오지 않네	遼海迢迢兮鳳未還
하늘도 차고 사람도 오지 않는 이때	天寒兮人不來
초목은 누렇게 지고 원숭이 울음 서글퍼라	草木黃落兮猿哀
향을 태우며 밤에 앉았노라니	焚香兮夜坐
달이 뜨면서 하늘이 밝아 오네	月出兮天開

시월 삼일에 눈이 오기에 회포를 적다[6]
十月初三日雨雪寫懷

추운 날씨 이미 이르러	天寒旣至
흰 눈이 오네 함박만 하게	白雪如斗
적두赤頭와 녹의綠衣가 종횡으로 줄을 이어	赤頭綠衣兮絡繹縱橫
어육魚肉 된 우리 백성 길가에 즐비하네	魚肉我民兮相枕道路
통곡하고 통곡하나니	痛哭兮痛哭
날은 저물고 산은 희부옇네	日暮兮山蒼蒼
요해는 어느 곳에 있는고	遼海兮何處
하늘 한쪽 임금님 바라보네	望美人兮天一方

응상 선자에게 주다
贈應祥禪子

선자禪子는 해서海西(황해도) 사람이다. 태어나서 8세 때에 소학小學에 들어가서 쇄소응대洒掃應對를 익혔고, 나이 15세에 태학大學에 들어가서 명명덕明明德을 배웠다.[7] 그러나 그것이 심오한 도가 아님을 알고서는, 마침내 하늘의 활집(天弢)에서 벗어나 천축天竺의 치의緇衣(승복)를 입었다.[8] 육근六根의 집착을 끊어 항상 내 몸을 텅 비움으로써 삼매三昧의 법을 깨달았고, 다시 나의 마음을 활발하게 하여 동쪽, 서쪽으로 돌아다녔다. 놓아 보내고 거두어들임에 스스로 걸림이 없으면서도, 남의 묘판苗板을 범하여 그 문하에 참여하지도 않았으며, 한 손으로 울타리를 허물고 담장을 무너뜨렸다. 그리하여 남의 문호門戶에 기대지 않고서 자기의 씨앗을 심고 가꾸었으니, 법왕法王의 후계자가 될 만하다. 이에 내가 가상히 여겨 노래하는 바이다. 노래는 다음과 같다.

선산仙山에 사람이 하나 있으니	若有人兮仙山
무쇠를 부어서 만들었나 봐	乃生鐵兮鑄就
칠통漆桶을 여지없이 박살내었고	漆桶兮曝破
몇 겹의 관문을 격파했으며	重關兮擊碎
육창六窓의 미후獼猴[9]를 베어 버리고	斬六窓之獼猴
하늘의 명월을 드러내었네	露一天之明月
밝은 달이여 밝은 달이여	明月兮明月
한가로이 노닐며 감상하노니	翫兮閑兮
한가로이 노닐며 감상하는 이는	翫兮閑兮
나 그리고 그대일까 하노라	我兮君兮

贈應祥禪子

禪子海西人也。生八歲入小學。習洒掃應對。年三五入大學。學明明德。知非蘊奧。遂脫天弢。服天竺緇。斷六根之塵。常以空空我身。悟三昧之法。更以活活我心。水草東西。放去收來。無自滯碍。亦不犯人苗稼黍門下。一手¹⁾撒藩籬頹垣墻。不依他門戶。植當家種草。可成法王子。余嘉而歌之。歌曰。

若有人兮仙山。乃生鐵兮鑄就。漆桶兮曝破。重關兮擊碎。斬六窓之獼猴。露一天之明月。明月兮明月。翫兮閑兮。翫兮閑兮。我兮君兮。

---
1) ㉚乙本·丙本·丁本에는 '手'가 '年'으로 되어 있다.

동해사
東海辭

하도 넓어 끝이 보이지 않고	廣兮無涯
하도 깊어서 밑바닥이 없네	冲兮無底
구만리의 붕새가 날아도 횡단하지 못하고	九萬里之鵬兮飛而不盡
백 척의 두레박줄로도 깊이를 잴 수 없네[10]	羌百尺之綆兮汲而莫測
가만히 놔두어도 맑아지지 않고	澄之兮不淸
아무리 휘저어도 흐려지지 않네	揚之兮不濁
칠 년 가뭄에도 줄어들지 않았고	七年之旱而不減
구 년 홍수에도 늘어나지 않았다네[11]	九年之水而不增
줄지도 늘지도 않음이여	不減不增兮
바로 군자의 도량이로세	君子之量乎

추풍사
秋風辭

가을바람 일어나니 이슬방울이 맺히고	秋風起兮白露下
기러기 남으로 건너가니 초목이 시드누나	鴈影南渡兮衆芳歇
장마로 고인 물 마르고 상수湘水는 차가우며	潢潦盡兮湘水寒
축축한 구름장 걷히고 밝은 달이 떠오르네	濕雲卷兮露明月
황하의 수자리꾼 겨울옷 받지 못한 채	黃河戍子兮未受衣
이 한밤 집 생각에 눈물이 피로 변하리	一夜思家兮淚成血

청송사
青松辭

소나무 늘 푸르니	松兮靑兮
초목 중의 군자로세	草木之君子
서리와 눈에도 시들지 않고	霜雪兮不腐
비와 이슬에도 무성하지 않네	雨露兮不榮
시들지도 무성하지도 않은 채	不腐不榮兮
겨울이나 여름이나 항상 푸를 뿐	在冬夏靑靑
푸른 소나무여	靑兮松兮
달이 뜨면 금가루를 체로 거르고	月到兮篩[1]金
바람이 불면 거문고를 연주해 주누나	風來兮鳴琴

---

1) ㉣ '飾'은 '篩'의 오기인 듯하다.

고시 古詩

사화使華의 책임을 맡은 조운강趙雲江[12]을 수행하여 밤에 경호에 배를 띄우다
陪任使華趙雲江夜泛鏡湖

[1]

가을바람 속에 경호鏡湖에서 노니나니	秋風遊鏡湖
물은 빠지고 찬 모래밭 텅 비었네	水落寒沙空
황금 잔에 미주美酒로 입을 헹구노니	黃金罍漱瓊液
달은 부상扶桑[13]에 뜨고 서리 이슬 영롱해라	月出扶桑霜露濃
용문龍門의 오동나무[14]에 구령緱嶺의 피리 소리[15]여	龍門桐緱嶺簫
비단 병풍 향내음이 달빛 속에 사라지네	錦屏香消桂花影
풍악 끝나 사람들 흩어지니 희부연 하늘	曲終人散天蒼蒼
학을 타고 구름 깊은 봉호蓬湖의 저 먼 길로	鶴背雲深蓬湖路永

[2]

해 지고 공중에는 가을 나무만	日墮秋樹空
배회하노라니 어느새 어둑어둑	徘徊不覺暝
맑은 이슬은 의건衣巾을 적시고	淸露潤衣巾
장경長庚[16]은 서쪽 산을 넘어가네	長庚度西嶺
호로병은 비고 강물은 차가운데	壺乾江水寒
사람들 흩어지니 창주滄洲[17]가 고요해라	人散滄洲靜

금계 심 명부沈明府[18]에게 드리다
奉錦谿沈明府

한강 동쪽 절에서 한번 이별한 뒤로	當時一別漢東寺
세월 가며 청안靑眼[19]이 드물어 괜히 슬펐소	空悲歲徂靑眼稀
인연 따라 강과 바다 정한 곳 없이	隨緣江海無定所
쑥대처럼 날리다가 서남쪽 이곳으로	轉蓬復此西南飛
지음인 심휴문沈休文[20]이 계신 덕분에	知音賴有沈休文
팔월에 남으로 소상포瀟湘浦를 건넜지요	八月南渡瀟湘浦
서로 만나 절절이 그리운 정 얘기하며	相看切切語相思
상방에서 몇 날 밤 청담을 함께 했네	上房數夜同淸晤
하늘 끝에 중양重陽의 명절 가까이 오니	天涯佳節近重陽
이슬 흠뻑 내려 연꽃도 늙으려는 듯	零露瀼瀼荷欲老
날이 새면 문득 고향 산천 생각나서	平明却有故山思
홀로 백운 아래 산 너머 길 바라보리[21]	獨望白雲山外路

서산으로 돌아가는 경 장로를 전송하며
送冏長老還西山

서산西山에 일찍이 입실하고 나서	西山曾入室
다시 남유南遊의 뜻을 내었나니[22]	又作南遊志
장백산 그리고 봉래산으로	長白與蓬萊
항상 따른 것은 주장자 하나	相隨唯杖子
봄에는 태백산 고봉에서 노닐고	春遊太白高
가을엔 신라의 저잣거리 들렀지	秋過新羅市
동으로 영취산靈鷲山 봉우리에 올라	東登鷲嶺峯
부처님 사리에 예배를 하고	頂禮黃金骨
서쪽 초산楚山의 구름 속에 들어가	西入楚山雲
종릉鐘陵의 달을 또 음미한 뒤에	更翫鐘陵月
옛 절이 생각나서 옷깃 떨치고	拂衣懷舊棲
곧바로 눈 덮인 향로봉으로	直向香爐雪
돌아보면 두 고을 멀기만 한데	回望兩鄉遙
아득히 사라지는 기러기 하나	孤鴻杳超忽

송암에게 주다
贈松庵

큰 꿈속에서 허덕이는 뜨내기 나의 인생　　浮生營營大夢中
해가 가나 해가 오나 홍진紅塵의 거리 치달리네　　年去年來走塵陌
우리 스님은 옷깃 떨치고 서산에 들어가서　　我師拂衣入西山
신심을 단련하여 허실생백虛室生白 얻으신 분[23]　　身心鍊得生虛白
구름과 솔을 짝하고 사슴을 벗 삼아서　　雲松爲伍鹿爲羣
백세토록 천지의 객으로 달게 보내리라[24]　　百歲甘爲天地客

불정암에 묵다
宿佛頂庵

바다에 밤비가 자욱이 내리더니	海雨夜冥冥
아침에 개이며 흰 해가 떠오르네	朝晴出白日
높은 누에 앉아서 멀리 바라보니	高臺坐望遙
푸른 바다 끝도 없이 출렁거리네	蕩蕩滄溟潏
어느 곳에 부상나무가 있는지	何處是扶桑
붕새가 긴 하늘 멀리 날아가네	鵬度長天濶

해서의 산으로 돌아가는 욱 스님을 전송하며
送昱師還海西山

봄바람 부는 강물 압두鴨頭²⁵처럼 푸르고　　　東風吹水鴨頭綠
패릉灞陵의 버들²⁶은 황금 가지 흔들흔들　　　灞陵柳拂黃金枝
부생浮生의 만나고 헤어짐 정해지지 않아　　　浮生聚散無可定
수양首陽²⁷으로 망망히 그대 홀로 돌아가네　　　首陽茫茫君獨歸
북으로 오는 기러기에 소식 전해 주기를　　　淸音好寄北回鴈
멀리 천해天海 연하여 항상 생각날 테니까　　　遠連天海長相思

병자년 가을에 가야산에서 노닐며[28]
丙子秋游伽耶山

나의 삶 세상의 그 무엇과 비슷할까	吾生於世何似者
독특하고 기이해서 적당한 것이 없네	嶔奇歷落無的當
사람들 모두 나를 광객狂客이라 부르지만	人皆呼我是狂客
나는 정말 광객이 아니라고 생각하네	而我自謂誠非狂
호호탕탕한 충정을 누구에게 얘기할까	衷情浩浩誰與說
공중에 돌돌咄咄 쓰며 귀밑머리 희어졌네[29]	咄咄空成雙鬢霜
자장子長[30]의 원유遠遊의 흥취가 문득 생각나서	翻思子長遐游興
허리춤에 달랑 시詩 주머니 차고서	腰間獨佩藏詩囊
지팡이에 영운靈運[31]의 나막신 신고	携筇又著靈運屐
곧장 가야산 오르니 산길도 기네	直登伽耶山路長
때는 구월이라 흰 이슬 내려오고	時維九月白露下
곳곳에 누런 국화 중양을 맞았어라	處處黃菊當重陽
무릉교武陵橋 아래 물이 맑고 얕기에	武陵橋下水淸淺
한 줌 움켜 마시니 경장瓊漿[32]과 같네	手掬一歃猶瓊漿
홍류동紅流洞의 석각은 어제 같은데	紅流石刻如昨日
초楚와 범凡의 존망[33]을 몇 번이나 보았을까	幾見楚存而凡亡
말없이 천고의 일을 돌이켜 생각하니	無言緬想千古事
사려가 끊어지며 마음만 망망할 뿐	思窮計絶心茫茫
솔 아래 바위 위에 오래 앉았노라니	靑松白石坐來久
해 저물며 푸른 이내가 못에 잠기네	日暮空翠沉橫塘
적요한 응달 구렁에선 멋진 음악 소리요	寥寥陰壑產靈籟
졸졸 맑은 시냇물은 생황 부는 소리로세	晴川瀝瀝吹笙簧
아이가 낙엽 태워 달인 차를 마시니	僮收枯葉烹茗飮

속에 쌓인 돌무더기 모두 씻겨 내리네[34]	滌蕩磊塊平生膓
배회하노라니 어느새 밤이 깊어	徘徊不覺夜將半
별은 돌고 달은 지고 하늘은 희부옇네	星廻月墮天蒼蒼
궤안에 기대어 무릎 안고 잠깐 눈 붙이니	據梧抱膝暫瞑目
한잠 속에 만사가 모두 망양亡羊이로세[35]	一眠萬事俱亡羊
옛 학사 고운孤雲[36]을 꿈길에서 만나 보니	夢謁孤雲舊學士
바위 아래에서 거문고 막 타려는 듯	宛在巖下開琴箱
은근히 나에게 단액丹液을 먹여 주며	殷勤飡余百鍊液
상주商周와 한당漢唐의 일 뒤섞어 말해 주네	錯說商周幷漢唐
싸늘한 바람결에 나비가 흩어지니[37]	泠泠風度散胡蝶
흡사 피리 불며 봉황을 탄 기분이랄까[38]	怳若簫鳴騎鳳凰
돌아보니 창공에 묵은 구름 다 걷히고	回瞻空碧宿雲盡
흰 해가 동방에서 장엄하게 떠오르네	熙熙白日生東方
등라 휘감은 바위에는 물소리 격렬하고	藤蘿絡石水聲激
송죽의 숲 속에선 잔나비 소리 요란해라	猿猱亂啁饒松篁
일주문 너머로 유유히 건너 들어가니	悠悠度入一柱外
우상羽觴[39]을 날리던 추억 어린 곡지曲池로세	曲池追思飛羽翔[1)]
대웅전 우뚝 솟아 하늘과 맞닿은 듯	梵王臺殿逼象緯
황금 채색 찬란하게 휘광이 번득이네	金彩照曜浮輝光
높은 누에서 조석으로 종고 소리 울리면	危樓晨夕鐘鼓動
둘씩 짝지어 스님들 긴 회랑을 돈다오	兩兩鴛眼廻長廊
동손桐孫과 풍백風伯은 광악廣樂을 연주하고[40]	桐孫風伯奏廣樂
거미줄 속에 대장경이 어리비치네	絲網掩映龍海藏
새벽에 가장 높은 꼭대기에 오르니	平明更陟最高頂

---

1) ㉠ '翔'은 '觴'의 오기인 듯하다.

완연히 날개 돋아 옥황상제 뵙는 듯	依依羽化朝玉皇
동쪽 보고 북쪽을 봐도 요알天閼[41]이 없고	東瞻北望無夭閼
우러러보고 굽어보매 팽상彭殤[42]이 똑같도다	仰觀俯察齊彭殤
봉래산과 방장산이 나의 눈 안에 들고	蓬萊方丈指顧內
약수弱水[43]와 부상扶桑도 옆에 있는 듯하도다	弱水扶桑如在傍

화축에 제하다
題畫軸

물빛도 멀고	水色遠
산빛도 멀어라	山光遙
절은 푸른 계수 골짝에 기대고	寺依靑桂壑
중은 해 질 녘 다리를 건너간다	僧渡夕陽橋
심양潯陽[44]에 배 대고 돌아가는 기러기 세노라니	舟泊潯陽數歸鴈
경정敬亭[45]의 가을 나무 저녁에 소소히 낙엽 지네	敬亭秋樹暮蕭蕭

주

1 해마다 홀로~기대는 몸 : 참고로 두보杜甫의 시에 "훈업 세울 일 생각하며 자꾸만 거울을 보고, 진퇴를 결정하느라 홀로 누대에 기대어 섰네.(勳業頻看鏡。行藏獨倚樓。)"라는 구절이 있다. 『杜少陵詩集』 권15 〈江上〉.

2 제결鶗鴂은 높이~상수湘水는 차가운데 : 전국시대 초나라의 애국 시인인 굴원屈原의 〈離騷〉에 "제결이 먼저 울까 걱정일세. 온갖 풀이 향기롭지 못하게 될 테니까.(恐鶗鴂之先鳴兮。使夫百草爲之不芳。)"라는 말이 나온다. 제결은 새 이름으로, 두견이라고도 하고 때까치라고도 하는데, 이 새가 춘분에 앞서서 미리 울면 초목이 시든다는 속설이 있기 때문에 보통 충직한 인사를 모함하는 참인讒人의 대명사로 쓰이곤 한다. 굴원이 빠져 죽은 멱라수汨羅水는 상수湘水의 지류이다.

3 초목이 소슬하니~생각 유유해라 : 참고로 굴원의 제자인 송옥宋玉의 〈九辯〉 첫머리에 "슬프다, 가을 기운이여. 소슬하게 초목은 바람에 흔들려 땅에 지고 쇠한 모습으로 바뀌었네.(悲哉秋之爲氣也。蕭瑟兮草木搖落而變衰。)"라는 명구가 나온다.

4 진운秦雲을 바라보니~막혀 있구나 : 선조宣祖가 몽진蒙塵한 의주義州의 소식을 들을 수 없다는 말이다. 진운은 서쪽에 있는 진나라 구름이라는 뜻으로, 관서關西의 의주를 가리킨다. 요산遼山은 요동의 산이라는 뜻으로, 이 역시 요동과 접경하고 있는 의주를 가리킨다. 관해關海는 산해山海, 즉 산과 바다를 뜻한다. 기러기는 기러기 발목에 묶인 편지를 뜻한다. 한 무제漢武帝 때 소무蘇武가 흉노에 사신으로 갔을 적에 흉노의 선우單于가 그를 굴복시키려고 온갖 회유와 협박을 가해도 소용이 없자 북해北海 주변의 황량한 변방에 그를 안치하고 양을 치게 하였다. 그 뒤 소제昭帝가 흉노와 화친을 맺고서 소무를 돌려보내 줄 것을 요청하자, 흉노 측에서는 소무가 이미 죽었다고 속였는데, 이에 한나라 사신이 "우리 천자가 상림원에서 기러기를 쏘아 잡았는데, 기러기 발목에 묶인 편지에 '소무 등이 어느 늪 속에 있다'라고 하였다.(天子射上林中。得雁。足有係帛書。言武等在某澤中。)"라고 기지를 발휘하며 다그친 덕분에 소무가 19년 만에 귀국하게 되었다는 '안족전서雁足傳書'의 고사가 있다. 『漢書』 권54 「蘇武列傳」.

5 개돼지 같은~동으로 치달리네 : 임진왜란 당시에 의병과 이순신李舜臣의 활약으로 서쪽의 전라도 지방은 왜적의 침략을 면하였다.

6 이 시는 『四溟堂大師集』 권4의 〈임진년 시월에 의승을 이끌고 상원을 건너다〉와 같은 곳에서 지어졌으며, 이곳에서 평양으로 행군하며 지은 것이다.

7 태어나서 8세~명명덕明明德을 배웠다 : 옛날에는 소학이 있었고 태학이 있었다. 사람이 태어나서 8세부터 15세까지는 소학에 들어가서 쇄소응대하는 일부터 배우게 하

였고, 그 뒤에는 태학에 들어가서 삼강령三綱領과 팔조목八條目의 도를 배우게 하였다. 쇄소응대는 물 뿌리고 쓸며 응하고 답하는 예절을 말한다. 주희朱熹의 「大學章句序」에 "사람이 태어나 8세가 되면, 왕공 이하로부터 서인의 자제에 이르기까지 모두 소학에 입학시켰다. 그리고는 물 뿌리고 쓸며 응하고 답하며 나아가고 물러나는 예절과 예·악·사·어·서·수에 관한 글을 그들에게 가르쳤다.(人生八歲。則自王公以下。至於庶人之子弟。皆入小學。而敎之以灑掃應對進退之節。禮樂射御書數之文。)"라는 말이 나온다. 삼강령은 명명덕明明德·신민新民 혹은 친민親民·지어지선止於至善을 말하고, 팔조목은 격물格物·치지致知·성의誠意·정심正心·수신修身·제가齊家·치국治國·평천하平天下를 말한다. 명명덕은 정주학程朱學의 해석에 의하면, 태어날 때 하늘로부터 품부 받은 본래의 밝은 본성을 밝혀 드러내는 것을 말한다.

8 하늘의 활집(天弢)에서~치의緇衣를 입었다 : 세상의 속박을 떨쳐 버리고 출가하여 승려가 되었다는 말이다. 참고로 『莊子』 「知北遊」에, 사람의 죽음을 비유하여 "하늘의 활집 속에 갇혀 있다가 풀려나고, 하늘의 주머니 속에 들어 있다가 떨어져 나온 것과 같다.(解其天弢。墮其天袠。)"라고 말한 대목이 나온다.

9 육창六窓의 미후獼猴 : 중생의 육근六根을 말한다. 미후는 원숭이의 일종으로, 성질이 조급하고 경박하여 길들이기 어려우므로 범부 중생을 비유하는 말로 흔히 쓰인다. 육창은 여섯 개의 창문이라는 뜻으로, 사람을 미혹하게 하는 여섯 가지의 근원, 즉 안眼·이耳·비鼻·설舌·신身·의意의 육근을 가리킨다.

10 구만리의 붕새가~수 없네 : 『莊子』 「逍遙遊」의 "붕새가 남쪽 바다로 옮겨 갈 적에, 바다의 물결을 치고 앞으로 나아가는 것이 삼천 리요, 회오리바람을 타고 위로 솟구치는 것이 구만리이다.(鵬之徙於南冥也。水擊三千里。摶扶搖而上者九萬里。)"라는 말과, 『莊子』 「至樂」의 "주머니가 작으면 큰 물건을 담을 수가 없고, 두레박줄이 짧으면 깊은 우물의 물을 길을 수가 없다.(褚小者不可以懷大。綆短者不可以汲深。)"라는 말을 원용援用한 것이다.

11 칠 년~늘어나지 않았다네 : 『莊子』 「秋水」에 "우禹가 치수治水할 때에는 10년 동안에 아홉 번이나 홍수가 졌건마는 바닷물은 그 때문에 더 불어나지 않았고, 탕湯의 시대에는 8년 동안에 일곱 번이나 가뭄이 들었건마는 바닷물은 그 때문에 더 줄어들지 않았다.(禹之時。十年九潦。而水不爲加益。湯之時。八年七旱。而崖不爲加損。)"라는 말이 나온다.

12 사화使華의 책임을 맡은 조운강趙雲江 : 사화는 왕명을 받든 사신을 말하는데, 여기서는 한 지방을 안찰按察하는 사신의 임무를 맡았다는 뜻으로, 지방장관을 가리키는 말로 쓰였다. 운강雲江은 조원趙瑗(1544~1595)의 호로, 선조 16년(1583) 8월부터 19년(1586) 2월까지 삼척부사三陟府使를 지냈다. 그는 여류 시인 이옥봉李玉峰의 남편이기도 하다.

13 부상扶桑 : 해 뜨는 동쪽 바닷속에 있다는 전설상의 신목神木 이름이다.
14 용문龍門의 오동나무 : 좋은 오동나무로 만든 거문고의 음악 소리를 가리킨다. 한漢나라 매승枚乘의 〈七發〉에 "용문산의 오동나무는 높이가 백 척에 가지가 없으며, 중간은 옹이가 맺혀 있는데……금지琴摯로 하여금 그 나무를 베어 거문고를 만들게 하였다.(龍門之桐。高百尺而無枝。中鬱結而輪囷。……使琴摯斫斬以爲琴。)"라는 말이 나온다. 금지는 고대의 유명한 금사琴師이다. 사지師摯라고도 한다.
15 구령緱嶺의 피리 소리 : 신선이 되어 구지산緱氏山에 내려왔다는 주 영왕周靈王의 태자 진晉, 즉 왕자교王子喬의 피리 소리라는 말이다. 그가 왕에게 직간을 하다가 서인으로 폐출되었는데, 피리 불기를 좋아하여 곧잘 봉황의 울음소리를 내다가, 선인仙人 부구공浮丘公을 따라 숭산嵩山에 올라가서 선도仙道를 닦은 뒤에 30년이 지난 칠월 칠석 날에 구산緱山 정상에 백학白鶴을 타고 내려와서 산 아래 가족들에게 손을 흔들어 인사하고는 며칠 뒤에 떠나갔다는 전설이 있다. 『列仙傳』 권상 「王子喬」.
16 장경長庚 : 저녁나절에 비치는 희미한 샛별을 가리킨다. 새벽의 샛별은 계명啓明이라고 한다.
17 창주滄洲 : 숨어 살기 좋은 물가의 그윽한 승경勝景을 가리키는 시어이다. 삼국시대 위魏나라 완적阮籍이 지은 〈爲鄭沖勸晉王箋〉의 "창주를 굽어보며 지백에게 사례하고, 기산에 올라가 허유에게 읍을 한다.(臨蒼州而謝支伯。登箕山而揖許由。)"라는 말에서 유래한 것이다. 『文選』 권40.
18 금계 심 명부沈明府 : 명부는 지방 수령에 대한 경칭이다. 금계는 금산錦山의 옛 이름이다. 금계錦溪라고도 한다. 금산군수錦山郡守 심씨는 누구인지 미상이다.
19 청안靑眼 : 다정한 눈길이라는 뜻이다. 삼국시대 위魏나라 완적阮籍이 속된 사람을 만나면 백안白眼, 즉 흰 눈자위를 드러내어 경멸하는 뜻을 보이고, 의기투합하는 사람을 만나면 청안, 즉 검은 눈동자로 대하여 반가운 뜻을 드러낸 고사가 전한다. 『世說新語』 「簡傲」.
20 심휴문沈休文 : 남조南朝 양梁의 시인 심약沈約을 말한다. 휴문은 그의 자字이다. 시재詩才가 있는 사람의 비유로 흔히 쓰이는데, 여기서는 성이 똑같이 심씨이기 때문에 이렇게 말한 것이다.
21 날이 새면~길 바라보리 : 그가 고향에 계신 어버이를 간절히 생각할 것이라는 말이다. 당唐나라 적인걸狄仁傑이 태항산太行山을 넘어가던 중에 흰 구름이 외로이 떠가는 남쪽 하늘을 바라보면서 "저 구름 아래에 어버이가 계신다.(吾親所居。在此雲下。)"라고 하고는 한참 동안 머물러 있다가 구름이 다른 곳으로 옮겨 간 뒤에 다시 길을 떠났다는 고사가 전한다. 『舊唐書』 「狄仁傑傳」.
22 서산西山에 일찍이~뜻을 내었나니 : 서산 대사 휴정의 제자가 되고 나서 다시 각지의 선지식을 찾아다녔다는 말이다. 입실入室은 방에 들어왔다는 뜻으로, 스승으로부

터 인가를 받고서 법맥을 잇는 제자가 된 것을 비유한 말이다. 신광神光이 소림사少林寺로 달마를 찾아가서 밤새도록 눈이 쌓인 뜰에 공손히 서서 도를 구했으나 달마는 면벽面壁만을 한 채 한마디 말도 건네지를 않았는데, 이에 신광이 계도戒刀로 자신의 왼쪽 팔을 찍어 그 팔을 바치자 달마가 혜가慧可라고 이름을 지어 주고 비로소 입실을 허락했다는 고사에서 유래한 것이다.『景德傳燈錄』권3. 남유南遊는 구도 보살 선재동자의 고사에서 나온 말이다. 그가 처음에 문수보살을 찾아갔다가 다시 깨달음을 얻기 위해 남쪽으로 여행하여 110성성의 오십삼 선지식을 찾아다니며 법문을 구한 결과 마침내 미진수微塵數의 삼매문三昧門에 들어섰다는 이야기가『華嚴經』「入法界品」에 나온다.

23 신심을 단련하여~얻으신 분 : 자신을 텅 비우고 조용히 멈추어 밝은 경지를 체득했다는 말.『莊子』「人間世」의 이른바 '심재心齋'를 논하는 대목에 "저 빈 곳을 바라보아라. 텅 빈 방에서 광채가 뿜어 나오지 않던가. 온갖 길하고 상서로운 것은 조용히 멈추어 있는 곳에 모여드는 법이다.(瞻彼闋者。虛室生白。吉祥止止。)"라는 말이 나온다.

24 백세토록 천지의~달게 보내리라 : 참고로 이백李白의〈春夜宴桃李園序〉에 "하늘과 땅은 만물의 여인숙이요, 흐르는 세월은 백대의 나그네이다. 부평초 같은 인생이 꿈과 같으니, 기쁨을 즐기는 것이 얼마나 되겠는가.(夫天地者。萬物之逆旅。光陰者。百代之過客。而浮生若夢。爲歡幾何。)"라는 말이 나온다.

25 압두鴨頭 : 청둥오리의 푸른색 머리를 뜻한다. 참고로 이백의 시에 "멀리 한강 물은 청둥오리 머리의 푸른색, 흡사 이제 막 발효하는 포도주 빛이로세.(遙看漢水鴨頭綠。恰似葡萄初發酷。)"라는 표현이 나온다.『李太白集』권6〈襄陽歌〉.

26 패릉灞陵의 버들 : 옛날 한인漢人들이 객을 전송하다가 패릉에 와서 버들가지를 꺾어 이별의 정을 표시한 '패릉절류灞陵折柳'의 고사가 있기 때문에 이렇게 말한 것이다. '灞陵'의 '灞'는 '霸'의 잘못으로 생각된다.

27 수양首陽 : 해주海州의 옛 이름.

28 병자년(1576)은 대사가 33세로 묘향산 서산 문하에 있으면서 가야산 등지로 운수행각에 나섰던 때이다.

29 공중에 돌돌咄咄~귀밑머리 희어졌네 : 가슴속의 울적한 심사를 입 밖에 내놓아 토로하지 못하고 혼자서 끙끙대는 동안 머리카락이 하얗게 변했다는 말이다. 돌돌은 '돌돌괴사咄咄怪事'의 준말로, '쯧쯧, 아무리 생각해도 괴이한 일이다'라는 뜻이다. 진晉나라 은호殷浩가 누차 조정의 부름을 받고도 나아가지 않다가 "심원이 일어나지 않는다면 이 창생을 어떻게 해야 한단 말인가.(深源不起。當如蒼生何。)"라는 간곡한 요청을 받고서 소명에 응해 양주 자사揚州刺史와 중군장군中軍將軍이 되었다. 그런데 뒤에 환온桓溫의 참소를 받고 서인으로 축출되고 나서 하루 종일 공중에다 뭔가 글씨를 쓰고 있었는데, 사람들이 몰래 엿보니 바로 돌돌괴사라는 네 글자였다는 고사

가 전한다. 심원沈源은 은호의 자이다.『世說新語』「黜免」,『晉書』권77「殷浩傳」.

30 자장子長 : 사마천司馬遷의 자이다. 그가 20세 때부터 남쪽의 회계會稽와 우혈禹穴과 구의九疑로부터 북쪽의 문사汶泗에 이르기까지 중국 각지를 거의 빠짐없이 종횡무진 유력하면서 비범한 기상을 길러 두었기 때문에 뒤에 가서 마침내『史記』라는 불후의 명작을 남기게 되었다는 고사가 전한다.『史記』「太史公後序」.

31 영운靈運 : 남조 송의 시인 사영운謝靈運을 말한다. 그가 명산을 등반하기 좋아하여 항상 나막신을 준비해 신고 다니면서 올라갈 때는 앞 굽을 떼어 내고 내려올 때는 뒷굽을 떼어 내었으므로 그 나막신을 세상에서 '사공극謝公展'이라고 칭했다는 고사가 있다.『宋書』권67「謝靈運傳」.

32 경장瓊漿 : 선인의 음료라고 하는데, 보통 미주美酒의 뜻으로 쓰인다.

33 초楚와 범凡의 존망 : 이 세상의 흥망성쇠를 비유한 말이다. 초나라 왕이 범나라 임금과 앉아 있을 적에 범나라가 망했다고 초나라 신하가 세 번이나 말하자, 범나라 임금이 "범나라가 멸망한다고 해서 내가 존재하는 것을 없게 할 수는 없을 것이다. 범나라가 멸망한다고 해서 내가 존재하는 것을 없게 할 수가 없다면, 초나라가 보존된다고 해서 그 존재를 있게 할 수도 없을 것이다. 이렇게 본다면 범나라는 당초에 망한 적이 없고, 초나라는 당초에 보존된 적이 없다고 할 것이다.(凡之亡也. 不足以喪吾存. 夫凡之亡不足以喪吾存. 則楚之存不足以存存. 由是觀之. 則凡未始亡而楚未始存也.)"라고 대답한 내용이『莊子』「田子方」에 나오는데, 사명당이 이를 단장취의斷章取義한 것이다.

34 속에 쌓인~씻겨 내리네 : 평소의 불평불만 등 울적한 심정이 일시에 사라진다는 말이다. 위나라 완적은 "가슴속에 돌무더기가 쌓여 있기 때문에 술을 부어서 씻어 내려야 했다.(胸中壘塊. 故須酒澆之)"라는 말이『世說新語』「任誕」에 나온다.

35 한잠 속에~모두 망양亡羊이로세 : 세상일은 잘되든 못되든 결국에는 모두가 똑같이 사라져 버릴 일시적인 현상에 불과하다는 말이다. 망양은 양을 잃어버렸다는 뜻으로,『莊子』「駢拇」의 "장臧은 책을 읽다가 양을 잃어버리고, 곡穀은 노름을 하다가 양을 잃어버렸으나, 양을 잃어버린 것은 똑같다."라는 말을 취한 것이다.

36 고운孤雲 : 최치원崔致遠의 호. 가야산에서 신선이 되어 노닐었다는 전설이 있다.

37 싸늘한 바람결에 나비가 흩어지니 : 잠에서 깨어났다는 말이다.『莊子』「齊物論」마지막에 "언젠가 장주가 꿈속에서 나비가 되었다. 나풀나풀 잘 날아다니는 나비의 입장에서 스스로 유쾌하고 만족스럽기만 하였을 뿐 자기가 장주인 것은 알지도 못하였는데, 조금 뒤에 잠을 깨고 보니 엄연히 뻣뻣하게 누워 있는 장주라는 인간이었다. 모를 일이다. 장주의 꿈속에 나비가 된 것인가, 나비의 꿈속에 장주가 된 것인가. 하지만 장주와 나비 사이에는 분명히 구분이 있을 것이니, 이것을 일러 물의 변화라고 한다.(昔者莊周夢爲胡蝶. 栩栩然胡蝶也. 自喩適志與. 不知周也. 俄然覺則蘧蘧然周也. 不

知周之夢爲胡蝶與。胡蝶之夢爲周與。周與胡蝶則必有分矣。此之謂物化。)"라는 유명한 '호접몽胡蝶夢'의 이야기가 나온다.

38 흡사 피리~탄 기분이랄까 : 신선이 된 왕자교의 고사를 인용한 것이다.

39 우상羽觴 : 술잔을 말한다. 이백의 〈春夜宴桃李園序〉에 "멋진 잔치 베풀어 꽃그늘 아래 앉고, 우상을 날리며 달 아래 취한다.(開瓊筵以坐花。飛羽觴而醉月。)"라는 말이 나온다.

40 동손桐孫과 풍백風伯은 광악廣樂을 연주하고 : 오동나무에 바람이 불면 멋진 음악 소리가 들린다는 말이다. 동손은 오동나무에서 새로 벋어 나온 작은 가지를 말하고, 풍백은 바람 귀신을 말한다. 광악은 균천광악鈞天廣樂의 준말로, 천상의 음악을 가리킨다. 균천은 천제天帝의 거소居所인데, 춘추시대에 조간자趙簡子가 5일 동안 혼수상태에 빠져 있을 때 균천에 올라가서 광악을 듣고 왔다는 고사에서 유래한 것이다. 『史記』권43 「趙世家」.

41 요알天閼 : 앞을 가로막는 장애물을 말한다. 『莊子』 「逍遙遊」에 "푸른 하늘을 등에 지고 앞에 가로막는 것이 없게 된 뒤에야 대붕大鵬이 장차 남쪽 바다로 날아갈 생각을 한다.(背負靑天。而莫之夭閼者。而後乃今將圖南。)"라는 말이 나온다.

42 팽상彭殤 : 팽은 상고시대 선인으로 8백 세의 장수를 누렸다는 팽조彭祖를 가리키고, 상은 19세 이하에 죽은 단명한 소년을 가리킨다. 『莊子』 「齊物論」에 "요절한 소년보다 더 장수한 이가 없고, 팽조가 요절했다고 할 수도 있다.(莫壽乎殤子。而彭祖爲夭。)"라는 말이 나오는데, 진나라 왕희지王羲之의 「蘭亭記」에 이와 관련하여 "죽음과 삶을 하나로 본다는 말도 허황된 것이요, 오래 살고 빨리 죽는 것을 같게 본다는 말도 함부로 지어낸 것이라는 사실을 잘 알고 있다.(固知一死生爲虛誕。齊彭殤爲妄作。)"라는 말이 나온다.

43 약수弱水 : 봉래산蓬萊山이 있는 섬으로부터 약 30만 리쯤 떨어져서 인간 세상과 격리시키며 그 섬을 둘러싸고 있다는 전설 속의 물 이름인데, 그 물은 새털처럼 가벼운 물체도 바로 가라앉기 때문에 사람이 도저히 건너갈 수가 없다고 한다. 『海內十洲記』, 『太平廣記』 「神仙」.

44 심양潯陽 : 강 이름. 백거이白居易가 강주江州 사마司馬로 귀양 갔을 적에 심양강潯陽江에서 어떤 상인의 아내가 비파 타는 소리를 듣고 〈琵琶行〉이란 시를 지어 유명해졌는데, 그 〈琵琶行〉 첫머리가 "심양의 강가 어느 날 밤 객을 전송하였는데, 단풍잎 갈대꽃에 가을바람 쓸쓸하였어라.(潯陽江頭夜送客。楓葉荻花秋瑟瑟。)"라는 명구로 시작된다. 『白樂天詩集』 권12.

45 경정敬亭 : 산 이름. 남조 제의 시인 사조謝朓가 선성 태수宣城太守로 부임하여 〈敬亭山〉이라는 오언시를 지으면서 이름이 알려졌다. 『文選』 권27. 그리고 그 뒤에 이백이 경정을 소재로 많은 시를 지으면서 더욱 유명해졌는데, 특히 〈獨坐敬亭山〉이라

는 오언절구가 사람 입에 오르내렸다. 이를 소개하면 다음과 같다. "뭇 새는 높이 모두 날아가고, 흰 구름은 혼자서 한가롭게 떠가네. 서로 보며 양쪽 다 싫어함이 없는 것은, 오직 이 몸과 경정산 둘뿐.(衆鳥高飛盡。孤雲獨去閒。相看兩不厭。只有敬亭山。)"

사명당대사집 제2권
| 四溟堂大師集 卷之二 |

오언율시五言律詩

오언율시
五言律詩

금계 심 명부에게 드리다
奉錦谿沈明府

문성文星[1]이 남쪽 지방에 내려와서	文星下南楚
멀리 하늘 끝까지 찾아 주셨네	遠訪至天涯
고을 성곽엔 저녁 구름이 서늘하고	郡郭涼雲夕
변방의 산하엔 가을 나무가 많아라	關河秋樹多
오경五更이 다 되니 촛불도 가물거리고	更深明滅燭
달이 지니 까마귀도 잠 깨어 흩어지네	月墮散棲鴉
강위江渭[2]의 십 년의 그리움이여	江渭十年思
서로 보니 귀밑머리 벌써 하얗구나	相看鬢已華

신안사에서 천 산인에게 주다
新安寺贈天山人

잠깐 들른 금산錦山의 절간에서	蹔過錦山寺
승을 만나 밤늦도록 이야기했네	逢僧語夜闌
등불 쇠잔한 상방에 달이 떠오르고	殘燈上方月
경쇠 소리 성긴 범루梵樓는 썰렁하기만	疎磬梵樓寒
언덕 위 나무숲엔 반딧불 날아다니고	隴樹飛螢火
뜰아래 잡초에선 이슬방울이 떨어지네	庭蕪點露團
내일이면 또 헤어질 우리들이여	分携又明日
돌아보니 귀밑머리 벌써 희끗희끗	回首鬢毛班

해서로 돌아가는 욱 산인을 전송하며
送昱山人還海西

관關 너머 가는 그대 전송하노니	關外送君去
앞으로 천산 그리고 만 산	千山更萬山
애끊는 납은 밤이 지나도록 울고³	斷猿啼夜後
날리는 눈은 구름 끝에 자욱해라	飛雪暗雲端
해는 저무는데 신주神州⁴는 멀고	日暮神州遠
하늘 높이 외로운 기러기 그림자여	天高鴈影寒
어느 때나 다시 얼굴을 볼까	何時重會面
스러지는 석양을 홀로 바라보네	獨望夕陽殘

진주 자사에게 화답하다
和眞珠刺史

푸른 바닷가 진주眞珠[5]의 관부官府	青海眞珠府
문장으로 이름난 우리 조 사군趙使君	文章趙使君
틈이 나면 물화物化[6]를 관찰하고	乘閑觀物化
한가하면 강운江雲[7]을 음미한다오	暇日玩江雲
계자桂子[8]는 시 읊는 옆자리에 떨어지고	桂子吟邊落
거리엔 백성들의 칭송하는 노랫소리	歌謠巷外聞
좌망坐忘[9]을 했는지라 아아我我[10]도 없이	坐忘無我我
오직 물새와 어울려 노닐 따름	唯與白鷗群

한양에서 병석에 누워 서애[11] 상공에게 올리다
洛下臥病上西厓相公

한번 황운黃雲[12]의 수자리에 떨어진 뒤로	一落黃雲戍
칠 년이 되도록 돌아가지 못하는 몸	七年猶未歸
고비鼓鼙도 가을 꿈에 적게 나오는 때[13]	鼓鼙秋夢少
서울에 있으면서 안부 편지 드물었소	京洛鴈書稀
거울 속의 얼굴도 예전과 달라지고	鏡裏容華改
시름 속에 세월도 더디기만 하네	愁中歲月遲
내일 아침 한강물 건너가려니	明朝渡江水
또 헤어지는 마음 초창하기만	怊悵又相違

복주[14] 서원사에서
福州西原寺

성곽 밖에 서 있는 전조前朝의 사찰	前朝郭外寺
영락한 모습으로 긴 강물 대하네	零落對長河
가을 풀 돋아난 오래된 우물이요	古井生秋草
새벽 까마귀 흩어진 빈 들보로세	空樑散曙鴉
천년 세월 향화香火가 끊어졌다가	千年香火盡
오늘 저녁엔 수운水雲[15]이 많기도 해라	今夕水雲多
떠도는 객의 마음 유독 초창한데	游子獨怊悵
난립한 산 위에 저녁노을 피어나네	亂山生暝霞

부벽루에서 이 한림[16]의 운을 쓰다
浮碧樓用李翰林韻

천손天孫[17]은 어느 곳으로 떠나가고	天孫何處去
강 물결만 옛 성루를 뒤흔드는가	波撼故城樓
날 저무는데 푸른 구름 흩어지고[18]	日暮碧雲散
달이 밝으니 가을 나무 붉도다	月明紅樹秋
인간 세상은 비바람이 몰아치는데	人間風雨急
천상에서 봉황 타고 노니시는지	天上鳳凰游
한 곡조 후정後庭의 그 노래여	一関後庭曲
천년토록 강물만 흐르는구나[19]	千年江水流

복주의 성루에서 묵으며
宿福州城樓

밤 깊어 뿔피리 소리 희미할 뿐	夜久角聲微
일천 집에는 사람 자취 드물어라	千家人迹稀
못가 관소館所의 풀잎에 이슬이 돋고	露生池館草
정定에 든 중의 옷에 반딧불 날아드네	螢入定僧衣
초초히 아무 말 없이 앉아 있노라니	悄悄坐無語
유유히 기심機心[20]이 점점 없어지네	悠悠漸息機
별이 돌고 달이 고개를 넘어가니	星廻月墮嶺
성루 나무에서 새벽 까마귀 날아가네	城樹曙鴉飛

해주의 성에서 묵으며[21]
宿首陽城

언덕 위 나무에는 가을이 일찍 찾아오고	壟樹秋期早
성 주위 해자垓子에는 밤비가 차가워라	城池夜雨寒
병란의 와중에 고향길도 가로막히고	甲兵鄕路隔
나그네 시름 속에 물시계 소리 드문드문	羈思漏聲闌
기러기는 강호 밖으로 넘어가고	鴈度江湖外
반딧불은 행랑 사이로 날아다니네[22]	螢飛廊宇間
향불도 다 사윈 불면의 밤이여	不眠香燼冷
동이 트자 또 급히 말안장 위로	侵曉又催鞍

해서의 산으로 돌아가는 욱 스님을 전송하며
送昱師還海西山

세상일 마음대로 안 된다지만	世事不如意
새해에 이렇게 이별하다니 원	新年別恨長
눈이 녹아 봄빛은 버들에 들어오고	雪消春入柳
구름 머문 고향으로 객은 돌아가네[23]	雲在客還鄕
하늘가에는 저녁 산이 푸르고	天際暮山碧
공중에는 떠나는 새가 바빠라	空中去鳥忙
다시 만날 기약이 전혀 없으니	重逢無定斷
오늘 저녁 머리칼이 희어지겠네	今夕鬢毛蒼

또
又

묘향산 북쪽의 이별 아쉬웠는데	香北惜離別
여기서 다시 만날 줄 어찌 알았으랴	那知更此逢
오늘 아침 또 전송을 하니	今朝又相送
전처럼 고봉에 막히겠군그래	依舊隔高峯
영 너머로 찬 해가 떠오르는 때	嶺外生寒日
하늘 끝 떠나는 자취 아득하기만	天涯渺去蹤
멀리서도 알겠노니 해주의 절간에서	遙知首陽寺
홀로 좌선하며 오경의 종소리 들을 줄을	獨掩五更鐘

강계의 반자半刺[24]에 임명된 유 정랑을 전송하며
送兪正郎除江界半刺

성 모퉁이에서 홀연히 이별하다니	城隅忽分手
오늘은 꽃이 다 진 낙양의 봄날	花盡洛陽春
이 세상에 속상하게 일이 많아서	海內傷多事
하늘 끝에 측근의 신하 보내셨다오	天涯遣近臣
변방의 구름은 요새의 풀에 자욱하고	虜雲迷塞草
고향의 달은 길 가는 임 비춰 주리라	漢月照征人
상상컨대 음산陰山[25] 아래에 도착하면	想到陰山下
아침마다 대궐 하늘 바라보겠지	朝朝望紫宸

정 생원의 시에 차운하다
次鄭生員韻

아미산峨嵋山의 푸른 사슴 한 마리가	峨嵋一蒼鹿
길을 잃고 위태한 지경에 처했어라	失路滯危艱
만 가지 일 공허하니 백발뿐이요	萬事空黃髮
외로운 마음 꿈꾸나니 자단紫壇이로세[26]	孤懷夢紫壇
물은 깊은 골짜기 아래로 흐르고	水流幽澗下
구름은 옛 솔 사이를 적셔 주도다	雲濕古松間
바라건대 우리 낙봉자洛峯子와 함께	願與洛峯子
부요扶搖 타고 봉해산蓬海山으로 날아갔으면[27]	扶搖蓬海山

정 종사의 시에 차운하다
次鄭從事韻

봉래산은 어디 멀리 있는가	蓬山何處遠
매일 돌아가는 구름만 보네	每日見歸雲
병 많은 몸을 그 누가 물어 주리	多病誰相問
중양절重陽節에 홀로 술잔을 잡을 따름	重陽獨把尊
서울에선 소식이 까마득하고	音書杳京國
솔에 걸린 달은 계원雞園[28] 저 너머	松月隔雞園
우리 오천자烏川子가 계신 덕분에	賴有烏川子
은근히 청담을 나누게 되었다오	殷勤淸道言

은천의 역사에서 이 정자와 헤어지며
銀川傳舍別李正字

저녁에 관사에 홀로 앉아서	獨坐郡齋晚
사람도 보내고 봄도 보내네	送人兼送春
청안靑眼의 객[29]과 헤어질 때마다	每違靑眼客
공연히 흰머리가 늘어나기만	虛作白頭人
꽃은 폭풍을 만나 떨어지고	花遇暴風落
풀은 가랑비 맞아 산뜻해라	草因輕雨新
오늘 아침 강위江渭로 떨어지고 나면	今朝隔江渭
하늘 밖 소식이 아득하리라	天外杳音塵

명주의 관소에서 묵다
宿溟州館

어진 태수님 찾아보려고	爲尋賢刺史
오월에 선성宣城에 들어왔어라	五月入宣城
정원의 죽순은 금방 쑥쑥 자라고	庭竹芽初長
담장의 매화는 벌써 열매 익었네	墻梅子已成
금당琴堂[30]에 아무 일 없는 것을 하례하고	琴堂賀無事
밤 자리에선 그리던 정을 얘기했다오	夜席話離情
아침에 떠날 동림東林[31]의 길 생각하니	朝向東林路
뿔피리 소리 시름겹게 들리네	愁聞畫角聲

서애 상공의 시에 차운하여 탄준의 시축에 제하다
次西厓相公韻題坦俊軸

만 번 죽다 겨우 살아남아서	萬死餘生在
벽파에 사립문 닫아걸었네	柴門掩碧坡
기러기 돌아가는 변방 요새는 멀고	鴈廻沙塞遠
산은 궁벽하여 물과 구름 많아라	山僻水雲多
흰머리로 장포漳浦[32]에 머물러 있지만	白首淹漳浦
돌아가고픈 마음 벽라薜蘿[33]를 꿈꾼다네	歸心夢薜蘿
쇠잔한 별이 하늘 끝에 내려오는 때	殘星下天末
밤 시간 얼마나 되었는지 다시금 묻네[34]	更問夜如何

신경의 시축에 제하다
題信敬軸

흰머리로 남쪽에 내려가는 날	白首南征日
동림東林의 길이 더욱 깊기만 해라	東林路更深
누런 구름 자욱한 해변의 수자리에서	黃雲海上戍
푸른 계수나무를 꿈속에서도 찾으리	靑桂夢中尋
눈앞의 늙음만 공연히 깨달을 뿐	空覺眼前老
머리 위의 광음은 알지 못한다네	不知頭上陰
안심安心[35]을 얻을 수 있다면	安心如可得
수중금水中金[36]을 어디에 쓰리오	何用水中金

이 한림이 맹호연에게 준 시[37]에 차운하다
次李翰林贈孟浩然韻

성 모퉁이 아쉽게 헤어지려니	城隅惜分手
별학別鶴[38]의 곡조 차마 못 듣겠네	別鶴不堪聞
도성 거리에 가을 나무 낙엽 지고	紫陌落秋樹
푸른 산은 저녁 구름으로 막혔네	靑山隔暮雲
돌아가 일학一壑[39]의 즐거움 독점했다가	歸專一壑美
돌아와 만승萬乘의 임금님께 사례하기를	回謝萬乘君
이로부터 천추의 세월 지난 뒤에도	此去千秋後
꽃다운 명성 남달리 향기로우리라	英聲有異芬

부벽루에서 이 한림[40]의 운을 쓰다
浮碧樓用李翰林韻

기자箕子가 다스리던 옛 성의 아래　　　箕王古城下
강 물결이 고대의 성루를 뒤흔드네　　　波動古城樓
나라는 망해도 저녁 구름은 푸르고　　　國破碧雲暮
밝은 달빛 아래 가을 나무 붉도다　　　　月明紅樹秋
인간 세상은 비바람이 험악한데　　　　　人間風雨惡
천상에서는 봉황 타고 노닐겠지　　　　　天上鳳凰遊
후정後庭[41]의 한 곡조 끝난 뒤에도　　　一曲後庭罷
희부옇게 강물은 절로 흐르네　　　　　　蒼蒼江水流

주

1 문성文星 : 문운文運을 주관한다는 문창성文昌星 혹은 문곡성文曲星으로, 문재文才가 뛰어난 인물을 비유하는 말이다.
2 강위江渭 : 강동江東과 위북渭北의 준말로, 보고 싶은 사람이 멀리 떨어져 있는 것을 비유하는 시적 표현인데, 두보杜甫의 "내가 있는 위수渭水 북쪽엔 봄날의 나무, 그대 있는 장강長江 동쪽엔 저녁의 구름. 어느 때나 한 동이 술로 서로 만나서, 다시 한번 글을 함께 자세히 논해 볼꼬.(渭北春天樹。江東日暮雲。何時一樽酒。重與細論文。)"라는 시구에서 유래한 것이다.『杜少陵詩集』권1〈春日憶李白〉.
3 애끓는 납은~지나도록 울고 : 못내 이별을 아쉬워하는 심정을 비유한 것이다. 환공桓公이 촉에 들어가서 삼협三峽에 이르렀을 적에 부하 하나가 원숭이 새끼를 잡아왔는데, 새끼를 잃은 그 어미 원숭이가 언덕을 따라 슬프게 울부짖으며 백여 리나 떠나지 않고 뒤쫓아 오다가 마침내 배 위로 뛰어 올라와서는 곧바로 숨이 끊어졌다. 그런데 그 배를 가르고 보니 애가 마디마디 끊겨 있었으므로(破視其腹中。腹皆寸寸斷。), 환공이 그 말을 듣고는 노하여 그 부하를 쫓아내게 했다는 이야기가『世說新語』「黜免」에 나온다. 환공은 진晉나라 환온桓溫을 가리킨다.
4 신주神州 : 전국시대 제齊나라 사람 추연鄒衍이 화하華夏의 땅을 적현신주赤縣神州라고 칭한 고사에서 유래하여 보통 중원을 뜻하는 말로 쓰인다.『史記』「孟子荀卿列傳」.
5 진주眞珠 : 삼척三陟의 옛 이름이다.
6 물화物化 : 만물의 변화라는 뜻으로,『莊子』「齊物論」에 나오는 말이다.
7 강운江雲 : 강동일모운江東日暮雲의 준말로, 그리운 사람을 생각할 때 쓰는 시어.
8 계자桂子 : 계수나무 꽃을 뜻한다. 참고로 당나라 송지문宋之問의〈靈隱寺〉에 "계수나무 꽃이 달 속에 떨어지니, 하늘 향기가 구름 밖에 나부끼네.(桂子月中落。天香雲外飄。)"라는 명구가 있는데, 보통 사원에서 중추仲秋 전후의 시절을 가리킬 때 쓴다.
9 좌망坐忘 : 도가道家의 용어로, 주객主客·물아物我·선악·시비의 차별상을 모두 잊고 자연의 대도大道와 합치하는 정신세계를 말하는데, 불가佛家의 삼매와 비슷한 의미를 지니고 있다.『莊子』「大宗師」에 "사지와 몸통을 떨어 버리고, 귀 밝고 눈 밝음을 쫓아낸다. 그리하여 형체를 여의고 지식을 제거하여 대도와 동화되는 것, 이것을 좌망이라고 한다.(墮肢體。黜聰明。離形去知。同於大通。此謂坐忘。)"라는 말이 나온다.
10 아아我我 : 아아我와 아소我所를 뜻하는 아아소我我所의 준말로, 물아物我와 같은 말이다. 아는 나 자신, 즉 주主, 아소는 나 자신 이외의 외물外物, 즉 객客을 가리킨다.
11 서애西厓 : 유성룡의 호이다.

12 황운黃雲 : 구름처럼 일어나는 누런 모래 먼지라는 뜻으로, 변방 요새 혹은 전쟁터의 황진黃塵을 말한다.

13 고비鼓鼙도 가을~나오는 때 : 왜적과의 전투가 소강 상태에 접어들었다는 말이다. 고비는 군대에서 쓰는 대고大鼓와 소고小鼓를 가리키는데, 여기서는 전쟁의 북소리라는 말로, 왜란을 당한 것을 가리킨다. 보통 비고鼙鼓라고 한다. 당 현종 때 안녹산安祿山이 어양漁陽에서 반란을 일으켜 전국이 병화에 휩싸였는데, 이와 관련하여 백거이의 시에 "어양 땅 북소리 땅을 울리며 몰려오자, 임금님의 예상우의 곡조가 놀라 깨어졌네.(漁陽鼙鼓動地來。驚破霓裳羽衣曲。)"라는 구절이 나온다.『白樂天詩集』권 12〈長恨歌〉.

14 복주福州 : 안동安東의 옛 이름이다.

15 수운水雲 : 물 따라 구름 따라 정처 없이 떠돌며 도를 닦는다는 뜻으로, 행각승行脚僧 혹은 납자衲子의 별칭이다. 보통 운수雲水라고 한다.

16 이 한림李翰林 : 보통은 당 현종 때 한림 공봉翰林供奉을 지낸 이백을 가리키는데, 여기서는 원나라 전시殿試에 급제하여 응봉한림문자應奉翰林文字 승사랑承仕郎 동지제고同知制誥 겸 국사원편수관國史院編修官을 지내고 고려에 돌아와서 한림직학사翰林直學士 지제고知制誥 겸 춘추관편수관春秋館編修官을 지낸 목은牧隱 이색李穡을 말한다.

17 천손天孫 : 천제天帝의 아들 해모수解慕漱와 하백河伯의 딸 유화柳花의 사이에서 태어났다는 고구려의 시조 동명왕東明王을 가리킨다. 그가 일찍이 부벽루浮碧樓 아래 기린굴麒麟窟에서 기린마麒麟馬를 기른 뒤에 그 말을 타고 부벽루 곁의 조천석朝天石이라는 바위로 빠져나와 하늘로 올라갔다는 전설이 있다. 사명당의 이 시는 첫 구절과 마지막 구절이 목은의 〈浮碧樓〉에 나오는 표현과 흡사하다. 참고로 목은의 시를 소개하면 다음과 같다. "어제 영명사에 들렀다가, 잠시 부벽루 위에 올랐어라. 성은 텅 비어 한 조각 달이요, 바위는 늙어 천추의 구름이로세. 기린말 떠나가서 돌아오지 않으니, 천손은 어느 곳에서 노니시는고. 길게 읊으며 바람 부는 언덕에 서니, 산은 푸르고 강은 절로 흐르도다.(昨過永明寺。暫登浮碧樓。城空月一片。石老雲千秋。麟馬去不返。天孫何處遊。長嘯倚風磴。山靑江水流。)"『牧隱詩藁』제2권. 영명사永明寺는 평양 금수산錦繡山에 있는 사찰로, 부벽루의 서쪽 기린굴의 위쪽에 자리하고 있다.

18 날 저무는데~구름 흩어지고 : 참고로 남조 송의 시승詩僧 혜휴惠休의 〈怨別〉이라는 오언고시에 "날 저물자 푸른 구름은 서로 합하는데, 정든 님은 왜 이렇게 오지 않는지.(日暮碧雲合。佳人殊未來。)"라는 명구가 나온다.

19 한 곡조~강물만 흐르는구나 : 임금이 정치를 잘못하여 나라는 멸망했지만, 대동강은 예나 이제나 변함없이 흐르고 있다는 말이다. 후정곡後庭曲은 망국의 노래를 뜻한다. 남조 진의 후주後主 진숙보陳叔寶가 정사는 돌보지 않고 매일 비빈妃嬪 등과

함께 노닐면서 새로 지은 시에 곡을 붙여 노래를 부르게 하다가 끝내 나라를 망하게 한 고사가 있는데, 그 곡 가운데 전해 오는 이른바 〈玉樹後庭花〉를 줄여서 〈後庭曲〉 혹은 〈玉樹歌〉라고 부른다.『陳書』「皇后傳」'後主張貴妃'.

20 기심機心 : 자기의 사적인 목적을 이루려고 교묘하게 꾀하는 마음을 말한다.
21 이 시는 대사가 1592년 가을 의승병을 거느리고 해주 수양산에 유숙하면서 지은 것으로 보인다.
22 반딧불은 행랑 사이로 날아다니네 : 참고로 백거이의 시에 "달은 구름 걸린 나무 밖에 숨고, 반딧불은 행랑 사이로 날아다니네.(月隱雲樹外。螢飛廊宇間。)"라는 구절이 보인다.『白樂天詩集』 권13 〈旅次景空寺宿幽上人院〉.
23 구름 머문~객은 돌아가네 : 어버이 계신 고향에 대한 그리움을 비유한 말이다.
24 반자半刺 : 자사刺史의 보좌관이라는 뜻으로, 도호부都護府의 통판通判, 즉 판관判官의 별칭이다.
25 음산陰山 : 원래는 내몽고內蒙古 지역의 음산산맥陰山山脈을 말하는데, 한 무제漢武帝 때 우북평태수右北平太守 이광李廣이 이 지역에 출몰하는 흉노를 대파하여 비장군飛將軍이란 칭호를 얻었던 고사에서 유래하여, 보통 북쪽 변경의 산이라는 뜻으로 쓰인다.
26 외로운 마음 꿈꾸나니 자단紫壇이로세 : 그가 속세를 떠나 수도하는 생활을 원한다는 말이다. 자단은 도교의 제단으로, 도관道觀이나 사원을 비유하는 말로 쓰였다.
27 부요扶搖 타고 봉해산蓬海山으로 날아갔으면 : 신선이 산다는 바닷속의 이상향으로 날아가고 싶다는 말이다. 봉해산은 삼신산三神山의 하나인 봉래蓬萊이고 부요는 회오리바람을 뜻한다.『莊子』「逍遙乳」에 "붕새가 남쪽 바다로 옮겨 갈 적에 물결을 치는 것이 삼천 리요, 부요를 타고 구만리 하늘 위로 올라가서 여섯 달을 가서야 쉰다.(鵬之徙於南冥也。水擊三千里。搏扶搖而上者九萬里。去以六月息者也。)"라는 말이 나온다.
28 계원雞園 : 중인도 마갈다국摩揭陀國 아육왕阿育王이 파다리자성波咤釐子城에 세운 계원사雞園寺에서 유래한 것으로, 보통 사원의 별칭으로 쓰인다.『雜阿含經』 권2,『大唐西域記』 권8.
29 청안靑眼의 객 : 반가운 손님이라는 뜻이다.
30 금당琴堂 : 선정善政을 베푸는 고을 원의 청사라는 뜻이다. 공자의 제자 복자천宓子賤이 선보單父 고을의 수령이 되었을 적에 마루 아래로 내려오는 일이 없이 거문고만 연주했는데도 경내가 아무 일 없이 잘 다스려지며 교화가 제대로 이루어졌다는 고사에서 유래한 것이다.『呂氏春秋』「察賢」.
31 동림東林 : 동진東晉의 고승 혜원慧遠이 여산廬山의 동림사東林寺에 주석했던 고사에서 유래하여, 보통 절간을 의미하는 시어로 쓰인다.

32 장포漳浦 : 장수漳水 물가라는 뜻으로, 병들어 누워 있는 것을 비유할 때 쓰는 시어이다. 삼국시대 위나라 건안칠자建安七子의 한 명인 유정劉楨이 조조曹操의 아들인 조비曹丕와 절친하였는데, 그가 조비에게 빨리 찾아와 주기를 간청하면서 보낸 시의 내용 중에 "내가 고질병에 심하게 걸려서, 맑은 장수漳水 가에 몸져 누워 있다.(余嬰沈痼疾。竄身淸漳濱。)"라는 말이 『文選』 권23 〈贈五官中郎將〉 4수 중 둘째 시의 첫 구절에 나온다.

33 벽라薜蘿 : 칡덩굴 옷이라는 뜻의 벽라의薜蘿衣의 준말로, 산에 사는 은자隱者의 복장을 가리키는데, 보통 은거하는 삶을 비유하는 시어로 쓰인다. 『楚辭』 「九歌」〈山鬼〉에 "벽려로 옷을 해 입고 여라의 띠를 둘렀도다.(被薜荔兮帶女蘿)"라는 표현이 나온다.

34 밤 시간~다시금 묻네 : 참고로 두보杜甫의 시에 "아침에 상소를 올려야 하는지라, 밤 시간 어찌 됐나 자꾸만 물어보네.(明朝有封事。數問夜如何。)"라는 구절이 있다. 『杜少陵詩集』 권6 〈春宿左省〉.

35 안심安心 : 안심방安心方, 즉 마음을 편안하게 할 수 있는 처방을 말한다. 중국 선종의 2조 혜가가 초조인 달마에게 "내 마음이 편안하지 못하니 스승께서 마음을 편안하게 해 주셨으면 합니다."라고 하자, 달마가 "그 마음을 가지고 와라. 너에게 편안함을 주겠다."라고 하였는데, 혜가가 한참 뒤에 "그 마음을 찾아보았으나 찾을 수가 없었습니다."라고 하니, 달마가 "내가 너에게 이미 안심의 경지를 주었다."라고 한 안심법문安心法門의 고사가 전한다. 『景德傳燈錄』 권3.

36 수중금水中金 : 단약丹藥의 일종이다. 명明나라 손일규孫一奎가 지은 『赤手元珠』 권10 「取秋石精英法」에 "수중금은 실로 양생을 함에 있어 최상 일승의 신품이다.(水中金實養生最一乘之神品)"라는 말이 나온다. 참고로 도교의 이른바 팔선八仙 중의 하나인 여동빈呂洞賓이 황룡黃龍 선사를 만나서 한마디 말을 듣고 크게 깨달은 뒤에 기뻐서 춤을 추며 "바랑도 버리고 거문고도 부쉈나니, 이제는 수중금을 연연하지 않으리. 황룡을 한번 만나 본 뒤로, 그동안 마음 잘못 쓴 것을 알도다.(棄却瓢囊搋碎琴。如今不戀水中金。自從一見黃龍後。始覺從前錯用心。)"라고 게를 읊어서 바친 고사가 전한다. 『人天寶鑑』 권1 「眞人呂洞賓」, 『嘉泰普燈錄』 권24 「呂巖眞人」.

37 이 한림이~준 시 : 이 한림李翰林은 이백李白을 말한다. 이 제목의 시 〈贈孟浩然〉은 『李太白集』 권8에 나온다.

38 별학별鶴 : 부부의 이별의 아픔을 노래한 악부樂府의 금곡琴曲 이름이다. 상릉목자商陵牧子가 아들을 두지 못해 장차 개취改娶하려 할 적에 아내가 슬피 노래하는 것을 듣고서 지었다고 한다. 『古今注』 권중 「音樂」. 별학조別鶴操, 별학원別鶴怨, 혹은 별학롱別鶴弄이라고도 한다.

39 일학一壑 : 산과 골짜기를 뜻하는 일구일학一丘一壑의 준말로, 은퇴하여 초야에서

산수를 즐기는 것을 말한다.
40 이 한림 : 목은 이색을 말한다.
41 후정後庭 : 옥수후정화玉樹後庭花의 준말로, 음탕한 망국의 노래를 말한다.

사명당대사집 제3권
| 四溟堂大師集 卷之三 |

칠언율시七言律詩

무외 장로에게 드리다
贈無畏長老

하의荷衣[1] 입고 구화산九華山[2] 내려오지 않고서 　荷衣不下九華岑
문 닫은 지 여러 해 마음 조복調伏 받았네 　　　門掩多年已伏心
꿈에서도 진세塵世의 길은 전혀 노닐지 않고 　　無夢蹔遊塵世路
생각이 나면 이따금 계수 꽃그늘 속으로 　　　　有懷頻入桂花陰
운하雲霞가 뜰 나무 에워싸도 일체 맡겨 둔 채 　雲霞一任籠庭樹
풍우가 먼 숲 지나는 것을 멀리 바라볼 뿐[3] 　　風雨遙看過遠林
우연히 호계虎溪[4] 나왔다가 다시 옛 은거지로 　偶出虎溪還舊隱
푸른 산 어디로 따라가야 찾을 수 있을는지 　　碧峯何處可追尋

봉익鳳翼의 부채를 달성의 자사에게 드리며
鳳翼奉達城刺史

동정洞庭의 푸른 대나무 멀리 꺾어다가	洞庭遙折碧琅玕
구산緱山의 봉황 날개 너끈히 만들었네[5]	閑製緱山鳳羽翰
색깔은 찬 공중의 가느다란 구름 같다면	色似寒空雲細細
모양은 가을 은하의 둥그런 달 비슷하네	形如秋漢月團團
산골에서 잠드는 승려에겐 걸맞지 않고	不宜鷲子眠丘壑
옥난간 기대는 선랑仙郞에게 적격이라 할까	正合仙郞倚玉欄
선실宣室의 조서 내리는 은혜 뒷날 받으시면[6]	宣室他時蒙下詔
저녁 햇빛 가리고 장안에 올라가시기를	却遮西日上長安

연경으로 가는 홍 정언을 전송하며
送洪正言赴京

서쪽을 바라보니 북경까지 오천 리	西望秦京五千里
늦가을 역루驛樓에서 그대 보내는 때	驛樓秋晚送君時
여관에 날 저무니 행인도 안 보이고	日斜賓館行人少
관산關山에 서리 내려 나뭇잎도 성글도다	霜落關山樹葉稀
고죽孤竹[7]의 고성古城에선 애가 곧잘 끊기고	孤竹古城魂斷易
계문薊門[8]의 연월烟月에는 꿈 이루기 더디리라	薊門烟月夢成遲
동쪽에 흰 구름 떠 있는 곳[9] 바라다보며	遙知東望白雲在
하늘 밖 효심 더할 줄 멀리서도 알겠노라	天外應添孝子思

부벽루에 오르다
登浮碧樓

늦은 봄날 꽃잎 지는 평양의 거리	落花春晚箕城路
먼 나그네 부벽루에 처음 올랐네	遠客初登浮碧樓
제향帝鄕으로 봉황 떠난 하늘은 물과 흡사하고	鳳去帝鄕天似水
물가 숲의 달 높은 밤은 가을과도 비슷해라	月高汀樹夜如秋
미앙未央[10]의 성근 버들은 천년토록 한 빛이요	未央踈柳千年色
장락長樂의 쇠잔한 종소리는 오늘의 근심이로다	長樂殘鐘此日愁
인사人事는 이미 운우雲雨 따라 흩어지고	人事已隨雲雨散
대동강만 여전히 서쪽으로 흐르네	浿江依舊向西流

악양의 강 어구에 배를 대고 고운의 유적을 방문하다
泊岳陽江口訪孤雲舊跡

외로운 배로 새벽에 곤양성昆陽城 출발하여	孤舟曉發昆陽城
저녁에 악양루岳陽樓 아래 바위에 정박했네	暮泊岳陽樓下石
금궤金櫃는 청계靑桂 깊이 어디 있는고	金箱何處靑桂深
학 한 마리 날아가고 날아올 따름	飛去飛來鶴一隻
황혼에 어촌에서 아궁이 불씨 빌려다가	黃昏爨火乞漁村
밤들어 모래톱에서 대나무로 밥 지었네[11]	入夜汀洲燃楚竹
동이 트자 일어나서 비로봉을 바라보니	平明起望毘盧峯
동남쪽에 구름장 걷히고 하늘은 한 빛	雲盡東南天一色

동호로 일찍 떠나다
東湖早發

봉산蓬山 서쪽에서 닭 울 때 닻을 풀고	雞鳴解纜蓬山西
용호龍湖로 흘러내리니 밤 아직 일러라	流下龍湖夜猶早
강바람 잠시 멈추니 물결 그림자 텅 비고	江風暫歇波影空
구름이 포구에 일어나 갯가 나무 잠겼네	雲生浦口沉汀樹
뱃사공 급히 외쳐 덮개 새로 쳤나니	舟人呼急布新蓬
땅이 귀허歸虛¹²와 접해서 비가 올 테니까	地接歸虛應有雨
뱃소리 한마디에 가볍게 노를 저어	欸乃一聲柔櫓移
여명에 장안 가까운 길에 배를 대었네	平明泊近長安道

동화사 상방에서 야반의 종소리를 듣고
桐華寺上房聞分夜鐘

속은 비고 밖은 후한 둥글고 곧은 모양	中虛外厚形圓直
하고 많은 세월 속에 치는 대로 울어 줬네	隨扣而鳴歲月深
꿈속에선 범이 으르렁거리나 놀랐고	夢裡初驚聞虎嘯
깨어나선 용이 신음하는 줄 알았다오	醒時更覺聽龍吟
영은靈隱에서 황혼에 울리던 그 음향이요[13]	曾爲靈隱黃昏響
한산寒山에서 야반에 울리던 그 소리로세[14]	又作寒山半夜音
몇 번이나 사람을 깊이 깨닫게 하였을까	幾度令人發深省
지금도 바람에 날려 그윽한 숲 진동하네	至今風颺振幽林

금계의 영벽루 시에 차운하여 심 명부에게 드리다
次錦谿映碧樓韻奉沈明府

시는 회음淮陰이 기병奇兵을 내듯 하나니[15]	詩似淮陰兵出奇
옥소리가 일찍이 봉황지鳳凰池[16]를 진동했다오	玉聲曾振鳳凰池
북두를 감도는 꿈 금란金鑾[17]의 달이요	夢廻北斗金鑾月
남쪽 변방 떨어진 몸 세모의 때로세	身落南荒歲暮時
제결이 높이 날아 향초가 시들고[18]	鶗鴂[1]高飛蕙草歇
서리꽃 난입하여 귀밑머리 나부끼네	霜華亂入鬢毛吹
봄이 오면 떠나가서 풍운회風雲會[19] 이루리니	春來去作風雲會
청죽青竹에서 제자사帝者師라고 응당 일컬으리라[20]	青竹應稱帝者師

---

1) ㉤ 乙本·丙本·丁本에는 '鶗'가 '鴂'로 되어 있다.

황주의 자사에게 부치다
寄黃州刺史

만사가 평소에 뜻대로 되지 않아	萬事平生與志違
강위江渭에서 꿈 나눈 지 십 년의 세월	夢分江渭十年時
해서海西에서 어안魚鴈[21]의 소식 오지 않으니	海西魚鴈無消息
천외天外에서 안위의 시비 어두울밖에	天外安危昧是非
창구백의蒼狗白衣[22]로 분분히 변하는 세태여	蒼狗白衣紛世變
낙화방초의 좋은 시절 저버렸구나	落花芳草負佳期
지금 부질없이 사미를 보내면서	只今空送沙彌去
영지버섯 캐어 먼 그리움 부치노라	采采仙芝寄遠思

백련사의 승려에게 주다
贈白蓮僧

해마다 좋은 시절 객지에서 보내는 몸
고향 꽃길 꿈속에 지팡이 끌고 거니네
전에 놀러 왔던 곳에 방초가 있었는데
오늘 올 적에는 옛날의 자취 희미해라
변새邊塞에 매인 시름 아직도 뒤숭숭
거울 속 쇠한 머리 쑥대강이 다 되었네
하늘 끝 멀고 멀어 돌아가지 못한 채
백련정사 종소리를 앉아서 듣노매라

佳節年年客中過
故山花逕夢携筇
曾遊到處有芳草
此日來時迷舊蹤
塞上羈愁猶亂緖
鏡中衰鬢已成蓬
天涯迢遞不歸去
坐聽白蓮精舍鐘

웅 상인에게 주다
贈雄上人[1]

홀로 강 누대 오르니 어느새 어둑어둑	獨登江檻夜蒼蒼
미세한 종소리 냉랭히 동방洞房에서 나오네	微磬冷冷出洞房
경수瓊樹[23]를 생각하여 마음은 곧잘 가건마는	瓊樹有懷心到易
속진에 계책 없어 꿈에서 깨기 일쑤로세	塵途無計夢回忙
수국水國에 산들바람 불어 마름 향내 풍기고	風輕水國蘋香動
서봉西峯에 달이 지니 계수 그림자 썰렁해라	月落西峯桂影凉
한번 물어보세 요대瑤臺[24]는 어디 있는지	借問瑤臺是何處
객의 시름 오경에 들어 유독 길어라	客愁偏入五更長

---

1) ㉘ 丁本에는 '人' 아래 '贈雄上人·出洞'이 있다.

고향 하늘 바라보며
望鄕[1)]

남쪽 나라 머나 멀리 소식 끊긴 채	南國迢迢回鴈絶
병중에 괜히 일렁이는 옛 동산 생각	病中虛動故園情
구름 파묻힌 초협楚峽을 객은 늘 바라보고	雲埋楚峽客長望
달이 진 강 누대 꿈속에 자주 놀란다오	月墮江樓夢屢驚
계절도 다한 못에는 버들개지 날리고	節晩橫塘飛落絮
봄 깊은 고원에는 꾀꼬리 소리 흐르네	春深故院語流鸎
멀리 알겠노니 지난해 가던 낙수洛水[25]의 길	遙知洛水去年路
방초가 여전히 무성하게 돋아났으리	芳草萋萋依舊生

---

1) ㉰ 丁本에는 '鄕' 아래 '回鴈絶病中虛動故園情雲埋楚峽客長'이 있다.

가주[26]로 돌아가는 승려를 전송하며
送僧還嘉州

가주嘉州의 노승은 봄에 홀로 돌아가고	嘉州老僧春獨歸
해 질 녘 물가에는 방초가 돋아나네	汀洲落日生芳草
곳곳에 푸른 가지 늘어진 수양버들	垂楊處處拂靑枝
꺾어 주어 남당南塘 길의 송별 선물로	折取贈送南塘路
남당의 길 아득해라 무려 일천 리	塘路茫茫一千里
서운해서 백발이 몇 올 더 생기겠네	望望鬢絲生幾縷
명절의 이별이라 괜히 가슴 아프니	空傷佳節別離間
명년도 오기 전에 이미 늙고 말리라	不到明年應已老

진주의 자사에게 화답하다
和眞珠刺史

하릴없이 순식간에 봄도 지나가고	悠悠漾漾度靑陽
초창하게 하늘 한쪽 떠도는 이 몸	怊悵羈遊天一方
천 리에 짧은 지팡이 항상 여인숙	千里短筇長逆旅
십 년의 외로운 꿈은 강변의 마을	十年孤夢在江鄕
마철磨鐵27의 공부 못 했으니 다생의 빚이요	功違磨鐵累生債
타우打牛28의 배움 없이 귀밑머리엔 서리만	學未打牛霎1)鬢霜
다행히 방옹龐翁29이 나의 의혹 깨우쳐 주셨으니	賴有龐翁開我惑
청심淸心의 근원이 긴 것을 이로부터 깨닫겠소	淸心從此覺源長

---

1) ㉠ '霎'은 '雙'의 오기인 듯하다.

계미년 가을에 관서로 가는 도중에
【아래 삼절三絶은 허하곡許荷谷[30]을 생각하고 지었다.】
癸未秋關西途中【下三絶懷許荷谷】

변방에 해 저물어 뭇 초목 시들시들	歲落關河衆芳歇
단풍엔 서리 지고 나그네는 남쪽으로	岸楓霜度客南歸
길 옆 누런 국화는 예전 빛이 아닌데	路傍黃菊非前色
시름 밖 푸른 산은 옛 시절과 똑같아라	愁外靑山似舊時
만 리 멀리 외로운 신하의 몇 줄기 눈물이여	萬里孤臣數行淚
일 년 동안 귀밑머리 몇 가닥 더 희어졌을까	一年雹[1)]鬢幾莖絲
양양히 흐르는 강한江漢의 물 아름다운데	美哉江漢洋洋水
해 질 녘 복조鵩鳥의 노래[31] 공연히 읊노매라	日暮空吟鵩鳥詞

---

1) 옉 '雹'은 '雙'의 오기인 듯하다.

영남 금오 아래에 병들어 누워 운중의 재조를 생각하다
嶺南金烏下臥病憶雲中才調

삼 년을 금오산 아래 병들어 누워	三年臥病金烏下
노룡盧龍32을 바라보다 한 해가 또 지나네	望盡盧龍又歲餘
이슬져 남으로 가는 기러기 괜히 놀라고	白露空驚南渡鴈
국화는 피었건만 북에선 편지 오지 않네	黃花猶阻北來書
아득한 산과 내 희미한 긴 길이요	山川渺渺迷長路
쓸쓸한 바람과 비 문 닫힌 오두막	風雨蕭蕭掩弊廬
단 하나 가을밤 중천의 달이 있어	獨有中天秋夜月
처량하게 눈물이 옷깃 적시게 하네	令人怊悵淚霑裾

만경대 위에서 한음[33] 좌상에게 올리다
萬景臺上漢陰左相

바다와 하늘 맑게 개어 선명한 경치	滄海遙空霽景鮮
한껏 바라보다 회포 문득 처연해지네	望窮懷抱却悽然
사람 드문 옛 성엔 가을 풀 무덕무덕	人稀古郭秋蕪綠
서쪽으로 해 기울며 들판은 어둑어둑	日下高舂野色玄
먼 변방 떨어진 몸 머리는 벌써 백발	身落遐荒頭已白
청계靑桂 찾는 꿈에 달만 공연히 밝아라	夢尋靑桂月空妍
언제나 황학黃鶴[34] 떠난 창공의 구름 속에서	何時黃鶴碧雲裡
동천洞天에 누워 향 피우며 독경 소리 들을까	淸梵燒香臥洞天

죽촌도[35]에 실린 여러 분의 시를 차운하여
用竹村圖群賢韻

티끌 없이 고요한 강 마을의 초가집	江村茅屋靜無塵
문항門巷도 똑같이 그림 속 그 사람일세	門巷依然畫裏身
서리 국화 푸른 솔과 같이 지내기 넉넉하고	霜菊碧松饒契活
거문고에 밝은 달빛 집이야 가난하건 말건	瑤琴皓月任家貧
황관야복黃冠野服[36]과도 뜻이 저절로 들어맞고	黃冠野服意自適
창파의 백조와도 마음이 서로 친하다오	白鳥滄波心與親
꿈처럼 지나는 유한한 백 년 인생이지만	有限百年如夢過
그래도 술 가득 부어 내 진심 보존하리[37]	倘從深酌保吾眞

존조를 모시고 서쪽으로 가는 송암을 송별하며
別松庵陪尊祖西行

남북으로 몇 년 동안 공연히 왔다 갔다	燕楚多年空去來
봄바람 속에 지금 또 해서海西로 돌아가네	春風今又海西回
아홉 번 오른 종령鍾嶺 중봉中峯의 달빛이요	九登鍾嶺中峯月
세 번 밟은 소상강 양안의 이끼로다	三踏瀟湘兩岸苔
방안에서 묘결妙訣 참구하는 일 늘 생각느니	室下永懷叅妙訣
화로의 식은 재에서 다시 불씨 꺼내려고	爐中還欲撥深灰
이번에 함께 따라 돌아가지 못한 채	此行不得隨歸況
홀로 향성香城의 계수대桂樹臺에 기대 있노라	獨倚香城桂樹臺

을미년 가을에 양 책사[38]에게 봉정하다
乙未秋奉楊冊使

구천의 생봉笙鳳[39]이 주루珠樓에서 내려와서	九天笙鳳下珠樓
부절符節 쥐고 동으로 온 가을의 계절	持節東行是素秋
속진 밖 절에 걸어서 오른 황금 부월斧鉞이요	金鉞步登塵外寺
섬 속의 추장 앉아서 떨게 한 황제의 위엄이라	皇威坐懾島中酋
길이 오배鰲背[40]를 지날 때면 용이 꿈을 깰 것이요	路經鰲背龍驚夢
서리가 관산關山에 내리면 기러기가 시름 자아내리	霜度關山雁起愁
생각건대 부상扶桑에서 성지聖旨를 선포하는 날	想到扶桑宣聖旨
일시에 서쪽의 제왕주帝王州 향해 절을 하리라[41]	一時西拜帝王州

원적암
圓寂庵

기수琪樹와 경림瓊林 빽빽한 백옥산白玉山이여	琪樹瓊林白玉山
대라大羅[42] 사이에 일만 봉우리 높이 솟았네	萬峯高出大羅間
자부紫府[43]의 소요하는 낙을 원래 좋아하면서도	自憐紫府逍遙樂
황진黃塵의 길에서 고생하다니 도리어 우스워라	翻笑黃塵道路艱
송계松桂의 그림자 속에 중은 선정에 들고	松桂影中僧入定
봉소鳳簫의 소리 속에 달은 관關에 임했도다	鳳簫聲裡月臨關
벽도碧桃[44]의 꽃 지는 것을 본 사람 없나니	碧桃花落無人見
이따금 마고麻姑를 만나 한번 웃어 볼밖에[45]	時與麻姑一破顏

온천으로 가는 이 찰방과 헤어지며
別李察訪向溫泉

화청華淸⁴⁶ 가는 길 산으로 겹겹이 막혔으니	華淸歸路隔重巒
봄바람 속의 말안장 며칠 지나야 올는지	鞍馬東風幾日還
먼 물길 가늘게 연무 속에 가로 비끼고	遠水微橫烟霧裏
외로운 기러기 아득히 석양 사이에 드네	孤鴻杳入夕陽間
가슴 아픈 당시의 일 묻지를 마오	傷心不問當時事
작별하려니 절로 눈물이 소매 가득	臨別無堪滿袖潸
이번 모임 다른 해에 기억한다면	此會他年如記得
옛 성의 달 밝은 밤 차가운 창가	故城明月夜窓寒

소릉[47]의 운을 쓰다
用少陵韻

가을 만나 만사가 절로 서글퍼지는데 萬事逢秋已自哀
또 변방의 기러기 남으로 간다는 소식 又聞天塞鴈南廻
흰 구름 아래 바라보니 고향은 멀고 白雲在望鄕關遠
누런 잎사귀 산에 가득 서신은 드물기만 黃葉滿山書信稀
늦가을 날 연못에는 연꽃이 비에 꺾이고 節晚池塘荷敗雨
시름 많은 길손은 길 가다 누대에 오르네 愁多道路客登臺
떠도는 몸 어느 곳 어느 날 밤에 轉蓬何處他時夜
앉아서 등감燈龕 대하며 한잔 기울일까 坐對燈龕倒一杯

그냥 쓰다
謾書

장주藏舟[48]의 꾀 졸렬해서 자꾸만 일이 어긋나　　藏舟計拙事多違
문도 닫지 않은 채 밤 깊도록 앉아 있네　　坐到更深不掩扉
삼천팔백의 행적[49]을 찬찬히 세어 보니　　細數三千八百榮
사십구 년의 잘못[50]을 비로소 알겠도다　　方知四十九年非
지금 귀를 뚫는 사람[51] 누가 있을까　　秪今穿耳人誰在
예로부터 고선枯禪[52]은 세상에 드물었지　　從古枯禪世所稀
종소리 끝나고 달 잠기며 동틀 적에야　　鐘盡月沉天欲曙
찬 이슬에 젖은 나의蘿衣[53] 처음 놀랐네　　始驚寒露濕蘿衣

부휴자에게 증정하다
贈浮休子

성인 떠나신 지 어언 삼천 년	去聖三千年後時
날로 쇠해지는 대웅大雄의 진법眞法	大雄眞法日將衰
분분한 마군魔軍의 말에 사람 모두 취했으니	紛紜魔語人皆醉
뇌락한 부처님 말씀을 세상의 누가 견지할까	磊落金言世孰持
영악靈嶽은 이제 벌써 해가 저물었는데	靈嶽此時曾歲晏
소림少林엔 언제나 또 봄이 돌아올는지	少林何日又春歸
지금 바른 안목을 우리 형이 지녔으니	秪今正眼吾兄在
무너진 기강 재정비할 이 또 누구리오	再整頹綱更是誰

한 감사에게 드리다
奉韓監司

[1]
생각나네 호사湖寺의 봄날 밤의 그 대화　　　　憶曾湖寺春宵話
재자才子의 모임에서 그대 가장 어렸었지　　　　才子筵中最少年
강 달 처음 둥글 때 물시계 소리 들렸고　　　　江月始圓聞轉漏
정원 매화 처음 질 때 두견이 소리 들렸지　　　院梅初落聽啼鵑
지금 봉화가 석 달을 연하는 때　　　　　　　　祗今烽火連三月
그때 모인 사람들 그만 구천의 객　　　　　　　當日仙曹隔九泉
단 하나 우리 방백 옛정이 많으시어　　　　　　獨有使華多舊意
몇 번이나 귀한 글 운연雲烟에 부쳤다오　　　　數書珍重寄雲烟

[2]
부월斧鉞 쥐고 동으로 영해를 순시하나니　　　　仗鉞巡東嶺海間
남쪽 변방에 장연瘴烟과 한색寒色이 가득해서　　瘴烟寒色滿吳關
호령이 주현州縣에 행해짐은 바람에 풀이 눕듯[54]　令行州縣風靡草
위엄이 만황蠻荒에 떨쳐짐은 맹호가 산에 있듯[55]　威振蠻荒虎在山
궁벽한 삼초三楚[56]의 땅에 가을빛이 저무는데　　三楚地窮秋色晚
꿈속에 자주 찾는 오운五雲[57]의 먼 하늘이여　　五雲天遠夢頻還
분우分憂[58]의 한 생각 항상 가슴에 품는지라　　分憂一念長懷抱
도처에 주서州書 보내 밤에도 춥지 않다오　　　到處州書夜未寒

서쪽으로 돌아가는 은 대사와 헤어지며
別訔大師西歸

일찍이 금선대金仙臺에서 강講을 들을 때	曾向金仙聽講時
만당滿堂의 용상龍象 중에 누가 왼쪽에 있었던가[59]	滿堂龍象左居誰
오천五天의 심법은 정수精髓를 정신으로 전수하고[60]	五天心法神傳髓
삼성三聖[61]의 종강宗綱은 꿈에서 스승에게 받았다오	三聖宗綱夢受師
장고杖鈷[62]로 일천 산길 홀로 걷고는	杖鈷獨行千嶺路
가사를 만년지萬年枝[63]에 다시 떨쳤구려	袈裟更拂萬年枝
오래 헤어진 휴공休公이 안부 묻거들랑	休公久別如相問
청해의 송운松雲도 백발이더라 전해 주오	青海松雲鬢已絲

허 사인의 시에 차운하다
次許舍人韻

호령湖嶺에서 누가 역사驛使의 매화[64]를 전해 줄까	湖嶺誰傳驛使梅
병들어 공연히 또 재를 남몰래 긁적일 뿐	病來空復暗書灰
삼청三淸의 음성과 안색 멀기만 한 오늘	音容此日三淸遠
어느 해에 소식 듣고 한번 웃어 볼까	消息何年一笑開
달을 볼 때면 조개皂蓋를 기울인 일[65] 생각나고	看月每懷傾皂蓋
누대에 기대면 술 들이켜던 일 늘 떠오르네	倚樓長憶倒深杯
봄바람 속에 조만간 동으로 돌아가서	春風早晩東歸路
은 촛불 금 술잔에 한번 취해 보리라	銀燭金尊醉一廻

김해의 옛 능
金海古陵

병화의 가을 돌아오니 성곽은 텅 비고	兵火秋廻城郭空
옛 능은 금 사발이 재 속에 흩어졌네	故陵金盌散灰中
풀처럼 쌓인 해골[66] 난초 길 뒤덮어서	積骸成莽迷蘭逕
대숲에 엉긴 구름 한스럽게 바라보네	遺恨看雲惹竹叢
붉은 머리 아이놈은 옛 가락 웅얼거리고	赤髮少廝歌古調
초가집엔 해 질 녘에 슬픈 바람 일어나네	茅簷[1)]斜日起悲風
유유히 지나간 일 물어볼 사람 없나니	悠悠徃事無人問
유수流水 한연寒煙[67]은 가는 곳마다 똑같구나	流水寒煙處處同

---

1) ㉠ '詹'은 '簷'의 오기인 듯하다.

서울로 가는 자장에게 주다
贈子長赴京行

동분서주하느라 머리엔 흰 눈 가득	東去西馳雪滿頭
세간의 이별의 한 어느 때나 없어질까	世間離恨幾時休
육 년 동안 전장에서 동고동락하였는데	六年戎馬同休戚
하루 저녁 행장 꾸려 떠나려 하는구나	一夕行裝異去留
나는 청해의 저녁 구름 속에 병들어 눕고	靑海暮雲人臥病
그대는 낙성의 봄 나무숲 누대에 오르리	洛城春樹客登樓
도성과 먼 이곳에 소식이 없으면	地遙京輦無消息
송백의 찬 소리 모두 시름이리라	松栢寒聲摠是愁

기해년 가을에 변 주서와 헤어지며
己亥秋奉別邊注書

삼가 조정 명령 받고 군문軍門에 내려왔나니　　恭承朝命下轅門
중국과 조선의 산하가 여기에서 나뉘누나　　　夷夏山河到此分
사해의 풍진은 아직도 여기저기 전장이라　　　四海風塵猶轉戰
십 년의 먼 수자리 끝에 다시 종군한다오　　　十年征戍更從軍
성 모퉁이 지는 해에 돌아오는 새를 보고　　　城隅落照看廻鳥
하늘 밖 귀향의 마음은 가는 구름 바라보네　　天外歸心望去雲
정녕 어느 날에 요기妖氣를 소탕하고　　　　　掃盡妖氛定何日
금압金鴨[68]의 재 헤치며 세향細香을 사를거나　撥灰金鴨細香焚

조 목사[69]에게 드리다
奉曺牧使

봄철 내내 병이 많아 문 닫고 지내는 몸 　　　經春多病閉簷櫳
산 위의 달만 백발을 따르며 비춰 줄 따름 　　山月偏隨白髮明
무슨 수를 써도 참과 거짓을 알지 못하니 　　千計不知眞與僞
일신이 중했다 가벼워짐을 비로소 알겠네 　　一身方覺重還輕
우는 비둘기 젖 먹이는 제비는 무슨 심보인고[70] 　鳴鳩乳鷰底心性
지는 버들개지 날리는 꽃잎 공연히 정을 주네 　落絮飛花空有情
도촌陶村의 은부자隱夫子에게 말이나 좀 전해 주오 　爲報陶村隱夫子
광산匡山에서 언제쯤 다시 청안靑眼을 보겠냐고[71] 　匡山何日眼重靑

임인년 가을에 남관묘[72]에 머무르며[73]
壬寅秋留南關廟

늘그막에 서울에 그냥 죽치고 있으려니	暮年京國浪淹留
마음이 뒤숭숭하며 온갖 근심 몰려드네	方寸搖搖集百憂
밤비 내리는 관우전關羽殿에서 홀로 읊는 몸	夜雨獨吟關羽殿
청렴에 누가 장경長卿의 갖옷을 전당 잡힐까[74]	靑帘誰典長卿裘
금문禁門의 종소리 다하고 삼성參星이 바다에 비끼는 때	禁門鐘盡參橫海
성곽에 찬 기운 일면서 눈발이 누대에 들어오네	城郭寒生雪入樓
내일 아침 남국에 갈 일 앉아서 생각하며	坐想明朝向南國
초연히 오구吳鉤[75]를 아무 말 없이 바라보네	悄然無語看吳鉤

진천을 지나가며
過震川

옛 역에서 중양절에 검을 안은 슬픔이여	古驛重陽抱劒悲
병든 몸엔 오직 달이 따라와 비춰 줄 뿐	病身唯有月相隨
형봉衡峯의 토란구이[76] 참으로 나의 소원이니	衡峯燒芋眞吾願
벼슬길 살진 말 타는 것이 나에게 맞으리오	官路乘肥豈我宜
남해 멀리 십 년 세월 수자리 산 생활이여[77]	瘴海十年空遠戍
향성香城엔 어느 날에나 돌아갈 기약 정해질고	香城何日定歸期
맑은 하늘 기러기 하나 강동 저 멀리	天淸一鴈江東遠
깜박이는 등잔 앞에 해진 옷 부여잡네	明滅燈前攬弊衣

삼가 서울의 여러 재신들에게 올려 도해시를 청하다
謹奉洛中諸大宰乞渡海詩

연래에 착오를 빚어 여생이 우스운 몸[78]	年來做錯笑餘生
몇 달이나 승복 입고 서울에서 죽치다니[79]	數月荷衣滯洛城
시름과 병으로 반반씩 봄날을 보낸 한이요	愁病平分送春恨
노래와 시로 고뇌하며 산 그리는 정이로세	歌吟半惱憶山情
술잔 띄워 바다를 건넌다 말한 것도 부질없고[80]	浮杯謾道堪乘海
석장 날려 병사兵事를 말한 잘못도 애당초 부끄러워	飛錫初羞誤說兵
나라의 일 책임지는 원로 여러분이 계시니	爲國重輕諸老在
주타珠唾[81]를 받아 동쪽 여행길 빛내고 싶소이다	願承珠唾賁東行

한음 대상의 시에 차운하여 서 청안에게 드리다
次漢陰大相韻奉徐淸安

일찍이 비파 들고 제문齊門에 서지 않았건만 　　不曾操瑟立齊門
식영息影하여 먼저 낙수의 근원을 찾았다네[82] 　　息影先尋洛水源
뜻은 서리 내린 송백의 지조에 들었고 　　志入淸霜松栢操
눈은 경서經書 속의 성현의 논설에 높아라 　　眼高黃卷聖賢論
강은 흰 비단 비껴 달이 물 위에 둥둥 　　江橫白練月浮水
이슬은 가을꽃 적셔 향이 난간에 가득 　　露濕秋花香滿軒
종일토록 좌망坐忘하여 마음이 절로 맞으니 　　盡日坐忘心自適
말 없고자 한 부자夫子의 뜻[83]을 정녕 알겠노라 　　定知夫子欲無言

서유西遊하며 최고죽[84]에게 올리다
西遊奉崔孤竹

왕년에 서쪽 노닐다 낙양 북쪽 들렀을 때	去歲西遊洛陽北
밤에 퍼붓는 빗소리 속에 귀댁에서 묵었지	夜聞天漏宿仙齋
주렴에 비낀 찬비에 어린 국화꽃 피어나고	半簾寒雨開新菊
정원의 거센 바람에 늙은 홰나무 낙엽 졌네	一院高風落晚槐
지금은 천 리 멀리 나그네 신세	千里如今爲客遠
백 년을 어디에서 그대와 함께할까	百年何處與君偕
궁벽한 강동의 땅 청안靑眼[85]이 드물어서	江東地僻稀靑眼
한강 가에서 놀던 일 공연히 생각나오	空憶曾遊漢水涯

송도를 지나며
過松都

봄 깊어 나그네 옛 도읍지 지나가니　　　　春深客過故都中
해는 지고 유유히 생각이 한이 없네　　　　落日悠悠思不窮
옥수玉樹86의 노래 대신 궁궐엔 풀만 푸르고　玉樹歌殘宮草綠
왕릉의 향불 꺼지고 해당화만 붉어라　　　　寢園香滅野棠紅
봉황이 북으로 떠나간 구산緱山은 멀고　　　鳳凰北去緱山遠
용호龍虎87가 동으로 돌아가 성곽이 비었네　龍虎東歸城郭空
고금의 번화한 일은 아이들 장난일 뿐　　　今古繁華是兒戲
금천교 밑에 늙은 오동나무 서 있네　　　　錦川橋下老梧桐

호사에서 고인과 헤어지고
湖寺別故人

여명에 광릉廣陵의 절에서 작별 고하고	平明告別廣陵寺
저녁에 묵은 곳은 용진龍津 강변 모래밭	暮宿龍津江上沙
멀리 절간에서 날아오는 중의 경쇠 소리요	僧磬遠從蓮宇落
유난히 월계月溪에 어른거리는 객의 돛이로다	客帆偏映月溪多
꿈은 친우를 찾아서 호수 언덕에 오르고	夢尋親友登湖岸
바람은 맑은 흐름 흩어 밤물결을 이루네	風散淸流作夜波
울다 지친 두견이 소리에 동트려 하는 하늘	啼盡子規天欲曙
긴 방죽에 서서 돌아가는 까마귀 세어 본다	長堤立望數[1]歸鴉

---

1) ㉯ 甲本에는 '數'가 '暮'로 되어 있다.

관찰사 유 서애에게 드리다
奉觀察使柳西厓

문단의 중망重望을 한 몸에 받는 유종儒宗으로	詞林重望屬儒宗
일찍이 은대銀臺에서 곤룡袞龍을 꿰매신 분[88]	曾躋銀臺補袞龍
영해嶺海에서 또 분섬分陝[89]의 은총을 받았으니	嶺[1)]海又承分陝[2)]寵
시국을 구제한 초상이 기린麒麟[90]에 걸리리라	麒麟堪畫濟時容
당음棠陰[91]에서 영남의 부절符節을 잠깐 멈추고	棠陰暫住天南節
꿈속에서 강북의 종소리 다시 듣는다오	夢裡還聞江北鍾
봉도蓬島의 수운水雲 속에서 한번 접하고 싶어도	蓬島水雲思一接
선어仙馭[92]가 아득해 따를 수 없으니 가련하여라	可憐仙馭杳難從

---

1) ㉮ 甲本에는 '嶺海'가 '鴒鶺'으로 되어 있다. 2) ㉱ '陝'은 '陝'의 오기인 듯하다.

최 종성 고죽[93]의 죽음을 애도하며
哭崔鍾城孤竹

고죽孤竹이 남긴 자취는 옥적玉籍[94]의 선인	孤竹遺蹤玉籍仙
한 시대 현사賢士 중 으뜸으로 칭해졌네	一時才士最稱賢
사가謝家의 시 작법은 정수精髓를 정신으로 전하고[95]	謝家詩法神傳髓
설씨薛氏의 줄 당김은 꿈에 천산天山에서 받았다오[96]	薛[1)]氏彎絃夢受天
동쪽 절(봉은사)에서 매양 함께 밤에 달을 보았고	東寺每同看夜月
서쪽 못(한강)에서 몇 번이나 가을 배 같이 탔지	西湖幾共泛秋舡
문성이 홀연히 노룡盧龍[97]의 요새에 떨어지매	文星忽墮盧龍塞
하늘 보며 통곡하니 더더욱 암연黯然[98]해지네	哭望蒼蒼倍黯然

---

1) ㉮ '薛'은 '薛'의 오기인 듯하다.

회답사[99]와 작별하며 올린 시[100]
奉別回答使

[1]
손에 황지黃紙[101] 들고 서울을 떠나	手持黃紙別京師
거친 바다 배 띄우는 지금은 이월	鯨海揚帆二月時
파도는 수의繡衣[102]를 비춰 봄빛이 어른거리고	波映繡衣春色動
안개는 오배鼇背에 개어 일광日光이 더디어라	烟開鼇背日光遲
시름이 깊으면 괜스레 등가藤家[103]와 이야기도 나누고	愁深懶與藤家語
기분이 울적하면 가끔 귤자橘子와 시도 주고받으리[104]	氣憫頻賡橘子詩
완하浣河 다리 위의 길에 행차가 다다르면	行到浣河橋上路
삼한三韓에 머리 돌리고 괜히 그리워하리라	三韓回首謾相思

[2]
통명전通明殿 아래에서 임금님 조서 받고	通明殿下受明詔
거친 바다 큰 물결 헤치며 가는 이 길	鯨海鯤波發此行
서울[105]의 저녁 구름 장차 날로 멀어지며	北極暮雲將日遠
동주東州에 돌아갈 길 하늘과 함께 길어지리	東州歸路與天長
누런 귤은 색동옷 아이가 매양 바칠 것이요	黃柑每見班兒獻
푸른 차는 때때로 염치染齒[106]와 함께 맛보리라	靑茗時同染齒嘗
일 마치고 많은 적자赤子 다 함께 데려오며	竣事還携多赤子
가을 바다에 통쾌하게 귀국선 띄우시라	秋洋隨意泛回艎

주

1 하의荷衣 : 연잎으로 만든 옷이라는 뜻으로, 은자隱者를 비유하는 시어이다. 전국시대 초楚나라 굴원屈原의 〈離騷〉에 "마름과 연잎으로 저고리를 만들고, 부용을 엮어 바지를 만들어 입는다.(製芰荷以爲衣兮。集芙蓉以爲裳。)"라는 시구가 나오고, 남조 제의 공치규孔稚珪가 함께 은자 생활을 하다가 벼슬길에 나선 주옹周顒을 못마땅하게 여겨서 지은 〈北山移文〉에 "그동안 입고 있던 마름 옷을 불살라 버리고 연잎 옷을 찢어 버린 채, 먼지 낀 얼굴을 치켜들고서 속된 모습으로 마구 달려 나갔네.(焚芰製而裂荷衣。抗塵容而走俗狀。)"라고 비평한 말이 나온다.
2 구화산九華山 : 중국 안휘성安徽省 청양현靑陽縣에 있는 산 이름으로, 산서山西의 오대산五臺山・사천四川의 아미산峨眉山・절강浙江의 보타산普陀山과 함께 중국 불교의 4대 영산靈山으로 꼽힌다. 99개의 봉우리 가운데 주봉은 천태봉天台峰이며, 고찰과 명승이 많아서 동남제일산東南第一山으로 불린다.
3 운하雲霞가 뜰~바라볼 뿐 : 비바람이 몰아치듯 세상에 어떤 소란이 일어나도 옆에서 구경만 할 뿐이요, 구름과 노을이 일듯 누가 뭐라고 비평을 하더라도 전혀 개의하지 않는다는 말이다.
4 호계虎溪 : 사원 앞에 흐르는 시냇물을 말한다. 동진의 고승 혜원이 여산 동림사 앞의 호계를 건너는 일이 없었는데, 도연명陶淵明과 육수정陸修靜을 전송할 때에는 자신도 모르게 그 시내를 건너고는 세 사람이 모두 크게 웃었다는 호계삼소虎溪三笑의 고사가 전한다. 『蓮社高賢傳』 「百二十三人傳」.
5 동정洞庭의 푸른~너끈히 만들었네 : 좋은 재질의 대나무 살을 구해서 봉황 날개 모양의 부채를 만들었다는 말이다. 동정호洞庭湖 남쪽의 소상강瀟湘江, 즉 소수瀟水와 상수湘水는 소상반죽瀟湘斑竹 등 좋은 대나무가 많이 생산되는 곳으로 유명하다. 구산緱山은 신선 왕자교의 전설과 관련된 산 이름이다.
6 선실宣室의 조서~뒷날 받으시면 : 임금이 특별히 우대하며 국정의 자문에 응하게 하는 것을 말한다. 선실은 한나라 미앙궁未央宮에 속한 궁전 이름으로, 황제가 재계齋戒하던 곳인데, 한 문제漢文帝가 이곳에 가의賈誼를 불러들여 접견하고는 깍듯이 예우하며 자문을 구했던 고사가 전한다. 『漢書』 「賈誼傳」.
7 고죽孤竹 : 고죽군孤竹君의 아들인 백이伯夷와 숙제叔齊를 말한다. 그들의 사당은 요동遼東의 난하灤河 남쪽 언덕에 있고, 북쪽 언덕에는 고죽군의 사당이 있다.
8 계문薊門 : 계는 옛 지명으로, 지금 북경 성 서남쪽에 있다. 주 무왕周武王이 상商을 멸하고, 요堯의 후손을 여기에 봉했다고 한다. 계문은 북경의 덕승문德勝門 밖 서북쪽 모퉁이에 있는데, 계구薊丘 혹은 계구薊邱라고도 칭한다. 계문연수薊門煙樹는 경

사팔경京師八景의 하나로 꼽힌다.
9 흰 구름~있는 곳 : 부모님이 계신 고향 땅을 말한다.
10 미앙未央 : 한나라 궁전의 이름으로, 황제가 여기에 거처하였다. 미앙궁의 동쪽에 태후가 거처하는 장락궁長樂宮이 있었다. 그래서 그곳을 동조東朝 혹은 동궁東宮이라고 칭하였다.
11 황혼에 어촌에서~밥 지었네 : 참고로 당나라 유종원柳宗元의 시에 "어옹이 밤에는 서쪽 바위 곁에서 자고, 새벽에 맑은 상강 물 길어다 초 땅 대나무로 밥을 짓네.(漁翁夜傍西巖宿。曉汲淸湘燃楚竹。)"라는 표현이 있다. 『柳河東集』 권43 〈漁翁〉. 이 시는 『古文眞寶前集』에도 실려 있다.
12 귀허歸虛 : 귀허歸墟, 즉 바다 속의 밑바닥 없는 골짜기로, 물이 끝없이 이곳으로 빠져 나간다고 하는데, 보통 여러 개의 물줄기가 합류하는 지역을 가리킨다. 『列子』 「湯問」.
13 영은靈隱에서 황혼에~그 음향이요 : 영은은 고찰의 이름으로, 항주杭州 서호西湖 서북쪽의 북고봉北高峰 아래에 있다. 참고로 송宋나라 홍염洪炎의 시에 "영은사에서 울리는 공중의 성긴 종소리……지팡이 짚고 어슬렁거리다 보니 어느새 황혼.(鳥外疎鍾靈隱寺。……杖藜徙倚到黃昏。)"이라는 구절이 있다. 『西渡集』 권상 「四月二十三日晚同太沖表之公實野步」. 『宋百家詩存』 권13에도 수록되어 있다.
14 한산寒山에서 야반에~그 소리로세 : 참고로 당나라 장계張繼의 〈楓橋夜泊詩〉에 "고소성 밖 한산사의, 한밤중 종소리가 나그네 배에 이르네.(姑蘇城外寒山寺。夜半鐘聲到客船。)"라는 명구가 전한다. 『唐音』 권7. 그래서 한산사를 일명 풍교사楓橋寺라고도 한다.
15 시는 회음淮陰이~내듯 하나니 : 회음은 한나라 개국공신으로 삼걸三傑의 하나인 회음후淮陰侯 한신韓信을 말한다. 한신이 기계奇計를 내어 연전연승을 했던 것처럼, 그가 시를 지을 때에도 기상천외의 수법으로 타인을 압도했다는 말이다.
16 봉황지鳳凰池 : 황제의 금원禁苑 속에 있던 못 이름으로, 중서성中書省 혹은 조정의 별칭으로 쓰인다.
17 금란金鑾 : 당나라 한림학사翰林學士들이 머물던 금란파金鑾坡 위의 금란전金鑾殿으로, 보통 관각館閣을 가리킨다.
18 제결이 높이~향초가 시들고 : 소인이 무함하여 군자가 곤욕을 당한다는 말이다.
19 풍운회風雲會 : 풍운제회風雲際會, 즉 명군明君과 양신良臣이 서로 만나서 의기투합하는 것을 말하는데, 『周易』 「乾卦」 문언文言의 "구름은 용을 따르고 바람은 범을 좇는다.(雲從龍。風從虎。)"라는 말에서 유래한 것이다.
20 청죽靑竹에서 제자사帝者師라고 응당 일컬으리라 : 국가의 원로로서 최고의 영광을 누렸다고 역사에 기록될 것이라는 말이다. 청죽은 청사와 같은 말이다. 제자사는 제

왕의 스승이라는 말이다. 한나라가 건립되고 장량이 유후留侯에 봉해진 뒤에 속세의 미련을 버리고 신선술을 닦으면서 말하기를 "지금 세 치의 혀를 가지고 제왕의 스승이 되었을 뿐만 아니라, 만호에 봉해지고 열후의 지위에 올랐으니, 이는 포의가 누릴 수 있는 최대의 영광으로서 나에게는 이미 충분하다고 하겠다. 따라서 이제는 인간 세상의 일을 버리고 적송자를 따라 노닐고 싶다.(今以三寸舌。爲帝者師。封萬戶。位列侯。此布衣之極。於良足矣。願棄人間事。欲從赤松子遊耳。)"라고 하였다는 기록이 『史記』「留侯世家」에 나온다.

21 어안魚鴈 : 한 쌍의 잉어와 기러기라는 뜻으로, 서한書翰의 별칭이다.「古樂府」에 "손님이 먼 지방에서 와서, 나에게 한 쌍의 잉어를 주기에, 아이를 불러 잉어를 삶게 하였더니, 배 속에서 한 자의 흰 비단 편지가 나왔네.(客從遠方來。遺我雙鯉魚。呼童烹鯉魚。中有尺素書。)"라고 한 데에서 유래한 것이다. 『文選』 권27 「古樂府」〈飮馬長城窟行〉. 기러기는 기러기 발목에 묶어서 보낸 편지라는 뜻이다.

22 창구백의蒼狗白衣 : 푸른 개와 흰 옷이라는 뜻으로, 인간 세상의 변화가 무상함을 비유한 말인데, 두보의 "하늘에 뜬 구름 흰 옷 같더니, 어느새 푸른 개로 모습 바꿨네.(天上浮雲似白衣。斯須改變如蒼狗。)"라는 시구에서 유래한 것이다. 『杜少陵詩集』 권21 〈可歎〉.

23 경수瓊樹 : 옥 나무라는 뜻으로, 멀리 떨어져 소식 없는 그리운 사람을 비유하는 말이다. 남조南朝 양梁의 강엄江淹이 "얼굴이라도 한번 보면 좋으련마는, 곤륜산崑崙山의 옥 나무처럼 너무도 멀리 있네.(願一見顏色。不異瓊樹枝。)"라고 표현한 데에서 유래한 것이다. 『文選』 권31 〈古別離〉.

24 요대瑤臺 : 선경仙境 속의 누대를 말한다. 신선이 사는 곤륜산 꼭대기에 낭원閬苑이 있고, 그곳에 요대라는 누대도 있다고 한다.

25 낙수洛水 : 낙동강을 지칭한다. 대사의 고향 고라리 부근에서 흘러내리는 개울은 낙동강 지류이다.

26 가주嘉州 : 평안도 가산嘉山의 고려 때 이름이다.

27 마철磨鐵 : 쇠절구를 간다는 뜻으로, 공부에 매진하는 것을 비유한 말이다. 이백이 상이산象耳山에서 독서하다가 학업을 중도에 그만두고 내려오는 도중에 미주眉州의 개울을 건너다가 쇠절구를 갈고 있는 노파를 만나서 그 까닭을 물었는데, 그 노파가 "바늘을 만들려고 한다.(欲作針)"라고 대답하니, 이백이 그 말에 감격하여 돌아가서 학업을 마쳤다는 이야기가 송나라 축목祝穆의 『方輿勝覽』 권53 「眉州」〈磨鍼溪〉에 나온다.

28 타우打牛 : 소를 기른다는 뜻으로, 목우牧牛와 같은 말이다. 선禪을 닦아 가는 순서와 방법을, 소를 주제로 해서 열 가지 단계로 구분하여 설명하기도 하는데, 이에 대해 각각 그림을 그리고 게송을 붙인 것을 〈十牛圖〉 혹은 〈尋牛圖〉라고 한다.

29 방옹龐翁 : 당대唐代의 저명한 재가在家 선자禪者인 방온龐蘊을 가리킨다. 후세에 양양襄陽의 방 대사龐大士 혹은 방 거사龐居士로 칭해지고, 동토東土의 유마維摩로 일컬어졌으며, 양대梁代의 부 대사傅大士와 병칭되었다. 강서의 마조 도일馬祖道一을 참알하여 "만법과 벗이 되지 않는 자는 어떤 사람이냐?(不與萬法爲侶者。是甚麼人。)"라고 물었다가 "네가 한입으로 서강의 물을 다 마시면 말해 주겠다.(待汝一口吸盡西江水。即向汝道。)"라는 대답을 듣고 대오大悟하여 "시방에서 다 함께 모여들어, 낱낱이 무위를 배우누나. 여기가 바로 선불장이라, 심공급제하여 돌아가노라.(十方同聚會。箇箇學無爲。此是選佛場。心空及第歸。)"라는 게송을 읊었다고 한다. 여기서는 물론 진주의 자사, 즉 삼척부사를 비유하는 말로 쓰였다. 『佛祖綱目』 권32 「馬祖道一傳法龐蘊」, 『景德傳燈錄』 권8 「襄州居士龐蘊」.

30 허하곡許荷谷 : 허봉許篈을 말한다. 하곡은 그의 호이다. 계미년 선조 16년(1583)에 송응개宋應漑·박근원朴謹元 등과 함께 이이李珥를 탄핵한 일로 선조의 노여움을 사서 종성鍾城에 유배되었으며, 2년 뒤에 영의정 노수신盧守愼의 주선으로 유배에서 풀려났으나 벼슬을 사양하고 각지를 떠돌다가 금강산에서 병사하였다.

31 복조鵩鳥의 노래 : 귀양 간 사람의 슬픈 심정을 읊은 노래라는 말이다. 한나라 가의賈誼가 장사長沙에 귀양 갔을 때 불길한 새로 여겨지는 복조鵩鳥, 즉 올빼미 한 마리가 집으로 날아든 것을 보고는 자신의 수명이 길지 않을 것이라는 예감을 느껴 〈鵩鳥賦〉를 지은 고사에서 유래한 것이다. 『文選』 권13 〈鵩鳥賦序〉.

32 노룡盧龍 : 중국 우북평右北平의 요새지로, 보통 북쪽 변방을 가리키는 말로 쓰인다.

33 한음漢陰 : 이덕형李德馨의 호이다.

34 황학黃鶴 : 노란 학이란 뜻으로, 옛날 선인인 자안子安이 이 학을 타고 지상에 내려왔다고 한다. 전설에 의하면 그가 내려온 곳에 황학루黃鶴樓라는 누각을 세웠다는데, 이를 소재로 읊은 당나라 최호崔顥의 〈黃鶴樓詩〉에 "황학은 한번 떠나 다시는 돌아오지 않고, 흰 구름만 천년토록 부질없이 떠 있도다.(黃鶴一去不復返。白雲千載空悠悠。)"라는 명구가 나온다.

35 죽촌도竹村圖 : 허진許震이 그린 화첩이다. 그는 선조宣祖 때에 단양 군수丹陽郡守와 중추부 경력中樞府經歷의 벼슬을 지냈다. 참고로 최립崔岦의 『簡易集』 제7권 「庥浦錄」에 〈次韻許經歷【震】竹村圖卷〉이라는 칠언율시가 실려 있다.

36 황관야복黃冠野服 : 농부나 시골 노인 등 평민의 복장을 뜻한다. 황관초복黃冠草服이라고도 한다.

37 그래도 술~진심 보존하리 : 참고로 두보의 시에 "낭중 평사와 웃으며 만나 술 마시나니, 병들어도 술 가득 부어 내 진심 토로하네.(笑接郞中評事飮。病從深酌道吾眞。)"라는 구절이 있다. 『杜少陵詩集』 권18 〈赤甲〉.

38 양 책사楊冊使 : 명나라 양방형楊邦亨을 가리킨다. 선조 28년(1595) 을미년에 일본

책봉 부사日本冊封副使의 신분으로 황제의 조서를 들고 풍신수길豊臣秀吉을 왕으로 임명하기 위해 조선의 도성에 도착하였는데, 정사正使 이종성李宗誠이 부산의 왜영倭營에서 겁을 먹고 도망치자 그 대신 정사로 임명되어 일본에 건너가 임무를 수행하였다. 이 시는 그가 일본으로 건너가기 전 대사를 방문했을 때 봉증한 시이다.

39 생봉笙鳳 : 봉황의 울음소리를 내는 피리의 명인으로, 나중에 신선이 된 왕자교의 고사를 인용하여, 양방형을 선인과 같은 준수한 인물로 비유한 것이다.

40 오배鼇背 : 자라 등이라는 뜻으로, 삼신산三神山이 있다는 동해를 가리킨다. 옛날 동해에 신선이 사는 다섯 개의 산이 조류에 떠밀려 표류하자, 천제가 큰 자라 열다섯 마리로 하여금 교대로 머리를 쳐들고 그 산들을 떠받치게 하였는데, 용백국龍伯國의 거인이 한 번 낚시질하여 여섯 마리를 연달아 낚아 올려 등에 지고 자기 나라로 돌아가는 바람에, 두 개의 선산仙山은 북극에 떠밀려 가거나 대해大海에 가라앉고, 남은 세 개의 선산을 아홉 마리의 자라가 교대로 머리에 이고 있다는 이야기가 전한다. 『列子』「湯問」.

41 생각건대 부상扶桑에서~절을 하리라 : 일본에 건너가서 왕으로 책봉하는 황제의 조서詔書를 선포하면, 일본 사람들이 모두 명나라의 은덕을 고마워하며 절을 할 것이라는 말이다. 부상은 동해 속에 있다는 상상의 신목神木 이름으로, 해가 뜰 때에는 이 나무 가지를 흔들고서 올라온다고 하는데, 여기서는 일본을 가리키는 말로 쓰였다. 제왕주帝王州는 제왕이 거하는 고을이라는 뜻으로, 명나라의 서울을 말한다.

42 대라大羅 : 대라천大羅天의 준말로, 도교의 소위 삼십육천三十六天 중 가장 높은 곳이다.

43 자부紫府 : 도가의 전설 속에 나오는 천상의 선부仙府를 말한다.

44 벽도碧桃 : 선녀인 서왕모西王母가 한 무제를 방문하여 먹여 주었다는 복숭아 이름이다. 반도蟠桃라고도 한다. 무제가 그 선도仙桃의 씨를 남겨 두어 땅에다 심으려고 하자, 서왕모가 웃으면서 "그 복숭아는 삼천 년에 한 번 열매를 맺는 데다, 중국은 땅이 또 척박하니 심어도 자라지 않을 것이다."라고 말했다는 전설이 전한다. 『漢武帝內傳』. 참고로 소식의 시에 "헛되이 운모 먹으려고 온 산을 다 뒤졌을 뿐, 선도 열매 맺는 때는 보지를 못했도다.(空餐雲母連山盡。不見蟠桃着子時。)"라는 구절이 있다. 『蘇東坡詩集』권6 〈彭祖廟〉.

45 이따금 마고麻姑를~웃어 볼밖에 : 선녀 마고가 신선 왕방평王方平을 만나서, "저번에 우리가 만난 이래로 동해가 세 번이나 뽕밭으로 변한 것을 이미 보았는데, 저번에 봉래에 가 보니까 물이 또 과거에 보았을 때에 비해서 약 반절로 줄어들었으니, 어쩌면 다시 땅으로 변하려 하는 것인지도 모르겠다.(接侍以來。已見東海三爲桑田。向到蓬萊。水又淺于往者會時略半也。豈將復還爲陵陸乎)"라고 말하자, 왕방평이 웃으면서 "바닷속에서 또 먼지가 날리게 될 것이라고 성인들이 모두 말하고 있다.(聖人皆言。

海中復揚塵也。)"라고 했다는 신화 속 이야기가 전한다. 『神仙傳』 권7 「麻姑」.

46 화청華淸 : 섬서성陝西省에 있던 당나라 화청궁華淸宮의 온천 욕지浴池를 말하는데, 양귀비楊貴妃가 여기에서 목욕을 하였다는 이야기가 백거이의 〈長恨歌〉에 나온다. 보통 온천의 별칭으로 쓰인다.

47 소릉小陵 : 두보의 별칭이다. 섬서성 장안현長安縣에 한 선제漢宣帝의 능침인 두릉杜陵이 있고, 그 동남쪽에 선제의 후비 허 황후許皇后의 능인 소릉이 있는데, 두보가 일찍이 소릉의 서쪽에 집을 짓고 살면서 자칭 소릉야로少陵野老 혹은 두릉포의杜陵布衣라고 하였다.

48 장주藏舟 : 배를 숨긴다는 뜻으로, 엄청난 세상의 변화 앞에서 안간힘을 쓰며 빠져나가려고 애쓰는 것을 말한다. 『莊子』 「大宗師」에 "배를 골짜기에 숨기고 그물을 늪 속에 숨겨 두고는 이제 염려 없다고 사람들은 생각한다. 그러나 한밤중에 힘이 센 이가 등에 업고 달릴 수도 있는데, 어리석은 자들은 이 사실조차 깨닫지를 못한다.(夫藏舟於壑。藏山於澤。謂之固矣。然而夜半有力者負之而走。昧者不知也。)"라는 말에서 나온 것이다.

49 삼천팔백의 행적 : 삼천의 공功과 팔백의 행行을 말한다. 선인인 종리 선생鍾離先生이 여동빈呂洞賓을 만나서 황백黃白의 비술秘術을 가르쳐 주며 돌을 금으로 만들어 세상을 구제하게 하고는, 이렇게 해서 "삼천의 공이 채워지고 팔백의 행이 원만해지면 다시 와서 그대를 제도하겠다.(三千功滿。八百行圓。吾來度子。)"라고 하였는데, 여동빈이 금으로 변한 돌이 삼천 년 뒤에는 다시 원래의 돌로 돌아갈 것이라는 말을 듣고서, 삼천 년 뒤의 사람을 잘못되게 하는 일은 하고 싶지 않다고 하자, 종리 선생이 웃으면서 "그대의 마음 씀씀이가 이와 같으니, 삼천의 공과 팔백의 행이 모두 여기에서 이루어졌다.(子推心如此。三千八百。悉在是矣。)"라며 흡족하게 여겼다는 이야기가 『呂祖本傳』에 나온다.

50 사십구 년의 잘못 : 그동안 살아오면서 범한 잘못이라는 말이다. 춘추시대 위衛나라의 현대부賢大夫인 거백옥蘧伯玉이 "나이 오십에 사십구 년 동안의 잘못을 깨달았다.(年五十而知四十九年非)"라고 말한 고사가 『淮南子』 「原道訓」에 나온다.

51 귀를 뚫는 사람 : 귀고리를 매달기 위해 귀에 구멍을 뚫는 사람이라는 뜻으로, 세상에 잘 보이려고 자기의 소중한 몸을 경시하는 것을 비유하는 말이다. 『莊子』 「德充符」에 "천자의 후궁이 되어서는 몸을 온전히 하기 위해 손톱을 깎지도 않고 귀를 뚫지도 않는다.(爲天子之諸御。不爪翦。不穿耳。)"라는 말이 나온다.

52 고선枯禪 : 고목枯木과 같은 참선이라는 말로, 일체의 분별심을 내려놓고 무위無爲 무념無念의 상태에서 좌선하는 것을 말한다. 혹 간화선看話禪의 입장에서 묵조선黙照禪을 비판할 때 이 말을 쓰기도 하는데, 여기서는 전자의 뜻으로 쓰였다.

53 나의蘿衣 : 106쪽 주 33) 참조.

54 바람에 풀이 눕듯 : 『論語』「顏淵」에 "다스리는 자의 행동은 바람과 같고, 다스림을 받는 자의 행동은 풀과 같다. 풀 위에 바람이 불어오면 풀은 한쪽으로 눕게 마련이다.(君子之德風。小人之德草。草上之風。必偃。)"라는 말이 나온다.

55 맹호가 산에 있듯 : 사마천司馬遷의 「報任少卿書」에 "맹호가 깊은 산속에 있으면 온갖 짐승들이 벌벌 떨지만, 우리 안에 갇혀 있으면 꼬리를 흔들면서 먹을 것을 구한다.(猛虎在深山。百獸震恐。及在檻穽之中。搖尾而求食。)"라는 말이 나온다.

56 삼초三楚 : 전국시대 초나라 강역을 진秦과 한漢 시대에 서초西楚와 동초東楚와 남초南楚의 세 지역으로 나누었던 데서 온 말로, 일반적으로 양자강揚子江 중류 이남을 가리키는데, 여기서는 남쪽 지방을 뜻하는 말로 쓰였다.

57 오운五雲 : 오색 채운彩雲과 같은 말로, 제왕의 대궐 혹은 조정을 뜻한다.

58 분우分憂 : 임금의 걱정을 나눠 갖는다는 뜻으로, 지방 장관의 역할을 수행하는 것을 말한다.

59 만당滿堂의 용상龍象~왼쪽에 있었던가 : 참석한 많은 고승들 중에서 은 대사가 가장 윗자리에 있었다는 말이다. 『老子』 31장에 "군자가 평시에는 왼쪽을 귀하게 여기다가, 전시에는 오른쪽을 중시한다.(君子居則貴左。用兵則貴右)"라는 말과, "길한 일에는 좌측을 윗자리로 여기고, 흉한 일에는 우측을 숭상한다.(吉事尙左。凶事尙右)"라는 말이 나온다. 용상은 물속의 용과 땅 위의 코끼리처럼 큰 힘을 지닌 아라한阿羅漢이라는 뜻의 불교 용어인데, 보통 고승의 대명사로 쓰인다.

60 오천五天의 심법은~정신으로 전수하고 : 불법의 정수를 이어받았다는 말이다. 오천은 오천축五天竺의 준말로, 고대 인도를 가리킨다. 천축국이 동서남북과 중앙의 다섯 개 천축으로 나뉜다는 내용이 『舊唐書』「西戎傳」에 나온다. 정수精髓 운운은 혜가의 고사를 인용한 것이다. 달마가 제자 네 사람의 경지를 점검하면서, 세 사람에게는 각각 나의 가죽(皮)과 살(肉)과 뼈(骨)를 얻었다고 한 뒤에, 마지막 혜가에 대해서는 나의 정수를 얻었다고 하며 의발衣鉢을 전한 고사가 있다. 『景德傳燈錄』 권3 「菩提達磨」.

61 삼성三聖 : 유불도 삼교에서 지칭하는 것이 서로 다르고 또 각각 설이 다양한데, 여기서는 묘향산 삼성대三聖臺의 삼성을 가리키는 것이 아닌가 한다.

62 장고杖鈷 : 승려의 주장자를 말한다. 고鈷는 주장자 중앙 윗부분 양쪽에 매다는 다리미 모양의 고리로, 모두 여섯 개를 걸어 육환장六環杖이라고 부르는데, 이는 진제眞諦와 속제俗諦가 조화된 중도中道의 육바라밀六波羅密을 상징한다고 한다.

63 만년지萬年枝 : 상청수常靑樹, 즉 사철나무를 말하는데, 보통 도성 궁중의 나무를 뜻하는 말로 쓰인다. 남조 제齊 사조謝朓가 중서성中書省에서 숙직하면서 지은 시의 "바람은 만년지를 흔들거리고, 햇빛은 이슬 받는 구리 쟁반을 비추네.(風動萬年枝。日華承露掌。)"라는 구절에서 유래한 것이다. 『謝宣城集』 권3 〈直中書省〉.

64 역사驛使의 매화 : 벗이 전하는 봄소식이라는 뜻의 시어이다. 남조 송 때 육개陸凱가 강남의 매화를 꺾어 장안에 있는 벗 범엽范曄에게 역로驛路로 부치면서 "꽃 꺾다가 역마 탄 사자를 만났기에, 농두에 있는 분에게 부쳐 드립니다. 강남에 가진 것이 별로 없기에, 애오라지 한 가지 봄을 선물합니다.(折花逢驛使。寄與隴頭人。江南無所有。聊贈一枝春。)"라는 시를 지은 고사에서 유래한 것이다.『古詩紀』권64「陸凱」〈贈范曄詩〉.

65 조개皀蓋를 기울인 일 : 허 사인, 즉 허봉許篈과 사명당이 한번 보자마자 의기투합하여 지기知己가 되었다는 말이다. 조개는 고급 관원이 사용하는 흑색 일산日傘이다. 『史記』「鄒陽列傳」에 "흰머리가 되도록 오래 사귀었어도 처음 본 사람처럼 느껴질 때가 있고, 수레 덮개를 기울이고 잠깐 이야기해도 오랜 벗처럼 느껴지는 경우가 있다.(白頭如新。傾蓋如故。)"라는 말이 나온다. 사인舍人은 의정부議政府의 정4품 관직이다.

66 풀처럼 쌓인 해골 : 왜적에게 죽은 백성들의 시체가 들판에 우거진 풀처럼 수북하게 쌓여 있다는 말이다. 『春秋左氏傳』「哀公」 원년에 "해골이 들판에 흩어져 있는 것이 마치 풀이 수북하게 쌓여 있는 것과 같다.(暴骨如莽)"라는 말이 나온다.

67 유수流水 한연寒煙 : 물 따라 흘러가고 차가운 안개만 엉겨 있다는 뜻으로, 과거에 찬란했던 번영의 자취는 모두 사라지고 처참하게 폐허로 변해 버린 상태를 묘사한 것이다. 송나라 왕안석王安石이 금릉金陵을 회고하여 지은 악부시樂府詩 〈桂枝香〉에 "육조의 옛날 일은 강물 따라 흘러가 버리고, 다만 찬 연무와 쇠한 풀이 파랗게 엉겨 있을 뿐이다.(六朝舊事隨流水。但寒煙衰草凝綠。)"라는 구절이 나온다.『臨川文集』권37.

68 금압金鴨 : 오리 모양으로 만든 청동 향로를 말한다. 보압寶鴨이라고도 한다.

69 조 목사曺牧使 : 지산芝山 조호익曺好益(1545~1609)을 가리킨다. 조호익은 창원인으로 평남 강동에 귀양살이 하다가 전쟁을 만나 의병활동을 하였으며, 전쟁이 끝난 뒤 1601년~1602년경에는 영천에 은거해 있으면서 당시 하양 환성사에 머물고 있던 사명당과 서로 내왕하였다.『芝山集』권1의 〈還城寺訪松雲上人〉이라는 시를 통하여 알 수 있다.

70 우는 비둘기~무슨 심보인고 : 새들이 즐거워하는 것을 보면 마치 시름겨운 자신을 약 올리는 것처럼 보이기도 한다는 말이다. 참고로 두보의 시에 "맴도는 물 위에서 목욕하는 백로는 무슨 심보인고. 나무 한 그루 꽃핀 것도 자기 혼자 밝을 뿐.(盤渦鷺浴底心性。獨樹花發自分明。)"이라는 구절이 나온다.『杜少陵詩集』권18.

71 도촌陶村의 은부자隱夫子에게~청안靑眼을 보겠냐고 : 옛날에 도연명과 혜원이 친하게 지냈던 것처럼, 유자儒者와 불승佛僧의 신분의 차이를 떠나서 사명당 자신을 자주 찾아오게 해 주면 좋겠다는 말이다. 도촌은 도연명의 마을이라는 뜻이고, 은부

자는 숨어사는 선생이라는 뜻이다. 광산匡山은 광려산匡廬山, 즉 여산의 별칭이다. 은殷·주周의 교체기에 광유匡裕 형제 7인이 초막을 짓고 살았다는 고사에서 유래한 것이다. 청안青眼은 반가운 눈길이라는 뜻이다.(75쪽 주 19 참조) 여산 동림사의 고승인 혜원이 도연명에게 술을 마시게 해 주겠다고 하여 도연명을 동림사로 유인한 고사가 있으며, 또 도연명이 술에 취하면 그 위에 눕곤 해서 패인 흔적이 남게 되었다는 이른바 연명취석淵明醉石도 여산에 있다고 한다. 『蓮社高賢傳』 「惠遠法師」, 『朱子語類』 권138.

72 남관묘南關廟 : 남관왕묘南關王廟의 준말로, 촉한蜀漢의 관우關羽를 제사 지내던 사당이다. 선조 31년(1598)에 명나라 장수 진인陳寅이 지금의 서울 중구 도동桃洞에 건립하였다. 남묘南廟라고도 한다.

73 임인년(1602) 여름에 조정에서 사명당을 서울로 올라오게 하여 대마도 파견 문제를 논의하였는데, 사명당은 10월 7일에 다시 경상도로 내려갔다. 이 시는 서울에 있는 동안 남관왕묘에 유숙하면서 지은 것이다.

74 청렴에 누가~전당 잡힐까 : 술이라도 사서 우울한 심정을 달래 줄 사람이 있겠느냐는 말이다. 청렴은 푸른 깃발이라는 뜻으로, 주점酒店을 가리킨다. 보통 청렴은 술을, 홍탄紅炭은 차茶를 파는 곳을 뜻한다. 장경長卿은 한나라 사마상여司馬相如의 자字이다. 사마상여가 처음 탁문군卓文君을 데리고 성도成都로 돌아왔을 때 생활이 곤궁하여 그녀가 우울한 모습을 보이자, 자기가 입고 있던 숙상구鷫鸘裘를 시장 상인인 양창楊昌에게 전당 잡히고는 탁문군과 함께 술을 마시며 즐겁게 해 주었다는 이야기가 전한다. 『西京雜記』 권2. 숙상구는 숙상鷫鸘이라는 새의 가죽으로 만든 고급 갖옷이다.

75 오구吳鉤 : 춘추시대 오왕吳王 합려闔閭가 찼다는 보검 이름이다.

76 형봉衡峰의 토란구이 : 산사山寺에서 유유자적하는 것을 말한다. 당나라 형악사衡岳寺의 고승 명찬明瓚은 성격이 게으른 데다 남이 먹다 남긴 밥만 먹기 때문에 나잔懶殘 또는 나찬懶瓚이라는 호를 얻게 되었는데, 나중에 재상이 되고 업후鄴侯로 봉해진 이필李泌이 일찍이 그 절에서 독서를 하다가 심야에 그를 찾아가자, 마침 쇠똥으로 불을 지펴 구워 먹고 있던 토란을 나눠 주면서 그가 앞으로 재상이 될 것이라고 예언을 했다는 이야기가 유명하다. 『宋高僧傳』 권19.

77 남해 멀리~산 생활이여 : 1592년 의승 시절에서부터 전쟁이 끝난 이후 임인년 수자리 살던 당시까지 10년의 세월이 흘렀다는 말이다. 이 시는 임인년 가을에 서울에서 부산으로 내려가던 도중에 지은 것이다.

78 연래에 착오를~우스운 몸 : 지난 몇 년 동안 인간 세상에서 정력을 허비하며 계속 잘못을 범했으니, 앞으로의 여생이 우습게 되었다는 뜻의 자조적인 표현이다. 원문 '做錯'은 주착鑄錯의 고사를 인용한 것이다. 당 소종唐昭宗 연간에 위박절도사魏博節

度使 나소위羅紹威가 주전충朱全忠과 연합하여 자신을 핍박하는 위부魏府의 아군 8천 인을 소탕하는 숙원을 풀었으나, 그 과정에서 주전충을 대접하느라 엄청난 재물을 탕진한 나머지 이로부터 자신의 세력이 쇠잔해지는 결과를 초래하였으므로, 이를 후회하여 "육주 사십삼현의 무쇠를 모아 줄칼 하나도 주조하지 못했다.(合六州四十三縣鐵。不能爲此錯也。)"라고 말한 주성대착鑄成大錯의 고사가 전한다. 『資治通鑑』「唐昭宗天祐三年」, 『北夢瑣言』 권14. 여기에서 '錯'은 곧 옥석玉石을 다루는 도구인 줄칼(鑢)이라는 뜻과 함께 착오錯誤의 의미를 동시에 지니고 있으므로, 나소위가 스스로 큰 착오를 빚었다는 뜻으로 한 말이었다. 그래서 이 주착의 고사가 만회할 수 없는 중대한 실수라는 뜻으로 쓰이곤 한다. 참고로 소식의 시에 이 고사를 인용하여 "당시에는 한번 뜻이 쾌했어도, 일이 지난 뒤엔 부끄러움이 남는 법. 모르겠네, 몇 주의 무쇠를 모아, 이 하나의 큰 착오를 빚어냈는지.(當時一快意。事過有餘怍。不知幾州鐵。鑄此一大錯。)"라고 표현한 말이 나온다. 『蘇東坡詩集』 권18 〈贈錢道人〉.

79 몇 달이나~서울에서 죽치다니 : 이는 사명당이 서울 남관왕묘에서 조정의 하명을 기다리고 있던 수개월을 뜻한다.

80 술잔 띄워~것도 부질없고 : 일본에 건너가겠다고 한 것도 사실은 무책임한 말이었다는 말이다. 술잔은 목배木杯, 즉 승려가 타고 가는 배를 가리킨다. 남조 송의 어떤 기승奇僧이 항상 나무로 만든 술잔을 타고 강을 건넜으므로 배도 화상杯渡和尙이라고 일컬어졌다는 고사가 전한다. 『梁高僧傳』 권10.

81 주타珠唾 : 내뱉는 침 모두가 구슬 같다는 '해타성주咳唾成珠'의 고사를 인용한 것으로, 타인의 뛰어난 시문을 가리킨다. 『莊子』「秋水」의 "그대는 저 튀어나오는 침들을 보지 못하는가. 한번 재채기라도 하면 큰 것은 마치 구슬과 같고, 작은 것은 안개처럼 부서져 내리는 걸.(子不見夫唾者乎。噴則大者如珠。小者如霧。)"이라는 말에서 유래한 것이다. 참고로 이백의 시에도 "그대의 침방울이 구천에서 떨어지니, 바람 따라 모두 주옥을 이루도다.(咳唾落九天。隨風成珠玉。)"라는 구절이 나온다. 『李太白集』 권3 〈妾薄命〉.

82 일찍이 비파~근원을 찾았다네 : 청안 현감淸安縣監인 서씨가 과거 시험에 낙방하지 않을 정도로 뛰어난 문재文才를 소유하였으면서도, 우선 벼슬보다 학문에 뜻을 두고는, 송대宋代 성리학性理學으로부터 출발해서, 그 근원인 공맹孔孟의 사상까지 거슬러 올라가 유학을 탐구하였다는 말이다. 제문齊門은 제齊나라 왕의 대궐 문을 말한다. "왕이 피리를 좋아했는데도, 벼슬을 구하는 자가 엉뚱하게 비파를 들고 갔으므로 왕의 문에 3년 동안이나 서 있었으나 들어가지 못했다.(齊王好竽。有求仕於齊者。操瑟而往。立王之門。三年不得入。)"라는 이야기가 당나라 한유韓愈의 「答陳商書」에 나온다. 식영息影은 『莊子』「漁父」의 "그늘에 있으면 그림자가 없어지고, 가만히 있으면 발자국이 생기지 않는 것을 모르니, 이는 너무나도 어리석은 짓이다.(不知處陰以休

影。處靜以息迹。愚亦甚矣。)"라는 말에서 나온 것으로, 귀은歸隱하여 한거閑居하는 것을 말한다. 낙수洛水의 낙은 염락관민濂洛關閩의 낙을 말한다. 염락관민은 염계濂溪의 주돈이周敦頤, 낙양洛陽의 정호程顥·정이程頤 형제, 관중關中의 장재張載, 민중閩中의 주희朱熹 등 송나라 성리학자들을 가리킨다.

83 말 없고자~부자夫子의 뜻 : 공자가 "나는 말이 없고자 한다.(予欲無言)"라고 하자, 자공子貢이 "말씀을 하지 않으시면 저희가 어떻게 도를 전하겠습니까?"라고 하니, 공자가 "하늘이 무슨 말을 하던가. 그럼에도 불구하고 사시는 운행하고 만물은 자라난다.(天何言哉。四時行焉。百物生焉。)"라고 대답한 말이 『論語』「陽貨」에 나온다.

84 최고죽崔孤竹 : 최경창崔慶昌(1539~1583). 고죽은 그의 호이다.

85 청안青眼 : 정인情人을 말한다.

86 옥수玉樹 : 망국의 노래인 옥수후정화玉水後庭花를 말한다.

87 용호龍虎 : 용호기龍虎氣, 즉 왕기王氣를 뜻한다.

88 일찍이 은대銀臺에서~꿰매신 분 : 서애 유성룡이 일찍이 은대, 즉 승정원에서 근무하면서 좋은 정치가 이루어지도록 임금을 제대로 보좌했다는 말이다. 곤룡袞龍은 곤룡포袞龍袍의 준말로, 임금의 의복을 뜻한다. 『詩經』「大雅」〈烝民〉에 "임금님의 의복에 터진 곳이 있으면, 우리 중산보가 꿰매어 드린다네.(袞職有缺。維仲山甫補之。)"라는 말이 나온다.

89 분섬分陝 : 지방을 다스리는 장관 혹은 장수를 가리키는 말로, 주周나라 초기에 주공 단周公旦과 소공 석召公奭이 섬陝을 기준으로 하여 각각 동쪽과 서쪽 지방을 다스렸던 고사에서 유래한 것이다. 여기서는 유성룡이 경상도 관찰사에 임명된 것을 가리킨다.

90 기린麒麟 : 공신각功臣閣을 말한다. 한 무제 때에 기린각麒麟閣을 세웠는데, 선제宣帝 때에 이르러 곽광霍光·장안세張安世·소무蘇武 등 공신 11인의 초상肖像을 여기에 걸어 길이 기념토록 하면서 공신각의 별칭으로 쓰이게 되었다. 『漢書』 권54 「蘇武傳」.

91 당음棠陰 : 감당나무의 그늘이라는 뜻으로, 선정善政을 행하는 방백方伯을 비유하는 말로 쓰인다. 주나라 소백召伯, 즉 소공召公 석奭의 덕정德政을 찬미한 『詩經』「召南」〈甘棠〉의 "무성한 감당나무를 자르지도 말고 휘지도 말라. 소백이 머무셨던 곳이니라.(蔽芾甘棠。勿翦勿拜。召伯所說。)"라는 말에서 나온 것이다.

92 선어仙馭 : 신선의 수레라는 뜻으로, 귀인의 행차를 가리킨다.

93 최 종성崔鍾城 고죽孤竹 : 최경창崔慶昌(1539~1583)을 말한다. 고죽은 그의 호이다. 선조 15년(1582)에 왕명으로 종성부사鍾城府使에 특별히 제수되었으나, 북평사北評事의 참소와 대간臺諫의 논핵으로 성균관 직강成均館直講으로 옮겨졌으므로, 상경하는 도중에 경성鏡城의 객관에서 45세의 나이로 세상을 떠났다. 그는 백광훈白光

勳·이달李達과 함께 삼당시인三唐詩人으로 불렸으며, 문장에도 뛰어나 이이李珥·송익필宋翼弼 등과 함께 팔문장八文章으로 일컬어졌다.

94 옥적玉籍 : 선인의 명부라는 말이다.
95 사가謝家의 시~정신으로 전하고 : 최경창의 시가 마치 남조 송의 저명한 시인인 사영운謝靈運의 시풍을 그대로 옮겨 놓은 듯한 인상을 줄 정도로 뛰어난 솜씨를 보여 주었다는 말이다. 사가는 사영운과 그의 종제從弟인 사혜련謝惠連을 합쳐서 일컫는 말이다. 사영운이 〈등지상루登池上樓〉라는 시를 지으면서 적당한 표현을 찾지 못해 고심하다가 꿈속에서 사혜련을 보고는 홀연히 '지당생춘초池塘生春草'라는 명구를 얻었던 고사가 유명한데, 이와 같이 그들이 지은 시문에서 유래하여 일반적으로 시를 짓는 것을 사가활계謝家活計라고 칭하기도 한다. 정신으로 정수를 전했다는 것은 달마와 혜가의 고사를 인용한 것이다.
96 설씨薛氏의 줄~천산天山에서 받았다오 : 최경창이 명궁名弓의 칭호를 들을 정도로 활솜씨가 대단했다는 말이다. 그가 북평사로 있을 적에 군수軍帥 김우서金禹瑞와 활쏘기 시합을 하여 50개의 화살을 모두 적중시켰다는 이야기와, 선조의 앞에서 문무관文武官이 활쏘기를 할 적에 일부러 화살 하나를 맞추지 않아 다른 사람에게 장원壯元을 양보했다는 이야기가 전한다. 설씨는 당나라 설인귀薛仁貴를 가리킨다. 그가 천산天山에서 돌궐突厥을 공격할 적에 세 발의 화살로 세 사람을 연이어 거꾸러뜨려 쉽게 평정을 하고는 활을 천산에 걸어 두었다는 궁괘천산弓掛天山의 고사가 유명하다. 『신당서新唐書』「설인귀전薛仁貴傳」.
97 노룡盧龍 : 중국 우북평右北平에 있는 산 이름인데, 여기서는 조선의 북쪽 변방인 함경도의 요새지를 가리키는 말로 쓰였다.
98 암연黯然 : 마음이 암담해지며 혼이 다 녹아날 듯하다는 암연소혼黯然銷魂의 준말로, 이별의 아픔을 표현하는 시어이다. 참고로 남조南朝 양梁의 시인 강엄江淹의 〈별부別賦〉 첫머리에 "암담해라 혼이 다 녹아나는 것은, 오직 이별하는 바로 그 일.(黯然銷魂者。唯別而已矣。)"이라는 말이 나온다.
99 회답사回答使 : 1607년 정월 일본에 회답겸쇄환사回答兼刷還使를 파견한 것을 가리킨다. 이때 정사正使로 여우길呂祐吉을, 부사副使로 경섬慶暹(1562~1620)을 보냈다.
100 1607년 당시 종사관 장희춘蔣希春(1556~1618)의 일기에 의하면, 회답사 일행이 서울을 출발하여 정월 20일 저녁에 문경에 도착했는데, "비변사에서 차관을 보내어 송운의 서찰과 송물送物을 전해 왔다."라고 한다. 필사본 『성재실기誠齋實記』 권2 「잡저雜著」〈해동기海東記 상上〉 '정미이십일조丁未二十日條'.
101 황지黃紙 : 황마지黃麻紙에 쓴 임금의 조서를 말한다.
102 수의繡衣 : 수의직지繡衣直指의 준말로, 왕명을 받든 사자를 말한다. 한 무제 때 천자의 특명을 받은 전권사신專權使臣이 수의를 입고 부월斧鉞과 절부節符를 쥔 고사

에서 유래한 것이다. 수의집법繡衣執法 혹은 수의어사繡衣御史라고도 한다.
103 등가藤家 : 사명당이 전시부터 외교교섭을 해 왔던 가등청정의 가솔을 말한다.
104 시름이 깊으면~시도 주고받으리 : 회답사가 일본에 가는 도중에 무료함을 달래기 위해 일본 사람들과 심심풀이로 상대할 것이라는 말이다. 귤자橘子는 대마도 사이를 오갈 때 길을 안내하던 대마도주對馬島主 귤지정橘智正을 가리킨다.
105 서울 : 원문 '北極'은 서울을 가리킨다. 북극은 북신北辰 중에서 가장 존귀하게 여겨지는 별로, 제왕 혹은 도성을 말한다. 참고로 『論語』「爲政」에 "덕정德政을 펴게 되면, 가만히 제자리를 지키고 있는 북신北辰 주위로 뭇별들이 향해 오는 것처럼 될 것이다.(爲政以德。譬如北辰居其所。而衆星共之。)"라는 말이 나온다.
106 염치染齒 : 이를 물들인 자들이라는 말로, 남방의 미개한 종족을 가리키는데, 여기서는 왜인을 뜻하는 말로 쓰였다. 참고로 "남쪽 오랑캐들은 종류가 많아서 다 적을 수가 없는데, 크게 나누면 흑치黑齒·금치金齒·은치銀齒의 세 종류가 있다."라는 말이 『新唐書』「南蠻傳 下」에 나온다.

사명당대사집 제4권
| 四溟堂大師集 卷之四 |

오언절구五言絶句 / 칠언절구七言絶句

오언절구 五言絶句

정자의 시에 차운하다
次鄭子韻

해는 지고 돌아갈 길은 아득	歲晏迷歸路
정공鄭公에게 행장을 물어보노라	行裝問鄭公
종산鍾山은 하늘 끝에 아스라한데	鍾山杳天末
쇠한 귀밑머리에 또 가을바람	衰鬢又秋風

응상 선자에게 주다
贈應祥禪子

장삼張三이나 아니면 이사李四이겠지　　　　張三或李四
호흑胡黑[1]이 또 뉘 집 아이이리오　　　　　胡黑是誰兒
본래면목이 누구에게나 있거니　　　　　　本來面目在
미추美醜를 또 어디서 따지리오　　　　　　何處醜妍媸

또
又

노자老子가 남정南征하는 날이요   老子南征日
봉호蓬壺를 북망北望하는 때로세   蓬壺北望時
일천 봉우리가 그대를 전송하니   千峯送君去
머리 돌려 서로들 또 그리워하리   回首更相思

행각승에게 주다
贈行脚僧

그대 강해江海에서 와서	爾從江海來
강해로 다시 돌아가누나	還從江海去
강해의 길 멀고 또 머니	江海路迢迢
또 어디에서 다시 만날까	重逢又何處

매죽의 병풍에 제하다
題梅竹屏風

제자帝子의 창오蒼梧의 눈물이요[2]	帝子蒼梧淚
고산孤山의 처사處士의 혼이로다[3]	孤山處士魂
천년토록 밝은 달이 있어서	千年有明月
오늘도 황혼에 비춰 주누나[4]	今日照黃昏

강선정에 제하다
題降仙亭

삼협三峽에 객이 돌아간 뒤로	三峽客歸去
용대龍臺에 멀리 시름이 이네	龍臺生遠愁
청산靑山에는 구름 빛이 저물고	靑山雲色暮
단혈丹穴에는 물소리 그윽하도다	丹穴水聲幽

또
又

흰머리로 관하關河의 밤을 맞으니　　　　白首關河夜
가슴 아파라 먼 객의 시름이여　　　　　 傷心遠客愁
서로 그리는 무한한 뜻에 끌려서　　　　 相思無限意
밝은 달 아래 홀로 누에 올랐다오　　　　明月獨登樓

기축년에 역옥의 횡액을 당하다[5]
己丑橫罹逆獄

아미산娥媚山 꼭대기에 사는 사슴이	娥媚山頂鹿
군문軍門에 붙잡혀 내려왔다가	擒下就轅門
그물에서 풀려나 돌아가나니	解網放還去
깊은 산 나무숲 구름 속으로	千山萬樹雲

부벽루에서 이 한림의 운을 쓰다
浮碧樓用李翰林韻

나라는 망하여 기러기처럼 사라지고 亡國去如鴻
기린麒麟⁶만 가을 풀 속에 묻혀 있어라 麒麟秋草沒
만고토록 흐르는 긴 강물 위에 長江萬古流
달빛 비치는 한 조각 외로운 배 一片孤舟月

해운에게 주다
贈海雲

밤새 침상 잇대고 얘기했나니   一夜聯床話
학봉鶴峯에 가을도 저무는 시절   鶴峯秋晚時
또 어느 날에나 다시 만날는지   重逢又何日
세상일 아득히 기약할 수 없으니   世事杳難期

칠언절구
七言絶句

해서로 돌아가는 욱 산인을 전송하며
送昱山人還海西

하늘 남쪽 오초吳楚 사이 모두 밟고는	踏盡天南吳楚間
봄을 만나 다시 해서海西의 산으로	逢春還向海西山
꽃 지고 새 우는 동풍 속에서	落花啼鳥東風裏
향로봉에서 홀로 문 닫고 있을 줄 알겠네	知子香爐獨掩關

계미년 가을에 관서에 가는 도중에
癸未秋關西途中

[1]
전진戰塵 자욱한 변방에는 봄이 없어도 　　黃雲塞下本無春
이별한 곳의 도류桃柳는 새싹 움틀 줄 알겠도다 　　桃柳應知別處新
쌍리雙鯉7는 오지 않고 꽃잎은 다시 뚝뚝 　　雙1)鯉不來花又落
저문 산머리 돌려 고신孤臣8에 눈물짓네 　　暮山回首泣孤臣

[2]
누런 잎 쓸쓸히 지는 광릉廣陵의 길 　　黃葉蕭蕭廣陵道
밤새도록 강나루에 비바람 가득 　　夜來風雨滿江津
서호西湖의 버들에 외로운 배 홀로 매고 　　孤舟獨繫西湖柳
관산關山 향해 울면서 먼 님을 생각하네 　　泣向關山憶遠人

[3]
관새關塞 밖의 고신을 꿈속에 만나 　　塞外孤臣夢裏逢
택반澤畔9에서 함께 노닐며 조용히 얘기했네 　　同遊澤畔語從容
깨고 보니 여전히 관산이 멀어 　　覺來依舊關山遠
초초히 말없이 새벽 종소리 듣노라 　　悄悄無言聽曙鐘

---

1) 웹 '雹'은 '雙'의 오기인 듯하다.

영남 금오 아래에 병들어 누워 운중의 재조를 생각하며
嶺南金烏下臥病憶雲中才調

한번 유배 당해 유사流沙를 건넌 뒤로	一從恩譴度流沙
삼 년 꼬박 바라보다 머리는 벌써 백발	望盡三年鬢已華
초창해라 동호東湖에서 떠날 때의 그 길에는	怊悵東湖去時路
춘풍 속에 예전처럼 새 잔디가 크건마는	春風依舊長新莎

완산에서 몽촌[10] 판상에게 올리다
完山上夢村判相

우하虞夏 천년[11]에도 잘못된 일 있었나니	虞夏千年事亦非
나의 생도 중흥의 시대에 거의 죽을 뻔	此生垂死中興時
몇 가닥 머리칼도 남정하는 날 세었으니	數莖髮白南征日
계수桂樹 가지 또 잡는 일[12]은 그냥 포기했소	虛負重攀桂樹枝

남원 군영에서[13]
在南原營

사령부 장막에 밤기운이 싸늘한데　　　　碧油幢幕夜淒淒
조두刁斗[14]는 소리 없고 달은 지려 하네　　刀[1]斗無聲月欲低
장한 뜻 펴지 못한 채 벌써 해가 저물어　　壯志未酬驚歲晏
큰 칼 손에 쥐고서 귀뚜리 소리 듣는다　　手持雄劒聽莎雞

---

1) 옉 '刀'는 '刁'의 오기인 듯하다.

전라방어사 원장포에게 드리다
奉全羅防禦使元長浦

백 번 싸워 공 이룬 뒤 시내에 칼 씻고서	百戰功成劒洗谿
고향 생각 일념으로 원原 서쪽에 이르렀네	思歸一念到原西
백련사白蓮社[15] 모임에 누가 씩씩한 줄 알겠노니	白蓮社會知誰健
함께 솔문 기대어 학 울음소리 들으리라	同倚松門聽鶴啼

쌍운당에서 담 상공[16]의 운을 쓰다
䨥[1]運堂用譚相公韻

백 년 중에 삼분의 이가 지났건만	百歲三分已二分
지금의 행지行止는 더욱 구름 같기만	祇今行止更如雲
어느 때나 숭산崇山[17]의 방에 높이 누워서	何時高臥崇山室
학과 납의 울음소리 밤중에 들어 볼까	鶴唳猿啼半夜聞

---

1) 㖟 '䨥'은 '雙'의 오기인 듯하다.

함양을 지나며
過咸陽

눈앞에 옛날의 산하 여전하건만	眼中如昨舊山河
잡초와 찬 내뿐 인가는 안 보이네	蔓草寒烟不見家
이른 서리 성 아래 길에 말을 세우니	立馬早霜城下路
언 구름 마른나무에 까마귀 울음소리	凍雲枯木有啼鴉

존조를 모시고 서쪽으로 가는 송암과 헤어지다
別松庵陪尊祖西行

헤어진 길 찬 솔에 해는 뉘엿뉘엿	別路寒松日欲斜
푸른 구름 남은 눈에 우는 까마귀	碧雲殘雪有啼鴉
서쪽 행차 아마도 패강浿江 물을 건너면	西行想渡浿江水
곳곳마다 봄바람에 꽃잎 죄다 졌으리	落盡春風處處花

산거 집구
山居集句

[1]
중매인 없는 오솔길은 잡초만 쓸쓸할 뿐[18]
문 닫히고 텅 빈 뜰에 생각도 적요寂寥해라[19]
새들은 오지 않고 봄은 또 지나는데[20]
암자 앞에 가끔 백운白雲이 와서 인사하네[21]

無媒徑路草蕭蕭
門掩空庭思寂寥
百鳥不來春又過
庵前時有白雲朝

[2]
문 닫은 채 봄이 다해 푸른 내 사라져도[22]
진성眞性은 허공과 같아 흔들리지 않는도다[23]
세간이고 출세간이고 모두 때려치웠으니
오늘 저녁 내일 아침 도대체 알게 뭐냐[24]

閉門春盡綠烟消
眞性如空不動搖
世出世間俱打了
那知今夕與明朝

[3]
흰 구름 나의 생애 무슨 계책 있으리오[25]
아침에 묵은 책 보듬으면 해 기울 때까지[26]
문밖에서 두견이 울고 하늘은 적적한데[27]
봄바람이 불어와 산부용 꽃잎 떨어지네[28]

白雲何計是生涯
朝抱陳篇至日斜
門外啼鵑天寂寂
東風吹落刺桐花

[4]
하늘의 해와 달이 베틀의 북보다 빠르나니[29]

天上雹[1)]輪快擲拔[2)]

---

1) ㉮ '雹'은 '雙'의 오기인 듯하다.　2) ㉮ '拔'은 '梭'의 오기인 듯하다.

찬찬히 고금을 헤아리면 유독 감회 많아라[30]	細推今古感偏多
모르겠네 그 누가 봄 돌아가는 노래 불러[31]	不知誰唱歸春曲
벽도碧桃의 무한한 꽃잎을 죄다 지게 하는지[32]	落盡碧桃無限花

재차 기도箕都³³를 지나며
再過箕都

돌이켜 생각하면 병자년 중양일重陽日에	追思丙子重陽日
찬 빗속에 부벽루浮碧樓에 홀로 올랐지	寒雨獨登浮碧樓
오늘 저녁 장경長慶의 길 다시 지나니[34]	今夕又經長慶路
황화黃花는 의구히 거년去年의 가을이로세	黃花依舊去年秋

집구
集句

[1]
산은 고국을 에워싸 주위를 빙 두르고[35]   山圍故國周遭在
산골짝은 여전한데 세상 혼자 변했어라[36]   陵谷依然世自移
옥 수레 승천하여 사람은 이미 멀어지고[37]   玉輦昇天人已遠
지금은 오직 자고새만 날아다닐 뿐[38]   只今唯有鷓鴣飛

[2]
해 저물녘 동풍에 봄풀이 푸르른데[39]   日暮東風春草綠
지팡이 짚고 산보하며 물가에 섰네[40]   杖藜徐步立芳洲
누각 속의 제자帝子는 지금 어디 있는가[41]   閣中帝子今何在
물가의 달만 옛 석루石樓에 차갑게 돋네[42]   汀月寒生古石樓

북망산을 지나가며
過印¹⁾山

태화산太華山 앞에 있는 수많은 무덤들은　　太華山前多少塚
낙양성洛陽城 안에 지금까지 살던 사람들　　洛陽城裏古今人
가련토다 장생長生의 술법 배우지 못해　　可憐不學長生術
별수 없이 솔 아래 진토塵土⁴³가 되다니　　杳杳空成松下塵

---

1) 옙 '印'은 '邙'의 오기인 듯하다.

향로봉에 올라
登香爐峯

산은 백두白頭에 접해 하늘이 아득하고   山接白頭天杳杳
물은 청해靑海에 연해 길이 망망하도다   水連靑海路茫茫
대붕大鵬이 날아간 서남쪽 광활한데   大鵬飛盡西南闊
어느 곳 산하가 제향帝鄕[44]이런고   何處山河是帝鄕

서도를 지나며
過西都

[1]

나라 망해 산하의 왕기王氣 쇠잔한 지금	國破山河王氣殘
천손天孫은 백운 사이 어디에 계시는지	天孫何處白雲間
궁중 물시계 가을 종소리 이제는 멈췄는데	只今宮漏秋鐘歇
천고토록 달은 밝고 강물은 차네	千古月明江水寒

[2]

청류벽淸流壁[45] 아래 예부터 다니던 길	淸流[1)]壁下古今路
푸른 풀 석양에 사람들 오고 가네	靑草夕陽人去來
천추의 흥망의 일 물어보려 하니	欲問千秋興癈事
백운교白雲橋[46] 주변에 들꽃만 피어 있네	白雲橋畔野花開

[3]

낙일落日 고운孤雲 떠 있는 아득한 남쪽 나라	落日孤雲渺南國
나그네 홀로 시름 안고 망향대望鄕臺에 올랐네	羈愁獨上望鄕臺
추풍 황엽의 시절에 돌아가지 못한 채	秋風黃葉不歸去
빈 여관 밤중에 찬 빗소리 듣노매라	空館夜聞寒雨來

---

1) ㉑ 丙本에는 '淸流'부터 255쪽 〈명사를 걷다(鳴沙行)〉의 '柳絲'까지의 글이 없다.

하양 가는 도중에 찬공의 선실이 생각나기에 시를 부치다
河陽途中憶寄瓚公禪室

푸른 산 어느 곳에서 무주無住에 주住하는고	翠微何處住無住
길이 끊어져 별봉別峯을 물어볼 수도 없네	路絶無因問別峯
상상컨대 늙은 원숭이 운 뒤의 밤중에	遙想老猿啼後夜
오경 종소리 들려야 정심定心에서 깨어나리	定心初起五更鐘

신녕 가는 도중에 해공의 상방에 기별하다
新寧途中簡寄海公上方

동서로 떠돌며 구른 십 년의 세월	東飄西轉十年霜
누더기 베옷에 가을 한이 길어라	零落麻衣秋恨長
불현듯 생각나는 고인의 은거지여	仍憶故人栖隱處
상방의 맑은 밤 향 사르며 앉았겠지	上方淸夜坐燒香

김천의 승에게 주다
贈金泉僧

김천金泉에 한번 머문 지 삼십 년 세월	一住金泉三十年
어느 때나 서천西天의 심법心法을 이으시려나	幾時心法續西天
동으로 유력하고 또 남중으로 가면	東遊又向南中去
의발을 그대 응당 밤중에 전수하리라	衣鉢君應半夜傳

춘주 자사에게 부치다
寄春州刺史

멀리 춘성春城 바라봐도 소식이 오지 않아　　遙望春城鴈不來
얼마나 풍우 속에 몰래 재를 긁적였던가　　　幾番風雨暗書灰
지금 선담船潭[47] 위에 홀로 앉아 있노라니　　只今獨坐舡潭上
술잔 권하던 당시의 일 괜히 생각나오　　　　空憶當時勸酒杯

불정암에서 묵다
宿佛頂庵

기수琪樹 요대瑤臺[48]의 계수나무 그늘진 가을날	琪樹瑤臺桂影秋
봉래산 묵는 나그네 생각이 유유해라	蓬山宿客思悠悠
서풍에 하룻밤 사이 이슬 꽃 차가운 때	西風一夜露華冷
옥경玉磬 몇 소리 속에 사람은 누대에 기대었네[49]	玉磬數聲人倚樓

시왕동
十王洞

왕자는 어느 해에 이 성을 쌓았는고	王子何年築此城
옥봉玉峯은 여전한데 명령莫靈[50]은 늙었구나	玉峯依舊老莫靈
봉황은 한번 떠나 소식이 없는데	鳳凰一去無消息
금정金井엔 천추토록 요초瑤草가 돋아나네	金井千秋瑤草生

진헐대
眞歇臺

젖은 구름 다 흩뿌리니 산은 목욕한 듯   濕雲散盡山如沐
천만 개 봉우리 백옥白玉의 부용꽃이로세   白玉芙蓉千萬峯
홀로 앉았으려니 건듯 날개 돋아나서   獨坐翻疑生羽翼
부요扶搖 타고 구만리 올라 바람 모는 듯[51]   扶搖萬里御冷風

만폭동
萬瀑洞

여기가 바로 인간 세상의 백옥경白玉京[52]	此是人間白玉京
유리琉璃의 동부洞府[53]요 중향성衆香城[54]이로세	琉璃洞府衆香城
날아 흐르는 만폭은 천봉의 눈발	飛流萬瀑千峯雪
긴 파람 한 소리에 천지가 놀라도다	長嘯一聲天地驚

녹문 장천에서 문하의 여러분과 헤어지다
鹿門長川別門下諸公

산에서 서강에 와 길이 또 나뉘었나니	山到西江路亦分
버들개지가 이별의 혼을 시름겹게 하네	楊花愁殺別離魂
해 질 녘에 홀로 구당협瞿塘峽[55]을 나와서	日斜獨出瞿塘峽
머리를 돌리니 천봉만수千峯萬樹에 구름	回首千峯萬樹雲

협곡을 빠져나와 강화석에서 쉬다
出峽憩江花石

횡당橫塘의 돌길에 해가 막 비끼는 때	橫塘石路日初斜
봄물은 희부옇게 초록색 파문 이네	春水微茫生綠波
금선金仙이 어디 있는지 돌아다보니	回指金仙是何處
푸른 산 일천 겹에 오색구름만	碧峯千疊五雲多

송암과 헤어지다
別松庵

지난해 봄바람 불던 삼월의 시절	去歲春風三月時
한번 만나 그리던 정 얘기했었지	一回相見語相思
또 남쪽 향해 멀리 떠나는 지금	如今又向南天遠
예전처럼 푸른 실버들 늘어졌구나	依舊垂楊生綠絲

청평사 서쪽 동구에서
清平寺西洞

하늘 길 멀리 화표華表에 돌아온 학[56]처럼　　華表鶴廻天路遠
예전과 같은 푸른 산에 객이 막 돌아왔네　　青山如昨客初歸
맑은 시내 흰 돌에 밝은 달 비치는 때　　　　清流白石照明月
한밤중에 청계青桂의 가지 그냥 부여잡았소　一夜空攀青桂枝

어떤 장로가 나에게 법화경을 강론해 달라고 청하기에 시를 지어 거절하다

有長老邀我論妙蓮華詞以却之

하늘이 원래 특별히 낸 기걸한 남자	天生自特奇男子
서산에 들어가 기이한 향초도 심었다오	又入西山種異薰
더구나 나는 무진장한 보물이 있으니	更有儂家無盡藏
허리 꺾고 신문神門에 어찌 제사 지내리오[57]	折腰其肯祭神門

반야사에서 묵다
宿般若寺

고찰의 가을 맑게 개고 누런 잎사귀 우수수	古寺秋晴黃葉多
푸른 석벽에 달 비치니 자던 까마귀 흩어지네	月臨靑壁散栖鴉
안개 걷힌 맑은 호수 비단처럼 정결한데	澄湖烟盡淨如練
야반의 찬 종소리 옥 물결 위에 낙하하네	夜半寒鐘落玉波

원 장로에게 주다
贈圓長老

바위 옆엔 구름 낀 솔 바위 아래는 샘물	巖畔雲松巖下泉
향 사르고 발우 씻으며 소연히 지내는 삶	焚香洗鉢過蕭然
십 년을 향로봉 꼭대기 내려오지 않고	十年不下香爐頂
석탑에서 조용히 추수秋水[58] 편을 본다나요	石塔靜看秋水篇

백련사의 승에게 주다
贈白蓮僧

[1]
가을 깊어 남으로 올 때 황엽黃葉이 졌는데	秋深南渡下黃葉
이별 길엔 서리꽃이 벌써 옷자락 가득	別路霜華已滿衣
여기서 봉래산까지는 무려 일천 리 길	此去蓬山一千里
벽운碧雲 어디서 다시 서로 따라 노닐거나	碧雲何處更追隨

[2]
중양절도 지나서 기러기 그림자 높은 때	節過重陽鴈影高
서릿바람이 어젯밤엔 베 도포에 들더이다	霜風昨夜入麻袍
나그넷길 강동江東이 먼 것을 새삼 느끼노니	客行更覺江東遠
바닷가 청산 생각에 꿈에도 수고로우리라	海上靑山夢憶勞

쌍회당에서 심 명부에게 부치다
在霅[1]檜堂寄沈明府

남쪽 변방 객이 되어 가을 한이 길기만 한데 爲客南荒秋恨長
밤의 썰렁한 기운이 객의 옷 속에 파고드네 夜凉偏入客衣裳
저녁 구름 푸른 바다 동으로 돌아가는 길 暮雲靑海東歸路
단계丹桂 나부껴 떨어져 꿈속에 향기로우리라 丹桂飄零夢裡香

---

1) 역 '霅'은 '雙'의 오기인 듯하다.

강선정
降仙亭

강 근원이 서쪽으로 나와 협문이 열리고	江源西出峽門開
일천 나무 마을 주변에 절벽이 둘러쌌네	千樹村邊斷岸廻
그 가운데 높다란 누대 무려 삼백 척	中有高臺三百尺
달 밝으면 신선들 노는 게 보인다나요	月明時見羽人來

가을밤에 난간에 앉아서
秋軒夜坐

홀로 앉아 잠 못 이룬 채 나그네 시름 긴데 獨坐無眠羈思長
몇 마리 반딧불 흘러서 서쪽 회랑 건너가네 數螢流影度西廊
숭산崇山의 달이 가을 하늘 저 멀리 돋아 崇山月出秋天遠
밤새 돌아갈 마음에 머리 벌써 셌다오 一夜歸心鬢已霜

이 자사의 죽음을 애도하며
哭李刺史

달 밝은 구령綏嶺에 생봉笙鳳이 멀리 떠나가니[59]   綏嶺月明笙鳳遠
제향帝鄕에선 애가 끊어져 옥여玉輿가 외롭도다[60]   帝鄕魂斷玉輿孤
백 년 인생 어디에서 마음이 아프냐면   百年何處傷心地
가을비 오는 한밤중 우물가 오동나무   秋雨中宵井上梧

비선정의 저녁 경치
祕仙亭夕望

청해靑海 동쪽 바라다보니 하늘과 맞닿은 물 　　靑海東瞻水接天
희부연 안개 물결 속에 떠 있는 고기잡이배 　　微茫烟浪泛漁船
날렵한 물새 저 너머로 바람이 몰아가니 　　　風驅去向輕鷗外
부상扶桑 어디 주변에다 밤에 배를 댈는지 　　夜泊扶桑何處邊

귀향
歸鄕

열다섯에 집을 떠나 서른에 돌아오니[61]   十五離家三十回
긴 시내는 여전히 서쪽에서 흘러오네   長川依舊水西來
시교柿橋 동쪽 언덕의 일천 그루 버드나무   柿橋東岸千條柳
산승이 떠난 뒤에 절반도 더 심었구려   强半山僧去後栽

영은사[62]에서 검영의 시를 지어 백 정랑에게 올리다
靈隱寺題劒纓奉白正郞

낙백한 금란金鑾의 원로 한림학사翰林學士님	落魄金鑾老翰林
영은靈隱에 홀로 노닐며 얼마나 시를 읊었던가	獨遊靈隱幾長吟
허리춤의 보검이 천 근이나 무거우니	腰間寶劒千斤重
산승에 일임하고 내금內禁[63]이라 부르셨으면	一任山僧喚內禁

용천관에서 밤에 가을벌레 소리를 듣다
龍泉館夜聽秋蟲

동서로 떠돌며 형체의 부림을 받았으니[64]	東飄西轉役形骸
만사를 돌아보면 그저 서제噬臍[65]의 심정일 뿐	萬事回看只噬臍
흰 눈 내린 거울 속 귀밑머리 부끄러운데	鏡裏鬢絲羞白雪
역루驛樓에서 지금 또 귀뚜리 소리를 듣는구나	驛樓今又聽莎雞

신라의 옛 관소에 밤에 앉아서
新羅故館夜坐

깊은 가을 쇠잔한 촛불 썰렁한 그림 병풍 　　秋深殘燭畫屛冷
쓸쓸한 밤경치 속에 반딧불 날아다닐 뿐 　　夜色寥寥螢火飛
귀밑머리에 흐른 세월 속절없이 늙어가니 　　鬢上流年空老大
이 삶이 우습기도 하고 슬프기도 하고 　　此生堪笑又堪悲

원효대에 올라
登元曉臺

만물을 낼 적에 하늘이 만든 높은 누대	天作高臺有物初
시원하게 홀로 섰네 허공에 탄 것처럼⁶⁶	冷¹⁾然獨立若乘虛
몸 뒤채어 곧장 공중으로 날아갈 듯	翻身直欲飛空外
머리 돌리니 중주中州도 고작 한 자 남짓	回首中州只尺餘

---

1) 옌 '冷'은 '泠'의 오기인 듯하다.

회포를 쓰다
寫懷

연래에 병이 많아 노쇠한 몸 탄식할 뿐 　　邇來多病歎龍鍾
친우도 조락凋落하여 반이나 텅 비었네 　　親友凋零半已空
오직 구름 솔과 사슴의 무리만 있나니 　　獨有雲松與麋鹿
늘그막에 벗하면서 중봉重峯에서 늙을밖에 　　暮年相伴老重峯

임진년 시월에 의승을 이끌고 상원을 건너다[67]
壬辰十月領義僧渡祥原

시월에 상남湘南 건너는 의로운 승병이여	十月湘南渡義兵
뿔피리 소리 깃발 그림자 강성江城을 뒤흔드네	角聲旗影動江城
상자 속의 보검이 한밤중에 우나니[68]	匣中寶劒中宵吼
요사妖邪의 목을 베어 성명聖明에 보답하려고	願斬妖邪報聖明

설봉 장로에게 주다
贈雪峯長老

[1]
북풍 부는 하늘 밖 길 길고도 긴데	北風天外路漫漫
잔디에 백설 내린 밤기운 차가워라	白雪黃芧夜氣寒
두 지역 멀고 멀어 푸른 구름 아득하니	雨[1]地迢迢碧雲遠
그리운 정 꿈속에서 볼 수나 있을는지	相思那得夢中看

[2]
달은 서봉西峯에 숨고 하늘 길은 아득한데	月隱西峯天路漫
삼청三淸에 돌아가는 객 푸른 난새 탔다네	三淸歸客跨靑鸞
광정廣庭이야 어느 곳인들 소식이 없으랴만	廣庭何處無消息
일천 그루 벽도碧桃에 은 이슬 차가우니 원[69]	千樹碧桃銀露寒

---

1) 옙 '雨'는 '兩'의 오기인 듯하다.

왜적의 진영에 다시 들어가다
再入賊營

외로운 신하 칼 하나 차고 유사流沙를 건너	孤臣一劍渡流沙
바다에 뗏목 띄워 부상扶桑의 길에 들어섰네[70]	路入扶桑泛海槎
백발로 자미子美의 시구 그냥 읊나니	白首空吟子美句
중원中原의 장수는 염파廉頗를 떠올린다나[71]	中原將帥憶廉頗

은 어산[72] 대사의 죽음을 애도하며
挽誾漁山大師

[1]
흐르는 물 뜬구름마냥 허망한 세상의 일	流水浮雲世事空
요학遼鶴[73]을 따라가 아득히 자취가 없도다	去隨遼鶴杳無蹤
모르겠다만 어디가 청련靑蓮의 세계[74]이뇨	不知何處靑蓮界
솔과 계수는 의연히 옛 동산의 동쪽에	松桂依然古院東

[2]
청월淸越한 범패 소리 그지없이 유장하여	梵音淸越極悠楊[1)]
음향이 쌍림雙林에 떨치고 들보를 휘감았네[75]	響振霎[2)]林繞屋樑
앞으로 상문桑門[76]이 다시 적막해질 터인데	此後桑門還寂寞
어산漁山을 누가 또 이어서 마루에 오를까[77]	漁山誰復繼升堂

[3]
하룻밤에 갈라진 이승과 저승의 길	幽明一夕路歧分
세상일 놀라워라 산 구름 흩어지듯	世事翻驚散嶺雲
흰 눈 속 찬 산에서 홀로 초창한 마음이여	白雪寒山獨怊悵
사철나무 위에 달빛만 분분히 쏟아지네	萬年枝上月紛紛

[4]
오십구 년 동안 허깨비 바다에 노닐다가	五十九年遊幻海

---
1) ㉠ '楊'은 '揚'의 오기인 듯하다. 2) ㉠ '霎'은 '雙'의 오기인 듯하다.

오늘 아침 허물 벗고 홀로 신선 되셨구려	今朝脫殼獨精靈
붉게 타는 화염 속에 몸 뒤집어 떠났으니[78]	大紅焰[3]裏翻身去
천상과 인간을 이젠 뜻대로 다니시리라	天上人間任意行

---

3) ㉠ '熖'는 '焰'의 오기인 듯하다.

선죽교를 지나며
過善竹橋

산과 강은 여전한데 시장과 조정은 바뀌었네	山川如昨市朝移
옥수玉樹의 노래 멈춘 때는 묻노라 언제이뇨	玉樹歌殘問幾時
해 지는 옛 도성의 봄풀 가운데	落日古城春草裏
지금 오직 있는 것은 정공鄭公[79]의 비석	祇今唯有鄭公碑

어산 찰방과 헤어지며
別魚山察訪

봄빛이 관매關梅에 들어 눈은 녹으려 하고	春入開[1]梅雪欲消
강 얼음 막 풀리는 때 길은 멀고 멀어라	江冰初動路迢迢
항상 병이 많아 전송하지도 못한 채	長因多病不相送
낙교洛橋 건너는 성초星軺[80]만 속절없이 바라보네	空望星軺渡洛橋

― ― ― ― ―

1) ㉠ '開'는 '關'의 오기인 듯하다.

청랭각에 제하다
題淸冷閣

하늘은 높고 땅은 멀고 길은 까마득	天高地逈路悠悠
삼복더위에 해마다 홀로 누에 기대네	庚暑頻年獨倚樓
남북으로 떠도는 일 언제나 끝나려나	南去北來何日盡
백운 방초白雲芳草가 사람을 수심에 젖게 하네	白雲芳草使人愁

기해년 겨울에 단양에 가는 도중에 전마가 쓰러져 죽다[81]
己亥冬丹陽途中斃戰馬

털과 뼈 남달라 신채神彩가 돋보이니	毛骨超羣迥有神
전신은 아마도 대완大宛의 용종龍種[82]이리라	大宛龍種是前身
오늘 아침 그만 단양丹陽의 땅속에 묻히다니	今朝埋却丹陽土
목숙苜蓿[83] 지는 꽃잎 아래 혼자 봄을 보내리	苜蓿殘花自送春

중사[84]와 헤어지며
別中使

막부幕府에서 천상의 사신 우연히 만나	帥府偶逢天上使
밤 깊도록 고비鼓鼙의 소리 함께 들었네	夜深同聽鼓鼙聲
성명聖明께서 혹시 남쪽 변방의 일 물어보시거든	聖明倘問南邊事
백발의 산승이 바닷가 성 지키더라 전해 주오	白首山僧戍海城

정 종사의 시에 차운하다
次鄭從事韻

구화九華의 신선골에서 사슴과 함께 놀며	九華仙洞鹿成羣
마흔네 해 동안 흰 구름을 주관하다가	四十三年管白雲
늘그막에 변방에 그만 수자리 살게 되어	歲晚誤爲征戍子
눈 같은 머리 휘날리며 군문軍門에 달려왔소	鬢絲如雪走轅門

이 수사에게 드리다
奉李水使

남방을 정벌하며 절도節度하는 우리 대장군　　　征南節度大將軍
무위를 만황蠻荒에 떨치며 바다 요기 진압했네　　威振蠻荒靜海氛
시절은 바야흐로 생신인 중구일重九日이라　　　　節入生辰重九日
달 밝은 밤 풍악 소리 원문轅門에 울리네　　　　　月明歌吹動轅門

손 만호를 전송하며
送孫萬戶

변경에서 고향으로 그대를 떠나보내려니 　　送君關塞故園廻
서리가 가을 옷에 들고 기러기 북에서 오네 　　霜入秋衣鴈北來
청해淸海의 성 머리에 한이 많이 남아서 　　淸海城頭多少恨
밤 깊도록 대관臺館에서 달빛 아래 배회하네 　　夜深臺館月徘徊

지호 선사에게 주다
贈智湖禪師

[1]
서래西來의 진결眞訣을 완릉宛陵에게 묻고는	西來眞訣問完¹⁾陵
심법을 전해 들어 노능盧能을 이었다네⁸⁵	心法傳聞繼老²⁾能
이로부터 묘향妙香 동천洞天에 돌아가 쉬면서	從此歸休妙香洞
벽운의 방장실方丈室에 밤에 등을 내걸으리	碧雲方丈夜懸燈

[2]
묘향은 그냥 꿈속의 산이 되었을 뿐	妙香虛作夢中山
변방 요새에서 해 넘기며 분주하기만	沙塞經年未得閑
금일 관 너머 떠나는 그대를 보내노라니	今日送君關外去
벽운 속에 솔문 닫을 그대가 마냥 부러워	碧雲空羨掩松關

---

1) 囲 '完'은 '宛'의 오기인 듯하다. 2) 囲 '老'는 '盧'의 오기인 듯하다.

혜윤의 시축에 제하다
題惠允軸

연해蓮海 요산瑤山에 노스님이 계시나니 　　蓮海瑤山有老僧
서래西來의 심법을 완릉宛陵에서 이었다오 　　西來心法係宛陵
만 겹 옥설玉雪의 산에 얼른 돌아가서 　　萬重玉雪多歸思
가을 달 둥글 때에 한번 올랐으면 　　秋月圓時欲一登

홍 양성의 시에 차운하다
次洪陽城韻

시인騷人이 서쪽으로 한강 물 따라 내려오니	騷人西下漢江流
강변 풀 무성하여 나그네 시름 자아내네	江草萋萋客自愁
홀로 경루瓊樓에 기댄 채 멀리 한밤중까지	獨倚瓊樓遙夜半
달 밝은 산원山院은 귀뚜라미 우는 가을	月明山院候虫秋

장흥의 승에게 주다
贈長興僧

옛 절을 쾌청한 가을에 객이 또 들렀더니 　古寺秋晴客又過
지난날 거닐던 길에 나무 그림자 비꼈어라 　舊時行逕樹陰斜
상방上方 대전臺殿엔 부질없이 달만 밝을 뿐 　上方臺殿空明月
단지 시냇물 소리만 밤중에 들려오네 　只有川聲夜半多

낙산의 승에게 주다
贈洛山僧

한양 남쪽 길에 남은 꽃잎도 다 졌나니 　　漢陽南道落殘花
좋은 시절 바삐 떠나 붙잡을 수가 없네 　　佳節忩忩不柰何
내일이면 봄날도 가고 그대도 가고 　　　　明日春歸君又去
하늘 끝 보내는 심정 견딜 수가 없네 　　　不堪相送過天涯

한 상사에게 드리다
奉韓上舍

그리운 사람이 복성福城[86] 동쪽에 있나니	相思人在福城東
꿈에 함께 놀다가 깨고 나면 허망해라	夢裏同遊覺後空
등잔 옆에 적요하게 홀로 앉았노라니	獨坐寂寥燈影畔
빗소리 속에 멀리 두견이 울음 들리네	子規遙聽雨聲中

서울로 가는 자장에게 주다
贈子長赴京行

적요한 옛 절은 썰렁하게 법당 문 열려 있고	古寺寥寥寒殿開
눈 쌓인 솔은 저물녘에 학이 날며 배회하네[87]	雪深松暝鶴徘徊
오색구름 어느 곳에 진짜 중이 있던가	五雲何處眞僧在
산에 달 처음 뜰 때 홀로 누에 기대노라	山月初生獨倚樓

기해년 가을에 변 주서와 헤어지며 드리다
己亥秋奉別邊注書

종산鍾山에서 사슴과 노닐던 하나의 늙은 신하가[88]　麋鹿鍾山一老臣
장기瘴氣 어린 강가에서 백발인데도 수자리 사네　白頭猶戍瘴江濱
고비鼓鼙 소리에 꿈을 깨니 원문轅門 하늘 밝그레　夢驚鼙鼓轅門曙
금란전金鑾殿에 계시는 분 보내려니 시름겹네　愁送金鑾殿上人

정자의 시에 차운하다
次鄭子韻

병란 뒤 잔약한 후손 이제 처음 돌아오니	兵後殘孫今始歸
황폐한 산 비끼는 해에 무덤만 즐비하네	荒山斜日塚纍纍
예전 마을 있던 곳은 잡초로 뒤덮였나니	舊時閭井塡荒草
천년 뒤에 화표華表에 돌아온 정령위丁令威 같아라[89]	華表千年丁令威

조 목사에게 드리다
奉曺牧使

강이 휘돌고 산이 보듬은 아늑한 지형 江回山擁地形幽
어디가 호리병 속에 일월 있는 곳인고[90] 若箇壺中日月留
술 있고 거문고 있고 신외사身外事는 없으니 有酒有琴無外事
이 세상 어느 곳에서 괜한 시름 일으킬까 世間何處起閑愁

낙천당의 시에 차운하다
次樂天堂

세상에서 남이 알아주지 않아도 원망하지 않는다면[91]   不慍人間人不知
벼슬이 나에게 더디게 온들 근심할 것이 있으리오   豈愁軒冕到吾遲
천명天命을 즐기는 자를 군자라고 칭하거니[92]   樂夫天命稱君子
백옥伯玉이 어찌 꼭 사십에 잘못되었으리오[93]   伯玉何須四十非

임금의 행차가 서쪽으로 향했다는 말을 듣고 통곡하며 짓다
聞龍旌西指痛哭而作

제왕의 깃발 서쪽 향하매 도성이 텅 비고	龍旌西指禁城空
문무의 의관들이 도로 속에서 분주하네	文武衣冠道路中
해는 지는데 요동遼東 구름 어드메이뇨	日暮遼雲是何處
초의의 중 머리 돌려 눈물이 끝이 없어라	草衣回首淚無窮

허생에게 주다
贈許生

남이 잘하고 잘못함을 말하지 말라　　　　　休說人之短與長
무익할 뿐더러 앙화를 자초하느니라　　　　非徒無益又招殃
입을 지키기를 마개 닫힌 병처럼 하면[94]　　若能守口如瓶去
이것이 몸 편케 하는 제일의 방법이니라　　此是安身第一方

낙양의 사인에게 주다
贈洛陽士

봄 시름 금할 수 없어 남쪽 문 닫았나니	春愁無禁閉南關
좋은 시절도 총총히 이제 지려 하는도다	佳節忩忩欲已闌
날 갠 뒤 종남산 저녁 경치 볼라치면	霽後終南開晚眺
낙화와 싱그러운 풀 장안에 가득하리	落花芳草滿長安

성 수재에게 주다
贈成秀才

날씨도 차가운 세모의 산골 마을	天寒歲暮峽中村
엉성한 울타리에 닫힌 대 사립문	籬落蕭蕭掩竹門
북창에 높이 누워 잠자다 깨면 그만	高臥北窓閑夢破
눈보라가 황혼에 몰아치거나 말거나	任他風雪亂黃昏

동림사에서 추석에 밤중에 앉아
東林寺秋夕夜坐

동림사에 달이 뜨니 흰 잔나비 울고　　　東林月出白猿啼
붉은 계수 된서리에 밤경치 처량해라　　　丹桂淸霜夜色凄
홀로 향대香臺에 기대니 종과 북도 조용한데　獨倚香臺鍾鼓靜
천풍天風이 잎을 불어 잠자는 새를 보여 주네　天風吹葉見禽栖

심 명부와 헤어지고 나서 신안사에 묵다
別沈明府宿新安寺

천만 겹 멀고 먼 나그넷길이여	客路迢迢千萬重
소산小山[95]의 유적 따라 솔숲 지나네	小山遺跡度深松
황혼에 비로소 청계 밑에 이르러	黃昏始到淸溪下
동림정사東林精舍의 종소리 홀로 듣노매라	獨聽東林精舍鐘

만취[96]에게 부치다
寄晚翠

[1]
응벽지凝碧池[97] 못가에서 옥랑玉郎을 뵙고 나서 凝碧池頭拜玉郎
백련白蓮으로 홀로 바삐 서쪽 길 돌아왔소 白蓮西路獨歸忙
설공薛公의 언덕[98]에서 부질없이 돌아보니 薛公原上空回首
관아의 짙푸른 나무숲에 해가 지려 하네 官樹靑靑欲夕陽

[2]
서산에서 이별하고 또 매실 익는 계절 西山一別又黃梅
슬프게 광음 흐르며 밤낮으로 재촉하네 怊悵流光日夜催
일만 골짜기 우수수 송백에 비 내리는데 萬壑蕭蕭松栢雨
사립엔 글 전하는 사람 그림자도 없어라 荊門不見有書來

[3]
삼복에 비 주룩주룩 홀로 문에 기댔나니 庚雨多時獨倚門
죽방竹房[99]엔 사람 끊어지고 게다가 황혼 무렵 竹房人絶又黃昏
광려匡廬[100]가 지척인데도 서로 보지 못하다니 匡廬只尺不相見
고목의 썰렁한 구름에 괜히 애가 끊어지네 古木凉雲空斷魂

고향에 돌아가는 대매를 전송하며
送大梅歸鄉

봉도蓬島에서 해 넘도록 초막 문 닫았다가	蓬島經年掩草扉
어버이 그리워 오늘 저녁 돌아간다네	戀親今夕乃言歸
멀리 알겠네 도중에 봄날이 다 지나서	遙知半道春應盡
강변 절간 매화도 이미 떨어졌을 줄을	江寺梅花已落時

도중에 찬사를 만나서
途中遇贊師

반형班荊[101]하고 잔디밭에 나란히 앉았으니	班荊列坐黃芧地
천풍 속에 술 한 잔 있어야 하고말고	要繁天風洒一杯
다 마시고 돌아갈 길 멀리 바라보니	飮罷遙看歸去路
청산이 주인님 오시길 기다리는 듯	靑山如待主人廻

명사를 걷다
鳴沙行[1)]

명사鳴沙에 가랑비 내리는 삼월의 시절	細雨鳴沙三月時
살구꽃 떨어지니 객이 돌아갈 생각하네	杏花零落客思歸
고향 땅은 여전히 일천 리 저 너머	鄕關猶隔一千里
하교河橋의 푸른 실버들 시름 속에 바라보네	愁見河橋靑柳絲

---

1) ㉘ 丁本에는 '行' 아래 '月時。杏花零落客思歸。鄕關猶隔一千。'이 있다.

명주를 지나며
過溟州[1)]

산 떠나 사흘 만에 강릉에 도착하니	離山三日到江陵
여인숙 적막해라 한밤중에 등불뿐	逆旅寥寥半夜燈
지난 나라 천년 세월 얼마나 한이 쌓였을까	故國千年多少恨
물과 구름 찬 눈 속에 누대에 기댄 중이로세	水雲寒雪倚樓僧

---

1) ㉘ 丁本에는 '州' 아래 '江陵。逆旅寥寥半夜燈故國千年多少。'가 있다.

송도를 지나며
過松都

고궁의 남은 버들 저녁 까마귀 날고	古宮殘柳暮鴉飛
성곽은 의연한데 일은 이미 아니로세	城郭依然事已非
해 질 녘 지팡이 세우고 지난 일 물어보니	落日停筇尋徃事
행인이 멀리 정공鄭公[102]의 비를 가리키네	行人遙指鄭公碑

산중에서
山中

사립문에서 온종일 홀로 배회하며	柴門終日獨徘徊
가을비 찬 안개 속을 자꾸만 돌아보네	秋雨寒烟首屢回
지척에서 그리워하며 만나지 못하다니	只尺相思不相見
저녁 구름 저 새는 날다 지쳐 돌아오는데[103]	暮雲孤鳥倦飛來

강릉으로 붙잡혀 오다[104]
擒下江陵

연하烟霞 속에 들어온 뒤 세월이 많이 흘러	一入烟霞多歲月
올해가 무슨 해인지 알지도 못하는 몸	不知今歲是何年
어떤 중이 권문勸文을 청해서 지어 주었는데	僧來請寫勸文去
인간 세상 다른 인연 있을 줄 뉘 알았으랴	誰料人間有異緣

관동의 구 방백에게 드리다
奉關東具方伯

관동 길 아득아득 객을 보내는 정이여   關路迢迢送客情
시름 속에 꾀꼬리 소리 차마 못 들겠소   不堪愁裏聽鸎聲
어느 때나 한양 땅 동호의 절간(봉은사)에서   何時洛下東湖寺
나무 가득 매화 아래 밝은 달 마주할지   滿樹梅花對月明

월정사 금강연에서 방백을 접대하며
月精寺金剛淵待方伯

연하의 삼월 절간 앞의 누대	烟霞三月寺前臺
부월斧鉞[105]이 왕림하여 이끼 낀 돌에 앉았네	斧鉞登臨坐石苔
긴 젓대 몇 소리에 서산에 해는 지고	長笛數聲西日下
푸른 솔 찬 그림자 넘치는 술잔에 비치네	碧松寒影映深杯

회문시[106]를 지어 기 수재에게 주다
回文贈奇秀才

[1]
구름은 기러기 따라가고 승은 학을 따르고 雲隨鴈去僧隨鶴
해 질 녘 잔나비 우는 끊긴 골짜기 깊어라 落日啼猿斷壑深
구름 물 가득한 산에 푸른 이내 뭉게뭉게 雲水滿山青靄靄
먼 시내 찬 나루에 저녁 물 깊이 흐르네 遠川寒渡暮流深

[2]
구름 이는 골짝 바위 이끼 깊이 낀 물 雲生洞石苔深水
이슬 젖은 찬 소나무 한결 더 푸르기만 露濕寒松翠微深
지팡이 달랑 구름 띤 채 나그네 하나 멀리 雲帶一節孤客遠
저녁 성 애잔한 뿔피리 소리 화루畫樓에 깊어라 暮城殘角畫樓深

의지와 조신과 선소에게 주다[107]
贈義智調信仙巢

삼로三老의 성명은 해동에 이미 가득	三老聲名滿海東
형해形骸를 넘어 이미 상망相忘의 처지로세[108]	相忘已在形骸外
두 지역 상봉 못 한다 말하지 마오	莫言兩地不相逢
흥이 일면 정신으로 서로 만날 테니	興來相與精神會

신경의 시축에 제하다
題信敬軸

일찍이 모군茅君을 섬긴 지 삼십 년 세월 　　曾事茅君三十年
단사丹砂를 헛먹었으니 더욱 망연할 따름[109]　　丹砂虛服更茫然
묻노니 어떤 것이 안심安心하는 방법[110]인고 　　問如何是安心法
듣는 바가 있으면 진전盡傳[111]할 수 있으리라 　　若有所聞能盡傳

옥련에게 주다
贈玉蓮

밤낮으로 은근히 선업善業을 닦고	子午殷勤修白業
좋은 세월을 헛되이 저버리지 말라	不須虛負好光陰
극락세계로 곧장 밀고 들어갈 것이요	當來直入靑蓮界
염부閻浮의 오음五陰[112]에 머물지 말지어다	莫向閻浮滯五陰

주

1 호흑胡黑 : 미상이다. 혹시 호와 흑, 서축西竺의 노호老胡인 달마達磨와 흑호자黑胡子, 즉 묵호자墨胡子가 아닌가 추측해 본다.
2 제자帝子의 창오蒼梧의 눈물이요 : 대나무 그림이 소상반죽瀟湘斑竹과 같다는 말이다. 제자는 요임금의 두 딸로 순임금의 비妃가 된 아황娥皇과 여영女英을 가리킨다. 순임금이 창오의 들판에서 죽은 뒤에 아황과 여영이 사모하는 정을 억누르지 못해 서로 통곡하면서 소상강瀟湘江에 빠져 죽었는데, 그때 흘린 눈물이 대나무 위에 떨어지며 얼룩이 져서 소상반죽이 되었다는 고사가 전한다. 『博物志』권8.
3 고산孤山의 처사處士의 혼이로다 : 매화 그림을 비유한 것이다. 고산의 처사는 북송北宋의 은사隱士인 임포林逋를 가리킨다. 그는 항주 전당錢塘 사람으로, 서호西湖의 고산에 초막을 짓고는 매화를 심고 학을 기르며 평생 장가들지 않고 숨어 살았으므로 당시 사람들이 서호 처사 혹은 매처 학자梅妻鶴子라고 일컬었으며, 그의 사후에 인종仁宗이 그에게 화정 선생和靖先生이라는 시호諡號를 내렸다.
4 천년토록 밝은~비춰 주누나 : 참고로 임포가 매화를 읊은〈山園小梅〉에 "맑고 얕은 물 위에 성긴 그림자 가로 비끼고, 황혼 녘 달빛 속에 은은한 향기 떠도누나.(疎影橫斜水淸淺。暗香浮動月黃昏。)"라는 명구가 나온다.
5 기축년에 역옥逆獄의 횡액을 당하다 : 선조 22년(1589) 기축년에 일어난 정여립鄭汝立의 기축역옥己丑逆獄에 서산 대사와 사명당 등이 무고하게 연루되어 투옥되었다가 무죄 석방되었다.
6 기린麒麟 : 부벽루 서쪽에 있는 기린굴麒麟窟을 말한다.
7 쌍리雙鯉 : 한 쌍의 잉어라는 뜻으로, 편지의 별칭이다.
8 고신孤臣 : 외로운 신하라는 뜻으로, 계미년 선조 16년(1583)에 유배당한 허봉許篈을 가리킨다.
9 택반澤畔 : 못가라는 뜻인데, 이는 행음택반行吟澤畔이라는 말에서 나온 것으로, 허봉이 임금의 인정을 받지 못한 채 조정에서 억울하게 쫓겨나 유배객의 신세가 되었다는 뜻이 내포되어 있다. 전국시대 초나라 굴원屈原의〈漁父辭〉에 "굴원이 조정에서 쫓겨난 뒤에 강담에서 서성이고 못가를 거닐며 시를 읊조렸다.(屈原旣放。游於江潭。行吟澤畔。)"라는 말이 나온다.
10 몽촌夢村 : 김수金晬의 호이다.
11 우하虞夏 천년 : 우순虞舜과 하우夏禹와 같이 성군이 다스리던 고대의 태평시대라는 뜻이다.
12 계수桂樹 가지~잡는 일 : 과거에 응시하여 합격하는 것을 말한다. 계수나무는 가을

에 꽃이 피고, 과거 시험도 가을에 있었던 데에서 나온 말이다.
13 사명당은 명의 도독 유정劉綎의 남원 군영을 몇 번 방문했는데, 그 가운데 중요한 방문으로 두 차례를 들 수 있다. 첫 번째는 1594년 4월 사명당이 가등청정加藤淸正과 제1차 회담을 마친 뒤 유정의 남원 군영으로 찾아가 보고한 일이다. 두 번째는 1598년 8월 29일 사명당이 군사 300명을 거느리고 남원에 도착하여 주포에 진을 치고 예교에서 많은 공을 세웠을 때인데, 당시 유정은 남원의 군영에 머물면서 소서행장小西行長의 군과 싸울 뜻이 없었으므로, 사명당은 간접화법으로 그를 기롱하며 싸울 것을 권유하였다. 이 시는 두 번째 시기에 쓴 것으로 보인다.
14 조두刁斗 : 낮에는 취사 용구로 쓰다가 밤이 되면 순라巡邏를 돌면서 치는 군대의 기물器物로, 구리로 되어 있다.
15 백련사白蓮社 : 사원에서의 멋진 모임을 가리킨다. 동진東晉의 고승 혜원이 여산의 동림사에서 유유민劉遺民·뇌차종雷次宗 등 명유名儒를 비롯하여 승속僧俗의 18현賢과 함께 염불念佛 결사結社를 맺었는데, 그 사찰의 연못에 백련白蓮이 있었으므로 그 결사를 백련사라고 일컫게 되었다.『蓮社高賢傳』「慧遠法師」.
16 담 상공譚相公 : 명나라의 선유도사宣諭都使 담종인譚宗仁을 말한다.
17 숭산崇山 : 달마의 면벽구년面壁九年으로 유명한 소림사少林寺가 위치한 산 이름이다. 이곳에서 달마와 혜가가 선풍을 크게 떨쳤다. 소실산小室山이라고도 한다.
18 중매인 없는~쓸쓸할 뿐 : 당나라 두목杜牧의 〈送隱者〉라는 칠언절구에 나온다. 중매인, 즉 자신의 재능을 알아주며 세상에 추천하는 사람이 없어서 산속에 숨어 사는 은자의 집은 길을 찾지 못할 정도로 풀만 우거져 쓸쓸하다는 뜻이다. 참고로 이 시의 전문을 소개하면 다음과 같다. "중매인 없는 오솔길은 풀만 잡초만 쓸쓸할 뿐, 자고로 구름 속 산림은 저잣거리와 멀고말고. 세간에 공정한 도가 있다면 오직 백발뿐, 귀인의 머리도 절대로 봐 주는 법이 없다오.(無媒徑路草蕭蕭。自古雲林遠市朝。公道世間惟白髮。貴人頭上不曾饒。)"『全唐詩』권523.
19 문 닫히고~생각도 적요寂寥해라 : 법안종法眼宗 제3조 영명 연수永明延壽 선사의 〈山居詩〉 69수 중에 나온다.
20 새들은 오지~또 지나는데 : 송대 운문종雲門宗의 승려인 설두 중현雪竇重顯의 〈大功不宰〉라는 칠언절구에 나온다.『明覺禪師祖英集』권5.
21 암자 앞에~와서 인사하네 : 영명 연수의 〈山居詩〉 69수 중에 나온다.
22 문 닫은~내 사라져도 : 전거 미상이다.
23 진성眞性은 허공과~흔들리지 않는도다 :『銷釋金剛科儀會要註解』권5에 나오는 말이다.
24 세간이고 출세간이고~알게 뭐냐 : 두 구절 모두 전거 미상이다.
25 흰 구름~계책 있으리오 : 참고로 송나라 심열沈說이 지은 〈晩春〉이라는 칠언절구

첫 구에 "흰머리 나의 생애 무슨 계책 있으리오.(白頭何計是生涯)"라는 표현이 나온다.『宋百家詩存』권30.

26 아침에 묵은~기울 때까지 : 전거 미상이다.
27 문밖에서 두견이 ~하늘은 적적한데 : 호덕방胡德方이 지은 〈宿湖上〉이라는 칠언절구에 나온다. 호덕방의 생애는 미상인데, 송나라 채정손蔡正孫은 그의 호가 백암柏巖이라고 하고,『詩格』에 이 시 한 수를 수록하였다. 시의 전문을 소개하면 다음과 같다. "푸른 등불 깜박이고 달은 깁창 뚫는 때, 향기로운 꿈 막 깨니 살구꽃 떨어지네. 문 밖에서 두견이 울고 하늘은 적적한데, 이 몸이 우인의 집에 있는지 모르겠네.(青燈明滅月穿紗。香夢初回落杏花。門外啼鵑天寂寂。不知身在羽人家。)"
28 봄바람이 불어와~꽃잎 떨어지네 : 전거 미상이다.
29 하늘의 해와~북보다 빠르나니 : 전거 미상이다.
30 찬찬히 고금을~감회 많아라 : 전거 미상이다.
31 모르겠네 그~노래 불러 : 당나라 조당曹唐의 〈小遊仙詩〉 98수 중에 나온다.『全唐詩』권641.
32 벽도碧桃의 무한한~지게 하는지 : 여동빈呂洞賓이 아미산峨嵋山에 들어가 약초를 캘 때 지은 시 중에 이 구절이 있다.『全閩詩話』권2.
33 기도箕都 : 기자箕子의 도읍이라는 말로, 평양平壤의 별칭이다.
34 오늘 저녁~다시 지나니 : 부벽루浮碧樓는 장경문長慶門의 밖, 전금문轉錦門의 안, 영명사永明寺의 동쪽에 있다.
35 산은 고국을~빙 두르고 : 당나라 유우석劉禹錫의 〈石頭城〉이라는 칠언절구에 나온다.『劉賓客文集』권24.
36 산골짝은 여전한데~혼자 변했어라 : 당나라 이섭李涉의 〈過襄陽上于司空頔〉이라는 칠언절구에 나온다.『全唐詩』권477.
37 옥 수레~이미 멀어지고 : 당나라 이약李約의 〈過華清宮〉이라는 칠언절구 중 제3구이다. 원문에는 저본의 '遠'이 '盡'으로 되어 있다. 사명당의 착오가 아닌가 한다.『全唐詩』권309.
38 지금은 오직~날아다닐 뿐 : 이백의 〈越中覽古〉라는 칠언절구 중 말구이다.『李太白文集』권19.
39 해 저물녘~봄풀이 푸르른데 : 당나라 두공竇鞏의 〈南遊感興〉이라는 칠언절구에 나온다.『全唐詩』권271.
40 지팡이 짚고~물가에 섰네 : 두보의 칠언절구 〈漫興〉 9수 중 제5수에 나온다.『杜少陵詩集』권22.
41 누각 속의~어디 있는가 : 당나라 왕발王勃의 〈滕王閣〉이라는 칠언율시 중 제7구이다.『王子安集』권2,『古文眞寶 後集』「滕王閣序」에도 실려 있다.

42 물가의 달만~차갑게 돋네 : 당나라 가도賈島의 〈早秋寄題天竺靈隱寺〉라는 칠언율시 중 제6구이다. 참고로 바로 앞 구는 "산 종소리는 밤에 빈 강물을 건넌다.(山鍾夜渡空江水)"이다.『全唐詩』권574.

43 솔 아래 진토塵土 : 땅속의 무덤을 가리킨다. 묘지에 소나무를 많이 심기 때문에 그렇게 말한 것인데, 참고로 이백의 시에 "옛날에는 술을 꽤나 좋아하시더니, 지금은 솔 아래 진토가 되셨구려.(昔好盃中物。今爲松下塵。)"라는 표현이 나온다.『李太白集』권22 〈對酒憶賀監〉.

44 제향帝鄕 : 하늘에 있는 상제上帝의 거소, 혹은 경도京都를 가리키는 시어인데, 여기서는 후자의 뜻으로 쓰였다.『莊子』「天地」의 "저 흰 구름을 올라타고 천제의 거소에서 노닌다.(乘彼白雲。游于帝鄕。)"라는 말에서 유래한 것이다. 백운향白雲鄕이라고도 한다.

45 청류벽淸流壁 : 부벽루 아래 강가에 깎아지른 듯 서 있는 석벽으로, 바위에 청류벽 세 글자가 큰 글씨로 새겨져 있다.

46 백운교白雲橋 : 고구려 동명왕이 세웠다는 구제궁九梯宮 터 안에 있는 다리 이름이다. 지금 평양의 영명사永明寺 안에 통한교通漢橋·연우교延祐橋·청운교靑雲橋·백운교白雲橋 등 네 개의 다리가 있다고 한다.

47 선담船潭 : 용소龍沼의 이름으로, 금강산 만폭동萬瀑洞의 팔담八潭 혹은 십담十潭 중의 하나이다.

48 기수琪樹 요대瑤臺 : 신선 세계 속의 옥 나무와 옥 누대라는 뜻으로, 금강산을 비유한 것이다.

49 옥경玉磬 몇~누대에 기대었네 : 참고로 당나라 시인 조하趙嘏의 〈早秋〉에 "몇 점 남은 별빛 아래 기러기는 변방을 질러가고, 한 가락 피리 소리 속에 사람은 누대에 기대었네.(殘星幾點雁橫塞。長笛一聲人倚樓。)"라는 구절이 나오는데, 두목이 이 표현을 너무도 좋아한 나머지 그를 조의루趙倚樓라고 불렀다는 고사가 전한다.『唐摭言』「知己」.

50 명령冥靈 : 신화 속의 서목瑞木 이름이다. 명령冥靈이라고도 한다.『莊子』「逍遙遊」에 "초나라 남쪽에 있는 명령은 5백 년을 봄으로 삼고, 5백 년을 가을로 삼는다.(楚之南有冥靈者。以五百歲爲春。五百歲爲秋。)"라는 말이 나온다.

51 부요扶搖 타고~모는 듯 : 신선이 되어 바람 수레를 몰고 하늘을 돌아다니는 것처럼 상쾌하다는 말이다. 부요는 회오리바람이다.『莊子』「逍遙遊」에 "붕새가 남쪽 바다로 옮겨 갈 적에 물결을 치는 것이 삼천 리요, 부요를 타고 구만리 하늘 위로 올라가서 여섯 달을 가서야 쉰다.(鵬之徙於南冥也。水擊三千里。搏扶搖而上者九萬里。去以六月息者也。)"라는 말이 나오고, 또 "열자列子가 바람을 몰고 하늘 위로 올라가서 신나게 보름 동안쯤 마음대로 돌아다니다가 돌아오곤 한다.(列子御風而行。泠然善也。

旬有五日而後反)."라는 말이 나온다.

52 백옥경白玉京 : 천제 혹은 신선이 상주하는 천상의 낙원을 말한다. 줄여서 옥경玉京, 혹은 옥루玉樓라고도 한다.

53 유리琉璃의 동부洞府 : 유리궁琉璃宮과 같은 말로, 유리로 된 신선의 별천지라는 말이다. 동부洞府는 동천洞天과 같다. 유리궁은 방장산方丈山 위에 있다고 하는데, 동방삭東方朔이 지은 『十洲記』에 그 내용이 나온다.

54 중향성衆香城 : 중향국衆香國과 같은 말로, 불국토를 말한다. 그곳은 향적여래香積如來가 다스린다고 한다. 『維摩經』 「香積佛品」.

55 구당협瞿塘峽 : 협구峽口의 강물 한복판에 염예퇴灩澦堆가 우뚝 솟아 있어서 물살이 급하기 때문에 무사히 건너가기가 거의 불가능할 정도로 험악하다는 장강長江의 여울물 이름인데, 물살이 센 곳을 비유하는 말로 흔히 쓰인다.

56 화표華表에 돌아온 학 : 학으로 변해 고향을 찾은 정령위丁令威의 전설을 인용한 것이다. 요동 사람 정령위가 신선이 되고 나서 천년 만에 학으로 변해 다시 고향을 찾아와서는 요동 성문의 화표주華表柱 위에 내려앉았는데, 소년 하나가 활을 쏘려고 하자 허공으로 날아 올라가 배회하면서 "옛날 정령위가 한 마리 새가 되어, 집 떠난 지 천년 만에 이제 처음 돌아왔소. 성곽은 의구한데 사람은 모두 바뀌었나니, 신선술 왜 안 배우고 무덤만 이리도 즐비한고.(有鳥有鳥丁令威. 去家千年今始歸. 城郭如故人民非. 何不學仙冢纍纍.)"라고 탄식하고는 사라졌다는 전설이 전한다. 『搜神後記』권1.

57 허리 꺾고~제사 지내리오 : 참고로 진나라 도연명이 팽택 현령彭澤縣令으로 있다가 오두미五斗米 때문에 허리를 굽힐(折腰) 수는 없다면서 고향으로 돌아간 고사가 있다. 『晉書』 「隱逸傳」〈陶潛〉

58 추수秋水 : 『莊子』 외편의 편명이다. 대체로 내편 「齊物論」을 부연 설명하는 내용으로 채워져 있다. 「齊物論」의 속편續篇이라고 칭할 만하다.

59 달 밝은~멀리 떠나가니 : 구령緱嶺은 구지산緱氏山을, 생봉笙鳳은 봉황의 울음소리를 내는 피리라는 말로, 그가 신선이 되어서 인간 세상을 떠나갔다는 말이다.

60 제향帝鄕에선 애가~옥여玉輿가 외롭도다 : 임금이 서울에서 그의 죽음을 슬퍼한다는 말이다. 옥여는 옥으로 장식한 수레라는 뜻으로, 제왕의 수레 혹은 제왕을 가리킨다. 제향은 서울을 뜻한다.

61 열다섯에 집을~서른에 돌아오니 : 사명당의 「갑오상소문」에 따르면, 그는 15세~16세에 부모님을 여의었으며, 또한 30세에 직지사 주지로 불교계의 중진이 되었다. 이 시는 30세 무렵 고향을 찾으며 이와 같이 표현한 것으로 보인다. 사실 그의 출가는 13세, 14세, 15세, 16세 등 여러 설이 있어 단정하기 어려운 것이 사실이지만 대개 이 시에 의거하면 15세경으로 보면 될 것 같다.

62 영은사靈隱寺 : 대사는 임진왜란이 일어나기 전까지 오대산과 금강산에 많이 기거하였다. 강릉에서 남쪽으로 내려가려면 삼척의 태백산을 거쳐 가야 하므로, 대사는 태백산 영은사에 자주 들렀다. 영은사는 신라 때 운망사雲望寺라 했으나, 사명당이 주석하면서 영은사라 불렀다. 여기에 모셔진 범일·사명 두 대사의 영정을 현재 본사인 월정사에 이관해 놓고 있다.

63 내금內禁 : 내금위內禁衛 준말로, 친위하는 경호 무사를 가리킨다. 내금위는 임금과 가장 가까운 곳에서 입직入直·시립侍立·호종扈從을 하는 까닭에 무재武才가 뛰어나야 함은 물론, 임금의 신임을 받아야 했으므로, 선조宣祖 대에 이르는 조선 중엽까지는 모두 사족士族 출신의 업무자業武者로 충당되었으며, 서반西班의 집현전集賢殿이라고 칭해질 정도로 좋은 대우를 받았다.

64 동서로 떠돌며~부림을 받았으니 : 참고로 도연명의 「歸去來辭」 첫머리에 "이미 나 스스로 마음이 형체의 부림을 받게 했고 보면, 어찌 상심하며 그저 슬퍼만 해서야 되겠는가.(旣自以心爲形役。奚惆悵而獨悲。)"라는 말이 나온다.

65 서제噬臍 : 배꼽을 물어뜯는다는 뜻으로, 후회막급後悔莫及과 같은 말이다. 서제噬齊라고도 한다. 『春秋左氏傳』 「莊公」 6년의 "우리 등鄧나라를 멸망시킬 자는 바로 초문왕楚文王 이 사람이다. 만약 빨리 처치하지 않는다면, 뒤에 군주께서는 배꼽을 물어뜯게 될 것이다.(亡鄧國者必此人也。若不早圖。後君噬齊。)"라는 말에서 나온 것인데, 이는 사향노루가 배꼽 때문에 사람에게 한번 붙잡힌 뒤에는 배꼽을 아무리 물어뜯으려 해도 이미 때는 늦었다는 이야기를 인용한 것이다.

66 시원하게 홀로~탄 것처럼 : 『莊子』 「逍遙遊」에, 열자列子가 허공을 시원하게 날아다니다(泠然善也) 돌아오는 이야기가 실려 있다.

67 이 시는 『四溟堂大師集』 권1에 나오는 〈시월 삼일에 눈이 오기에 회포를 적다〉와 같은 지역에서 지어진 것으로 보인다. 이는 대사가 왜장 가등청정과 회담하기 위하여 두 번째 서생포 왜성을 방문했을 때이다. 이 회담은 명 유격遊擊 심유경沈惟敬이 소서행장을 상대로 한 강화교섭과는 별도로 조선과 왜장 사이에 진행된 교섭이다.

68 상자 속의~한밤중에 우나니 : 참고로 전욱顓頊이 예영曳影이라는 명검을 써서 사방을 정벌하였는데, 그 검을 사용하지 않고 상자 속에 보관하고 있을 때에는 용과 범이 울면서 신음하는 듯한 소리가 새어 나왔다고 한다. 『拾遺記』 권1 「顓頊」.

69 광정廣庭이야 어느~차가우니 원 : 사람이 많이 모여 사는 곳이라면 그래도 소식을 곧잘 알겠지만, 설봉은 신선이나 사는 곳에 있으니 소식을 알기 어려우리라는 말이다. 광정은 넓은 뜰이라는 말로, 대중이 모인 공개적인 장소를 뜻한다. 벽도碧桃는 선인이 먹는 선과仙果이다.

70 바다에 뗏목~길에 들어섰네 : 당시 가등청정의 서생포 왜성으로 들어가려면 배를 타고 가야 했다.

71 중원中原의 장수는 염파廉頗를 떠올린다나 : 두보가 친구인 고적高適에게 부친 시에 "오늘 조정에서는 급암汲黯과 같은 직신直臣인 그대가 필요하고, 중원의 장수로는 염파廉頗와 같은 그대를 떠올린다오.(今日朝廷須汲黯。中原將帥憶廉頗。)"라는 구절이 나온다. 『杜少陵詩集』 권13 〈奉寄高常侍〉. 염파는 전국시대 조趙나라의 명장이다. 뒤에 한 문제는 염파와 이목李牧과 같은 장수를 얻기만 한다면 흉노를 걱정할 것이 없을 것이라고 칭찬하기도 하였다. 자미子美는 두보의 자이다.

72 어산漁山 : 범패梵唄의 별칭이다. 어산魚山이라고도 한다. 조위曹魏의 진사왕陳思王 조식曹植이 어산에서 노닐 적에 암곡巖谷 사이에서 송경誦經하는 소리를 듣고는 감동한 나머지 그 음절을 모사하여 범패를 지었다고 한다. 어산은 산동성山東省 동아현東阿縣 서쪽에 있는데, 오산吾山이라고도 한다. 그리고 여기에서 유래하여 범패를 어범漁梵 혹은 어패漁唄라고도 한다. 『法苑珠林』 권36, 『佛祖歷代通載』 권6, 『釋氏稽古略』 권1.

73 요학遼鶴 : 요동遼東의 학이라는 뜻으로, 신선이 된 정령위丁令威의 고사를 인용한 것이다.

74 청련靑蓮의 세계 : 서방정토西方淨土 극락세계極樂世界를 말한다.

75 음향이 쌍림雙林에~들보를 휘감았네 : 쌍림은 보통 사원의 별칭으로 쓰인다. 석가모니가 사라쌍수娑羅雙樹에서 입멸한 고사에서 유래한 것이다. 그런데 여기서는 쌍계사雙溪寺의 숲이라는 뜻도 들어 있지 않을까 하는 생각도 든다. 왜냐하면 우리나라의 범패는 쌍계사와 불가분의 관계를 지니고 있고, 따라서 은 어산 역시 쌍계사 출신이 아닐까 하는 생각이 들기 때문이다. 참고로 신라 문성왕文聖王 2년(840)에 지리산 옥천사玉泉寺를 중창하고 수도하며 『魚山九鑑』을 지은 진감 선사眞鑑禪師 혜조慧照는 범패로 명성을 떨쳤는데, 최치원의 『孤雲集』 제2권에 수록된 진감 화상의 비명을 보면 "선사는 본디 범패를 잘하였다. 그 음성은 마치 금옥金玉이 울리는 것 같았는데, 측조側調의 가락으로 날리는 소리가 상쾌하고도 애잔하여 제천諸天의 신神들을 환희하게 할 정도여서 길이 먼 곳까지 유전流傳될 만한 것이었다. 이를 배우는 자들이 당우堂宇에 가득하였는데, 선사는 싫증을 내지 않고 이들을 정성껏 가르쳤다. 그래서 지금까지 동국東國에서 어산魚山의 묘음妙音을 익히는 자들이 다투어 코를 막고 내는 것(掩鼻)처럼 하면서 옥천玉泉의 여향餘響을 본받고 있으니, 이 어찌 성문聲聞으로 제도하는 교화가 아니겠는가."라는 말이 나온다. 옥천사는 그 뒤에 쌍계사로 이름이 바뀌었다. 또 고대 한국의 가곡의 명인인 한아韓娥가 한번 노래를 부르면, 그녀가 떠나간 뒤에도 그 여음餘音이 들보를 휘감고 돌며 3일 동안이나 사라지지 않았다(餘音繞梁。三日不絶。)는 고사가 전한다. 『列子』 「湯問」.

76 상문桑門 : 범어梵語를 음역音譯한 사문沙門의 이역異譯으로, 불교 또는 승려를 가리킨다.

77 어산漁山을 누가~마루에 오를까 : 어산의 후계자가 될 만한 사람이 누가 있겠느냐는 말이다. 제자 자로子路에 대해서 "방에는 들어오지 못했어도 마루에까지는 올라왔다.(由也升堂矣。未入於室也。)"라고 공자가 칭찬한 고사가 전한다.『論語』「先進」.
78 붉게 타는~뒤집어 떠났으니 : 다비茶毗를 묘사한 것이다.
79 정공鄭公 : 고려 말의 충신인 포은圃隱 정몽주鄭夢周를 말한다. 그는 선죽교에서 이방원李芳遠이 보낸 자객에게 살해되었다.
80 성초星軺 : 사신의 수레를 뜻한다. 고대의 천문학에서 사신은 하늘의 성신星辰과 응한다고 믿었다. 외방을 다스리는 신하도 왕명을 받든 사신의 하나에 속한다.
81 사명당은 전쟁이 끝난 뒤 기해년(1599)과 경자년(1600)의 2년 동안 안동 지방에 있으면서 조정의 명령을 기다리고 있었다. 이 시기는 주로 도산의 용수사龍壽寺에 머물면서 족친인 용담 임흘任屹의 집에 드나들며 시를 짓기도 하고, 시집『龍潭雜詠』을 필사하기도 하였다. 이 시는 기해년 당시 단양에서 전마가 죽자 지은 것이다.『四溟堂大師集』에는 비교적 한가한 이 무렵에 지은 시들이 많다. 한편 대사가 필사한『龍潭雜詠』은 현재 종가에서 밀양박물관에 기증하였다.
82 대완大宛의 용종龍種 : 대완국大宛國에서 생산되는 한혈마汗血馬와 같은 준마라는 말이다. 대완은 서역의 나라 이름이고, 한혈마는 흘리는 땀방울이 마치 피처럼 붉은 말이라는 뜻이다. 용종은 준마의 대명사이다. 참고로 당나라 장언원張彦遠의『曆代名畵記』「唐朝 上」에, 대완의 준마를 형용하여, "뼈의 힘은 바람을 뒤쫓고, 털의 문채는 땅을 비춘다.(骨力追風。毛彩照地。)"라고 표현한 말이 나온다.
83 목숙首蓿 : 옛날 대완의 언어인 buksuk의 음역으로, 콩과에 속하는 식물인데, 말이 좋아하는 사료 중의 하나이다. 한 무제 때에 장건張騫이 서역에 사신으로 나갔다가 처음으로 대완에서 중국으로 전했다고 한다.『史記』「大宛列傳」.
84 중사中使 : 왕이 보낸 내시內侍를 말한다.
85 서래西來의 진결眞訣을~노능盧能을 이었다네 : 불법의 진수를 황벽黃檗과 같은 서산 대사에게 묻고 참구하여 조계 혜능의 심법을 이어받았다는 뜻이 아닌가 한다. 완릉完陵은 다음 시에 나오는 완릉宛陵의 잘못이고, 노능老能은 노능盧能의 잘못이 아닐까 추측해 본다. 완릉은 당나라 단제 선사斷際禪師 황벽 희운黃檗希運의 별칭으로, 그의 문도인 상국相國 배휴裴休가『宛陵錄』이라는 황벽의 문집을 편찬한 데에서 유래한 것이다. 노능은 성이 노씨盧氏인 육조 대사 혜능을 가리킨다. 서래는 조사서래의祖師西來意의 준말로, 선가禪家에서 흔히 쓰는 화두話頭의 하나이다. 중국 선종의 초조인 달마가 서쪽으로부터 중국에 와서 선법을 전한 그 궁극적인 뜻이 무엇인가 참구하는 것으로, 즉 불법의 대의를 뜻한다.
86 복성福城 : 전남 보성寶城의 옛 이름이다.
87 적요한 옛~날며 배회하네 : 참고로 당시唐詩에 "누런 나뭇잎 뒹구는 전 왕조의 절

간, 중도 없이 썰렁하게 법당 문 열려 있네. 못은 쾌청해서 거북이 나와 볕을 쬐고, 솔은 저물녘에 학이 날며 배회한다.(黃葉前朝寺。無僧寒殿開。池晴龜出曝。松暝鶴飛回。)"라는 명구가 있다. 작자는 사공서司空曙라고도 하고 경위耿湋라고도 한다.『全唐詩』권268〈廢慶寶寺〉.

88 종산鍾山에서 사슴과~늙은 신하가 : 사명당 자신은 원래 세상일과 상관없이 자연 속에서 유유자적하던 사람이라는 말이다. 참고로 송나라 승려 각범覺範의 시에 "소와 양이 밟든 말든 들에서 노숙하나니, 나는 종산의 일 없는 중이라오.(露眠不管牛羊踐。我是鍾山無事僧。)"라는 구절이 나온다.『石門文字禪』권15「七言絶句」〈合妙齋〉. 종산은 곤륜산의 별칭이다.

89 천년 뒤에~정령위丁令威 같아라 : 완전히 변해 버린 고향의 정경을 보고 가슴 아파하는 심정을 비유한 것이다.

90 어디가 호리병~있는 곳인고 : 여기 말고 어디서 또 선경仙境을 찾겠느냐는 말이다. 후한後漢의 술사術士 비장방費長房이 시장에서 약을 파는 선인 호공壺公의 총애를 받아 그의 호리병 속으로 들어갔더니, 그 안에 일월日月이 걸려 있고 선경인 별천지別天地가 펼쳐져 있더라는 전설이 전한다.『後漢書』「方術傳 下」〈費長房〉.

91 세상에서 남이~원망하지 않는다면 :『論語』「學而」첫머리에 "남이 알아주지 않아도 원망하지 않는다면, 또한 군자가 아니겠는가.(人不知而不慍。不亦君子乎。)"라는 공자의 말이 나온다.

92 천명天命을 즐기는~군자라고 칭하거니 : 참고로 도연명의「歸去來辭」맨 마지막에 "자연의 변화 따라 죽음으로 돌아가거니, 천명을 즐길 뿐 또 무엇을 의심하랴.(聊乘化以歸盡。樂夫天命復奚疑。)"라는 표현이 나온다.

93 백옥伯玉이 어찌~사십에 잘못되었으리오 : 공자로부터 군자라는 칭찬을 받기까지 했던 거백옥伯玉이 어찌 꼭 그의 말처럼 사십 대에 잘못을 저질렀을 리가 있겠느냐는 말이다. 거백옥은 춘추시대 위衛나라의 현대부賢大夫였는데, 그에 대해서 공자가 "군자로다, 거백옥이여. 나라에 도가 있으면 나아가 벼슬을 하고, 나라에 도가 없으면 거두어 속에다 감추어 두는구나.(君子哉蘧伯玉。邦有道則仕。邦無道則可卷而懷之。)"라고 찬탄한 말이『論語』「衛靈公」에 나온다. 또 거백옥이 "나는 나이 오십에 사십구 년 동안의 잘못을 깨달았다.(年五十而知四十九年非)"라고 말했다는 기록이『淮南子』「原道訓」에 나온다.

94 입을 지키기를~병처럼 하면 : 당나라 석도세釋道世가 지은『法苑珠林』권47「懲過篇」〈引證部〉에 "뜻을 막기를 성곽처럼 하고, 입을 지키기를 마개 닫힌 병처럼 하라.(防意如城。守口如瓶。)"라는 말이 나온다. 참고로 송나라 부필富弼이 80세 되던 해에 자리의 병풍에 "수구여병守口如瓶 방의여성防意如城"이라고 써서 자신을 경계하였는데, 주희朱熹가 문인에게 이 대목을 설명하면서 "수구여병은 아무렇게나 말을

하지 않는 것이요, 방의여성은 외물의 유혹을 받는 것을 두려워함이다.(守口如瓶。是言語不亂出。防意如城。是恐爲外所誘。)"라고 하였고, 또 "수구여병은 함부로 말하지 않는 것이요, 방의여성은 바르지 못한 것이 안에 들어오는 것을 막는 것이다.(守口如瓶。不妄出也。防意如城。閑邪之入也。)"라고 한 뒤로부터 유가의 잠언箴言으로 전해져 내려오기도 하였다. 『朱子語類』 권105 「敬齋箴」.

95 소산小山 : 소산은 小山隱의 준말로, 세속을 피해 산림에 은거하며 절조를 지키는 사람을 말한다. 한나라 회남왕淮南王 유안劉安의 문객인 이른바 회남淮南 소산小山의 무리가 초나라 굴원을 동정하며 〈招隱士〉라는 시를 지은 고사에서 유래한 것이다.

96 만취晚翠 : 오억령吳億齡(1552~1618)의 호이다.

97 응벽지凝碧池 : 당나라 금원禁苑에 있던 못의 이름으로, 보통 궁중 비원秘苑의 못을 가리킨다. 참고로 당 현종唐玄宗 천보天寶 15년(756)에 안녹산安祿山의 군대가 장안에 침입하여 이곳에서 크게 잔치를 벌인 고사에서 유래하여, 적의 침입을 당했다가 다시 수복한 궁궐의 뜻으로 쓰이기도 한다.

98 설공薛公의 언덕 : 전거 미상이다.

99 죽방竹房 : 죽림竹林의 정사精舍와 같은 말로, 절간을 가리킨다.

100 광려匡廬 : 여산을 뜻하는 말로, 동림사를 가리킨다.

101 반형班荊 : 형초荊草를 자리에 깔고 앉는다는 뜻으로, 오래된 지인을 만난 기쁨을 비유할 때 쓰는 표현이다. 춘추시대 초나라 오거伍擧가 채蔡나라 성자聲子와 세교世交를 맺고 있었는데, 두 사람이 우연히 정鄭나라 교외에서 만나 형초를 자리에 깔고 앉아서 옛날이야기를 주고받았던 고사에서 유래한 것이다. 『春秋左氏傳』「襄公」 26년.

102 정공鄭公 : 정몽주를 말한다.

103 저녁 구름~지쳐 돌아오는데 : 참고로 도잠의 「歸去來辭」에 "구름은 무심히 산봉우리에서 나오고, 새는 날기에 지쳐서 돌아올 줄 안다.(雲無心以出岫。鳥倦飛而知還。)"라는 명구가 나온다.

104 강릉으로 붙잡혀 오다 : 사명당은 선조 22년(1589) 기축년에 일어난 정여립 역모 사건에 연루되어 오대산五臺山에서 체포되어 강릉부江陵府로 끌려갔다가 무혐의로 풀려났다.

105 부월斧鉞 : 부와 월 모두 도끼 형상의 병기로, 형벌과 살육을 상징하는데, 보통 왕명을 받들어 외방에 나온 장관, 즉 방백方伯이라는 뜻으로 쓰인다. 『禮記』「王制」에 "제후는 궁시를 하사받은 뒤에 정벌을 행하고, 부월을 하사받은 뒤에 죽이는 권한을 행사한다.(諸侯賜弓矢。然後征。賜鈇鉞。然後殺。)"라는 말이 나온다.

106 회문시回文詩 : 거꾸로 읽어도 의미가 통하는 시를 말한다.

107 의지義智와 조신調信과 선소仙巢는 1590년 일본의 사신으로 조선에 건너온 평의지平義智와 평조신平調信과 석선소釋仙巢를 말한다. 그런데 이때는 전쟁이 나기 전이

므로, 사명당이 이들과 만나지는 않았다. 그러므로 이 시는 대사가 일본에서 귀국한 뒤인 1607년 회답겸쇄환사 여우길 일행이 일본으로 들어갈 때, 그 인편으로 경도 오산의 장로승들에게 보내는 서신과 함께 대마도 도주 등 3인에게 이 시를 지어 안부를 물은 것이다. 이때 선소에게는 따로 서신까지 써서 보냈다. 선소는 현소로 더 많이 알려져 있다.

108 형해形骸를 넘어~상망相忘의 처지로세 : 눈에 보이는 모습이나 국적國籍 같은 것을 초월하여 대도의 차원에서 서로 잊고 이해하며 지내는 관계를 맺었다는 말이다. 상망相忘은 『莊子』「大宗師」의 "물이 바짝 말라 고기들이 땅바닥에 처하게 되면, 서로들 김을 내뿜어 축축하게 해 주고 서로들 거품으로 적셔 주지만, 그보다는 강과 호수에서 서로 잊고 사느니만 못하다.(泉涸。魚相與處於陸。相呴以濕。相濡以沫。不如相忘於江湖。)"라는 말에서 나온 것이다.

109 일찍이 모군茅君을~망연할 따름 : 신선의 술법을 추구한 세월이 아까울 뿐만 아니라, 단약丹藥을 복용하면 장생불사長生不死한다는 속임수에 빠져서 몸과 마음을 괴롭혔으니 더더욱 망연자실할 수밖에 없다는 말이다. 모군은 도가의 전설적인 세 신선인 삼모진군三茅眞君, 즉 모영茅盈과 그의 아우 모고茅固·모충茅衷을 말한다. 그들은 한 경제 때에 함양咸陽 사람으로, 구곡산句曲山에서 약초를 캐며 수도하여 선인이 된 뒤에, 태상노군太上老君으로부터 각각 사명진군司命眞君과 정록진군定錄眞君과 보명선군保命仙君의 직책을 수여받았다고 한다. 구곡산은 뒤에 삼모산三茅山으로 개칭되고 모산茅山으로 줄여서 칭하기도 하였는데, 지금 강소성江蘇省 구용현句容縣에 있다. 도교 청미파淸微派에서는 그들을 교조로 숭앙하고 있다. 『茅山志』 권5, 『梁書』「處士傳」〈陶弘景〉.

110 안심安心하는 방법 : 마음을 편안하게 하는 처방이라는 뜻으로, 달마가 혜가에게 주었다는 안심방安心方을 말한다.

111 진전盡傳 : 신진화전薪盡火傳의 준말로, 육신은 비록 스러져도 생명의 불꽃은 영원히 전해져서 없어지지 않는다는 뜻인데, 『莊子』「養生主」의 "관솔불의 기름은 다할 때가 있지만, 불씨는 새로 전해져서 끝날 줄을 알지 못한다.(指窮於爲薪。火傳也。不知其盡也。)"라는 말에서 유래한 것이다.

112 염부閻浮의 오음五陰 : 속인의 생활을 비유한 말이다. 염부는 수미산須彌山 사대주四大洲의 남주南洲에 있다는 염부제閻浮提의 준말로, 원래는 인도를 가리키는 말이었으나, 나중에는 인간 세상의 총칭으로 쓰이게 되었다. 염부주閻浮洲 혹은 섬부주贍部洲라고도 한다. 오음五陰은 인간의 심신心身을 구성하는 다섯 가지의 가합적假合的인 요소, 즉 색色·수受·상想·행行·식識을 가리킨다. 보통 오온五蘊이라고 칭하는데, 이 중에서 색은 물질 현상인 육신을 말하고, 기타 네 가지는 심리 현상을 설명하는 것들이다.

사명당대사집 제5권
| 四溟堂大師集 卷之五 |

선게禪偈

부휴자에게 주다
贈浮休子

교외별전教外別傳의 참다운 소식이여	別傳敎外眞消息
옛 장부丈夫의 전유물로 돌려야만 해야 할지[1]	專美須還古丈夫
오백 년 지나 그 누가 이것을 계승할까	後五百年誰繼此
염화拈花[2]의 한 법맥이 끊어짐이 슬프도다	拈花一脈落鳴呼

영운 장로에게 주다
贈靈雲長老

온갖 마구니 장난을 허깨비로 간주함은	千魔萬難看如幻
여울머리 걸린 배를 되돌림과 흡사하리	直似灘頭撥轉船
금강과 밤송이를 끝까지 집어삼켜야만	呑透金剛幷栗蒺
부모가 낳기 전의 도리를 알게 되리라	方知父母未生前

이공이 한마디 말을 청하기에 답하다
酬李公求語[1)]

붙잡을 곳 하나 없는 깎아지른 절벽에서 　　懸崖峭壁無抧[2)]泊
목숨 놓고 형체 잊고 한 발 성큼 앞으로 　　捨命忘形進不疑
다시 칼날 위에서 한번 몸을 뒤집어야 　　更向劒鋒翻一轉
공겁空劫 이전의 시절[3]을 비로소 알게 되리 　　始知空劫已前時

---

1) ㉮丁本에는 '語' 아래 '捨命忘形進不疑。更向劒峰翻一。'이 있다.　2) ㉯'抧'은 '栖'의 오기인 듯하다.

청학동에서 가을에 앉아
靑鶴洞秋坐

서풍이 불어오며 비도 막 그친 때	西風吹動雨初歇
만 리 장공에 조각구름 하나 없네	萬里長空無片雲
빈방에 가만히 앉아 중묘衆妙[4]를 보노라니	虛室尸居觀衆妙
하늘 향기 계수 꽃이 분분히 떨어지네[5]	天香桂子落紛紛

연 선자가 한마디 말을 청하기에 답하다
賽蓮禪子求語

날뛰는 호손胡孫[6]을 잡으려 한다면	欲殺胡孫子
농사 안 망치게 소를 잘 길러야지[7]	將調水牯牛
먼저 무슨 작전을 세워야 할까	先從何似茱[1)
의당 취모검吹毛劍[8]을 잡아야겠지	宜把吹毛頭

---

1) ㊎ '茱'은 '策'의 오기인 듯하다.

한 장로에게 주다
贈閑長老

옷 아래 마니麽尼 구슬[9] 예전 그대로 있으니　　衣下麽尼依舊在
거울 속의 머리를 잘못 인식하지 말라[10]　　　　不須虛認鏡中頭
몸 뒤채어 곧바로 고향 동산 속에 가서　　　　　翻身直到故園裏
한번 어버이 뵈면 비로소 쉬게 되리라　　　　　一見爺孃方始休

연 장로에게 주다
贈蓮長老

무쇠 관문 굳게 잠겨 나갈 길이 없거든	鐵關牢鎖無行路
서쪽 치고 동쪽 두들겨 열어젖혀야지	西擊東敲要打開
의심 덩어리 탁 하고 홀연히 깨뜨리면	倏然爆地疑團破
분명코 하늘이 놀라고 땅이 진동하리라	管取驚天動地來

고향으로 돌아가는 경 법사에게 주다
贈冏法師還故鄉

천태天台의 마디 없는 지팡이 손에 쥐고	手把天台無節杖
표연히 떠나가 북으로 유람하는 몸	飄然去作北遊身
오천五天[11]의 한 법을 전수해 지닐 자는	五天一法傳持者
알겠노라 임하林下에 그대 하나뿐임을	林下唯知汝一人

송을 청하는 원 사미에게 주다
贈圓沙彌求頌

만법은 원래 허공 속의 꽃이거니	萬法由來空裏花
바닷속의 모래를 세기만 해서야	豈宜徒筭海中沙
은산철벽銀山鐵壁을 뚫기만 하면 될 것이니	但從鐵壁銀山透
어떠하냐 어떡하냐 묻지 말지어다	不問如何又若何

두류산의 운 선자에게 주다
贈頭流雲禪子

날뛰는 원숭이 무절목無節目[12]으로 꺾어 버리고	拗折胡孫無節目
삼조三條[13]에 높이 바랑 걸고서 잠을 자도록	三條高掛鉢囊眠
누가 와서 이러쿵저러쿵 시비라도 걸면[14]	有人來說之乎者
이우입해연泥牛入海烟[15]했노라고 웃으며 대답하라	笑答泥牛入海烟

해형에게 주다
贈海兄

부모의 친함을 거슬러 누가 끊을 수 있으리오[16]   父母非親誰可切
눈먼 거북 절름발이 자라가 가장 불쌍하고말고[17]   盲龜跛鼇最堪憐
응당 맹렬히 영웅처럼 앞으로 나갈지니   直須猛烈英雄去
한번 내려쳐서 바다 밑 연기를 보시도록   一擊方看海底烟

난 법사에게 주다
贈蘭法師

온갖 의심 똘똘 뭉쳐 하나의 의심 덩어리로 萬疑都就一疑團
의심하고 의심하면 의심이 절로 보이리니 疑去疑來疑自看
용과 봉 때려잡는 솜씨를 발휘하여 須是拏龍打鳳手
한주먹으로 철성의 관문 박살 내도록 一拳拳倒鐵城關

갈댓잎 하나로 장강을 건너다[18]
一葦渡江

언우鼴鼠[19]가 동쪽으로 십만 리 길을 와서	鼴鼠來東十萬里
양왕梁王이 몰라주자 강 건너 서쪽으로	梁王不契渡江西
구 년 동안 말없이 아무 일도 하지 않고	九年無語成何事
그냥 아손兒孫만 특히 더 헤매게 하였을 뿐	空使兒孫特地迷

일 대사에게 주다
贈日大師

필마匹馬에 창 하나[20] 깃발도 내세우지 않고	匹馬單鎗不立旗
천 가지 의심들을 의심 하나로 만든 뒤에	千疑都就一疑疑
쇠뿔 안에 쥐가 들어간 것처럼 되어야만	猶如老鼠入牛角
전도顚倒된 소견이 끊어진 경지를 알리라[21]	到此方知倒斷時

대의 장로에게 주다
贈大義長老

장부가 생사에 대적해 보고 싶거든	丈夫將欲敵生死
경절徑截²²의 의단疑團에 몰입하여 의심하라	徑截疑團著意疑
이런 때에 한 생각이라도 일으킨다면	到此若生些子念
순식간에 송골매가 신라를 넘어가리라²³	轉頭鶻子過新羅

수 법사에게 주다
贈琇法師

공겁空劫 이전의 때[24]는 바람과 달이 맑아서	空劫前時風月淸
소리도 없고 냄새도 없고 형체도 없다네	無聲無臭又無形
구름 일으켜 비 내리며 하늘을 기울여 가더라도	興雲作雨傾天去
공왕空王[25]의 오랜 국도國都는 함락시키지 못하리라	莫墮空王故國城

정응 선자에게 주다
贈正凝禪子

[1]
이 일은 원래 칼을 가지고 노니는 것	此事從來弄劍刃
가지고 놀다가 칼날에 다치지 말도록	弄來須愼犯鋒鋩
미적거리다가 사량思量의 길에 떨어지면	遲疑若墮思量路
부모를 저버리고 고향을 등지리라	孤負爺孃隔故鄕

[2]
부생浮生의 생사가 번갯불보다 신속하니	浮生存沒速流電
굴레 벗어나는 일을 얼른 서둘러야[26]	脫却籠頭早著忙
은산철벽銀山鐵壁 저쪽으로 한번 몸을 굴려야만	鐵壁那邊翻一轉
비로소 고향 땅에 도착할 수 있으리라	此時方得到家鄕

연 참학에게 답하다
酬衍叅學

도안은 원래 피차의 구별이 없나니	道眼從來無彼此
망주望州와 오석烏石[27]이 똑같이 창공 속에	望州烏石一靑空
방파龐婆의 백초百草[28]를 모쪼록 간취하여	龐婆百草須看取
동쪽 서쪽 형기形器[29] 중에 떨어지지 말도록	莫墮東西形器中

응 도자에게 주다
贈膺道者

[1]
태초의 바른 기운 위에 올라탄다면	元元正氣若騰騫
토하고 삼킬 적에 산과 바다 진동하리라	吐去呑來海嶽掀
당종當宗의 말후구末後句[30]를 때려 부수면	打破當宗末後句
북명北溟의 곤鯤이 부요 타고 구만리 오르리라[31]	扶搖九萬北溟鵾

[2]
조주구자趙州狗子[32]의 화두에 전전긍긍하여	趙州狗子戰兢兢
의심하고 의심하며 제사 모시듯 하면[33]	疑去疑來又若承
칠통漆桶이 언젠가는 쾅 하고 터지면서	漆桶他年爆地破
토끼 잡은 송골매의 쾌감을 느끼리라	庶同搏兔老蒼鷹

혜응 선자에게 주다
贈惠凝禪子

[1]
처음에는 엉망진창인 근根과 진塵과 의意를 보고	初觀夢夢根塵意
다음엔 중관重關에 들어가 다시 채찍 휘둘렀네	後入重關更著鞭
곧장 허공을 가루로 만들어 버리게나	直得虛空成粉去
천 길 해저에서 연기 나는 걸 보리니	千尋海底看生烟

[2]
범인 녹여 성인 만드는 모진 담금질[34]	鎔凡鍛聖惡鉗鎚
용광로 드나든 것이 또 몇 번이었던가	歷盡鴻爐又幾時
대뜸 쇠코 뚫어 새끼줄 꿰어 잡고서	却把水牯牛鼻索
당겼다 놓았다 마음대로 하시게나	牽來放去自怡怡

순 장로에게 주다
贈淳長老

[1]
조주의 동쪽 뜰 앞의 천년 된 잣나무　　　　趙州東院千秋栢
묻는 이에게 바른 안목 곧장 보여 왔네[35]　　直示當人正眼來
호랑이 묶어 잡듯 얼른 참구할 것이니　　　　叅究早時如縛虎
영변跉跰[36]하며 티끌 속에 치달리지 말도록　跉跰切忌走塵埃

[2]
호겁浩劫[37]에 떠돌며 헤맸던 일 돌이켜 생각하면　追思浩劫迷輪事
하늘 끝에 유락한 세월 또 얼마나 많았을까　　　流落天涯又幾時
내 집의 무진장한 보배 꺼내어 쓸 것이요　　　　領得自家無盡藏
발우 들고 가난한 애처럼 구걸하지 말도록　　　不須持鉢效貧兒

[3]
정종正宗의 소식은 자미가 없나니　　　正宗消息沒滋味
어떠하냐 어떡하냐 묻지 말도록　　　　不用如何又若何
은산철벽을 쳐부수고 나갈 적에　　　　打破銀山鐵壁去
비로소 생사의 강물을 건너리라　　　　此時方渡死生河

묵 산인에게 주다
贈默山人

[1]

참선은 말이 많이 필요 없나니	叅禪不用多言語
심상하게 잠자코 스스로 돌아볼 뿐	只在尋常默自看
조주趙州의 무無라는 글자도 망각과 같나니	趙州無字如忘却
입으로 말 안 해도 나는 관계없어라	雖口無言我不干

[2]

나의 스승님인 천축의 부처님은	我師天竺金仙氏
방랑자를 고향으로 돌아가게 해 주는 분	直使跉跰返故園
자기가 안 돌아갈 뿐 돌아가면 바로 고향	自是不歸歸便得
달이 청계에 비치고 잔나비가 우는 그곳	月臨靑桂有啼猿

밤에 앉아서 우스개로 짓다
夜坐戲題

[1]
한가로이 앉는 것은 나의 일이 아닌가 봐　　　　閑坐則爲非我事
본래 계급 없는데 길은 높고 낮으니 원　　　　　本無階級路高低
금오金烏[38]가 한밤중에 하늘 바다 통과하매　　金烏夜半通天海
홀로 승상繩床[39]에 기대어 새벽 닭소리 듣노라　獨倚繩床聽曉雞

[2]
옛 부처님 드러낸 칼날 서릿발 같은데　　　　　古佛寒霜露刃劒
손으로 쥘 만한 칼자루도 원래 없다오　　　　　從來沒柄可提撕
맑은 빛 번쩍번쩍 하늘과 땅에 사무치니　　　　淸光爍爍通天地
백 천의 요괴가 따리 틀 곳이 있으리오　　　　　百恠千妖無定棲

지호 선백에게 주다
贈智湖禪伯

[1]
계보는 조계曹溪의 백대의 후손으로　　　係出曹溪百代孫
그 행장 어딜 가나 사슴과 벗한다오　　　行裝隨處鹿爲羣
구경꾼이여 헛되이 날 보낸다 말하지 마오　傍人莫道虛消日
차 달이는 여가에 흰 구름도 보는걸요　　煮茗餘閑看白雲

[2]
서울에서 탕혜휴湯惠休[40]를 만나 뵈었나니　京洛相逢湯惠休
헤어진 뒤 봄가을 어떻게 보내셨는지　　別來消息問春秋
날 개인 아침에 하늘 끝 또 떠나다니　　朝晴又作天涯去
외려 우스워라 뜬 배 같은 우리 인생　　還笑吾生不繫舟

일주 선자에게 주다
贈一珠禪子

염소 달아나고 갈림길이 하도 많아 羊去多歧路
공연히 묵자墨子가 비탄에 잠기게 했지[41] 空令墨子悲
거울 속 머리는 참 내가 아니니 鏡中頭不是
연演[42]에 휩쓸려 따라다니지 말도록 勿與演相隨
일단 부처님 제자가 되었으면 旣作金仙子
세운 뜻 어긋나지 않게 해야겠지 無令立志虧
그대의 구슬 스스로 보아야 할지니 爾珠宜自看
성불에 어찌 시간이 많이 걸리리오 成佛不多時

영진에게 주다
贈靈眞

노로盧老 남종南宗[43]의 자손으로는　　　　盧老南宗子
천추에 바로 그대 한 사람　　　　　　　　　千秋汝一人
영대靈臺가 밝은 태양처럼 빛나거니　　　　靈臺照白日
어디에 먼지가 일어날 리 있으랴　　　　　　何處有生塵

일본에 있을 적에 어떤 왜인이 백초를 맛보는 신농의 화상을 가지고 와서 찬을 청하기에 써 주다

在日本。有倭持神農甞百草畫像。求讚書之。

사람 몸에 소의 머리를 하신 분은	人身牛首
개물성무開物成務⁴⁴하신 대성인	開物之大聖
사람 얼굴에 짐승 마음 가졌다면	人面獸心
이를 무슨 성품이라 이를 것인가	乃謂之何性
랄랄랄라	喇喇
푸르고 푸른 손 안의 풀은	靑靑手中草
만고토록 창생을 위함이니라	萬古爲蒼生

주

1 옛 장부丈夫의~해야 할지 : 참고로 소식의 시에 "오늘날 사람은 옛사람의 일을 행하지 않는데, 지금 세상에 이런 옛 장부가 있다니.(今人不作古人事。今世有此古丈夫。)"라는 구절이 있다.『蘇東坡詩集』권34 〈喜劉景文至〉.
2 염화염拈花 : 염화시중拈花示衆의 고사를 말한다. 석가모니가 영산회상靈山會上에서 꽃을 손에 들고 대중에게 보였을 때에 대중이 모두 침묵을 지키는 가운데 오직 가섭만이 파안미소破顔微笑를 짓자, 석가가 "나에게 있는 정법안장·열반묘심·실상무상·미묘법문·불립문자·교외별전을 마하가섭에게 부촉하노라."라고 했다는 말이, 육조 대사의『法寶壇經』서문과『五燈會元』권1 등에 나온다.
3 공겁空劫 이전의 시절 : 천지가 개벽되어 이 세계가 있기 이전의 공공적적空空寂寂한 절대무한의 경계를 뜻하는 선림의 용어로, 부모미생이전父母未生以前·위음왕불이전威音王佛以前·본래면목本來面目 등과 비슷한 표현이다.
4 중묘衆妙 : 일체 심오하고 오묘한 도리를 뜻하는 말로,『道德經』1장 마지막의 "현묘하고 현묘하니 모든 현묘함의 문이로다.(玄之又玄。衆妙之門。)"라는 말에서 유래한 것이다.
5 하늘 향기~분분히 떨어지네 : 보통 사원에서 중추仲秋 전후의 시절을 가리킬 때 쓰는 표현이다.
6 날뛰는 호손胡孫 : 중생의 육근六根, 즉 안眼·이耳·비鼻·설舌·신身·의意를 가리킨다. 호손은 미후獮猴의 속칭으로 원숭이의 일종인데, 성질이 조급하고 경박하여 길들이기 어려우므로, 범부 중생의 육근을 비유하는 말로 흔히 쓰인다.
7 농사 안~잘 길러야지 : '남전 보원의 소(水牯)'라는 공안을 인용한 것이다. 그 내용은 남의 논밭에 들어가서 농사를 망치지 않도록 소를 잘 길들여야 한다는 뜻인데, 여기서 소는 자신의 본성을 가리킨다.『宏智禪師廣錄』권3.
8 취모검吹毛劍 : 모발毛髮이 칼날에 닿기만 해도 잘라질 만큼 예리한 검을 뜻하는데, 선종에서 반야般若 자성自性을 비유하는 말로 쓰인다.
9 옷 아래 마니摩尼 구슬 : 불성을 뜻하는 말이다. 마니는 보통 마니摩尼로 쓴다.『法華經』「五百弟子授記品」에 "속옷 속에 값으로 따질 수 없는 보배로운 여의주가 있는데도 그것을 깨닫지 못한다.(不覺內衣裏有無價寶珠)"라는 말이 나온다.
10 거울 속의~인식하지 말라 : 인도 실라성室羅城의 연야달다演若達多가 거울 속에 비친 자기 머리의 미목眉目을 보고 기뻐하다가 다시 머리를 돌려 바라보려 해도 보이지 않자, 몹시 화를 내면서 도깨비의 장난이라고 여기고는 미친 듯 질주했다는 미두인영迷頭認影의 비유가『楞嚴經』권4에 나온다. 본래의 자기 머리는 진성眞性을 가

리키고, 거울에 비친 머리는 망상妄想을 가리킨다.

11 오천五天 : 고대 인도를 가리킨다.

12 무절목無節目 : 마디 없는 지팡이라는 말이다. 참고로 『禪家龜鑑』의 송頌에 "마디 없는 대지팡이 하나를, 밤길 가는 이에게 은근히 쥐어 주네.(杖子一枝無節目。慇懃分付夜行人。)"라는 말이 나온다.

13 삼조三條 : 삼조연三條椽의 준말로, 선방에서 좌선하는 상위床位를 말한다. 그 상床의 넓이가 3척이고, 그 위에 세 개의 서까래(三條椽)가 있는 데에서 유래한 것이다. 그래서 좌선하는 자를 삼조연하객三條椽下客이라고 칭하기도 한다. 『碧巖錄』 제25칙.

14 누가 와서~시비라도 걸면 : 원문 '之乎'는 어조사인 지호야자之乎者也의 준말로, 공연히 아무 의미도 없이 언어 문자를 가지고 희롱한다는 뜻의 풍자적인 표현이다.

15 이우입해연泥牛入海烟 : 진흙 소가 연기 나는 바닷속으로 들어갔다는 뜻의 선림의 용어로, 진흙 소, 즉 분별하는 마음으로 뭉쳐진 중생의 번뇌의 덩어리가, 바다, 즉 평등일여平等一如의 진리의 세계로 진입하여 모두 자취도 없이 용해되어 사라졌다는 말이다. 『景德傳燈錄』 권8 「龍山和尙章」에 "동산洞山이 '무슨 도리를 보았기에 이 산에 있는가.(見箇什麼道理。便住此山。)'라고 묻자, 용산龍山이 '두 마리의 진흙 소가 싸우며 바다에 들어가는 것을 보았는데, 그 뒤로 지금까지 아무 소식이 없다.(我見兩箇泥牛鬪入海。直至如今無消息。)'라고 대답하였다."라는 고사가 나온다.

16 부모의 친함을~수 있으리오 : 다른 속인들과는 달리 모질게 마음을 먹고 어버이의 곁을 떠나 일단 출가를 했으면 선지식의 가르침을 받들어 수행에 전념해야 할 것이라는 말이다.

17 눈먼 거북~가장 불쌍하고말고 : 친절하게 일러 주는 말귀를 알아듣지 못한다면 이는 눈먼 거북이나 절름발이 자라처럼 불쌍하기 그지없는 존재라는 말이다. 『碧巖錄』 제12칙 「洞山麻三斤」의 화두에 대한 설두雪竇의 송頌에 "눈에 보이는 물건으로 알려 줬다고 동산을 이해한다면, 이는 절름발이 자라와 눈먼 거북이 빈 골짜기로 들어가는 꼴이다.(展事投機見洞山。跛鱉盲龜入空谷。)"라는 말이 나온다.

18 갈댓잎 하나로 장강을 건너다 : 달마가 양 무제를 만나 문답하였으나 무제가 알아듣지 못하자, 갈댓잎 하나를 꺾어 타고서 양자강을 건너 숭산 소림사로 들어가서 9년 동안 면벽하며 좌선을 하였으므로 벽관바라문壁觀婆羅門으로 칭해졌다는 전설을 시제詩題로 삼은 것이다. 이 소재를 화제畫題로 삼은 그림을 〈達磨折蘆渡江圖〉라고도 하고, 또 〈一葦渡江圖〉 혹은 〈蘆葉達磨圖〉라고도 한다.

19 언우齞齲 : 뻐드렁니에 충치 먹은 사람이라는 말로, 달마의 별칭이다. 『碧巖錄』의 「三敎老人序」에 "언우가 중국에 건너와서 오직 심인만을 전하고 문자를 세우지 않은 것은 당연한 일이다.(齞齲來東單傳心印。不立文字固也。)"라는 말이 나온다.

20 필마匹馬에 창 하나 : 『碧巖錄』 제71칙 송頌의 착어着語에 "묘수는 많은 것이 필요 없나니, 필마에 창 하나로, 천리만리를 횡행하며, 천 인 만 인을 상대한다.(妙手無多子。匹馬單鎗。千里萬里。千人萬人。)"라는 말이 나온다.

21 쇠뿔 안에~경지를 알리라 : 참고로 『禪家龜鑑』에 "화두를 들어 보일 적에 답을 알아 맞히려고 하지도 말 것이요, 사량하여 판단하지도 말 것이요, 미혹된 상태에서 막연히 깨닫게 되기를 기대하지도 말 것이다. 사량할 수 없는 것을 사량하다가 마음이 더 이상 갈 곳이 없게 되어, 마치 쥐가 쇠뿔 안에 들어간 것처럼 되어야만 전도顚倒된 소견이 끊어지게 될 것이다.(話頭不得擧起處承當。不得思量卜度。又不得將迷待悟。就不可思量處思量。心無所之。如老鼠入牛角。便見倒斷也。)"라는 말이 나온다.

22 경절徑截 : 경절문徑截門의 준말로, 불립문자不立文字·직지인심直指人心·견성성불見性成佛을 지향하며, 온갖 지해知解를 끊고 곧장 불지佛地에 오르는 교외敎外의 선문禪門을 말한다.

23 이런 때에~신라를 넘어가리라 : 한 생각을 일으키면 그 순간에 진정한 도의 체득과는 거리가 있게 된다는 동념즉괴動念卽乖와 뜻이 같은 말이다. 송골매가 신라를 넘어간다는 말은 어떤 상황이 신속하고 민첩하게 전개되거나, 혹은 한 생각이 엉뚱하게 다른 곳으로 빠져들 때 쓰는 선가의 표현이다. 한 승려가 금강 일척전金剛一隻箭에 대해서 묻자, 조사가 "그 화살이 벌써 신라를 넘어갔다.(過新羅國去)"라고 대답한 이야기가 『景德傳燈錄』 등 많은 선서禪書에 나온다. 참고로 소식의 시에도 "나의 삶 역시 자연의 변화 따라 밤낮으로 물처럼 흘러가나니, 찰나의 한 생각이 신라를 이미 지나간 것을 앉아서 깨닫겠노라.(我生乘化日夜逝。坐覺一念逾新羅。)"라는 표현이 있다. 『蘇東坡詩集』 권17 〈百步洪〉.

24 공겁空劫 이전의 때 : 본지풍광本地風光과 같은 말이다.

25 공왕空王 : 제법諸法의 성품이 공空하다는 것을 깨달아 적정寂靜 무애無礙의 경지를 체득했다는 뜻에서 붙여진 부처의 별명이다.

26 굴레 벗어나는~얼른 서둘러야 : 참고로 『碧巖錄』 제21칙 수시垂示에 "굴레를 벗고 짐을 풀어놓으면 태평한 시절이 도래한다.(脫籠頭。卸角駄。太平時節。)"라는 말이 나온다.

27 망주望州와 오석烏石 : 당나라 설봉 의존雪峯義存 선사가 주석한 설봉산雪峯山의 정자인 망주정望州亭과 고개 이름인 오석령烏石嶺을 말한다. 『碧巖錄』 제5칙 「雪峯塵大地」에 "망주정에서도 너희들을 상대하였고, 오석령에서도 너희들을 상대하였고, 승당 앞에서도 너희들을 상대하였다.(望州亭與汝相見了也。烏石嶺與汝相見了也。僧堂前與汝相見了也。)"라는 말이 나온다.

28 방파龐婆의 백초百草 : 방파는 방온龐蘊 거사의 처를 말한다. 방 거사가 어느 날 혼잣말로 "힘들겠네, 열 가마니 참깨를 나무에 널어 말릴 일이.(難難。十碩油麻樹上攤。)"

라고 중얼거리니, 방파가 그 소리를 듣자마자 "그거야 쉬운 일이지요, 백초 어디나 조사의 뜻이 들어 있는걸요.(易易。百草頭邊祖師意。)"라고 하였고, 거사의 딸 영조靈照는 "어려울 것도 쉬울 것도 없지요. 배고프면 밥을 먹고 피곤하면 잠드는걸요.(也不難也不易。飢來喫飯困來睡。)"라고 대답했다는 고사가 전한다.『聯燈會要』권6「江西馬祖道一禪師法嗣·襄州龐蘊居士」. 참고로『佛祖綱目』권32「馬祖道一傳法龐蘊」에는, 백초 운운의 말이 영조의 말로 나오고, 그 말도 "也不難也不易。白草頭上祖師意。"로 약간 다르게 되어 있다.

29 형기形器 : 유형有形의 구체적인 사물을 뜻하는 중국 철학의 용어인데,『周易』「繫辭 上傳」의 "형이상의 것을 도라고 하고 형이하의 것을 기라고 한다.(形而上者謂之道。形而下者謂之器。)"라는 말에서 연유한 것이다.

30 말후구末後句 : 말후末後의 일구一句, 즉 최후의 한마디라는 뜻으로, 철저하게 깨닫고 나서 말로는 도저히 표현할 수 없는 최고의 경지를 토해 내는 한마디 말을 의미한다.『碧巖錄』제9칙에 보인다.

31 북명北溟의 곤鯤이~구만리 오르리라 : 북쪽 바다의 곤鯤이라는 물고기가 붕새로 변해서 부요扶搖라는 회오리바람을 타고 구만리 하늘 위로 오른 다음에 남쪽 바다로 떠난다는『莊子』의 이야기를 인용한 것이다.

32 조주구자趙州狗子 : 상대적 개념인 유무有無의 집착을 깨뜨리고 초월적 존재인 불성佛性의 실체를 깨닫게 하기 위한 선종의 공안으로, 조주무자趙州無字·조주불성趙州佛性·조주유무趙州有無라고도 칭한다. 당나라의 고승인 조주 종심趙州從諗 선사에게 어떤 승려가 "개에게도 불성이 있는가?(狗子還有佛性也無)"라고 묻자, 조주가 "없다.(無)"라고 대답하였는데, 승려가 다시 "일체 중생이 모두 불성을 지니고 있는데, 개는 어째서 없는 것인가?" 하고 물으니, 조주가 "그에게 업식業識이 있기 때문이다." 하였다. 그런데 다른 승려가 또 "개에게도 불성이 있는가?" 하고 물었을 때, 조주가 "있다.(有)"라고 하자, 그 승려가 "일단 불성이 있다고 한다면 어째서 저 가죽 부대 속에 들어갔는가?" 하고 물으니, 조주가 "그가 알고도 짐짓 범하기 때문이다."라고 대답하였는데, 어째서 조주가 있다고도 하고 없다고도 했는지, 그 본래의 참뜻을 깨닫게 하는 것이 이 화두의 목적이다.『無門關』제1칙,『從容錄』제18칙 등에 나온다.

33 제사 모시듯 하면 : 참고로『論語』「顏淵」에 "문밖을 나가서는 큰 손님을 대접하는 것처럼 하고, 백성을 부릴 때에는 큰 제사를 모시는 것처럼 해야 한다.(出門如見大賓。使民如承大祭。)"라는 공자의 말이 나온다.

34 범인 녹여~모진 담금질 : 참고로 송나라 대혜 종고大慧宗杲가 천동 굉지天童宏智의 화상畫像에 지은 찬讚에 "부처도 삶고 조사도 삶은 커다란 풀무간이요, 범인을 두드려 성인을 만든 모진 담금질이라. 땅에 떨어진 조동曹洞을 붙들어 일으키고, 죽을 병

걸린 환자의 고황膏肓에 침을 놓았도다.(烹佛烹祖大鑪韝。鍛凡鍛聖惡鉗鎚。起曹洞於已墜之際。針膏肓於必死之時。)"라는 내용이 있다. 대혜 종고는 간화선을 주장하고, 천동 굉지는 묵조선을 주장했으나, 서로 지음知音으로 여기며 존중하였다.『大慧普覺禪師語錄』권12「天童宏智正覺和尙」.

35 조주의 동쪽~보여 왔네 : 정전백수자庭前柏樹子라는 선종의 유명한 공안을 인용한 것이다. 어떤 승려가 당나라의 조주 종심趙州從諗 선사에게, 조사서래의祖師西來意의 화두를 거론하여 묻자, "뜰 앞의 잣나무.(庭前柏樹子)"라고 대답했던 일화에서 유래한 것이다.『聯燈會要』권6「趙州從諗」. 조사서래의는 달마가 서쪽 인도에서 중국에 건너 와 불법을 전한 진의가 무엇인지를 묻는 선종의 화두이다.

36 영변跉跰 : 길을 잃고 방황하며 헤맨다는 뜻이다. 참고로『法華經』권2「信解品」의 장자궁자長者窮子의 비유에 "여러분에게 알립니다. 이 사람은 나의 아들로서, 내가 난 자식인데, 모 성안에서 나를 버리고 달아난 뒤에, 길을 잃고 헤매며 50여 년 동안이나 모진 고생을 하였습니다.(諸君當知。此是我子。我之所生。於某城中。捨吾逃走。跉跰辛苦。五十餘年。)"라는 말이 나온다.

37 호겁浩劫 : 무궁한 시간, 혹은 대재난大災難을 뜻하는 말인데, 여기서는 전자의 뜻으로 쓰였다.

38 금오金烏 : 태양의 별칭이다. 태양 속에 세 발 달린 금까마귀가 있다는 전설에서 유래한 것이다.

39 승상繩床 : 호상胡床 또는 교상交床이라고도 하는 의자의 일종으로, 간편하게 접을 수 있었으며 윗부분을 노끈(繩)으로 얽어 만들었는데, 보통 관원들이 하인에게 갖고 다니게 하거나 사찰에서 승려들이 사용하였다.

40 탕혜휴湯惠休 : 남조南朝 송宋의 시승詩僧이다. 휴 상인休上人이라고도 한다. 그는 포조鮑照와 이름을 나란히 하며 친하게 교유하였는데, 그의 속성俗姓이 탕씨湯氏이기 때문에 탕휴湯休 혹은 탕공湯公, 탕사湯師로도 일컬어졌다. 현재 그의 시 10여 수가『藝文類聚』·『初學記』·『玉臺新詠』등에 산견되는데, 특히〈怨別〉이라는 그의 오언고시五言古詩 중에 "해가 지자 푸른 구름은 서로 합하는데, 정든 님은 왜 이렇게 오지 않는지.(日暮碧雲合。佳人殊未來。)"라는 구절은 지금까지 명구로 회자된다. 여기에서 유래하여 후대에 시승詩僧의 작품을 벽운碧雲이라고 칭하기도 한다.

41 염소 달아나고~잠기게 했지 : 양주楊朱의 이웃집 사람이 달아난 염소를 잡으려고 쫓아가다가 갈림길 속에 또 갈림길이 있어서(岐路之中。又有岐焉。) 끝내는 염소를 잃어버렸다는 말을 듣고, 양주가 탄식했다는 망양지탄亡羊之歎의 고사를 인용한 것으로, 참다운 길을 찾기 어려운 것을 비유하는 말로 쓰인다.『列子』「說符」. 묵자墨子라고 한 것은 양자楊子의 잘못으로, 사명당의 착오이다.

42 연야 : 연야달다演若達多를 말한다.

43 노로盧老 남종南宗 : 조계曹溪의 선종을 가리킨다. 노로는 성이 노씨盧氏인 육조 대사 혜능을 말한다. 노능盧能이라고도 한다. 남종은 중국 선종 가운데 혜능 계열의 돈오頓悟를 위주로 하는 종파를 가리키는데, 그가 중국 남쪽 광동廣東 조계산曹溪山 보림사寶林寺에서 선풍을 떨친 고사에서 유래한 것이다. 우리나라는 모두 남종 계열인데, 점오漸悟를 주장하며 장안長安과 낙양洛陽 등지에서 교세를 떨쳤던 신수의 선을 북종선北宗禪이라고 칭하며 폄하하는 경향이 있다.

44 개물성무開物成務 : 물질의 속성을 드러내 밝혀 인간 생활의 실무에 도움을 준다는 뜻으로, 『周易』「繫辭 上傳」11장에 나온다.

사명당대사집 제6권
| 四溟堂大師集 卷之六* |

잡문雜文

* 웹 甲本·乙本에는 이 문집의 제6권이 결락되어 있다.

한방응이 부모의 천도를 위해 간행한 경전의 발문[1]

뇌관牢關[2]을 장악하여 굳게 지키고, 물 한 방울 새어 나가지 않게 하는 수법[3]은, 석화石火도 오히려 느리다고 할 것이요, 전광電光도 미치지 못한다고 할 것이다.[4] 삼세의 제불도 여기에 와서는 손을 맞잡고 귀의할 것이요, 육대의 조사들도 단지 멀리서 바라보고는 할 말을 잊을 것이다. 더구나 이 경우는 언어 문자와 관계가 없는 데야 더 말해 무엇하겠는가.

어디 한번 말해 보라. 이 몇 권의 경전은 또 어디에서 온 것인지. 만약 변별해 낼 수 있다면, 그대가 벼랑에서 손을 놓아 버려 남에게 속지 않을 사람임을 내가 인정하겠지만, 혹시라도 그렇지 않다면 언어 문자의 덩굴에 휘감기는 일을 면치 못할 것이다.

여러분은 이 몇 권의 경전이 어디에서 왔는지 알고 싶은가. 하늘에서 내려오지도 않았고, 사람에게서 얻은 것도 아니다. 이것은 모두 한방응이 부모의 명복을 빌기 위한 일심一心에서 흘러나온 것으로서, 먼저 세상을 떠난 법계의 유정들로 하여금 돌아갈 곳이 있게 해 준 것이다.

하지만 그렇다 하더라도 이것은 아직 화문化門에 속하는 것이다. 어디 한번 말해 보라. 일구一句를 수지受持하고는 뭐라고 말할 것인지. 나의 소리를 알아듣지 못한다면, 단지 귀를 기울이느라 수고하는 것이 될 뿐이다.

韓方應薦父母印經跋

牢關把斷。水泄不通。石火猶遲。電光莫及。三世諸佛。到此拱手歸依。六代祖師。只待望風結舌。況是不涉言語文字。且道。此數卷經。又從甚麼處得來。若辨別得出。許汝懸崖撒手。不受人瞞。其或未然。不免打葛藤去也。諸仁者欲識此數卷經來處麼。不從天降。不從人得。盡從韓方應爲父母追冥福一心上流出。能使先亡法界有情。有所歸著。然雖如是。猶涉化門。且道。受持一句。作麼生道。不是知音。徒勞側耳。

원준 장로가 베낀 법화참문 뒤에 쓴 글

대저 맑은 거울(淸鏡)과 흐린 쇠(濁金)는 원래 다른 물건이 아니요, 일렁이는 물결(渾波)과 고요한 물(湛水)은 똑같이 하나의 근원에서 나왔다. 그 근본이 같은데 지말이 다른 것은 닦고 닦지 않은 것과 동요하고 동요하지 않은 차이에 있을 뿐이다. 범부凡夫와 성인, 현자賢者와 불초자不肖子도 본성은 또한 이처럼 똑같은데, 다만 미혹되고 깨달은 차이가 있을 뿐이다. 그러니 어떻게 우자愚者와 지자智者의 씨앗이 각각 다르다고 말할 수가 있겠는가.

지우至愚를 대각大覺과 비교하면 그 형세가 천지天地처럼 현격하지만, 일념으로 회기回機(機用을 되돌리는 것)를 하면 바로 본각本覺과 같아진다. 그런데 회기를 함에는 두 종류가 있으니, 하나는 자력自力이요 하나는 타력他力이다. 자력은 일념으로 회기를 하는 즉시 본각과 같아지는 것을 말하고, 타력은 바로 자부慈父에게 귀의하여 십념十念으로 공이 이루어지는 것을 말한다.

서방에 나라가 있으니 그 이름을 극락極樂이라고 하고, 대성大聖이 계시니 그 성함을 무량광無量光이라고 한다. 항하사恒河沙 같은 보살과 미진수微塵數의 성문이 에워싼 가운데, 사십팔대원四十八大願과 8만 4천의 몸에 따른 상호광명相好光明으로 중생을 거두어들이되, 중생이 일념 내지 칠념七念만 하더라도 모두 옥호玉毫의 인도를 받게끔 해 주고 계신다.

그러고 보면 이른바 "부처라고 하는 하나의 글자는 깨달음의 바닷속의 하나의 낚싯바늘이다."[5]라고 말한 것은 정확한 말이 아니다. 석사자釋師子[6]만 유독 그렇게 칭한 것이 아니라, 제성諸聖이 다 같이 왕생을 원하고 있으니, 어찌 우리를 속이겠는가.

도인道人 원준圓俊은 송도松都 사람이다. 일찍감치 천도天弢[7]에서 벗어나 오로지 백업白業(善業)을 닦았는데, 마침내 『참문懺文』 10편을 베껴서 책을

만들고는 서원을 발하여 말하기를, "나의 이 일을 듣고 나의 이 글을 보고
는, 장난으로라도 한 글자나 한마디를 칭하고 한 부처나 한 보살의 성호
聖號를 칭함으로써 함께 무량광無量光의 대원해大願海에 들어가 보현의 행
원을 성취하게 해 주시고, 부처님처럼 중생을 제도하되 중생 세계가 다
없어진 뒤에야 그만두게 해 주소서."라고 하였다. 그리고는 나에게 와서
발문跋文을 써 달라고 청하였다.

내가 오래전에 이 부탁을 받고 나서 그가 행한 일을 상세히 관찰하고
그가 뜻한 바를 가만히 살펴보니, 그 성의가 심후하고 그 서원이 광대하
였다. 그는 이 깊은 심성을 가지고 무수한 국토에 봉헌하여 부처님의 은
혜에 보답하는 자라고 말할 만하니, 아, 장하다고 하겠다.

圓俊長老法華[1]後跋

夫淸鏡濁金。元非異物。渾波湛水。同出一源。其本同而末異者。在乎磨與
不磨。動與不動耳。凡聖愚[2]不肖。性亦如是。但以迷悟爲別。孰云愚智有
種。以至愚望大覺。勢絶霄壤。及乎一念回機。便同本覺。然而回機有二種。
一自力。二他力。自力謂一念回機。便同本覺者也。他力乃歸依慈父。十念
功成者也。西方有國曰極樂。有大聖曰無量光。河沙菩薩。塵數聲聞圍繞。
而四十八願。八萬四千隨身相好光明。攝取衆生。一念至於七念。皆蒙玉毫
接引。然則所謂佛之一字。覺海中一鉤者。非之言也。非釋師子獨稱。乃諸
聖同願往生。豈欺我哉。道人圓俊。松都人也。早脫天殼。專美白業。而遂
寫懺文十篇。粧績而發誓。以謂聞我事見我書。戲稱一字一語一佛一菩薩
聖號。同入無量光大願海。成就普賢行願。如佛度生。至於生界盡而乃盡
也。仍以就余而責其跋焉。余奉是久。而詳觀其所爲。諦審其所志。其誠也
深。其願也廣。可謂將此深心奉塵刹。以報佛恩者也。嗚呼韙歟。

---
1) ㉄丙本·丁本에는 '法華'가 '彌陀'로 되어 있다. 2) ㉄ '愚'는 '賢'의 오기인 듯하다.

『화엄경』의 발문

위대하도다, 돈교頓敎[8]인 화엄의 세계여. 그 체體는 본래 생성하는 것이 아니어서 시작도 없고 끝도 없으며, 그 용用은 실로 소멸하는 것이 아니어서 이루어지는 것도 아니고 무너지는 것도 아니다. 그래서 중교衆敎의 근본이 되고 만법萬法의 으뜸이 되는 것이다.

하늘도 이 때문에 청명하고, 땅도 이 때문에 편안하며, 산천도 이 때문에 치솟고 흐르며, 금수도 이 때문에 날고 달리며, 나아가 초목이나 곤충까지도 이 때문에 움직이고 쉬게 되나니, 이것이 이른바 "만물의 체體가 되어 빠뜨리는 것이 없고, 일체의 성性이 되어 어긋나지 않는다."[9]라고 하는 것이다.

우리 부처님이 설한 것도 대개 이것을 설한 것이요, 오십삼 선지식善知識이 사람들에게 보여 준 것도 대개 이것을 보여 준 것이다. 나아가 임금은 인자하고 신하는 충직하며, 아버지는 자애하고 자식은 효도하며, 형은 우애하고 아우는 공순하며, 지아비는 온화하고 지어미는 순종하는 것도 모두 이것을 얻어서 그렇게 되는 것이다.

이를 통해서 확대하여 채워 나가면, 만물 모두가 비로자나毘盧遮那의 진체眞體가 될 것이요, 이를 유추해서 시행해 나가면 걸음마다 보현보살普賢菩薩의 묘행妙行이 될 것이니, 이것을 듣는 자는 부처를 이루고, 수희隨喜[10]하는 자는 범부를 벗어날 것이다. 그러나 그 재질이 천종天縱[11]을 뛰어넘고 지혜가 생지生知[12]를 넘어선 사람이 아니라면, 그 누가 바른 신심信心을 내고 큰 서원을 발하여 이 뜻을 크게 드날릴 수가 있겠는가.

삼가 생각건대, 선종대왕宣宗大王 선조宣祖의 선가仙駕는 즉심즉불卽心卽佛의 진지眞知를 깨닫고 다시 무상무위無上無爲의 정위正位를 증득함으로써 항하사恒河沙 같은 국계國界에 인연을 따라 탄강誕降하여 원망하는 사람이나 친한 사람을 가리지 않고 두루 구제하실 것이요, 진묵겁塵墨劫[13]

중에 원하는 대로 생을 받아서 인간과 천상의 중생들을 널리 제도하실 것이다.

삼가 바라건대, 주상 전하는 예지睿智가 날로 새로워지고 천종의 재능을 많이 소유하시어 덕망德望은 이조二祖의 성대함을 뛰어넘고 정치는 칠종七宗의 융성함을 능가하시며, 금지金枝는 상서祥瑞를 낳아 신령스러운 경사를 맞고, 옥엽玉葉은 길상吉祥을 띠고서 길이 번성하소서.

왕비 전하는 어느 때나 백 가지 해로운 재해가 없고 날마다 천 가지 상서로운 경사가 있으며, 도道는 문후文后[14]와 동등하고 덕德은 마야摩耶(석존의 생모)보다 수승하며, 영춘靈椿[15]보다 수명을 더 오래 하고 휘음徽音을 성세盛世에 드러내며, 속히 성자聖子를 낳아 요도瑤圖(제왕의 족보)를 길이 빛내소서.

자전慈殿 대비 전하는 수명이 다함이 없어 어느 때나 제성諸聖의 부지扶持를 받고, 안락이 끝남이 없어 날로 백령百靈의 호우護祐를 받으며, 재앙은 가을 이슬과 같아서 지혜의 태양을 따라 모두 사라지고, 덕망은 봄 구름과 같아서 자애로운 바람과 함께 널리 퍼지며, 구하는 것은 뜻한 대로 되고 원하는 것은 마음먹은 대로 되소서.

세자 저하는 재앙을 떠나고 장애를 여의어 환희와 강녕을 누리며, 1백 신령神靈이 날개처럼 호위하고 1천 상서가 구름처럼 모여들며, 어질다는 명성이 중하中夏에 들리고 아들과 손자를 많이 두며, 위엄이 변방 오랑캐에 떨쳐서 종묘宗廟와 사직社稷을 보존하소서.

정명공주貞明公主[16] 보체保體는 몸이 항상 영광스러운 벌열閥閱에 거하고 발은 위태로운 기틀을 밟지 않으며, 복록福祿은 산처럼 드높고 수명은 바다처럼 무한하며, 은혜는 때에 따라 남다르고 명예는 날이 갈수록 높아지소서.

대군大君 이씨李氏 보체는 복을 주관하는 별이 항상 빛나고 수명을 관장하는 별이 길이 비추며, 몸은 가뿐하고 기운은 순조로워 모든 질병의 뿌리가 홀연히 사라지고, 먹는 것은 온편穩便하고 자는 것은 편안해서 길이 만년의 쾌락을 누리소서.

바로 이 대방광품大方廣品을 통해서 신중神衆이 권도權道에 편승하여 세상을 보호하는 오묘한 감응을 알 수가 있고, 이 오십삼 선지식의 찬송讚頌을 통해서 선재善財가 스승을 찾아 진리를 구하는 외로운 자취를 볼 수가 있다. 따라서 성심聖心이 미처 알지 못했던 것을 잘 알고 아직 보지 못했던 것을 감지할 뿐만이 아니요, 그 법력法力과 신공神功이 은밀히 국가를 돕는 점이 있어서, 천하의 임금이 되고 아비가 된 자들로 하여금 모두 무궁한 세상에 이로움과 즐거움을 받게 해 주는 것임을 이를 통해서 더욱 믿게 할 것이다.

그리하여 마침내 천재天災와 지변地變이 저절로 그치고 자연히 사라짐은 물론이요, 요임금의 바람과 순임금의 태양이 저절로 불어오고 자연히 밝아져서 이 백성들 모두가 태평시대의 낙을 즐기게 하고, 구가謳歌하고 무도蹈舞하는 가운데에서 일제히 유희遊戲할 수 있게 할 것이다.

아, 화엄華嚴의 대교大敎야말로 성경聖敬이 절로 발하여 인신人神이 모두 기뻐하는바, 그 행行을 극진히 행하여 방광方廣의 광대廣大한 찰해刹海에 다 같이 들어가게 될 것이니, 이것이 어찌 이른바 "처음 마음을 낼 때에 바로 정각을 이룬다.(初發心時。便成正覺。)"[17]라고 하는 것이 아니겠는가.

華嚴經跋

大哉。華嚴之爲頓敎也。體本不生。而無始無終。用實非滅。而無成無壞。是爲衆敎之本。而萬法之宗也。天以之而淸。地以之而寧。山川以之而流峙。禽獸以之而飛走。以至草木昆蟲。亦以之而動息。此所謂體萬物而不遺。性一切而無忒者也。我佛之所宜說。蓋說此也。五十三善知識所示人。蓋示此也。乃至君仁臣忠。父慈子孝。兄愛弟恭。夫和婦順。亦無非得此而然也。由是而擴而充之。則物物毘盧之眞體。推而行之。則步步普賢之妙行。聞者成佛。隨喜超凡。苟非才超天縱。智過生知。其孰能生正信發大願。大揚斯旨乎。恭惟宣宗。大王仙駕。以悟即心即佛之眞知。更證無上無爲之正位。河沙國界。隨緣降誕。普濟寃親之流。塵墨劫中。如願受生。廣度人天之衆。伏願主上殿下。睿智日新。多能天縱。德過二祖之盛。治蹟七宗之隆。金枝産瑞而速神。玉葉凝祥而永茂。王妃殿下。時無百害之災。日有千祥之慶。道同文后。德勝摩耶。增壽筭於靈椿。著徽音於盛世。速誕聖子。永光瑤圖。慈殿大妃殿下。壽命無盡。時仗諸聖之扶持。安樂無窮。日乘百靈之護祐。災同秋露。隨慧日而俱消。德若春雲。共慈風而並扇。所求如意。所願如心。世子邸下。離災離障。且喜且康。百靈翊衛。千祥雲欝。仁聞中夏。多子多孫。威振邊夷。有宗有社。曰[1]貞明公主保體。身常居於慶閫。足不踏於危機。福祿山高。壽命海闊。恩隨時異。譽與日崇。大君李氏保體。福辰長輝。壽星永曜。身輕氣順。頓消諸病之根。食穩寢安。永享萬年之快。乃於大方廣品中。知神衆乘權護世之妙應。及此五十三善知識讚頌。見善財尋師求法之孤蹤。非但聖心。慶知其所未知。感見其所未見而已。於是益信其法力神功。密有助於國家。而使爲君爲父於天下者。皆蒙利樂於無窮之世也。遂使天災地變。自弭自滅。堯風舜日。自扇自明。能以斯民。咸樂大平之樂。而齊遊戲於謳歌蹈舞之中也。於戲。華嚴之大敎也。聖敬自發。人神咸悅。盡行其行。而同入方廣廣大刹海。此豈非所謂初發心時。便成正覺者也。

---

1) ㉠丙本·丁本에는 '曰'이 없다. ㉡'曰'은 연자衍字인 듯하다.

천준이 스승을 천도한 글

　행효제자行孝弟子 비구 천준天俊 등은 은사恩師를 시양侍養(봉양)한 지 이제 60년이 되어 가는데, 수성壽星의 걸음이 다하여 선실禪室이 홀연히 텅 비었습니다. 한갓 애통해하는 것만으로는 아무 소용이 없고 오직 천도薦度를 하는 것이 옳겠기에, 삼가 향화와 등촉 등 공양할 예물을 갖추어 시방의 구름 같은 성현들에게 널리 바치면서 우러러 보우해 주시기를 기원합니다.

　저희가 삼가 생각건대, 법신法身은 상相이 없어서 중생의 심상心想 중에 두루 들어가 있고, 거울 속의 영상은 신빙하기 어려운바 인연을 따라 유무有無의 안에서 만 가지로 변화한다고 여겨집니다. 그리하여 감지하는 것은 형체와 그림자와 같고, 반응하는 것은 골짜기 속의 메아리와 같으니, 응당 제성諸聖의 대사大事의 인연에 의지하여 고향에 돌아가는 사람을 갈림길에서 인도해야 마땅할 것인데, 오직 자실慈室의 근원으로 돌아가실 분은 바로 우리를 양육해 주신 존사尊師라고 생각합니다.

　고락苦樂에 마음을 같이한 지 이제 60년이 되어 가는데, 건병巾瓶으로 원몽原夢하는 것은 바로 오늘 저녁입니다.[18] 산과 바다와 같은 은혜를 갚을 길이 없기에 보잘것없는 예물을 갖추어 재를 올리오니, 모쪼록 좋은 곳으로 인도해 주셨으면 합니다.

　삼가 바라건대, 지금 돌아가신 대선사 혜전惠全의 존령尊靈은 육근六根이 청정하고 삼지三智가 원명圓明하게 해 주소서. 그리하여 장자長者의 가보家寶를 수용하여 자타를 모두 이롭게 하고, 연화蓮花의 보지寶地에 소요逍遙하며 성현과 함께 노닐게 해 주소서. 그리고 제자 천준天俊은 현세의 수명이 늘어나며 해마다 달마다 재액災厄이 침노하는 일이 없게끔 하고,[19] 앞으로 진상眞常을 증득하여 금대金臺와 은대銀臺에 함께 달려가 오르도록 해 주소서.

그러나 삼유三有[20]에 은혜를 돌리기를 원하오니, 법계의 생령生靈들이 대원해大願海 속에서 헤엄치며 한 사람도 정토淨土에 나지 않는 이가 없게끔 하고, 칠중수七重樹 아래에서 거닐며 제성諸聖과 함께 똑같이 원문圓門에 들어가게 해 주소서. 옥호玉毫를 우러러 마주하며 이 천소薦疏를 펼쳐서 독송하나이다.

天俊薦師疏

行孝弟子比丘天俊等。侍養恩師將六十年于玆。壽星步盡。禪室忽空。徒傷痛而無益。唯薦拔之是宜。於是謹備香花燈燭供養之儀。普供十方雲網聖賢。仰祈慈佑者。右伏以法身無相。徧入衆生心想中。鏡像難憑。隨緣萬化有無內。感如形影。應若谷聲。宜依諸聖大事之因緣。用引歸人故鄕之歧路。唯彼還源慈室。是吾養育尊師。甘苦同心。將六十之年。巾瓶原夢。卽今日之夕。恩同海岳。無以報也。齋備涓埃。庶幾薦之。伏願新圓寂大禪師。惠全尊靈。六根淸淨。三智圓明。受用長者家珎。自他兼利。逍遙蓮花寶地。聖賢同流。弟子天俊。現增壽考。無年[1]月厄之或侵。當證眞常。陟金臺銀臺之共鶩。然願回恩三有。法界群靈。游泳大願海中。無一人不生淨土。經行七重樹下。與諸聖同入圓門。仰對玉毫。披讀薦疏。

---
1) 옝 '年' 다음에 '厄'이 빠진 것으로 보인다.

등계 대사의 소상에 올린 글

만력萬曆 32년 갑진년(1604, 선조 37) 정월 23일에 조계曹溪 보제등계普濟登階 청허 대사淸虛大士가 시적示寂하였습니다.

이에 앞서 임진년에 변란이 발생한 초기에 대가大駕가 도성都城을 떠났는데, 그때에 조정이 대사에게 명하여 선교도총섭禪敎都摠攝이 되게 하고, 의승義僧을 모아서 대병大兵을 돕도록 부탁하였습니다. 당시에 제자도 관동關東에 있으면서 의승을 모집하여 위험을 무릅쓰고 문하에 달려가서는 분부를 받고 승군僧軍을 대신 통솔하는 칭호를 지니게 되었습니다. 그리하여 몸을 잊고 나라를 위해 우전羽箭을 등에 지고 종군從軍하며 수륙水陸 천리에 10년 동안 전장에서 지내다 보니 한 번도 북으로 달려가 찾아뵙지 못하였습니다.

그러다가 계묘년(1603, 선조 36) 여름에 영남에 있을 적에 조정에 보고하여 말미를 청하고는 개골산開骨山 유점사로 말을 치달려 들어가서 시알侍謁하였습니다. 그리고 표훈사에서 전송할 적에 다음 해 봄이 오면 집시執侍하겠다는 뜻을 나아가 고하고는 물러나 오대사五臺寺로 돌아와서 동안거를 지냈습니다.

그런데 갑진년(1604, 선조 37) 2월 21일에 홀연히 부음을 듣고는 즉시 분상奔喪하다가, 경군京郡 양근楊根 오빈역娛嬪驛을 지날 무렵에 유지有旨를 받고 서울에 들어와 부상扶桑(일본)에 잡혀간 우리 백성들을 구제하라는 명을 받았습니다. 그리하여 8월에 바다 건너 일본에 들어갔다가 을사년(1605, 선조 38) 5월 초에 돌아와 부산 앞바다에 도착하였으며, 6월 초에 복명復命하였습니다. 그리고 10월 그믐에야 비로소 대사의 탑에 와서 예배하였는데, 그 뒤로 금오金烏(해)가 날고 옥토玉兔(달)가 달려 오늘에 이르렀습니다.

법은法恩을 받은 것이 하늘과 같고 은덕을 입은 것이 땅과 같으니, 생각이 이에 미치면 비통함이 골수에 사무쳐서 어떻게 마음을 다잡을 수가 없고 뭐라고 말을 할 수가 없습니다. 다행히 문하의 제형弟兄들을 의지하여 향화香花 등 공구供具와 보시의 의물儀物을 정성껏 갖추고는, 시방의 구름 같은 성현들을 공양하면서 원만하게 감응해 주시기를 바라게 되었습니다.

삼가 생각건대, 진신眞身은 걸림이 없어서 중생의 심상心想 속에 두루 들어가 있고, 묘법妙法은 사량思量하기 어려워 삼승三乘의 교행敎行 밖으로 멀리 뛰어났습니다. 감지하는 것은 형체를 대하는 것과 같고, 감응하는 것은 영상이 생기는 것과 같으니, 당연히 제불의 대사大事의 인연에 의지하여 고향에 돌아가는 사람을 위해 기로岐路에서 인도해야 하겠습니다.

삼가 생각건대, 등계登階의 각령覺靈은 오직 본원本源으로 돌아가는 은혜를 입은 국일國一인 동시에 우리에게는 숙세叔世의 등계이기도 합니다.[21] 그는 벽송 지엄碧松智嚴의 손자요 부용 영관芙蓉靈觀의 아들로서, 이미 어두워진 상태에서 불일佛日을 돌이키고, 바람이 끊어진 곳에서 조사祖師의 기풍을 불러일으켰습니다. 중해衆海를 법의 근원에 받아들이니 용상龍象(고승)이 몰려와서 탑상榻床을 무너뜨렸고(折床),[22] 부진浮塵을 어두운 길에서 잠재우니 눈멀고 귀먹은 자들도 이익을 얻었는바, 봄이 기원祇園의 수림樹林에 돌아오고 달이 조계曹溪의 산정山頂에 떠올랐습니다.

법랍法臘이 칠십이 되도록 좌선하면서 몇 개의 방석이 해어졌겠으며,[23] 나이가 구순九旬이 되도록 얼마나 많은 설법을 하였겠습니까. 스승은 과화過化[24]하는 높은 의범儀範을 지녔는데도, 제자는 스승을 드러내는 마땅한 능력이 없이, 관산월關山月[25] 10년에 흰 머리털만 나부끼고, 부상국扶桑國(일본) 만 리에 정신만 소모하였습니다.

그 뒤 가르쳐 주시는 자리에 다시 참여할 겨를도 없이 벌써 본래의 근원으로 돌아가셨으므로 목소리와 모습을 생각하며 공연히 슬퍼하고, 지팡이와 신발을 어루만지며 길이 가슴아파합니다. 그리하여 낮에는 영산靈山의 높은 법회法會를 열고, 밤에는 평등의 수승한 법연法筵을 베풀게 되었습니다. 본래 구족具足하거니 누가 배 속에서 우레가 우는 것을 걱정하겠습니까. 당장에 알아듣게끔 하니 혀끝에 안목을 갖추었음을 믿어야 할 것입니다. 이에 물 한 방울로 우유 가득한 바다를 만들고, 대지大地를 온통 하나의 재단齋壇으로 만들어 하늘과 인간에 널리 공양하며, 범부인지 성인인지 따지려 하지 않습니다.

삼가 바라옵건대, 우리 대사님의 대각령大覺靈은 이미 즉심즉불卽心卽佛의 진지眞知를 깨달으신 위에, 다시 무생무멸無生無滅의 묘과妙果를 증득하시어 떠나가서는 성현의 동반자가 되시고, 오셔서는 이승과 저승의 도사導師가 되소서. 그리고 그런 다음에는 법계法界의 유정有情이 다 같이 불도佛道를 이루기를 바라면서 금상金相을 우러러 마주하여 이 작은 마음을 진달합니다.

登階大師小祥疏

萬曆三十二年甲辰正月二十三日。曹溪普濟登階淸虛大士示寂。先是壬辰變初。大駕去邠。朝廷命大士。爲禪敎都揔攝。諭集義僧助大兵。弟子在關東。亦募義僧。冒險而赴門下。受分付。帶代將之稱。忘身許國。負羽隨軍。水陸千里。干戈十年。未甞北走。癸卯夏在嶺南。報朝廷。乞由。馳入開骨山楡岾寺。侍謁而送于表訓[1]寺。進告春來執侍之意。退還五臺寺。結冬制。至甲辰二月二十一日。忽訃音至。即奔喪過京郡楊根娛嬪驛。被旨入洛。受普濟扶桑之命。八月渡海。乙巳五月初還到釜洋。六月初復命。十月晦始至而禮塔焉。烏飛兔走。而至于是日。法恩如天。負德如地。言念及此。痛入骨髓。無以爲心。無以爲言。仗諸門下弟兄。誠備香花供具布施之儀。供養十方雲網聖賢。以祈圓應者。右伏以眞身無礙。徧入衆生心想中。妙法難思。頓超三乘敎行外。感如形對。應若像生。宜憑諸佛大事之因緣。用薦歸人故鄕之歧路。伏念登階覺靈。唯被還源之國一。是吾叔世之登階。碧松之孫。芙蓉之子。回佛日於旣晦。光祖風於絶吹。納衆海於法源。龍象折床。

靜浮塵於昏衢。盲聾得利。春回祇樹。月上曹溪。臘已七十。坐破幾箇圃團。壽將九旬。播揚多少談屑。尊有過化高範。資無現師良能。關山月十年。鬢鬖颯然。扶桑國萬里。精神消喪。未及再粢後喝。已矣返本還源。想聲容而空悲。撫杖屨而長痛。晝開靈山高會。夜設平等勝筵。本來具足。誰憂肚裏鳴雷。直下承當。須信舌頭具眼。將一滴化爲乳海。盡大地作箇齋壇。普供若天若人。不問是凡是聖。伏願大師室大覺靈。已悟即心即佛之眞知。更證無生無滅之妙果。去作聖賢伴衆。來爲幽顯導師。然後願法界有情。同成佛道。仰對金相。披達小心。

1) ㉠ '誎'는 '訓'의 오기인 듯하다.

여러 불보살을 그린 그림을 경찬한 글

삼보를 받든 제자인 사바세계娑婆世界 모도某道 모주某州 모처某處에 거주하는 모등某等은 삼가 단신檀信 제자들과 함께 무량원왕無量願王[26]을 발합니다. 그 서원은 금생으로부터 미래세가 다할 때까지 항상 금색세계金色世界(佛國土)의 대성大聖을 의지하여 친히 인가해 주심을 받고, 일승一乘의 도리를 돈오頓悟하여 정각正覺을 일찍 이룬 뒤에 암흑 속에서 허덕이는 중생을 인도하여 깨달음의 언덕으로 오르게 하고자 하는 것입니다.

이에 삼가 솜씨 좋은 공장工匠을 청하여, 우선 석가釋迦·미타彌陀·약사藥師·세존世尊·관세음觀世音·대세지大勢至 등 여러 불보살들을 보수補修하고, 또 진기珍奇한 채색을 갖추어 삼가 화엄해회華嚴海會의 여러 불보살 등을 그렸습니다. 이처럼 장엄莊嚴하는 일을 일단 마치고는, 삼가 향화香花·등촉燈燭·다과茶果·진식珍食 등 보시의 의물儀物을 마련하여 길일을 가려서 점안點眼을 하고 낙성落成하며 다함이 없는 공덕을 청하는 바입니다.

저희가 삼가 생각건대, 진眞도 진眞이 아니고 상像도 상像이 아니니, 불佛의 체體는 본디 언사言思를 초월하고, 색色을 색色으로 알고 공空을 공空으로 아니, 범부의 정情은 형상形相에 의지해야 한다고 여겨집니다. 만약 진眞을 인하여 상像을 설하지 않는다면 어떻게 그 상像에 나아가 진眞을 알 수 있겠습니까. 그런 까닭에 삼세三世의 여래와 시방의 보살들이 신身이 없지만 신身을 나투어 일체 색상色相을 드러내 보여 주는 것이요, 상像이 아니지만 상像을 만들어 십종十種의 형의形儀를 지어서 보여 주는 것입니다.

그리하여 옛것을 보수하거나 새로 만들어서 인연을 맺고, 범부를 뛰어넘거나 성과聖果를 증득하여 보답을 받는다는 것을 보여 줌으로써 한 번 첨앙瞻仰하고 한 번 예배하는 자들로 하여금 점차적으로 오통五痛과 오소

五燒[27]를 여의게 하는 것입니다. 이에 다시 인연 있는 신도들을 모으고 경사스러운 자리를 경건히 펼쳐서 오안五眼[28]을 찍어서 뜨게 하니 지혜의 광명이 시방에 두루 비치고, 삼신三身[29]을 원만히 구족具足하니 은덕의 물결이 만세萬世토록 멀리 흘러갑니다. 이 조그마한 공을 가지고 회향廻向함으로써 능감菱鑑이 자세히 비춰 주시는 은혜를 널리 입고자 합니다.

삼가 바라옵건대, 선왕先王과 선후先后의 여러 선가仙駕는 이 수승한 인연을 의지하여 저 묘각覺妙에 오르시며, 항하사恒河沙의 국계國界에 인연 따라 강탄降誕하여 원친冤親의 중생들을 두루 구제하고, 진묵겁塵墨劫 중에 소원대로 생을 받아 인천人天의 대중을 널리 제도하소서.

주상 전하는 음양陰陽의 재앙[30]이 해소되고 연월年月의 재액이 사라져서 이요二曜(일월)와 광명을 함께하고, 양의兩儀(천지)와 수명을 같이하며, 금지金枝의 상서祥瑞가 열리고 옥엽玉葉의 길상吉祥이 엉기어 주옥珠玉과 같은 기초가 대지처럼 오래 가고, 보배로운 역수曆數가 하늘처럼 장구하소서.

왕비 전하는 날마다 1천 가지 상서로운 경사만 있고 언제나 1백 가지 해로운 재앙은 없으며, 덕德은 마야摩耶보다 뛰어나고 도道는 문후文后와 같으며, 휘음徽音을 성대한 세상에 드러내고 수명은 신령한 대춘大椿보다 더 오래 누리소서.

대비 전하는, 재앙의 싹은 눈처럼 녹고 복록의 싹은 구름처럼 일어나며, 영원히 왕의 교화를 은밀히 돕고 언제나 하늘의 부축을 현세에서 받으소서.

왕세자 저하는 복록의 별이 길이 빛나고 수명의 성좌가 영원히 비추며, 몸은 가뿐하고 기운은 순탄하여 모든 질병의 뿌리가 완전히 없어지고, 음식은 맛있고 잠자리는 편안하여 만년토록 소중한 지위를 길이 향유하소서.

왕자 제군은, 쾌락은 티끌과 모래보다도 많이 지니고, 수명은 연월年月이 끝없이 이어지게 하소서.

문무백관은 근심과 걱정이 없이 충성과 효성을 다하고, 나라는 태평하고 백성은 편안하며, 병란의 조짐은 끝내 보이지 않게 하소서.

대단신大檀信 각자의 돌아가신 부모·사존師尊·제자 등 열위列位하고 열명列名한 영가靈駕들은 부처를 보고 법문을 듣고서 무생無生의 도리를 깨우칠 것이요, 대단신 각자의 기신己身 보체保體는 현세에서는 복수福壽를 더 누리고, 미래에서는 낙국樂國에 태어나도록 하소서. 그리고 모등某等 일문一門의 권속眷屬도 함께 길상吉祥을 맞이하고, 법계法界의 유정有情들도 함께 불도佛道를 이루게 하소서. 옥호玉毫를 우러러 바라보며 마음을 드러내 밝혀 삼가 글을 올리나이다.

畫諸佛菩薩慶讚疏

奉三寶弟子。娑婆世界某道某州某處居住某等。謹與檀信諸子。同發無量願王。從今生。至於盡未來際。常依金色大聖。親承印可。頓悟一乘。早成正覺。引諸沉冥。登於覺岸之願。謹倩良工。爲先修補釋迦彌陁藥師世尊觀音勢至諸[1]菩薩。又備珎彩。謹畫華嚴海會諸佛菩薩等。莊嚴已畢。謹備香花燈燭茶果珎食布施之儀。涓吉日點眼而落之。以乞無盡功德者。右伏以眞非眞像非像。佛體本絶於言思。色知色空知空。凡情要憑於形相。若不因眞而設像。何能卽像而達眞。所以三世如來十方菩薩。無身現身。而示現一切色相。非像作像。而敎作十種形儀。若修故若造新以締緣。或超凡或證聖而獲報。示使一瞻一禮。漸離五痛五燒。更集檀緣。虔陳慶席。點開五眼。慧光普照於十方。圓具三身。德澤遐流於萬世。持玆芥功以廻向。普被菱鑑之照詳。伏願先王先后列位仙駕。仗此勝因。登彼覺妙。河沙國界。隨緣降誕。普濟寃親之流。塵墨劫中。如願受生。廣度人天之衆。主上殿下。陰陽沴釋。年月厄消。二曜[2]並明。兩儀齊壽。金枝産瑞。玉葉凝祥。珠基地久。寶曆天長。王妃殿下。日有千祥之慶。時無百害之災。德勝摩耶。道同文后。著徽音於盛世。增壽筭於靈椿。大妃殿下。災萌雪融。善芽雲起。永密助於王化。長現荷於天扶。王世子邸下。福辰長輝。壽星永曜。身輕氣順。頓無諸病之根。食穩寢安。永享萬年之重。王子諸君。快樂則塵沙莫諭。壽命則歲月無窮。文武百僚。無慮無憂。盡忠盡孝。國泰民安。干戈取息。大檀信各各先亡父母師尊弟子列位列名靈駕。見佛聞法。得悟無生。大檀信各各己身保體。現增福壽。當生樂國。某等一門眷屬。同致吉祥。法界有情。同成佛道。仰對玉毫。表宣謹疏。

---

1) ㉠ '諸' 다음에 '佛'이 빠진 것으로 보인다. 2) ㉠ '曜'는 '曜'의 오기인 듯하다.

각림사 심검당을 낙성하고 올린 글[31]

부처님을 받드는 제자인 사바세계沙波世界 운운……. 각각 서원을 세웠습니다. 그 서원은 수희隨喜하는 시주施主와 연화緣化하는 비구 등이 삼가 선왕先王 선후先后의 열위列位한 선가仙駕를 위한 것과, 또 모등某等이 삼가 선망先亡한 부모·사존·제자 등 열명列名한 영가靈駕를 위한 것과, 그리고 법계의 무주 고혼들까지도 모두 정계淨界에 태어나도록 하는 것이었습니다.

그래서 병화를 입은 옛터에 하나의 정사精舍를 건립하였는데, 이제 낙성落成을 고하였기에 대재大齋를 설하게 되었습니다. 이에 제자가 단나檀那 등과 함께 약간의 진수珍羞를 정성껏 마련하여 낮에는 일승一乘의 연경蓮經(『법화경』)을 연설하고, 밤에는 삼단三壇[32]의 수승한 법회를 베풀면서 다함이 없는 공덕을 기원하는 바입니다.

저희들이 삼가 생각건대, 미륵보살은 칠층의 보각을 드러냄으로써 부처를 이루는 데에 의심이 없게 되었고, 제석천은 천예千蘂의 연궁蓮宮을 세움으로써 하늘에 나는 연분을 얻게 되었습니다. 그런데 더구나 이 금산金山의 승경勝境에서 진제眞濟의 도량道場을 일으켜 만년토록 향화香火의 인연을 맺고 사계四界에 우양雨暘의 주인이 되는 데야 더 말할 나위가 있겠습니까. 대단월大檀越은 낙지樂地에 발심發心하고 소비구小比丘는 도를 이루는 일(成褫)에 착수할 것이니, 다만 확실하게 수승한 이 법회를 받아들여 주셨으면 합니다.

삼가 바라옵건대, 주상 전하는 만세의 성수를 누리시고, 왕비 전하는 주상과 똑같은 햇수의 성수를 누리시고, 세자 저하는 천추千秋의 수명을 누리소서.

그리고 모등某等도 희망하는 것이 뜻대로 되게 하고 구하는 것이 마음과 같이 되게 하며, 재앙은 소멸하고 장애는 없어지며, 복록은 풍족하고 지혜는 원만하게 해 주소서. 그런 뒤에는 법계의 유정들도 똑같이 크나 큰 은혜에 목욕하여 다 같이 괴로운 중생의 세계에서 소생하기를 원하옵니다. 우러러 금용金容을 대하여 심정을 토로하며 삼가 글을 올립니다.

覺林寺尋劒堂落成疏
奉佛弟子。沙波世界云云。各各結願。隨喜施主緣化比丘等。奉爲先王先后列位仙駕。亦爲某等。伏爲先亡父母師尊弟子列名靈駕。兼及法界無主孤魂。俱生淨界之願。是以爰得兵燹故基。卜建一竿精藍。屬玆告訖。庸設大齋。弟子與檀那等。誠備若干珎羞。晝演一乘蓮經。夜設三壇勝會。以祈無盡功德者。右伏以彌勤[1]現七層寶閣。成佛無疑。帝釋建千葉蓮宮。生天有分。況此金山勝境。欲興眞濟道場。結萬年香火之緣。作四界雨暘之主。大檀越發心樂地。小比丘出手成祴。但請承當管取殊勝。奉爲主上殿下。聖壽萬歲。王妃殿下。聖壽齊年。世子邸下。壽命千秋。亦爲某等。希慕合意。所求如心。災消障盡。福足慧圓。然後願法界有情。等沐鴻休。咸蘇苦類。仰對金容。表宣謹疏。

---
1) ㉠ '勤'은 '勒'의 오기인 듯하다.

월정사 법당의 서까래를 고치고 올린 글

제자 모某는 운운. 본래 법계 속의 하나의 물거품으로 사생四生[33]에 출몰하다가, 마침 자그마한 선행善行의 과보를 받아 호서湖西에서 사람의 몸으로 태어났습니다. 청년 시절에 머리를 깎고 백발의 몸으로 두루 돌아다닐 적에, 구름과 같은 발자취가 이곳을 지나다가 옛날의 영광을 돌아보매 오늘의 광경이 마음 아프기에, 8백 년의 유적을 수습하여 중신重新할 뜻을 마침내 발하였습니다.

그리하여 정해년(1587, 선조 20) 여름에 권선문勸善文을 속에 품고 다니다가 기축년(1589, 선조 22) 봄에 법전法殿을 고치고 서까래와 마룻대를 올렸으며, 그 여름에 계속해서 범종루泛鐘樓의 서까래와 마룻대를 새로 만들고는, 마침내 단자檀子(신도)들과 함께 대심大心을 발하게 되었습니다.

그 서원誓願은 우선 주상 전하는 만세의 성수를 누리시고, 왕비 전하는 성수의 햇수가 주상과 똑같으시고, 왕자 제군은 천추의 수명을 누리고, 나라는 태평하고 백성은 편안하며, 불법의 수레바퀴가 항상 구르게 하는 것입니다.

그리고 다음 서원은, 대단신大檀信 등과 각각의 수희시주隨喜施主와 연화비구緣化比丘 등의 삼가 선망先亡 운운云云한 이들과 무주고혼들이 모두 정계淨界에 태어나게 하고, 또 각각의 기신己身 보체保體가 현생에서는 복수福壽가 늘어나고 내세에는 정찰淨刹에 태어나게 하고, 각각의 일문一門의 자손들은 재앙이 소멸하고 장애가 없어지며, 복록은 풍족하고 은혜는 원만하게 하는 것이며, 그런 뒤에는 법계의 유정들까지도 모두 해탈解脫하는 은혜를 입게 하는 것입니다.

그리하여 진수珍羞·향香·등촉燈燭 등 보시의 의물을 정성껏 마련하여 시방 법계의 구름바다 같은 성현들과 삼계三界 사부四府의 군진群眞들에게 공양하고, 간절한 마음으로 의식을 거행하면서 오묘한 구원을 우러러 빌게 되었습니다.

저희가 삼가 생각건대, 자씨慈氏(미륵보살)는 보각寶閣을 드러내어 성불成佛의 연분이 있게 되었고, 환인桓仁(제석천)은 연궁蓮宮을 세워서 하늘에 나는 데에 의심이 없게 되었습니다. 그런데 더구나 이 청정한 가람伽藍이야말로 범부를 성인으로 만드는 용광로로서, 용상龍象(고승 대덕)의 본거지요 치소緇素(승속)의 동산 숲인 데야 더 말할 나위가 있겠습니까. 천지가 개벽한 이래로 지금까지 신선이 사는 산으로 칭해져 왔고, 당唐이 망하고 송宋이 흥해도 참선하는 사찰로 일컬어졌던 곳입니다. 그런데 세월이 오래되어 동량棟樑이 꺾였으므로, 승려가 첨앙瞻仰하고 속인이 참알參謁하매 누구의 눈에서도 눈물이 줄줄 흘러나왔고, 빗발이 내리치고 바람이 불어닥치매 불상佛像의 얼굴에 이끼가 파랗게 끼었습니다.

이에 제자 모某가 입언立言할 길은 없는 것을 스스로 깨닫고, 입공立功하려는 생각을 멀리 품게 되었습니다.[34] 그리하여 5년 동안 권선문을 몸에 지니고서 지팡이를 끌고 사해를 돌아다녔으나, 연기 낀 마을과 비 내리는 성곽에서는 지음知音이 적은 것을 탄식하였고, 가을 달과 봄바람 속에서는 광음光陰이 바쁘게 지나감을 애석해하였습니다. 그리하여 천문千門에서 한 필의 베를 얻고, 백호百戶에서 세 줌의 쌀을 거두어 황우黃牛(기축년)의 늦봄에 이르러 당전堂殿을 고쳐서 새로 보수하였고, 백호白虎(경인년)의 단양端陽(단오)을 당하여 향조香藻의 대회를 열었습니다. 그 일이 비록 초가집을 엮은 것과 같다 하더라도, 그 공력은 하늘에 올린 것에 비길 수가 있으며, 시냇가의 차와 어수리가 비록 변변찮은 제수祭需와 같다 하더라도, 성심誠心으로 목욕재계沐浴齋戒한 것은 상제上帝에게 바칠 수가 있으니, 얼마나 세심하게 마음을 썼는지 능감菱鑑께서 바로 아실 수 있을 것입니다.

삼가 바라옵건대, 주상 전하께서는 음양陰陽이 불순不順한 질병이 완전히 없어지고, 연월年月의 재액災厄이 모조리 사라지며, 성수聖壽가 더욱 높아져서 갑자甲子가 하늘을 한 바퀴 돌아도 늙지 않고, 옥후玉候가 갈수록 튼튼해져서 비람毘嵐[35]이 산악을 무너뜨려도 변함이 없으며, 산해山海가 길상吉祥을 낳고 건곤乾坤이 상서祥瑞를 빚으며, 적미赤眉[36]가 자취를 감추고 백액白額[37]이 형체를 잃게 하소서.

왕비 전하는 옆구리로는 천종天縱을 낳고 정수리에는 생지生知를 잉태하시며,[38] 보체寶體를 잘 보존하고 주상의 수명과 똑같이 되게 하소서. 왕자 제군은 천추의 수명을 누리소서.

또 원하옵건대, 대시주大施主 모등某等과 수희隨喜하는 각각 보체保體는 살아서는 복수福壽를 더하고, 죽어서는 연태蓮胎[39]에 들게 하소서. 그리고 나서 법계의 유정도 다 함께 정각正覺을 이루기를 바라옵니다. 옥호玉毫를 우러러 대하며 정성을 다해 소疏를 올립니다.

月精寺法堂改椽疏

弟子某云云。本以法界中一漚。出沒四生。會承微善。受生湖西。青年祝髮。白首周遊。雲蹤過此。覽古傷今。收拾八百年遺蹟。遂發重新之志。丁亥夏袖勸疏。己丑春改法殿上椽棟。是夏繼創泛鐘樓椽棟。遂與檀子輩。同發大心。伏爲主上殿下。聖壽萬歲。王妃殿下。聖壽齊年。王子諸君。壽命千秋。國泰民安。法輪常轉。次願大檀信等。各各隨喜施主。緣化比丘等。伏爲先亡云云。無主孤魂。俱生淨界。亦爲各各己身保體。現增福壽。當生淨利。各各一門子孫。災消障盡。福足惠圓。然願法界有情。擧蒙解脫之願。精備珍羞香燈燭布施之儀。供養十方法界雲海聖賢。三界四府羣眞。勳[1)]勤作法。仰祈妙援者。右伏以玆氏之現寶閣。成佛有分。桓仁之建蓮宮。生天無疑。矧此清淨伽籃。實是聖凡鑪鞴。龍象之淵藪。緇素之園林。天開地闢。萬萬古之仙山。唐廢宋興。藉藉曰之禪刹。歲月其遠。樑棟云摧。僧膽俗謁。衆睢之淚潛焉。雨擊風攻。佛面之苔綠也。於是弟子某。自覺立言無路。遠思立功有懷。袖疏五年。携節四海。烟村雨郭。嘆知音者寡。秋月春風。惜光景其忙。得千門之一斜。收百戶之三挱。至黃牛之春晚。改堂殿而修新。丁白虎芝²⁾端陽。置香藻之大會。事雖同於結草。功可侔於登天。澗溪茗芷。雖同淺羞。心誠齋沐。可薦上帝。營締縱臥。³⁾菱鑑即周。伏願主上殿下。陰陽沴之頓空。年月厄之並釋。聖壽增崇。甲子周天而不老。玉候彌固。毘嵐偃岳而恒常。山海產祥。乾坤釀瑞。赤眉潛迹。白額亡形。王妃殿下。脇誕天縱。頂娠生知。能綏寶體。壽命齊年。王子諸君。壽命千秋。亦願大施主某等隨喜各各保體。生增福壽。死入蓮胎。然願法界有情。同成正覺者。仰對玉毫。披達誠疏。

1) ㉑ '勳'은 '勤'의 오기인 듯하다. 2) ㉑ '芝'은 '之'의 오기인 듯하다. 3) ㉑ 丙本·丁本에는 '臥'가 '眇'로 되어 있다.

상주 대사를 천도한 글

불법이 미혹한 중생들을 깨닫게 하는 것은 천지가 온갖 아름다움을 선사하는 것과 같고, 사자師資(師弟)가 대의大義에 끝이 없는 것은 군신이 하나의 도를 이루는 것과 같습니다. 만약 스승의 큰 은혜가 없다면, 누가 암흑 속에서 노니는 자를 꺼내어 주겠습니까.

저 혼여魂輿를 바라보건대 그는 바로 나의 은사입니다. 삼가 생각건대, 나의 은사는 정령精靈의 뛰어난 기운을 받고 금역禁域의 황성皇城에서 태어나 진세塵世의 연홍軟紅(紅塵)을 타기唾棄하고, 봉도蓬島의 금선金仙을 사모하였습니다. 그리하여 용상龍象을 기르는 문에서 주라周羅[40]를 베고 구족계를 받았으며, 거공鉅公의 자리에서 자기 일을 결단하고 마침내 선나禪那(禪定)에 들었습니다.

그러다가 조계曹溪의 과시科試에 급제하여 용찰龍刹의 주지가 되고 나서는, 바람과 먼지가 자욱한 속에서 백운白雲과 홍수紅樹의 좋은 때를 허비하였고, 세월이 무심히 흐르는 가운데 방초芳草와 낙화落花의 아름다운 계절을 허송하였습니다. 이처럼 각일覺日을 버리고 타국他國에 치달리면서, 애석하게도 술에만 취하였을 뿐 의주衣珠[41]에는 어둡기만 하였습니다.

그러나 마침내 임학林壑의 그윽한 법을 취하고자 골몰하던 이명利名을 내던져 버렸고, 호손胡孫(六根)과 장난치며 한없이 달리다가 의마意馬를 죽이고서 한가한 경지에 올랐습니다. 중대中臺에 오르고 서대西臺에 오르며, 동대東臺에 오르고 남대南臺를 내려오면서 자기 뜻대로 하며 마음속으로 달가워하였고, 경승經僧을 만나고 시승詩僧을 만나며, 율승律僧을 만나고 선승禪僧을 보면서 이내 봉장작희逢場作戲[42]하였습니다.

이제는 스스로 원덕圓德을 갖추었으니, 하늘도 긴 수명을 주어야 마땅할 터인데, 어찌하여 저 하늘은 무심하게도 그만 이런 사람을 빼앗아 간단 말입니까. 마음이 영장靈長인지라 혼백의 면목이 아직도 눈에 선한데,

시간은 나를 위해 머물러 주지 않는지라 오칠일五七日이 어느새 임박하였습니다. 백 번 천 번 생각을 하고 진퇴하며 헤아려 보아도, 한갓 여러 아우들을 비통하게 할 따름이니, 그보다는 어찌 한번 재齋를 올려서 추모하는 것이 낫지 않겠습니까.

이에 제자 등이 바랑 속에 모아 둔 것을 모두 꺼내어 인천人天에게 공양할 백미百味를 마련하였습니다. 그리하여 용상龍象이 찾아와 모이고 번화幡花가 하늘을 뒤덮은 가운데, 구름바다 같은 성현들에게 공양하여 항하사恒河沙 같은 함식含識(중생)을 제도하려 하오니, 묘하게 경영한 이 성의가 전달되어 감통感通하리라고 믿습니다.

삼가 원하옵건대, 모령某靈은 유루有漏의 땅을 멀리 여의고 무상無上의 과위果位에 청정하게 올라가 아뇩阿耨의 연못 안에서 여래를 친견하고 열반의 길 위에서 달자達者와 노닐게 해 주소서. 또 원하옵건대, 이 형과 이 아우 모두 긴 수명을 누리는 은혜를 받게 하시고, 살거나 죽거나 다 함께 무위無爲의 과위를 증득하게 해 주소서. 금상金相을 우러러 바라보며 속마음을 진정으로 진달하나이다.

尙珠大師薦疏

佛法之有覺於羣迷。如天地之産百嘉。師資之無窮於大義。若君臣之成一道。倘闕於洪造。誰拔於冥遊。瞻彼魂輿。是我恩傳。伏念我師。禀精靈之逸氣。生禁域之皇城。唾塵世之軟紅。慕金仙於蓬島。斬周羅於修龍之門。仍受具足。決已事於鉅公之席。遂入禪那。叅選曺溪。作主龍利。風埃冉冉。虛消白雲紅。樹之良辰。歲月悠悠。空送芳草落花之佳節。捨覺日而走他國。惜醉酒而昧衣珠。遂以取林壑之法幽。擲利名之汨沒。弄胡孫而長住。殺意馬而高閑。登中臺上西臺。陟東臺下南臺。即隨意而甘心。遇經僧得詩僧。值律僧見禪僧。乃逢塲而作戱。自旣有於圓德。天宜賜於永年。何彼蒼之不憐。乃人固而奪去。心爲靈長。魂面目也在眼。時不我住。五七日之俄臨。百計千思。進求退筭。徒令諸弟而愴痛。庸似一齋而追修。於是弟子等。歛囊橐之什儲。作人天之百味。龍象兮就踏。幡花兮蔽空。供雲海之聖賢。度河沙之含識。妙玆營締。格彼¹⁾感通。伏願某靈。遠離有漏鄉。淸昇無上果。阿耨池中。如來親見。涅槃路上。達者同遊。亦願是兄是弟。咸添有永之年。或生或死。同證無爲之果。仰對金相。誠達寸丹。

---

1) ㉔ 丙本·丁本에는 '彼'가 '波'로 되어 있다.

갑회문

우리들의 생이 감겁減劫[43]을 만난 탓으로, 강보襁褓를 벗어나지도 못한 채 일찍 죽는 경우가 절반을 차지하는데, 우리들은 20여 세의 나이가 되도록 살고 있으니, 이것이 첫 번째 행운이다.

우리들이 우학于學[44]이 되기 전부터 이런 창황蒼黃한 시대를 만났는데도, 끝내는 어버이가 남겨 주신 몸을 잃지 않았으니, 이것이 두 번째 행운이다.

진묵겁塵墨劫 이래로 흩어져서 제취諸趣[45]를 돌아다니다가, 침개鍼芥[46]가 서로 만나는 것처럼 이 정법正法을 만났으니, 이것이 세 번째 행운이다.

화택火宅[47]의 하루살이요 포환泡幻[48]의 신세라서, 한 달 중에 입을 벌리고 웃을 수 있는 것이 몇 번도 안 되는데,[49] 우리들이 함께 선산仙山에 거하면서 법회에 동참하여 담소하며 함께 노닐고 있으니, 이것이 네 번째 행운이다.

사람이 세상에 태어나서 눈멀고 귀먹고 벙어리가 되는 등 어버이가 주신 몸을 제대로 보전하여 돌아가는 자가 거의 드문데, 우리들은 이목이 총명하고 남자의 전형을 갖추어 사람들의 버림을 받지 않으니, 이것이 다섯 번째 행운이다.

이 다섯 가지 행운을 갖추고 있으면서, 금수처럼 헛되이 살다가 죽어서는 안 될 일이다. 바라건대 우리 벗들은 다시 그동안 모아 놓은 것을 아끼지 말고서 천지 성현의 망극한 은혜를 갚도록 할 것이요, 국가와 백성의 안녕을 기원하며 천하의 태평을 이룰 것이요, 이와 함께 무량한 세월에 걸쳐서 우애하는 형제로서의 인연을 계속 맺을 것이다. 바라건대 우리 좋은 벗들은 다시 고개 돌려 스스로 생각해 볼지어다.

甲會文

我輩生逢減劫。未免襁褓。而夭者居半。我輩至於餘二十春秋。其幸也一。我輩未至于學。而值此蒼黃之際。竟不失遺體。其幸也二。塵墨劫來。散經諸趣。鍼芥相投。遇此正法。其幸也三。蜉蝣火宅。泡幻身世。一月之內。開口而笑者無幾。我輩同寓仙山。同叅法會。談笑同遊。其幸也四。人生於世。盲聾瘖瘂。保遺體全而歸者幾稀。我輩耳目聰明。具男子之典形。不爲人之所棄。其幸也五。具此五幸。而不宜如禽獸之空死生也。願我朋輩。更無惜曩儲。以報天地。聖賢罔極之恩。祈國祈民。以成天下大平。仍成無量劫兄兄弟弟之因也。願我良朋。更回首自思。

등계의 탑을 세우며 올린 축문

삼가 생각건대, 대사는 산악의 신령스러운 기운을 내려 받았으므로, 그 재질이 숙세叔世(말세)에 출중하여 학문은 오종五宗[50]을 압도하였고, 눈은 일척一隻[51]으로 드높아서 무생無生의 도리를 철저히 깨달았습니다.

대사는 벽송 지엄碧松智嚴의 손자요, 부용 영관芙蓉靈觀의 아들로서, 방할棒喝[52]의 가풍이요, 서천西天의 진골眞骨이었으며, 세상 밖의 장부로서 초연히 홀로 우뚝하였습니다. 모등某等은 선사先師의 도덕을 소중히 여기는 것이 아니라, 단지 선사의 기골奇骨을 소중하게 여기고, 선사의 걸림 없는 가르침을 사랑하는 것이 아니라, 단지 선사가 법을 천하게 팔지 않은 것을 사랑합니다. 그래서 삼가 향과 차를 올리면서 감히 돌아보아 주시기를 청하오니, 각령覺靈은 탕연蕩然히 원증圓證을 내려 주소서.

모등某等 여러 법자法子는 선사의 영골靈骨 한 조각을 가지고 기달산怾怛山의 난야蘭若(사원)에 모였습니다. 그리고 경갈磬竭[53]도 마음속으로 달갑게 여기며 기도하여 몇 과의 진주眞珠를 얻은 뒤에, 소역小役과 마음을 같이 하여 삼가 영탑靈塔을 세우기로 하였습니다.

제자는 널리 생령生靈을 구제하라는 명을 받고 바다를 건너갔다가 돌아와서 곧바로 서산西山에 들어가 탑에 예배를 하고는 그대로 겨울을 지내며 대상大祥의 슬픔을 마쳤는데, 그때 생각하기를 '봄이 되면 곧장 중향성衆香城 속으로 달려가 뵙고서 오분五分[54]을 바치고 돌아오리라' 하였습니다.

그런데 불인不仁했던 과거의 묵은 빚 때문에 업을 스스로 짓지 않았는데도 마치 어떤 물건이 구박驅迫하는 것처럼 불측不測한 지경에 빠진 나머지, 손발을 꼼짝하지 못하게 된 것이 마치 차꼬와 수갑을 찬 것처럼 되어, 마음은 학 머리의 구름 위 날아가건만 몸은 말굽 밑의 티끌 아래로 떨어지곤 하였습니다. 세상일이 끝이 없어서 산문을 등지고 세속에 처한 가운데, 가는 곳마다 길이 막혀서 어떻게 벗어날 수가 없었습니다.

그래서 도중에 겨우 향금鄕錦 몇 장張을 가지고 함께 다니던 선백禪伯 성지性智를 대신 그곳에 가게 하는 한편, 전 유점사 주지 태희太熙로 하여금 정성껏 제물을 준비하게 하였습니다. 그리하여 만력萬曆 34년 병오년 (1606, 선조 39) 갑오월甲午月 무진삭戊辰朔 경인일庚寅日에 여러 법형제法兄弟 및 사백師伯들과 함께 국일도대선사國一都大禪師 선교도총섭禪敎都摠攝 부종수교보제등계청허대사扶宗樹敎普濟登階淸虛大師 각령覺靈에게 봉헌奉獻하게 되었으니, 오직 바라옵건대, 대사는 신통을 드리우시어 원조圓照로 밝게 살펴 주소서.

登階建塔祝文

恭惟大師自嶽降靈. 才豪叔世. 學倒五宗. 眼高一隻. 徹底無生. 碧松之孫. 芙蓉之子. 棒喝家風. 西天眞骨. 物外丈夫. 超然獨出. 不重先師道德. 只重先師奇骨. 不愛先師橫堅指注. 只愛先師. 法不賤賣. 謹以香酌. 敢冼高眄. 覺靈蕩然. 俯賜圓證. 某等諸法子. 將先師靈骨一片. 集忉怛蘭若. 罄竭甘心. 祈得數箇眞珠. 要與小役同心. 敬樹靈塔矣. 弟子以普濟生靈之命. 自海而返. 立入西山禮塔. 仍以過冬. 終大祥之痛. 以爲得春. 即趨現衆香城裏. 恭獻五分. 而退宿債不仁. 業不自作. 而若有物驅之. 而陷於不測. 羈縻手足. 有同桎梏. 心飛鶴頭之雲. 身墮馬足之塵. 世故無端. 負門處醜. 所至迍邅. 罔由解脫. 在途中. 僅以鄕錦數張. 遣同遊禪伯性智. 令前楡岾寺住持太熙. 精備茶酌. 萬曆三十四年歲次丙午. 月在甲午戊辰朔庚寅. 與諸法兄弟師伯. 奉獻于國一都大禪師禪敎都摠攝扶宗樹敎普濟登階淸虛大師覺靈. 惟願大師望垂神通. 克昭圓照.

홍도원을 세우기 위해 지은 권선문

천지 사이에서 선을 행하는 길이 하나가 아니겠습니다만, 원우院宇와 교량橋梁과 도로를 수치修治하는 것이야말로 모두 선을 행하는 자로서는 당연히 해야 할 일이니, 마음을 극진히 하지 않으면 안 될 것입니다.

부府에서 북쪽으로 150리쯤에 홍도원洪度院이 있습니다. 이곳은 혹 물산을 무역하는 일이나 급보急報를 전하는 일 등으로, 추우나 더우나 낮이나 밤이나 가리지 않고서 인마人馬가 줄을 잇고 있습니다. 그런데 수목이 우거지고 등라藤蘿가 바위에 얽혀서 종일 걸어가도 하늘의 해를 볼 수가 없고, 호랑이와 표범이 횡행하는가 하면 사람이 사는 곳이 멀리 떨어져 있으니, 이런 지역에는 이런 휴게소가 없어서는 안 될 것입니다.

선인善人 안현수安玄壽가 여기에 집을 지어서 왕래하는 데에 편의를 제공하려고 마음을 내었으나, 일은 크고 힘은 미약해서 혼자서는 감당하기가 어려운 형편입니다. 만약 공덕을 짓는 데에 뜻을 둔 분을 만나서 하나의 큰 집을 이룰 수만 있다면, 그 공덕이야말로 어찌 언어로 형용할 수가 있겠습니까.

얼음이 얼고 눈보라가 몰아치며 해가 산 아래로 떨어질 적에 여기에 집이 있다면, 그 공덕이 어떠하겠습니까. 늑대와 표범이 울부짖고 인가는 멀리 떨어져 있는데 해는 서산에 기울어 진퇴유곡進退維谷의 상황일 때, 여기에 집이 있다면 그 공덕이 어떠하겠습니까. 오뉴월 사이에 뭉게뭉게 구름이 일고, 쏴! 하고 비가 내리면서 천지가 어둑어둑하여 지척을 분간하지 못할 적에, 이곳에 집이 있다면 그 공덕이 어떠하겠습니까. 병든 아낙이나 가난한 아이, 그리고 부모를 업거나 부축한 사람들이 앞서거니 뒤서거니 쓰러지고 넘어질 적에, 이곳에 집이 있다면 그 공덕이 어떠하겠습니까.

참으로 좋은 일을 해 볼 뜻을 가진 군자라면, 어찌 감히 이런 일에 마음을 다하지 않겠습니까. 길흉화복은 각각 자기가 한 일에 따라 온다는 것이야 또 말할 것이 뭐가 있겠습니까.

洪度院造成勸善文

天地間作善之路非一。而院宇橋梁道途修治。皆作之者所當爲。而不可不盡心矣。府北百五十里許。有院曰洪度。或以産貿。或以時急。人馬絡繹。而勿論寒暑。不拘昕晡矣。而樹木叢茂。藤蘿絡石。終日行不見天日。虎豹蹤橫。人烟迥絶。當此地不可無此院也。善人安玄壽。發心構院。欲以便於往來矣。事大力微。難以獨辦。設使得有意功德之士。成一大宇。其爲功德。豈以言語形容哉。氷雪迭暴。日下高春。院於是也。功如之何。狼豹咆裂。人烟瓊斷。日迫西山。進退維谷。院於是也。功如之何。五六月之間。油然而雲。霈然而雨。天地晦冥。咫尺難分。院於是也。功如之何。病婦貧兒。負父馮母。前後顚倒。院於是也。功如之何。眞有意於有爲君子。敢不盡心於斯事乎。吉凶殃慶。各以類至。更何言哉。

개골산 흥성암의 불상을 조성하기 위해 지은 권선문

세상 사람들이 목석木石과 금옥金玉으로 불상佛像을 만드는 것은 무엇 때문입니까? 그 도道를 사랑하고 그 덕德을 사모하여 잊지 못하기 때문입니다.

시詩에 이르기를 "아, 선왕을 잊지 못한다."[55]라고 하였습니다. 부처님이 중생에게 베푸는 그 은혜가 참으로 두터우니, 존엄한 자리에서 만물을 다스리는 것은 군왕君王과 같고, 불법을 잘 지키도록 가르치는 것은 존사尊師와 같고, 자애롭게 중생을 구제하는 것은 부모와 같습니다.

부처님은 이 세 가지를 모두 행하며 어기지 않기 때문에 그 형상을 빚어서 경배하고 그 말을 사모하여 외우면서 위로는 임금과 어버이의 복을 축원하고, 아래로는 사생死生의 길에서 은혜를 청하는 것입니다. 그 덕이 사람들의 마음속에 깊이 들어 있으니, 잊지 못하는 것도 당연한 일입니다.

이 암자는 신라 때에 창건되었는데, 세대가 오래되고 햇수가 멀어진 탓으로 주춧돌이 깨어지고 기와가 떨어지면서 부처님도 떠나시고 말았습니다.

이에 산인山人 모某가 발심發心하여 탁발托鉢을 해서라도 조성하려고 하는데, 일은 거창하고 능력은 모자라서 혼자 이루기는 어려운 형편입니다. 그래서 크게 공덕을 지으려는 분을 만나서 함께 불후의 공을 이루려고 하니, 선을 행하는 데에 뜻이 있는 분은 이 권선문에 이름을 적어주셨으면 합니다. 길흉화복은 각자 행한 일에 따라서 오는 것이니, 어찌 꼭 인과응보를 가지고 설명해야 하겠습니까?

開骨山興成庵造佛勸善文

世人以木石金玉塑佛軀者。何謂也。愛其道慕其德而不忘也。詩云。於戲前王不忘。佛之於羣生。其恩厚矣。其尊而馭物。則如君王也。其敎而善法。則如尊師也。其慈而濟衆。則如父母也。與三者並行不悖故。塑其像以敬之。慕其言以誦之。上以祝釐於君親。下以資恩於死生。德之入人深矣。其不忘也宜哉。是庵也。創自新羅。而世久年遠。礎折甍傾。佛亦去矣。山人某發心。欲行乞而造成。事鉅而德薄。難以獨成。欲見大功德之士。同成不朽之功。有意於爲善者。請暑[1]斯文。吉凶禍福。各以類至。何必以因緣報應諭之哉。

---

1) ㉠ '暑'는 '署'의 오기인 듯하다.

일본 승려 원광 원길에게 준 글

서축西竺에서 온 한 곡조를 형과 함께 부르다가 헤어진 것이 바로 어제 같은데 벌써 두 번이나 춘추春秋가 바뀌었습니다. 무정한 세월이 전광석화와 같으니 길게 탄식할 뿐 어찌하겠습니까? 멀리 생각건대, 노형老兄은 무위진인無位眞人[56]의 면목 위에 대광명을 발하여 제도諸島의 생령生靈을 도탈度脫하고 계실 것이니, 얼마나 그 풍도가 높다고 하겠습니까?

저번에 내가 선사의 교시를 받들고 남쪽으로 마도馬島에 갔다가 귀국貴國으로 건너가서[57] 원광 노형圓光老兄과 서소 장로西笑長老[58]와 오산五山의 제덕諸德을 만나 보고는 임제의 광풍狂風을 성대히 논하고 종지를 별도로 밝혔으니,[59] 이것도 어찌 대단한 일이 아니었겠습니까마는, 나의 본원은 오직 적자赤子를 모두 쇄환刷還하여 생령生靈을 널리 구제하라는 선사의 가르침에 부응하려고 했던 것인데, 그 소원을 이루지 못한 채 빈손으로 돌아왔으니 섭섭한 심정을 가눌 수가 없습니다.[60]

나 자신은 서쪽으로 돌아온 뒤로 쇠하고 병든 상태가 이미 깊어져서 이내 묘향산으로 들어와 분수를 지키며 죽을 날만을 기다리고 있습니다. 그런데 마침 일본으로 가는 사신의 행차가 있다는 말을 듣고는 곧바로 한훤寒暄(안부를 묻는 것)의 두 글자를 가지고 멀리 노형의 고요함 속의 봄꿈을 깨워 드리게 되었습니다.

오직 형께서는 본래의 뜻을 어기는 일이 없이, 응당 중생을 구제하는 소원을 가지고 대장군에게 나아가 고함으로써 생령을 모두 쇄환하여 전날의 맹약[61]을 저버리지 않게 하시면, 매우 다행이겠습니다. 변변치 않은 선물이나마 모두 웃고 받아 주시기 바라며 이만 줄입니다.

贈日本僧圓光元佶書

西來一曲子。曾與兄吹之。瞥然如昨。再換春秋。無情歲月。如石火雷影。

長吁耳。奈何。遙想老兄於無位眞人面目上。能發大[1]光明。度脫諸島生靈。高哉高哉。向者余以先師諦。南遊馬島。前至貴國。得見圓光老兄。西笑長老。五山諸德。盛論臨濟狂風。別明宗旨。不亦多乎。余之本願。只要盡刷赤子。以副先師普濟生靈之訣。願莫之遂。空手而還。無任缺然。余自西還。衰病已深。仍入妙香山。自守待盡矣。適來聞有使行。卽以寒暄二字。遠驚老兄靜中春睡去也。唯兄無違本志。當以度生願。前告大將軍。盡刷生靈。無冷舊盟幸甚。不腆薄物。統希笑領。不宣。

---

1) ㉑丁本에는 '大'가 마멸되어 있다.

선소仙巢[62]에게 준 글

헤어진 것이 어제만 같은데 그동안 성상星霜이 두 번이나 바뀌었습니다. 그러나 그리워하는 한 생각은 잠시도 잊은 적이 없습니다. 그저 백초百草 어디에나 조사祖師의 뜻이 들어 있다[63]는 것으로 자신을 위로할 뿐입니다. 다른 것이야 말할 것이 뭐가 있겠습니까!

옛날 도력이 높은 스님들은 혹 망주정望州亭에서 서로 보기도 하고, 오석령烏石嶺에서 보기도 했다 합니다.[64] 이런 도안道眼을 가지고 본다면, 장로長老가 눈으로 본 것이 바로 송운松雲(사명당의 별호)이 본 것이요, 송운이 눈으로 본 것이 바로 장로가 본 것이니, 어떻게 달리 상량商量해서야 되겠습니까?

나는 서쪽으로 돌아온 뒤로 쇠하고 병든 상태가 점점 심해져서 서쪽으로 묘향산妙香山에 들어와 혼자 분수를 지키며 죽을 날만 기다리고 있는데, 마침 사신의 행차가 있다는 말을 듣고는 상사相思의 문자를 부쳐서 노형의 안부가 혹 어떠한지 묻게 되었습니다.

지난번에 내가 선사先師의 유명遺命을 받들고 남쪽으로 귀도貴島(대마도)에 갔다가 형 및 유천柳川과 함께 일본으로 건너가서 서소西笑 노형老兄과 원광圓光 장로長老와 오산五山의 제덕諸德을 만나 보고는 종지宗旨를 성대히 논하고 소종래所從來를 갖추고 밝혔으니 좋기는 좋은 일이었습니다만, 본래의 소원을 이루지 못한 채 돌아와서 섭섭한 심정을 금할 수가 없습니다.

오직 형께서 더욱 마음을 다하여 생령生靈을 모두 쇄환刷還함으로써 예전의 약속을 저버리지 않는다면 매우 다행이겠습니다.[65] 변변치 않은 예물이나마 모두 웃고 받아 주시기를 바라며 이만 줄입니다.

贈仙巢書

別來如昨。再換星霜。相思一念。未嘗暫忘。只以百草頭上祖師意自寬耳。

餘何足道哉。古德或以望州亭相見。或以烏石嶺相看。以是道眼看來。則長老之眼。松雲之見。松雲之眼。長老之見。云何以別商量去也。余乃西還。衰病侵尋。西入妙香山。自守待盡矣。適來聞有使臣之行。爲寄相思字。以問老兄安否萬一也。向者余以先師遺訣。南遊至貴島。與兄及柳川。前至日本。得見西笑老兄圓光長老五山諸德。盛論宗旨。具明所從來。佳則佳矣。未遂本願而回。無任缺然。唯兄更爲盡心。盡刷生靈。無落前期。幸甚。不腆薄物。統希笑領。不宣。

숙로 선사[66]에게 준 글

도는 형체가 없으니 막히는 것이 뭐가 있겠으며, 마음은 자취가 없으니 누가 감히 가고 머물게 하겠는가. 스님과 나의 형체와 자취가 없다 해도, 흥이 일면 그저 정신으로 만나면 되는 것이다. 그렇다면 만 리 멀리 떨어져 있어도, 스님과 나는 항상 만날 수 있는 것이니, 또 어찌 그 사이에 무슨 말을 할 것이 있겠는가. 스님도 이런 눈으로 바라볼지어다.

贈宿蘆禪師書
道無形。何有所隔。心無迹。誰敢去留。無形迹。興來獨與精神會。然則在萬里。長相見師與我耳。又何容聲於其間哉。師亦以此眼照之。

청랭각기

　북원北原 동쪽 20리 지점에 큰 시냇물이 있으니 그 이름을 청랭淸冷이라고 한다. 그 근원이 치악雉岳에서 흘러나와 물길이 장안長安으로 흘러 들어간다. 영동嶺東에서 경사京師로 가거나 장안에서 영동으로 내려올 적에, 위로 묘당廟堂의 정승과 수의어사繡衣御使로부터 아래로 우격羽檄을 전하는 기마騎馬나 전부轉賦의 관리에 이르기까지, 계속 끊이지 않고 줄을 이어 이 길을 따르지 않는 이가 없다. 그러한 까닭에 여기에 다리를 놓고, 여기에 누각을 세운 것이 오래되었다.

　그런데 일찍이 사나운 물결에 휩쓸려 훼손되었으므로 이곳을 오르내리는 자들이 괴로워하였다. 그리하여 오뉴월이 되어 뭉게뭉게 구름이 일고, 쏴! 하고 폭우가 쏟아지면서 미친 냇물이 바위에 부딪치고, 놀란 물결이 범처럼 치달릴 경우에는, 겨드랑이에 날개가 돋쳐서 시원하게 바람을 타고 다니는 자가 아니면, 고기 배 속의 혼이 되거나 굶어 죽는 환란을 거의 면하지 못할 지경이 되었다.

　만력萬曆 적구赤狗(병술년)의 봄에, 원성原城 사람 지씨智氏가 자기 재물을 내고 운수자雲水子 정수正受와 함께 단자檀子(신도) 몇 사람을 설득하여 마음을 같이하고 힘을 합쳐서 다섯 칸의 누각을 다시 일으켰다. 그리하여 주춧돌을 놓아 그 기둥을 고정시키고 기와를 얹어 물 새는 곳을 막음으로써 동서남북으로 다니는 사람들로 하여금 오고 감에 걱정이 없게 하였으니, 여기에 교각橋閣을 세운 그 공이 어떻다 하겠는가.

　그리고 순일盾日[67]이 위엄을 떨쳐서 금석金石을 녹이고 토산土山을 태우는데, 초목에도 바람이 없어 훔치는 땀방울이 비 오듯 하는 때에, 동분서주하며 타는 땅 위에서 입술이 바짝바짝 마르는 사람이, 맑고 시원한 시내에서 몸을 씻고 높은 누각에서 바람을 쐬면, 정신이 날아갈 듯한 기분이 마치 쾌활무우산快活無憂散을 한번 복용하는 것과 같을 것이니, 여기에 교각橋閣을 세운 그 공이 어떻다 하겠는가.

그렇다면 한번 교각을 세움으로써 이 백성들로 하여금 몸을 씻고 바람을 쐬는 경지[68]에 이르게 하였으니, 지씨智氏의 공이야말로 현군자賢君子의 아래에 놓아서는 안 될 것이다.

淸冷閣記

北原東二十里。有大川曰淸冷。水流雉岳。路出長安。自嶺東如京師。從長安下嶺東。上自廟堂 相繡衣使。下至羽檄騎轉賦吏。連連綿綿。唯莫由斯道焉。由是橋於斯樓於斯古矣。曾爲虐浪傾奪。而上下者病焉。至於五六月。油然雲。霈然雨。狂流觸石。駭浪虎奔。非脇羽翰御冷風。則幾不免魚腹之魂飢餓之患也。於萬曆赤狗之春。原城人智氏出己財。與雲水子正受。喩檀子若干輩。同心戮力。重起五間樓閣。礎而固其柱。瓦而備其漏。使東西南北之人。去來無虞焉。則橋於此也。功如之何。且也盾日逞威。融金石燒土山。草木無風。揮汗成雨。東奔西走。焦土乾唇者。浴乎淸冷。風乎高閣。而精神飛動。有若一服。快活無憂散也。則橋於此也。功如之何。然則一成橋閣。使斯民至於浴乎風乎之境也。智氏之功。當不置賢君子之下也歟。

상롱암을 중창하고 올린 글
上聾[1]庵重創疏

멀리 생각건대 정사를 창건한 때부터	精舍遙思始創時
꽃 피고 낙엽 지고 몇 년이나 지났을까	花開葉落幾年移
낙가전洛迦殿 황폐하여 향대는 썰렁하고	洛迦殿廢香臺冷
적묵당寂默堂 기울어져 박쥐만 날아다니네	寂默堂傾蝙蝠飛
천수경 책상 위엔 새 제비가 둥지 틀고	新鷰自巢千手案
저녁 구름은 공연히 사철나무 적실 따름	暮雲空濕萬年枝
울다 그치는 새벽 납은 노니는 이의 한이요	曉猿啼斷遊人恨
졸졸 가을 냇물 소리는 지나는 객의 시름이라	秋澗潺湲過客思
힘 들인 지 열흘 만에 재물이 이미 흡족하여	力用一旬財已洽
달이 세 번 둥글면서 암자가 중수되었다오	月圓三度院重修
봉우리야 원래 전생의 소원을 알겠지만	峯當自是前生願
하늘도 숙세의 계획을 응원하였다네	元[2]亦還應宿世謀
마침내 하늘 주방 삼덕三德[69]의 맛에다가	遂以天廚三德味
다시 신선 곳간 여섯 가지 진미까지	又將仙府六珍羞
그물[70] 속에서 수많은 부처님에게 공양하니	網中供養塵沙佛
거울 속에서 겁해劫海의 괴로움을 녹여 주시네	鏡裡銷融劫海疣
채색 깃발 공중에 비쳐 번개처럼 번뜩이고	幢彩映空紛似電
범패 소리 창공에 퍼져 경쇠처럼 은은해라	梵魚通碧隱如球
겨자씨 인연[71]은 비록 털끝처럼 적다 해도	芥緣雖若毫芒少
불안佛眼은 수월처럼 빠짐없이 비춰 주리	菱鑑猶同水月周
산 자나 죽은 자나 모두 이익 얻어서	伏願存亡俱受益

---

1) ㉑ 丙本·丁本에는 '聾'이 '聳'으로 되어 있다. 2) ㉑ '元'은 '天'의 오기인 듯하다.

화탕지옥 노탄지옥 모조리 텅 비었으면　　火湯爐炭總成虛
여파 미치는 곳마다 윤택하게 되기를　　餘波所及群枯潤
황금 불상 우러러 간절히 빌며 적습니다　　仰對金容陳懇書

아미타불을 조성하고 점안하며 올린 글
彌陀造成點眼疏

아버님 같은 서방의 황금색 부처님	西方金色大慈父
구품연대九品蓮臺72로 중생을 제도해 주시네	九品蓮臺度衆生
오늘 시주의 손길로 모습을 나투셨나니	今日現形檀信手
이제 비구의 정원情願에 밝게 응하시리	此時昭應比丘情
온 세계에 퍼지는 오분五分의 향기 속에	五分香氣通塵刹
백미百味의 진기한 제물을 성명께 올리나이다	百味珍羞獻聖明
이 법연의 수승한 바다와 같은 공덕으로	以是法筵殊勝海
어둠 속의 중생들 모두 이롭게 되었으면	利諸冥路滯含靈
산 사람 죽은 사람 여기 와서 이익 얻어	存亡到此俱蒙益
필경엔 대각의 성으로 함께 돌아가고저	畢竟同歸大覺城

주

1 제목에 나오는 한방응은 상궁 출신으로서 사명당의 신도들 중 비중 있는 사람 가운데 하나다. 허균의「石藏碑」뒷면에 새겨진 음기에 그의 이름이 첫 번째로 올라 있다. 사명당이 쓴 발문은『藥師經』에 대한 것으로, 간기에 '萬曆 三十六年 五月 四日。四溟松雲 謹跋。'이라 되어 있다. 이것은 1682년 용문산 사나사의 개판본으로 간행된 이후 현재까지 전하고 있다.

2 뇌관牢關 : 견고한 관문이라는 뜻으로, 쉽게 해결할 수 없는 시험 과제를 뜻하는 선림의 용어이다. 사량사량思量이나 분별로는 도저히 통과할 수 없는 높은 경지를 말하는데,『景德傳燈錄』권16에 "최후의 일구를 통해서 비로소 뇌관에 도달하였다.(末後一句。始到牢關。)"라는 말이 나온다.

3 물 한~하는 수법 : 조금도 빈틈없이 완벽하게 일을 처리하는 것을 말한다. 옛 선사의 상당上堂 법어法語 중에 "줄곧 이렇게 해 나가면 곧바로 범부와 성인의 길이 끊어지면서 물 한 방울도 새어 나가지 않게 될 것이다.(一向恁麽去。直得凡聖路絶。水泄不通。)"라는 말이 나온다.『五燈會元』권20「南嶽下十五世下」「龍門遠禪師法嗣」'遂寧府西禪文璉禪師.'

4 석화石火도 오히려~할 것이다 : 참고로 임제 선사가 "대도는 똑같아서 동쪽 서쪽 어디든 가리지 않나니, 석화도 미치지 못하고 전광도 통하지 않는다.(大道絶同。任向西東。石火莫及。電光罔通。)"라고 말한 고사가 있다.『五燈會元』권11「鎭州臨濟義玄禪師」.

5 부처라고 하는~하나의 낚싯바늘이다 : 일본 승려 지도至道가「重刊禮念彌陀道場懺法序」에서 한 말로,『卍新纂續藏經』(Vol. 74, No. 1467)에 실려 있다. 그는 원元나라 문종文宗 지순至順 3년(1332, 고려 충숙왕 복위 1년) 7월에 대도大都의 대각사大覺寺 주지로 있으면서 이 글을 썼다. 이 글 중에 관계되는 부분만 소개하면 다음과 같다. "대저 부처는 그 체성體性이 밝고 깨끗하기 때문에 아무리 어두워도 밝게 비추지 않는 곳이 없다. 혹 어떤 사람이 부처가 부처된 소이所以를 알지 못하더라도, 단지 남의 말을 따라서 나무불南無佛를 칭하기만 하면, 그 사람은 이미 여래의 묘관찰지妙觀察智 속에 들어가서 불지佛地 정인正因의 소위 연꽃이 나는 요지瑤池를 성취하고 있는 것이다. 이를 비유하자면 물속에서 노니는 물고기가 낚싯바늘을 삼켰을 적에, 낚싯바늘이 그 물고기를 낚게 된 소이를 알지 못하더라도, 이미 낚시꾼의 손에 들어간 것과 같다고 할 것이다. 따라서 부처라고 하는 하나의 글자는 바로 깨달음의 바닷속의 하나의 낚싯바늘이라는 것을 알 수 있다.(夫佛也者。其體明淨。無幽不燭。或有人雖不知佛之所以爲佛。但隨人言稱南無佛。其人已於如來妙觀察智中。成就佛地正因之謂

蓮生瑤池矣. 譬如游魚呑鉤. 雖不知鉤之所以爲鉤. 其魚已入鉤者之手矣. 故知佛之一字 卽覺海之一鉤也.)"

6 석사자釋師子 : 석존釋尊의 별칭이다. 삼계三界에서 무외자재無畏自在한 것이, 마치 백수百獸의 왕인 사자와 같다는 뜻에서 붙여진 이름이다. '師子'는 '獅子'와 통한다.

7 천도天弢 : 하늘의 활집이라는 뜻으로, 세상의 속박을 의미한다.

8 돈교頓敎 : 차례에 의하지 않고 곧바로 깨달음의 경지에 도달하는 교법을 말한다. 이와 반대로 순서에 따라 점진漸進하여 오랜 시간의 수행을 거쳐야만 깨닫게 되는 교법을 점교漸敎라고 한다. 참고로 화엄종華嚴宗에서는 돈교頓敎를 점돈漸頓과 돈돈頓頓의 두 종류로 나누는데,『華嚴經』은 돈돈의 교법이라고 하고,『法華經』은 점돈의 교법이라고 한다.

9 만물의 체體가~어긋나지 않는다 : 전거 미상이다.

10 수희隨喜 : 수희공덕隨喜功德의 준말이다. 타인이 쌓은 공덕을 보고서 마치 자기가 쌓은 것처럼 여겨 함께 환희하는 것을 말하는데, 보현보살의 십대 행원 중 하나이다.

11 천종天縱 : 성현이 될 수 있는 천부적인 자질을 지닌 자를 말한다. 공자의 제자 자공이 "(우리 선생님은) 실로 하늘이 이 세상에 내려 성인이 되게끔 하신 분이다.(固天縱之將聖)"라고 말한 고사에서 유래한 것이다.『論語』「子罕」.

12 생지生知 : 생이지지生而知之의 준말로, 태어나면서부터 도를 아는 것을 말한다.『中庸』에 "어떤 사람은 태어나면서부터 도를 알고, 어떤 사람은 배워서 알고, 어떤 사람은 곤고해져서야 알게 된다. 하지만 도를 알게 되는 점에 있어서는 모두 마찬가지이다.(或生而知之. 或學而知之. 或困而知之. 及其知之. 一也.)"라는 말이 나온다.

13 진묵겁진묵겁塵墨劫 : 헤아릴 수 없이 장구한 세월을 표시하는 불교의 용어이다. 진塵은 미진微塵을 뜻하고, 묵墨은 삼천대천세계三千大天世界가 모두 갈려서 가루가 되는 것을 뜻하고, 겁劫은 무한대의 시한時限의 단위를 뜻한다. 보통 진점겁진묵점겁이라고 한다.『法華經』「化城喩品」과「如來壽量品」에 각각 삼천진점겁三千塵點劫과 오백진점겁五百塵點劫의 설명이 나온다.

14 문후文后 : 주 문왕周文王의 왕후라는 뜻으로 쓴 것인 듯하다.

15 영춘靈椿 : 신령스러운 대춘大椿이라는 뜻으로, 장수를 비유할 때 쓰는 나무 이름이다.『莊子』「逍遙遊」의 "초나라 남쪽의 명령은 5백 년을 봄으로 삼고 5백 년을 가을로 삼으며, 상고 시대의 대춘은 8천 년을 봄으로 삼고 8천 년을 가을로 삼는다.(楚之南有冥靈者. 以五百歲爲春. 五百歲爲秋. 上古有大椿者. 以八千歲爲春. 以八千歲爲秋.)"라는 말에서 나온 것이다.

16 정명공주貞明公主 : 선조宣祖의 계비繼妃인 인목왕후仁穆王后의 소생이다. 왕후는 영창대군 의㼁와 정명공주를 낳았는데, 영창은 끔찍한 변을 당해 일찍 죽었고, 공주는 영안위永安尉 홍주원洪柱元에게 출가하였다.

17 처음 마음을~정각을 이룬다 : 60권본 『華嚴經』 권8 「梵行品」에 이 말이 나온다.
18 건병巾瓶으로 원몽原夢하는~오늘 저녁입니다 : 오늘 제자들이 모여서 돌아가신 스승을 추모하게 되었다는 말이다. 건병은 수건과 물병 등 스승을 모시는 제자가 갖추는 물건으로, 시자侍子의 별칭으로도 쓰인다. 원몽原夢은 스승의 꿈을 해석하여 답한다는 뜻이다. 당나라 위산 영우潙山靈祐 선사가 낮잠을 자다가 깨어나 제자들에게 꿈 이야기를 하며 물어보았는데, 앙산 혜적仰山慧寂은 한 동이 물과 수건을 가지고 오고, 향엄 지한香嚴智閑은 한 잔의 차를 받들고 오니, 위산이 "두 사람의 견해가 추자鶖子보다 낫다.(二子見解。過於鶖子。)"라고 평한 일화가 전한다. 추자는 부처의 십대 제자 중 지혜 제일로 꼽히는 사리불舍利弗의 별칭이다. 『景德傳燈錄』 권9 「潙山靈祐」, 『禪苑蒙求』 권상.
19 해마다 달마다~없게끔 하고 : 저본에는 "無年月厄之或侵"으로 되어 있으나, '年' 다음에 '厄'이라는 글자가 빠진 것으로 보이기에 보충해서 번역하였다. 변려문騈儷文의 문체상 대우對偶가 되는 "陟金臺銀臺之共鶩"에 비추어 볼 때 "無年厄月厄之或侵"이 되는 것이 옳기 때문이다.
20 삼유三有 : 인과율因果律의 적용을 받으면서 생사生死를 반복하는 세 종류의 세계라는 뜻의 불교 용어로, 욕유欲有・색유色有・무색유無色有, 즉 욕계欲界・색계色界・무색계無色界를 가리킨다.
21 등계登階의 각령覺靈은~등계이기도 합니다 : 참고로 왜란이 모두 평정된 뒤에 조정에서 공을 논할 적에 서산 대사에 대해 "비록 산인山人이지만, 공이 있으니 상을 주지 않을 수 없다."라고 하고는 국일도대선사國一都大禪師 선교도총섭禪敎都摠攝 부종수교보제등계扶宗樹敎普濟登階의 호를 내렸다.
22 탑상榻床을 무너뜨렸고 : 절상회折床會의 고사를 인용한 것이다. 당나라 여회如會 선사를 앙모하는 사람들이 대거 몰려들어 승당僧堂의 탑상이 부러지며 무너졌으므로 당시에 그 모임을 절상회라고 불렀다는 기록이 『宋高僧傳』 권11 「如會傳」에 나온다.
23 법랍法臘이 칠십이~방석이 해어졌겠으며 : 참고로 당말唐末 오대五代의 선승인 장경 혜릉長慶慧稜이 20년을 하루같이 좌선에 정진하여 방석 일곱 개가 모두 해어졌다는 좌파칠개포단坐破七箇蒲團의 고사가 유명하다.
24 과화過化 : 과화존신過化存神의 준말로, 성인의 가르침에 천하의 백성이 감화되어 영원히 영향을 받는다는 말인데, 『孟子』 「盡心 上」의 "군자는 지나는 곳마다 변화되고 마음을 두는 곳마다 신묘해진다. 위와 아래로 천지와 그 흐름을 같이하나니, 그 작용이 어찌 세상을 조금 도울 뿐이라 하겠는가.(夫君子所過者化。所存者神。上下與天地同流。豈曰小補之哉。)"라는 말에서 유래한 것이다.
25 관산월關山月 : 변방의 병사들이 고향의 가족과 이별한 채 오래도록 돌아가지 못하

는 한恨을 노래한 악부 가사樂府歌詞의 이름으로, 보통 변방에서 수자리 사는 것을 비유하는 말로 쓰인다.

26 무량원왕無量願王 : 무량수불無量壽佛, 즉 아미타불阿彌陀佛의 사십팔원四十八願 중 제18원인 염불왕생원念佛往生願을 말한다. 이 서원은 횡초대서원橫超大誓願이라고도 하는데, 시방의 어떤 중생이라도 만약 불국佛國에 나고 싶다는 지극한 신심을 내어 염불을 하면 모두 극락왕생을 얻게 해 주겠다는 것으로, 사십팔원 중 가장 중요하기 때문에 원왕願王 혹은 왕본원王本願이라고 칭한다.

27 오통五痛과 오소五燒 : 오악五惡을 지은 데 따라 받는 과보를 말하는데, 현세에서 받는 업보를 오통이라고 하고, 미래세에 삼도三途에서 받는 업보를 오소라고 한다. 오악은 살생殺生·투도偸盜·사음邪婬·망어妄語·음주飮酒를 말한다.

28 오안五眼 : 육안肉眼·천안天眼·혜안慧眼·법안法眼·불안佛眼을 말한다. 앞의 세 가지를 삼안三眼이라고 한다.

29 삼신三身 : 부처의 세 가지 몸, 즉 법신法身·보신報身·화신化身을 말한다. 이에 대해서는 여러 가지 해설이 있는데, 대체로 법신은 석가의 본성을 뜻하고, 보신은 석가의 덕업德業을 가리키고, 화신은 역사적으로 실존했던 석가의 육신을 가리키는 것으로 보는 것이 일반적이다.

30 음양陰陽의 재앙 : 섭생攝生을 잘못하여 음양의 조화가 깨지면서 병에 걸리는 것을 말한다. 『莊子』「大宗師」에, 음양의 기운이 재앙을 일으키는 바람에(陰陽之氣有沴) 자여子輿가 꼽추 병에 걸리게 되었다는 내용이 나온다.

31 1607년 가을에 서울 삼청동 경복궁 궁궐 공사를 끝낸 뒤, 사명당은 치악산으로 들어가 쉬었는데, 그때 이 소를 지어 병중의 선조대왕 등의 장수를 빌었던 것 같다. 각림사는 대사가 젊은 시절 도반이었던 부휴 선사와 함께 노닐었던 사찰로서 전쟁 직후 안동에 있을 때도 가서 쉰 곳이다. 현재 절은 없어졌지만 절의 명칭에 따라 이 지역을 강림면講林面이라 부르고 있다.

32 삼단三壇 : 삼시三施, 즉 삼보시三布施를 가리킨다. 또 삼단三檀이라고도 한다. 첫째는 의복·음식 등 물질적인 재시財施, 둘째는 설법하여 깨닫게 하는 법시法施, 셋째는 중생을 죽음의 공포에서 벗어나게 하는 무외시無畏施를 말한다.

33 사생四生 : 네 종류의 중생이라는 뜻의 불교 용어로, 태생胎生·난생卵生·습생濕生·화생化生을 가리킨다.

34 입언立言할 길은~품게 되었습니다 : 문장보다는 법당을 건립하여 후세에 전하고 싶다는 뜻을 세웠다는 말이다. 참고로 『春秋左氏傳』「襄公」24년에 "덕을 세우는 것이 최상이요, 공을 세우는 것이 그 다음이요, 말을 세우는 것이 그 다음인데, 이 세 가지는 세월이 아무리 흘러도 없어지지 않으니, 이를 일러 썩지 않는다고 한다.(太上有立德。其次有立功。其次有立言。雖久不廢。此之謂不朽)"라는 이른바 삼불후三不朽에 대

한 말이 나온다.

35 비람毘嵐 : 비람풍비람풍毘嵐風의 준말로, ⑤ vairambhaka를 음역音譯한 것인데, 우주의 시초와 종말에 불어온다는 신속하고 맹렬한 바람을 말한다.

36 적미赤眉 : 도적을 말한다. 전한前漢 말에 번숭樊崇 등이 일으킨 농민 반란군으로, 눈썹을 붉게 물들여서 왕망王莽의 군대와 다르게 하였으므로 그런 이름이 붙었다.

37 백액白額 : 백액호白額虎의 준말로, 범의 별칭이다. 범이 오래되면 이마가 희게 변한다는데, 특히 힘이 세고 기세가 사나워서 사람이 잡기 어렵다고 한다.

38 옆구리로는 천종天縱을~생지生知를 잉태하시며 : 석가모니가 마야부인의 오른쪽 옆구리로 나왔다는 전설과, 바라문婆羅門은 범천梵天의 입으로 태어난다는 전설이 있기 때문에 이렇게 말한 것이다. 천종天縱과 생지生知는 뛰어난 인재를 비유하는 말이다.

39 연태蓮胎 : 염불하여 왕생하는 미타정토彌陀淨土의 세계를 말한다. 그곳에서는 모두 연화蓮花 안에서 화생化生하는데, 이것이 마치 모태母胎와 같다고 해서 붙여진 이름이다. 연화태蓮花胎라고도 한다.

40 주라周羅 : 주라발周羅髮의 준말로, 승려가 되기 위해 처음 머리를 깎을 때 친교사親教師가 맨 마지막에 깎아 주는 정수리의 머리카락을 말한다. 주라는 ⑤ cūḍa, ⓟ cūḷā의 음역音譯으로, 소계小髻·정발頂髮 등으로 의역意譯되는데, 수행자가 맨 마지막에 끊어 버리는 가장 작은 번뇌를 의미한다.

41 의주衣珠 : 옷 속의 구슬이라는 뜻으로, 불성佛性을 가리킨다.

42 봉장작희逢場作戲 : 어디에서나 유희를 펼친다는 뜻으로, 자유자재로 임기응변하는 것을 말한다. "장대를 가지고 다니면서 가는 곳마다 유희를 펼친다.(竿木隨身。逢場作戲。)"라는 선가의 말이 있다. 『景德傳燈錄』 권6 「道一禪師」.

43 감겁減劫 : 인간의 수명은 백 년 마다 1세씩 줄어드는데, 8만 세부터 점점 감소해서 10세까지 되는 기간을 감겁이라고 한다. 증겁增劫은 그 반대이다.

44 우학于學 : 15세를 말한다. "내 나이 15세 때에 학문에 뜻을 두었다.(吾十有五而志于學。)"라는 공자의 말에서 유래한 것이다. 『論語』 「爲政」.

45 제취諸趣 : 육취六趣, 즉 천天·인人·아수라阿修羅·축생畜生·아귀餓鬼·지옥地獄 등을 통틀어 말한다. 취는 중생이 돌아다니는 국토를 의미한다.

46 침개鍼芥 : 바늘과 겨자씨라는 뜻으로, 서로 만나기 어려운 것을 비유하는 말이다. 땅 위에 바늘 하나를 세워 놓고 하늘 위에서 겨자씨 한 알을 떨어뜨려 바늘에 꿰는 것처럼 불법을 만나기가 어렵다는 고사에서 유래한 것이다. 보통 침개針芥로 많이 쓴다. 『南本涅槃經』 「純陀品」.

47 화택火宅 : 각종 미혹에 빠져 고통 받는 중생의 세계를 불난 집에 비유한 것이다. 『法華經』 권2에 삼계화택三界火宅의 비유가 나온다.

48 포환泡幻 : 물거품과 허깨비라는 뜻으로, 존재의 허망함을 비유한 말이다. 『金剛般若波羅蜜經』마지막 부분의 「應化非眞分」에 "이 세상의 모든 현상은 꿈과 같고 허깨비와 같고 물거품과 같고 그림자와 같고, 또한 아침 이슬이나 번갯불과 같으니, 응당 이렇게 살펴보아야 할 것이다.(一切有爲法。如夢幻泡影。如露亦如電。應作如是觀。)"라는 말이 나온다.

49 한 달~안 되는데 : 세상에서 즐거운 시간을 갖는 것이 매우 힘들다는 말이다. 『莊子』「盜跖」에 "인생은 상수上壽가 1백 세요, 중수中壽가 80세요, 하수下壽가 60세다. 그런데 그중에서 온갖 걱정과 우환을 제외하고 진정 입을 크게 벌리고 웃을 수 있는 기간(開口而笑者)은 한 달 중에 4일~5일에 불과할 따름이다."라는 말이 있다.

50 오종五宗 : 일반적으로 중국 선종의 오가칠종五家七宗의 오가, 즉 위앙종潙仰宗·임제종臨濟宗·운문종雲門宗·법안종法眼宗·조동종曹洞宗을 말하는 것이 보통이나, 여기서는 선종을 포함한 다른 불교 종파들을 가리켜 말한 것이 아닌가 한다. 참고로 『大覺國師集』에 "그 누가 우리 우세 스님처럼, 오종의 묘리를 궁구하였을까.(五宗窮妙理。孰若祐世師。)"라는 송나라 상서주객원외랑尙書主客員外郞 양걸楊傑의 시구가 나오는데, 그 자주自註에 현수賢首의 성종性宗과 자은慈恩의 상종相宗과 달마의 선종禪宗과 남산南山의 율종律宗과 천태天台의 관종觀宗을 오종五宗으로 풀이한 내용이 나온다. 『大覺國師外集』권11〈謹和古調詩二百言 酬贈高麗祐世僧統 伏惟采覽〉.

51 일척일척一隻一隻 : 일척안一隻眼의 준말로, 범부의 육안이 아니라, 진실한 정견正見을 갖춘 혜안慧眼이라는 뜻의 선림의 용어이다. 정문안頂門眼 혹은 활안活眼이라고도 한다.

52 방할棒喝 : 선사가 제자의 깨달음을 유도하기 위하여 언어 대신에 파격적으로 보여 주던 일종의 선기禪機로, 덕산 선사의 몽둥이와 임제 선사의 고함 소리라는 뜻의 '덕산방 임제할德山棒臨濟喝'이 유명하다.

53 경갈罄竭 : 먹을 것도 다 떨어진 채 곤궁하게 지내는 것을 말한다. 당나라 안진경顔眞卿이 이태보李太保에게 "생계를 꾸리는 데에 졸렬해서 온 집안이 몇 달 동안 죽만 먹고 있는데 지금은 그것마저 다 떨어지고 말았다.(拙於生事。擧家食粥。來而數月。今又罄竭。)"라는 내용으로 편지를 보내면서 쌀을 구걸한 이른바 걸미첩乞米帖의 고사가 있다. 『顔魯公集』권11「書帖」.

54 오분五分 : 오분향五分香, 즉 계戒·정定·혜慧·해탈解脫·해탈지견解脫知見 등의 오분법신五分法身을 향에 비유하여 말한 것이다.

55 아, 선왕先王을 잊지 못한다 : 『大學』에 "『詩經』에 이르기를, '아, 선왕을 잊지 못한다'라고 하였다. 통치자는 선왕이 어질게 여긴 것을 어질게 여기고 친하게 여긴 것을 친하게 여기며, 일반 백성은 선왕이 즐겁게 해 준 것을 즐거워하고 이롭게 해 준 것을 이롭게 여긴다. 이것이 바로 선왕이 세상을 떠난 뒤에도 잊지 못하고 사모하는 이유이다.(詩云。於戲。前王不忘。君子賢其賢而親其親。小人樂其樂而利其利。此以沒世不忘

也。)"라는 말이 나온다.

56 무위진인無位眞人 : 임제종의 창시자 임제 의현이 애용한 말로, 사람마다 본래 갖추고 있는 진여 불성을 뜻하는 선림의 용어이다. "고깃덩어리 속에 하나의 무위진인이 있어서, 항상 여러분들의 감각기관을 통해 들락거리고 있다.(赤肉團上有一無位眞人。常從汝等諸人面門出入。)"라는 임제의 말이 『臨濟錄』에 실려 있다.

57 저번에 내가~귀국貴國으로 건너가서 : 여기서 대사가 대마도와 일본을 별개로 취급하고 있는 점은 주목할 만하다. 사실 당시 조정에서 관료가 아닌 승려를 대마도에 파견한 것은 일본의 의중을 정탐하는 데 적합하다고 여겼기 때문이다. 그래서 대사를 대표로 삼고 절충장군 손문욱을 수행하게 하여 대마도로 건너가게 한 것이다. 이들은 사실상 탐적사探賊使였으나 겉으로는 강화사講和使의 형식을 띤 양사체제兩使體制였다. 막상 대마도에 도착한 그들은 일본 측의 적극적인 요구가 있자, 사명당의 판단에 따라 경도京都 행을 결정하였다. 조정에서도 필요하다면 그러한 권한을 행사하도록 허여할 의도가 있었던 것이다.

58 서소 장로西笑長老 : 서소 승태西笑承兌는 막부 덕천가강德川家康의 측근으로서 정치외교의 고문역을 맡았으며, 일본 임제종의 총본산 상국사의 92대 주지였다. 그는 무신 본다정순本多正純과 함께 막부 측근 두 사람 중 한 사람이었다.

59 오산五山의 제덕諸德을~별도로 밝혔으니 : 중국은 송대에 선찰의 관리를 위하여 오산십찰五山十刹 제도를 시행하였는데, 일본은 겸창鎌倉 막부 이래 임제·조동의 선파에서 이 제도를 오산 혹은 총림 등으로 모방하여 시행하였다. 특히 덕천德川 막부에서는 오산의 장로 승태를 중심으로 하여 원길과 숙로 등이 국가정책에도 관여하였고, 사명당이 일본에 왔을 당시에는 외교와 시문을 통한 교류를 진행하기도 했다.

60 나의 본원은~수가 없습니다 : 일본에 피로인被虜人으로 끌려와 있던 우리의 백성(赤子)들을 모두 데리고 오려 하였으나 뜻을 이루지 못하고 빈손으로 오게 되었다는 서운함을 말한 것이다.

61 전날의 맹약 : 덕천가강이 조선의 피로인들을 다 돌려주겠다고 했던 맹약을 말한다.

62 선소仙巢 : 일본의 승려이다. 현소玄蘇로 더 많이 알려져 있다.

63 백초百草 어디에나~들어 있다 : 몸은 비록 멀리 떨어져 있어도 뜻은 서로 통할 것이라는 말이다. 방 거사龐居士 집안의 일화에서 나온 말이다. 여기에서 백초는 만물을 의미한다.

64 옛날 도력이~했다 합니다 : 직접 만나 보지 않더라도 옛날의 기억을 되새기며 그리운 마음을 풀 수도 있다는 뜻으로, 당나라 설봉 의존雪峯義存 선사의 고사를 인용한 것이다.

65 오직 형께서~매우 다행이겠습니다 : 바로 앞의 「일본 승려 원광 원길에게 준 글」에 나오듯 일본 본토의 오산 승려들에 대해서는 "본래의 뜻을 어기는 일이 없기를"이라

고 한 것에 반해, 대마도의 현소에 대하여는 "더욱 마음을 다하여"라고 부탁하였다. 이는 대사 일행이 귀국할 때 데리고 온 천 수백 명의 동포들은 대마도 측에서 힘써 준 결과였으며, 막부 측에서는 약속만 하였지 실제로 피로인의 쇄환에는 직접적 도움이 없었기 때문이다. 그래서 대마도 측에 대해서는 더욱 힘써 달라고 부탁한 것이다.

66 숙로宿蘆 선사 : 오산의 장로 중 한 사람인 숙로 준악宿蘆俊岳이다. 조선에 출병할 당시 장군으로 길천광가吉川廣家의 종군승이었으며, 사명당이 경도에 머물 때 교유하던 인물이다.

67 순일盾日 : 조순趙盾의 태양이라는 뜻으로, 사람을 두렵게 하는 여름날의 태양이라는 말이다. 춘추시대 노국潞國의 대부大夫 풍서酆舒가 진晉나라 가계賈季에게 "진의 대부 조순趙盾과 조최趙衰 중에 누가 더 어진가?"라고 묻자, 가계가 "조최는 겨울날의 태양이요, 조순은 여름날의 태양이다.(趙衰冬日之日也。趙盾夏日之日也。)"라고 대답하였는데, 그 주註에 "겨울 햇빛은 사랑할 만하고, 여름 햇빛은 사람을 두렵게 한다.(冬日可愛。夏日可畏。)"라고 하였다. 『春秋左氏傳』 「文公」 7년.

68 몸을 씻고~쐬는 경지 : 자연 속에서 한껏 즐기며 유유자적하는 것을 비유하는 말이다. 공자의 제자 증점曾點이 "늦은 봄에 봄옷이 만들어지면 관을 쓴 벗 대여섯 명과 아이들 육칠 명을 데리고 기수에 가서 목욕을 하고 기우제 드리는 곳에서 바람을 쏘인 뒤에 노래하며 돌아오겠다.(暮春者。春服旣成。冠者五六人。童子六七人。浴乎沂。風乎舞雩。詠而歸。)"라고 자신의 뜻을 밝히자, 공자가 그 기상에 감탄을 하며 "나는 점과 함께하겠다.(吾與點也)"라고 허여했던 고사에서 나온 것이다. 『論語』 「先進」.

69 삼덕三德 : 식삼덕食三德, 즉 음식이 경연輕軟하고 정결淨潔하고 여법如法한 것을 말한다. 경연은 부드러워 잘 씹히는 것을 말하고, 정결은 깨끗하면서 냄새가 나지 않는 것을 말하고, 여법은 제때에 알맞게 조리된 것을 말한다. 『南本大般涅槃經』 권1 「序品」에 의하면, 부처가 열반할 때에 여러 우바새優婆塞들이 부처와 승려를 위해 각종 음식을 준비하였는데, 그 음식이 모두 삼덕과 육미六味가 제대로 갖추어져서 맛있다고 하는데, 여기에서 유래하여 후세에 사원에서 매일 상공上供할 때 외우는 공재구供齋句에 "삼덕 육미의 음식으로 부처님과 승에게 공양합니다.(三德六味。供佛及僧。)"라는 어구가 있게 되었다고 한다. 육미는 쓰고(苦), 시고(醋), 달고(甘), 맵고(辛), 짜고(鹹), 싱거운(淡) 맛을 말한다.

70 그물 : 중생이 걸린 망집妄執의 그물을 말한다. 참고로 성문승聲聞乘・연각승緣覺乘・보살승菩薩乘 등 삼승三乘의 중생이 각각 번뇌에서 벗어나 해탈하는 것을, 세 종류의 새들이 그물에서 벗어나는 것으로 설명한 삼조출망三鳥出網의 비유가 있다. 『仁王護國般若經疏』 권2, 『法華義疏』 권3, 『肇論』.

71 겨자씨 인연 : 불법을 어렵게 만난 인연을 비유한 말이다.

72 구품연대九品蓮臺 : 극락정토에 있다는 구품九品의 연화대蓮花臺를 말한다. 『觀無

量壽經』에 의하면, 구품은 중생의 근기를 상품上品·중품中品·하품下品으로 분류하고, 이를 다시 상생上生·중생中生·하생下生으로 나눈 것인데, 이에 따라 왕생하는 정토도 구품의 정토로 나뉘고, 이들을 맞는 아미타불도 구품의 미타로 나뉘고, 수인手印도 구품의 수인으로 나뉘고, 염불念佛하는 방법도 구품의 염불로 나뉜다고 한다.

사명당대사집 제7권
| 四溟堂大師集 卷之七[*] |

잡체시【생령을 구제하기 위해 명을 받고 바다를 건널 때 지은 것들이다.】
雜體詩【爲因普濟生靈。承命渡海時所記。】

* ㉮ 甲本에는 이 문집의 제7권이 결락되어 있다.

잡체시
雜體詩

단양 역사에서 밤에 감회에 젖어
丹陽傳舍夜懷

단양 성곽 밖에 서 있는 높은 누대	丹陽郭外有高樓
중천에 홀로 우뚝 북두北斗와 맞닿을 듯	獨倚中天近斗牛
텅 빈 방 고요한데 새는 창공 속으로	鳥入靑冥空宇靜
푸른 나무에 매미 우는 벽운碧雲의 가을	蟬鳴綠樹碧雲秋
부생浮生의 한 꿈속에 항상 쫓기는 몸이여	浮生一夢身長役
세상일 어느 해에 이 시름 그칠는지	世事何年恨即休
근심하며 밤은 깊어 별과 달 구르는데	耿耿夜深星月轉
쓸쓸히 말없이 맑은 냇물 굽어보네	寂寥無語俯淸流

죽령을 넘으며
踰竹嶺

장맛비 비 막 개인 죽령 고개의 가을	庚雨初晴嶺嶠秋
조정의 명 삼가 받고 남주南州로 내려가네	恭承朝命下南州
백억의 분신分身[1]을 누가 거짓이라 하는가	分身百億誰云妄
이환離幻이 바뀌어서 박망후博望侯가 되었는걸[2]	離幻翻成博望侯

배를 타고 작원³으로 내려가며
乘舟流下鵲院

연래에 일마다 왜 그리 어긋나는지　　　　年來事事惜多違
오늘 이 걸음 몰골이 죄다 변했도다　　　　此日此行容鬢改
연우烟雨 속에 중류로 내려가는 한 척의 배　孤舟烟雨下中流
창해滄海에 가까우며 풍랑이 하늘에 닿았도다　風濤接天近滄海
천만 겹 에워싼 검은 구름 어두운 산　　　雲黑山昏千萬重
한강물 삼각산은 어느 곳에나 있는지　　　漢水三峯何處在

김해 역사에서 밤에 감회에 젖어
金海傳舍夜懷

분성盆城[4]의 역사에 여장을 풀었나니	旅次盆城府
우리 강산과 이 땅에서 이별일세	乾坤此地分
조수는 백월百越[5]의 바다와 이어지고	潮通百越海
하늘은 고릉古陵의 구름과 접했도다	天接古陵雲
천년토록 밝은 산봉우리의 달이요	山月千秋白
한밤중에 풍겨 오는 연꽃 향기로세	荷香半夜聞
만리창파에 떠나는 이 마음이여	滄波萬里意
실오라기처럼 정히 어수선하기만	如縷正紛紛

분성에서 옛일을 생각하며
盆城懷古

가을 풀에 파묻힌 김씨의 왕국	秋草金王國
황폐한 언덕의 허후許后[6]의 무덤	殘丘許后陵
천년토록 흰 구름 예전 그대로	千年白雲在
해 지는데 누대에 기댄 중이여	落日倚樓僧

죽도에 있을 적에 한 늙은 유자가 산승이 일에 쫓겨 쉬지도 못한다고 기롱하기에 시를 지어서 답하다
在竹島有一儒老。譏山僧不得停息。以拙謝之。

서주西州에서 태어난 임씨 집안의 후예로서[7]	西州受命任家裔
가세가 점점 기울어 몸 둘 곳이 없었다오	庭戶堆零苟不容
나고 자란 은혜 저버리고 태평성대 도망쳐서	無賴生成逃聖世
바보 같은 생각으로 구름과 솔에 누웠지요	有懷愚拙臥雲松
산하를 가고 머무는 데 일곱 근 누더기요	山河去住七斤衲
우주가 편하든 위험하든 석 자의 지팡이뿐	宇宙安危三尺節
이것이 우리 공문空門의 본분의 일이거늘	是我空門本分事
무슨 마장魔障이 있어서 동서로 달리는지	有何魔障走西東

감만에 있을 적에 어떤 유자가 이번 길에 특기할 만한 일이 무엇인지 묻기에 두서없이 시를 지어 답하다
在戡蠻。有一儒問一路所記。以是無頭話謝之。

칠월 초하룻날 서울을 떠날 적에	七月一日離京師
장맛비 억수로 밤에도 주룩주룩	庚雨盆傾夜不止
봉산蓬山의 동료 선승은 또한 정이 있어서	蓬山禪侶亦有情
염화拈花의 제일을 뜻 따라오며 질정했네	追質拈花第一旨
옷깃 다시 붙잡고 돌아올 기약 물었지만	征衣更把問回期
말에 채찍질하며 아무 말 없이 달려왔소	茱[1]馬無語長驅耳
태울 듯 뜨거운 불길 배 속에서 일어나고	炎炎大火發中腸
만신창이滿身瘡痍 된 몸은 땀으로 범벅	滿身流汗成瘡痏
섭공葉公의 저녁 음빙飮氷[8]을 기롱하였을 뿐	常譏葉公夕飮氷
비지非指로 비지를 설명할 줄은 몰랐다오[9]	不知非指喩非指
성은이 깊어서 속으로 늘 두려워하며	寸心恒懼聖恩深
자나 깨나 총총히 행리行李를 단속했지요	寤寐忩忩戒行李
길 떠나 두 달째에 하늘 끝에 도착하니	登程再魄到天涯
초가을 벌써 지나가고 어느새 중추中秋	首秋已過中秋至
정북쪽을 돌아보니 오색구름 멀기만	回看直北五雲遙
아득하고 아득해라 서울은 어디이뇨	杳杳長安何處是
삼한三韓 길 끊어지고 바다가 앞에 망망하니	三韓路斷海茫茫
대붕大鵬이 물을 치고 삼천 리를 내달리리라[10]	大鵬擊水三千里

---

1) 옝 '茱'은 '策'의 오기인 듯하다.

부산 앞바다에서 태연 장로와 헤어지며 남겨 준 시
釜山洋中留別太然長老

[1]
가을 바다 미친 물결 차가운 밤비　　　　　　秋海狂濤夜雨寒
언제나 이별할 땐 번뇌에 시달리네　　　　　　長因別離生熟[1]惱
축융봉祝融峯 앞에 임야의 학은 돌아오건만　　祝融峯前野鶴還
송운은 혼자 배 안에서 늙어 가누나　　　　　松雲獨在舟中老

[2]
관산關山의 달은 차고 귀밑은 눈 내린 듯　　　關山月冷鬢如雪
어렵고 위태한 세상일 모년暮年이 애석해라　　世事艱危惜暮年
바다 너머 삼신산에 이를 수만 있다면　　　　海外三山如可到
이생의 행지行止를 선인들에게 물어보련만　　此生行止問羣仙

---

1) ㉮ '熟'은 '熱'의 오기인 듯하다.

부산의 대양에서
釜山大洋

[1]
만 리 물결 헤치고 일위一葦[11]로 뜻대로 달리나니	一葦橫驅萬里波
하늘에 이어진 저 멀리 탄환彈丸 같은 섬 하나[12]로	彈丸孤島接天賒
황하黃河의 근원은 응당 하늘 서북쪽일 텐데	河源應是天西北
무슨 일로 동쪽에 박망博望의 뗏목 띄웠는지[13]	何事東浮博望槎

[2]
그동안 귀밑머리 해마다 백발이 늘건마는	邇來衰鬢逐年華
또 남녘 바다에 팔월의 뗏목[14]을 띄웠구나	又泛南溟八月槎
팔 굽히고 허리 꺾는 일[15]도 나의 뜻 아니거니	曲臂折腰非我意
어떻게 머리를 숙이고 원수의 집에 들어가랴	奈何低首入讐家

대마도 해안의 포구에 도착하여 배 안에서 짓다
到馬島海岸浦舟中作

앉아서 말없이 공중에 돌돌咄咄 쓰노라니　　咄咄書空坐不語
밤바람이 비 불어와 외로운 배 씻어 주네　　暗風吹雨洒孤舟
십 년 동안 생사를 오간 관산의 달빛이요　　十年生死關山月
만 리 길 위태로운 귀국鬼國[16]의 가을이로다　　萬里艱危鬼國秋
더운 바다 미친 물결 쉴 날이 없으니　　炎海狂濤無日息
병든 몸 평경萍梗[17]이라 어느 때나 쉬겠는가　　病身萍梗幾時休
회상컨대 백옥의 일천 봉우리 속에서는　　翻思白玉千峯裡
납과 학과 무리지어 자유롭게 살았건만　　猿鶴爲羣得自由

대마도 객관에서 왼쪽 두 번째 어금니가 괜히 시리고 아파서 베개에 엎드려 신음하다[18]
在馬島客館。左車第二牙無故酸痛。伏枕呻吟。

병든 몸 객관에서 어금니까지 아프다니 病в賓館痛生牙
앉아서 세어 보니 평생 좋은 일 없었다네 坐算平生百不嘉
머리 깎고 중 되어도 항상 길에 있었고 剃髮作僧長在路
세상 본받아 수염 남겨도 집은 없었네 留鬚效世且無家
연하烟霞의 산중 생활도 설어서 익히기 어려웠고 烟霞事業生難熟
존성存省하는 공부에도 채찍을 가하지 못했다오[19] 存省工未策[1]未加
진퇴의 두 길 모두 그르치고 말았는데 進退兩途俱錯了
흰머리로 어이하여 또 배를 탔는지 원 白頭何事又乘槎

---

1) 閔 '茱'은 '策'의 오기인 듯하다.

구월 구일에 등고[20]의 뜻으로 시를 지어 선소에게 보여 주다
九月九日以登高意示仙巢

[1]

지난해 구월 구일에는	去年九月九
숭산 남쪽에 문 닫고 높이 누웠는데	閉門高臥嵩山陽
금년 구월 구일에는	今年九月九
돛단배 만 리에 고래 물결 길어라	布帆萬里鯨波長
멀리 생각건대 납 우는 숲에 달이 비치고	遙思月照啼猿樹
계자桂子는 구름 밖에 하늘 향기 나부끼겠지[21]	桂子雲外飄天香
누런 국화 초록 감귤도 모두 무료하기만	黃花綠橘總無賴
중구中九의 고향 생각에 괜히 애가 끊기누나	感物思歸空斷腸

[2]

외로운 섬에 아침 내내 내리는 비	孤島崇朝雨
막바지 가을에 멀리 머문 객의 시름	窮秋滯遠愁
쑥대처럼 구르며 우주에 떠도는 몸	轉蓬流宇宙
초창해라 이 인생 뜬 거품과 같나니[22]	悄悵此生浮

선소가 선가 조파의 축을 가지고 나에게 와서 보여 주며 찬을 청하기에 마지못해 써 주다
仙巢持禪家祖派軸。示余懲讚。不獲已書之。

금선씨는 색화色花 들어 문도에게 보여 주고[23]	金僊氏擧色花而示徒
대귀씨는 찰간刹竿을 넘어뜨려 점안하였네[24]	大龜氏倒刹竿而點眼
한 등불이 천 개로 나뉘어 일천 집이 서로 비추고	一燈分千燈千家互照
법 없는 법도 법인지라 다섯 유파로 나뉘었네	無法法亦法五派分流
연묵淵默[25]으로 얻었나니 문자를 어찌 빌리리오	淵默之得不借文墨
유응流應[26]의 공덕은 언어로 표현하기 어려워라	流應之功語言難施
억!	咦
중추에 개인 달이요	中秋霽月
만고에 맑은 바람이로다	萬古淸風

동명관에 있을 적에 서풍이 바다에서 불어 누런 잎이 뜰에 떨어지고 하늘 끝의 흰 구름이 북에서 날아와 상로霜露[27]의 감회를 금할 수 없기에 한 편을 읊고 또 절구 한 수를 짓다
在東溟舘。西風吹海。黃葉下庭。天末白雲。自北而飛。霜露之感。有不能禁。吟一篇又一絶。

[1]

세상일은 끝이 없고 치아까지 또 시려서	世事無端齒亦酸
홀로 시내 언덕 찾아 숨은 난초 캐노매라	獨尋溪畹採[1)]幽蘭
천풍天風이 비를 걷어 가을 하늘 툭 터지고	天風捲雨秋空濶
달빛 흐르는 물가에는 밤물이 차가워라	汀月流輝夜水寒
서쪽 오운五雲 쳐다보니 위궐魏闕이 머나멀고[28]	西望五雲遙魏闕
북쪽 먼 길 바라보니 물결이 가로막았네	北瞻長路隔波瀾
유유히 앉았노라니 어느새 연상烟霜[29]의 새벽	悠悠坐到烟霜曙
시름겨운 눈으로 저 쇠한 풀빛 보노라	愁眼看他草色乾

[2]

바람에 낙엽 지는 소리 학이 놀라서 깨어나고	風動葉聲驚宿鶴
물가 숲에 달이 뜨니 잠자던 까마귀 흩어지네	月高汀樹散栖鴉
잠 못 드는 조용한 밤 은하수만 굴러갈 뿐	不眠夜靜天河轉
홀로 뜰을 거닐면서 국화 한 송이 쥐어 보네	獨步中庭把菊花

---

1) ㉥ 乙本·丙本·丁本에는 '採'가 '探'로 되어 있다.

대마도의 승려 만실에게 주다
贈馬島僧萬室

정중편正中偏 그리고 편중정偏中正이여[30]	正中偏與偏中正
정正과 편偏이 가고 오매 이理와 사事가 온전하네	正去偏來理事全
다시 정중래正中來의 입장에서 바라본다면	更向正中來上看
예전처럼 정중편에 도로 들어가리라	依前還入正中偏

선소의 시에 차운하다
次仙巢韻

[1]
황벽黃檗 노인은 벽력같이 소리쳤고	黃葉[1]老人轟霹靂
백념白拈 임제는 풍운을 돌돌 말았네[31]	白拈臨滲捲[2]風雲
불법佛法이 별것 아님을 알겠노니	固知佛法無多子
여덟 냥이 원래 반근이니라	八兩元來是半斤

[2]
저자에 대은大隱[32]이 있다 들었는데	城市曾聞大隱在
노사의 방장이 정말 영락없구려	老師方丈正依然
차를 우리며 보여 주는 종문의 일구一句	點茶示我宗門句
달마達磨의 격외선임을 알겠소이다	知是西來格外禪

---

1) ㉭ '葉'은 '檗'의 오기인 듯하다. 2) ㉭ '滲捲'은 '濟捲'의 오기인 듯하다.

대마도 관소의 뜰에 국화가 만발하였기에 감회에 젖어서
在馬島館庭菊大發感懷

[1]
낙엽은 쓸쓸히 모래톱에 떨어지고	蕭蕭落葉下汀洲
하늘 끝 구름 돌아가는 바다 북녘 가을날	天末歸雲海北秋
중양重陽의 명절 지나가도 돌아가지 못하는 몸	節過重陽不歸去
국화가 먼 나그네 공연히 시름을 자아내네	黃花空遣遠人愁

[2]
나그네 마음 뒤숭숭 삼대처럼 뒤엉긴 채	旅遊心緒亂如麻
북으로 가는 까마귀 석양에 괜히 쳐다보네	落日空瞻北去鴉
산승은 정이 없다 그 누가 말하는가	誰道山僧無顧念
꿈속에서 자꾸만 한강 물결 건너는걸	夢魂頻度漢江波

[3]
비단 병풍에 꿈을 깨니 밤이 희끄무레	錦屛回夢夜蒼蒼
구름 걷혀 하늘 개니 푸른 바다 길기만	雲盡天晴碧海長
문 닫아도 벌레 소리 희미한 새벽 달빛	門掩候蟲殘月曙
옷 부쳐 줄 이 없는데 어느새 찬 서리	寄衣無處有淸霜

덕천가강德川家康의 장자가 선학에 관심을 보이며 한마디 말을 해 달라고 재차 조르기에 시를 지어 보여 주다
家康長子。有意禪學。求語再勤。仍示之。

하나의 큰 공간에 무진장한 보배	一太空間無盡藏
적지寂知[33]는 냄새도 없고 소리도 없다네	寂知無臭又無聲
지금 듣고 있는 걸 굳이 무얼 물으시나	只今聽說何煩問
구름은 하늘에 있고 물은 병 속에 있느니[34]	雲在靑天水在瓶

대마도 청학동에서 노닐며
遊馬島靑鶴洞

유한한 인생이 한없는 일을 따른다면	有涯生是逐無涯
힘든 세상 속에서 모두 어긋날 수밖에³⁵	世事艱危百不諧
어제는 소년이더니 오늘은 백발의 몸	昨日少年今白首
맑은 물에 추한 몰골 비추기 부끄러워	淸流羞映醜形骸

대마도에서 꿈속에 한강을 건너고는 깨고 나서 짓다
在馬島夢渡漢江覺而作

[1]
가을 동산 적막한데 밤이 정말 길기만   秋院寥寥夜正長
밝은 달 아래 찬 나뭇잎 못가에 뚝뚝   月明寒葉下橫塘
험한 파도 대수리요 마냥 돌아가고파   歸心不怕鯨波險
꿈속에 정신없이 낙양에 도착했더라오   夢裏念念到洛陽

[2]
귀밑머리에 내린 천 가닥 흰 눈   雹[1]鬢千莖雪
아침에 거울을 보는 것도 심드렁   淸晨覽鏡慵
세월에 놀라는 나그네 마음이여   客心驚歲月
내일은 또 가을바람 보내야겠네   明日送秋風

---

1) ㉠ '雹'은 '雙'의 오기인 듯하다.

선소가 달마의 기일에 한마디 말을 청하기에
仙巢以達麼忌日求語

늙어서 고향 생각에 마침내 옷 떨치고	老去思歸始拂衣
홀로 총령葱嶺 걷노라니 길도 희미하기만³⁶	獨行葱嶺路熹微
청백한 집안에 먹고 사는 직업도 없어	傳家淸白無恒産
신발 한 짝 부끄럽게 유사流沙로 돌아갔네	隻履流沙懺攞¹⁾歸

---

1) 역 '攞'는 '儸'의 오기인 듯하다.

적관의 바다에서 밤에 묵으며
赤關海夜泊

[1]

푸른 유리 세계 위에 경루瓊樓³⁷가 두둥실	碧琉璃界泛瓊樓
한만汗漫³⁸이 가없어 호탕한 기분 그지없네	汗漫無涯浩不收
만 리 장한 유람에 심안心眼이 커졌나니	萬里壯遊心眼大
백 년은 잠깐이라 혜고蟪蛄³⁹인 것이 부끄러워	百年超忽蟪蛄羞
고래 붕새 장난치는 달 밝은 야반의 바다에	月明半夜鯨鵬戲
구름 걷힌 삼청三淸⁴⁰의 별자리 밝게 떠 있네	雲盡三淸宿耀浮
북극의 조정에선 소식도 끊어진 때	北極朝廷音信斷
오구吳鉤 쥐고 혼자서 적관주赤關洲 향하노라	吳鉤獨向赤關洲

[2]

잘못되었도다 나의 생이여	呲唔吾生也
아 이제 그만두자꾸나	吁嗟已矣夫
나의 나이 예순 하고 둘	行年六十二
태반을 길거리에서 보냈다네	太半在長途
머리는 희어도 마음은 희지 않고	髮白非心白
모습은 말랐어도 도는 마르지 않았다오	形枯道不枯
이 한 몸 하늘과 함께 멀리 왔나니	一身天共遠
장한 뜻 달과 같이 고독하여라	壯志月同孤
우주도 크기가 가을 터럭 같다 할까	宇宙秋毫大
난리통에 만사가 우습게 보이기만	干戈萬事迂
장풍長風을 타고픈 거친 담기膽氣⁴¹로	長風麤膽氣
말없이 창포菖蒲⁴²를 짚고 있노라	無語倚菖蒲

높이 올라 사방을 바라보며
登高四望

[1]
높은 누대 홀로 올라 아득히 굽어보나니	高臺獨上俯滄茫
황무한 땅 진압하며 창공에 우뚝 솟았어라	迥出靑冥壓大荒
서북쪽 바람 돌아 구름과 안개 흩어 버리니	西北風回雲霧散
맑은 빛 가로막는 요기妖氣가 다시 없네	更無妖翳隔淸光

[2]
먼 나그네 회포 안고 홀로 누에 오르니	遠遊懷抱獨登臺
하늘 바다 맞닿은 곳 새들은 가고 오누나	天海相連鳥去來
서쪽 해 점점 기울면서 빈 다락 썰렁한데	西日漸低空宇冷
고래 물결 우습게 보며 옥산玉山처럼 무너지네[43]	笑看鯨浪玉山頹

밤에 배에 앉아서
舟中夜坐

[1]
밧줄 청한 사람[44]도 떠난 지 어언 천년　　　　請纓人去杳千秋
유악帷幄의 운주運籌도 유후留侯에게 양보해야 할 듯[45]　帷幄留侯讓運籌
부앙俯仰 간에 유유히 이런 생각 저런 생각　　　俯仰悠悠多少意
심야의 피리 소리 배에 기대어 듣노매라　　　　夜深鳴笛倚孤舟

[2]
홀로 경루 기대니 바다의 달이 밝기도　　　　　獨倚瓊樓海月明
한 소리 생학笙鶴이여 구천九天의 정이로세[46]　　一聲笙鶴九天情
백유白楡[47]에 찬 이슬 맺히고 삼청三淸이 가까우니　白楡露冷三淸近
송운이 옥경玉京[48]에 있는 것이 분명하렷다　　　應是松雲在玉京

[3]
남도 거쳐 관동으로 내려가는 길　　　　　　　　路經嵐島下關東
하늘과 물 맞닿아 아득히 허공인 듯　　　　　　天水相連渺若空
홀로 뱃머리 기대어 잠 못 이루는　　　　　　　獨倚艙頭無夢寐
달빛 속 외로운 그림자 가련하여라　　　　　　 可憐孤影月明中

[4]
서리 내린 배 안에서 옥피리 소리 듣나니　　　　霜後舟中聽玉笙
달도 밝은 푸른 바다 먼 나그네 심정이여　　　　月明滄海遠人情
여기에서 한양 땅은 무려 일천여 리　　　　　　漢陽此去千餘里
하룻밤 돌아갈 마음에 백발이 돋네　　　　　　 一夜歸心白髮生

적관의 바다를 건너 안황의 유상을 보고[49]
渡赤關海見安皇遺像

적관赤關의 옆에 있는 안황安皇의 유적	安皇遺迹赤關傍
길이 창파에 끊어져 초목만 더부룩	路斷滄波草樹荒
단지 중천에 한 조각 달이 있어	只有中天一片月
해마다 의구히 빈 집을 비춰 주네	年年依舊照空堂

선소가 왜승 몇 사람과 함께 말하기를, 수길
은 죽이기를 좋아해서 사람들이 보고 듣고는 두려워하고, 가강은 죽이기를 좋아하지 않아서 사람들이 모두 복종한다고 하고, 또 수뢰는 생사를 알 수 없다고 하기에, 내가 이 말을 듣고는 절구 한 수를 지어서 보여 주다

仙巢與數倭僧說稱。秀吉好殺。人聞見畏之。家康好不殺。人皆服之。且秀賴存亡未可知矣。聞而以一絶示之。

남의 아비 죽이고 남의 형을 죽이면	殺人之父殺人兄
남도 너의 부형을 되갚아 죽이리라	人亦還應殺爾兄
어찌하여 너에게 돌아올 줄 생각 못 하고서[50]	何乃不思反乎爾
남의 아비 죽이고 남의 형을 죽인단 말인가	殺人之父殺人兄

왜장 하나가 말하기를, "당나라 때에 일본에 대인이 있었는데, 도가 있고 글을 잘했으며 매화 심기를 좋아하였으므로 그 유풍이 지금까지 남아 있다. 본국에서는 이 사람을 '북야신'이라고 칭하며 냉천 위에 사당을 세워 성인처럼 제사를 지내고 있다."라고 하면서, 이 사람에 대한 찬으로 절구 한 수를 지어 주기를 원하기에 시를 지어 주다

有一倭將。以大唐時。日本有大人。有道而能文章。好植梅。其遺風至今存焉。本國稱此人爲北野神。立祠于冷泉之上。祀之如聖。願以此人讚贈以一絶。贈之。

그는 어떤 사람이며 그대는 어떤 사람인가	彼何人也汝何人
그는 먼저 나왔고 그대는 뒤에 나왔을 뿐	彼是先人汝後人
그대가 마음 보존하여 불원복不遠復[51]하면	汝若存心不遠復
그도 현인이요, 그대도 현인이니라	彼賢人亦汝賢人

본법사에서 섣달 그믐날 밤에
在本法寺除夜

사해四海를 떠도는 송운 늙은이여	四海松雲老
길 보따리 본래의 뜻과 어긋났도다	行裝與志違
한 해도 오늘 밤이 마지막인데	一年今夜盡
만 리 길 어느 때나 돌아가려나	萬里幾時歸
만하蠻河의 비에 젖은 의복이라면	衣濕蠻河雨
고사古寺의 문이 닫힌 시름이로세	愁關古寺扉
향 사르며 앉아서 잠 못 이루는데	焚香坐不寐
새벽에 눈은 또 펄펄 날리네	曉雪又霏霏

어떤 늙은 왜승이 머리를 덮어쓴 달마의 영정을 가지고 와서 찬을 청하기에 써 주다

有一老倭僧。持以蒙頭達麽畫幀徵讚。書之云。

만 리 멀리 서쪽에서 와서	萬里西來
오직 모른다는 말만 전하고[52]	唯傳不識
부끄럽게도 장강長江을 건너	憫憐渡江
구 년 동안 면벽面壁을 하였다네	九年向壁
청백한 가풍이라서	淸白家風
혼자서 사고팔 뿐	自買自賣
누더기 이불 뒤집어쓴 것은	衲被蒙頭
얼굴 서로 마주하기 꺼려서	當面忌諱
비록 정수리 드러내지 않았어도	雖然不露頂
안광眼光은 삼천세계 속속들이 비춘다오	眼光爍破三千界

어떤 왜승이 한마디 말을 청하기에
有一倭僧求語

[1]
방할棒喝53이 번갈아 내닫는 격외格外의 선지禪旨　　棒喝交馳格外旨
언어로 분별하는 즉시 정신이 아뜩해지리라　　　　　纔隨語會昧神機
별안간 머리 돌릴 적에 진실을 알 것이니　　　　　　瞥然回首知端的
홀로 용천검龍泉劍 쥐고서 시비를 정할지니라　　　　獨把龍泉定是非

[2]
무위진인無位眞人은 모습을 볼 수 없어도　　　　　　無位眞人沒形段
눈 귀 코 입 통해서 언제나 들락날락　　　　　　　　尋常出入面門中
만약 한 생각 기틀을 돌이킬 수 있으면　　　　　　　倘能一念回機了
번갯불 흐르는 물소리 밟고 다니리라54　　　　　　　踏斷電光流水聲

밤의 회포
夜懷

[1]
종경鐘磬도 적요하고 죽방竹房도 문 닫힌 채 　　鐘磬寥寥閉竹房
옥 향로의 수침향水沈香도 모두 다 타 버렸네　　玉爐燒盡水沈香
깊은 밤 달도 없이 조용한 서쪽 행랑　　　　　　夜深無月西廊靜
꿈을 깨니 창파에 돌아갈 길 멀기만　　　　　　夢斷滄波歸路長

[2]
봉래산 신선 동네 중향성衆香城에는　　　　　　蓬萊仙洞衆香城
일천 송이 부용꽃과 일만 겹의 옥　　　　　　　千朶芙蓉玉萬重
언제나 꿈꾸는 곳 어느 날이나 가 볼거나　　　　長在夢中何日到
봄이 와도 여전히 대하는 건 흉적뿐이니　　　　春來依舊對羣凶

상진의 바다에서 회포를 쓰다
霜津海中寫懷

삼가 왕명 받들고 넓은 바다 건너서	恭承聖命渡滄溟
위험한 지경에 몸 잊고 일생을 바쳤다오	履險忘身許一生
세 치의 혀는 소계자蘇季子⁵⁵ 되기에 부끄럽고	三寸恥爲蘇季子
육기六奇⁵⁶는 괜히 한나라 진평陳平이 부러워라	六奇空羨漢陳平
돌아갈 생각 간절하여 장협長鋏⁵⁷을 노래하나니	思歸念切歌長鋏
객지 생활 오래 가면서 성령性靈만 손상될 뿐	作客時多損性靈
백발에 초췌한 것은 구복口腹 때문이 아니라	髮白形枯非爲口
단지 긴 밧줄 맬 뾰족한 계책이 없어서⁵⁸	只緣無筞¹⁾繫長纓

---

1) 옙 '筞'은 '策'의 오기인 듯하다.

본법사에서 종소리를 듣고 회포를 쓰다
在本法寺聞鐘寫懷

[1]
우스워라 나의 평생 이미 타증墮甑[59]인 것을	堪笑平生已墮甑
옥 봉우리 밝은 달 좋은 벗도 저버렸네	玉峯明月負佳朋
동분서주하느라 머리는 온통 백발	東驅西走頭渾白
푸른 하늘 구만리 붕새가 부끄러워	深愧靑天萬里鵬

[2]
여관이 적요한 데다 저녁에 문도 닫혀	旅館寥寥閉夕門
조석 알리는 종고鐘鼓 소리만 실컷 들을 뿐	厭聞鐘鼓報晨昏
매화는 뚝뚝 지는데 돌아가지 못하다니	梅花零落不歸去
해국海國의 봄바람에 공연히 애만 끊어지네	海國春風空斷魂

오산의 왜승 세 사람이 찾아와서 선종의 강령을 물어보기에 붓 가는 대로 써 주다

五山三倭僧來見。因問禪宗綱領, 以無頭話贈。

[1]

사람마다 발밑에 살아 있는 사자가 있으니	人人脚下活獅子
누가 남산의 별비사鼈鼻蛇⁶⁰를 두려워할까 보냐	誰怕南山鱉¹⁾鼻蛇
한 입으로 바닷물을 죄다 삼킬 수만 있다면⁶¹	一口倘能吞海盡
산호수珊瑚樹 가지가 달빛 띠고 창파에서 나오리라⁶²	珊瑚帶月出滄波

[2]

망치와 집게 손에 쥐고 휘둘러	張奉²⁾活把惡鉗鎚
야호野狐 정령精靈의 소굴을 때려 부숴라	打破野狐精靈窟
화지囮地⁶³하여 하늘이 놀라고 땅이 울리면	囮地驚天動地來
고깃덩어리가 그 즉시 황금 뼈로 바뀌리라	肉團即是黃金骨

[3]

이 일은 본래 생각의 길이 끊어진 곳	此事從來不思議
냄새도 소리도 없음을 알아야 하리	固知無臭又無聲
내 이제 암두巖頭⁶⁴의 할을 알아차렸으니	吾今省得巖頭喝
그대 만나면 나귀 똥⁶⁵으로 눈알을 바꿔 주리라	驢糞逢君換眼睛

---

1) ㉢ '鱉'은 '鼈'의 오기인 듯하다. 2) ㉢ '奉'은 '拳'의 오기인 듯하다.

송원종松源宗[66] 장로승에게 주다
贈松源宗長老僧

이 한 물건이 무슨 모양이 있으리오	這一物甚麽樣
소리도 냄새도 없으니 생각할 수나 있을까	本無聲臭那容思
그대 위해 한 가닥 길을 뚫어 주리니	爲君聊通一線路
들어갈 곳 잘 알아서 주저하지 마시기를	得箇入處莫遲疑
조금이라도 어긋나면 크게 잘못되리니	毫釐有差謬千里
한 생각 작용 돌이키면 바로 이 물건이라	一念回機即在玆
아무리 보고 보아도 잡을 곳이 없는데	看來看去沒巴鼻
붓을 잡고서 그것을 그리려고 해서야	肎用中書描畫伊
그대는 보지 못했는가	君不見
길거리 마을 속에서 형을 형으로 예우하고	三街村裡兄兄禮
떠들썩한 저자에서 아비를 아비로 아는 것을	鬧市廛頭父父知
또 보지 못했는가	又不見
배고프면 밥을 목마르면 물을 생각하며	飢來思飯渴思飮
앉으나 누우나 동정 간에 항상 따라다니는 것을	坐臥動靜常相隨
고래가 성내어 창해의 물을 죄다 마셔 버리면	鯨怒飮乾滄海水
밝은 달 아래 산호 가지가 모습을 드러낸다오	月明露出珊瑚枝
종문宗門의 옛 곡조는 어떻게 부르냐 하면	宗門古調作麽唱
석자石子가 한밤중에 옥피리 손으로 집는다오	石子中宵捻玉吹

승태에게 주다
贈承兌

비 온 뒤에 먼지 없이 깨끗한 정원　　　　雨餘庭院淨沙塵
동풍에 버들가지 날리는 특별한 봄날　　　楊柳東風別地春
그 가운데 남종南宗에 귀 뚫린 객[67]이 있나니　中有南宗穿耳客
세상 모두 취했는데 홀로 깬 사람이로세[68]　世間皆醉獨醒人

상야수의 죽림원[69] 벽 위에 제하다
題上野守竹林院壁上

[1]

창해에 멀리 나와 못 돌아가는 사람	旅遊滄海未歸人
높은 정자 배회하며 북신北宸[70]을 바라보네	徒倚高亭望北宸
푸른 풀 연못 가득 좋은 시절도 지나는데	靑草滿塘佳節過
복사꽃이 떨어지며 남은 봄 끝까지 지키누나	桃花零落殿殘春

[2]

죽원竹院에 차 달이는 연기 푸르스름	竹院茶烟翠
맑게 갠 날 꽃피는 삼월의 시절	晴花三月時
강호엔 따스한 기운이 떠다니고	江湖浮暖氣
버들가지는 푸른 실을 희롱하네	楊柳弄靑絲
먼 산은 물결 속에 그림을 그려 놓고	遠嶽波中畫
비낀 바람은 소매 속에 불어오누나	斜風袖裏吹
함께 노닐고픈 마음 끝이 없어서	同遊心不盡
절에서 다시 만나자 약속했다오	重結上方期

승태의 시에 차운하다
次承兌韻

벽운碧雲 탕혜湯惠가 임궁琳宮에 머물고 있나니[71]　　碧雲湯惠住琳宮
종계宗係도 같아서 혈맥이 통한다오　　　　　　　係出同宗血脈通
미혹에서 마음 돌이켜 무아의 도리를 알았고　　　迷翻發省知無我
망언의 경지에 이르러 공도 따지지 않는다오　　　道至忘言不計功
방초 점차 자라나며 흘러가는 세월이여　　　　　芳草漸長流歲月
벽도碧桃 꽃 모두 피우고는 동풍도 늙었나 봐　　　碧桃開盡老東風
창생을 널리 건지려는 무궁한 이 뜻이여　　　　　蒼生普濟無窮意
우리 남선南禪[72]의 손쓰는 중에 있다 하리라[73]　　只在南禪轉手中

왜승 오초가 달마의 영정을 가지고 나를 찾아와서 찬을 청하기에 써 주다[74]

倭僧悟初。持達麽幀來見。仍以徵讚。書之。

[1]

십만 리 멀리 왔으나 청안靑眼[75]이 없어서	十萬里來靑眼少
구 년 동안 소림에서 봄을 허송했나니	九年虛度少林春
나중에 신광神光의 절을 받지 못했더라면[76]	不逢末後神光拜
유사流沙에서 헛걸음한 사람이 되었을 수도	也是流沙浪走人

[2]

바다에 배 띄운 지 삼 년 만에	泛重溟三載
낙양에 도달하였건만	達于洛陽
음音을 아는 자를 만날 수 없어	知音者盖寡
아양峨洋의 노래[77]만 허비하였다네	徒施峨洋
짐朕을 대한 자 누구냐는 물음에	對朕者誰
모른다고 대답하고는[78]	而曰不識
갈댓잎 하나로 장강을 건너	一葦渡江
구 년 동안 침묵을 지켰다오	九年含默
가죽과 골수의 심천淺深을 분변하여	辨皮髓之淺深
신광이 참으로 증득했다 인가하고는	印神光之眞得
굴현屈眴의 전의田衣를 건네주어[79]	授屈眴之田衣
만세의 흑백을 확정했다네	定萬歲之白黑
허물을 알고서는 반드시 고치고	知過而必改
난難에 임해선 용감히 물러갔나니	臨難而勇退

또 누가 오고 누가 갔으리오	又誰來而誰去
자기가 사고 자기가 팔았을 뿐	乃自買而自賣
대면을 하면 숨겼나니	當面而諱却
푸른 눈에 검은 꽃	碧眼烏花
물가 바라며 멋대로 추측한다면	望涯而議擬
창해만큼 몸이 서로 떨어지리라	隔身滄海

밤비가 아침까지 오기에 붓 가는 대로 회포를 쓰다
夜雨朝來。作斷頭語。寫懷。

왜성倭城에 밤비 내려 봄물이 불어나고	夜雨蠻城春水生
아침에 날씨도 부쩍 따스하게 느껴지네	朝來頓覺陽候暖
언덕 머리 버들이 연노랑 색 띠려 하니	陌頭楊柳欲鵝黃
한산漢山의 꽃들도 지금쯤 활짝 피었으리	却憶漢山花開滿
한양의 지인과 헤어지고 해를 넘겨서	洛中相識別經年
꿈속에도 소식 끊겨 공연히 놀란다오	夢裏空驚音信斷
좋은 시절 걸핏하면 객지에서 보내노니	良辰頻向客中過
백발의 외로운 회포 번민이 많을밖에	白髮孤懷多患懣
분향하며 종일토록 오직 돌아갈 생각뿐	焚香終日苦思歸
새들도 숲에서 잠들고 인적도 드물기만	宿鳥栖林人亦稀
여정을 따져 보니 양주楊州 길 갈 때쯤엔	計程想到楊州路
아무래도 황매우黃梅雨[80] 만나 옷이 젖겠네	應見黃梅雨濕衣

승태의 시에 차운하다
次承兌韻

고국을 떠나서 해를 넘기고	故國別經歲
멀리 하늘 한쪽 나그네 신세	遠遊天一隅
명승 찾아다닐 마음은 없고	無心窮勝覽
술병을 권하는 객은 있다오	有客勸提壺
달을 구경하는 것은 왕로王老[81]를 기약하고	翫月期王老
산에 오르는 것은 자호子湖[82]를 본받아야	登山擬子湖
사미는 차를 달이고	沙彌開茗琬
호백胡伯은 방석을 펴네	胡伯展團蒲
법의 묘한 경지는 동주東州에서 제일이요	法妙東州一
시의 능한 솜씨는 북야北野와 쌍벽이라오	詩工北野俱
지초芝草 혜초蕙草 가득한 정원 누대에서	庭臺滿芝蕙
세만歲晚에 누려 보는 즐거운 시간이여	歲晚作懽娛
일월성日月星의 빛을 빌리지 않더라도	不借三光映
항상 오색 구슬 보면 되는 것을	常看五色珠
아다마다 취향이 참된 우리 그대는	知君有眞趣
신포神袍 차림에 신선 세계 돌아갈 줄을	神袍返淸都

한 왜승이 인도와 중국의 여러 조파의 축을 가지고 와서 보여 주며 찬을 써 달라고 청하기에 써 주다

有一倭僧。持西竺中原諸祖派軸。來示求讚。書之。

영취산靈鷲山에서 꽃을 드니	靈鷲拈花
음광飮光이 빙긋이 웃었는데[83]	飮光微笑
언우鰋䰱가 동쪽으로 와서	鰋䰱東來
거듭 옛 곡조를 연주하매	重彈古調
하나의 등불이 천 개로 나뉘어	一燈分千
일천 집에서 서로들 비추었다	千家互照
억!	咦
아뇩지阿耨池[84] 속에서 한 가닥 물이 흘러	阿耨池中一派來
사해의 어룡이 생명을 부지하는도다	四海魚龍以爲命

원길의 시에 차운하다
次元佶韻

강변 풀 강변 꽃 가는 곳마다 기이한데 　　江草江花處處奇
나그네는 봄 시름에 그저 시나 읊조릴 뿐 　　旅遊春恨但吟詩
외로운 배 내일 아침 떠나갈 뜻 있는데 　　孤舟別意明朝在
머리 돌리니 봄바람도 함께 떠나간다네 　　回首東風是去時

신인의 화상에 쓰다
讚畫像神人

번개를 칠지 우레를 울릴지 헤아릴 수 없나니	電擊雷驚不可測
사귀邪鬼 내쫓고 목을 베는 그 위세 거세도다	驅邪斬魅長威獰
창포검菖蒲劒을 손에 쥐고 길을 막아섰으니	按菖蒲劒當途立
생령生靈의 놀란 눈을 능히 진정시키겠네	能使生靈定眼睛

낭고성浪古城[85]으로 배를 돌려 평수길이 진을 쳤던 곳을 지나며
回舟浪古城。過平秀吉結陣處。

[1]

지극히 넓고 거친 현황玄黃의 우주 속에	玄黃宇宙極洪荒
만고의 흥망이 또 아득히 펼쳐졌나니	萬古興亡更杳茫
우하虞夏 상주商周 그리고 한나라, 당나라, 송나라 등	虞夏商[1)]周漢唐宋
뜬구름 흐르는 물처럼 매우 급하고 바빴어라	浮雲流水太怱忙
성광聖狂은 삿된 길을 나눠 걷기가 쉽고[86]	聖狂易得分邪路
장부臧不는 대도를 함께 밟기가 어렵다만[87]	臧丕[2)]難齊履大方
종놈이 천하를 요동시킬 줄 누가 알았으랴	誰料奚奴動天下
세간을 뒤엎을 줄은 전혀 생각도 못 했노라	世間翻覆絶思量

[2]

낭고성浪古城 주변에서 입춘[88]을 맞고 보니	浪古城邊逢立春
푸른 물결 천 리에 객의 시름 새로워라	碧波千里客愁新
조각배 또 향하나니 멀리 적관赤關으로	片帆又向赤關遠
삼한을 돌아보니 대궐 하늘 까마득	回首三韓杳北宸

---

1) ㉮ '商'은 '商'의 오기인 듯하다. 2) ㉮ '丕'는 '不'의 오기인 듯하다.

정월 십이일에 눈이 오는데, 송원종 장로승이 번화 한 가지를 꺾어서 선소를 보내 보여 주며 말하기를 "이 꽃의 이름을 잘은 모르겠으나, 내 생각으로는 홍우도나 홍설앵이라고 부르는 것이 어떨까 하는데, 이에 대해서 인가를 받고 싶다."라고 하기에, 내가 절구 한 수로 답하다

正月十二日雨雪。松源宗長老釋。折繁花一枝。使仙巢來示曰。此花之名未知詳也。以鄙意稱之紅雨桃紅雪櫻。是意如何。願聞印可也。余以一絶示之。

하고많은 만물은 본래 정이 없는 것	芸芸萬物本無情
그들을 나에게 맞춰 뭐라고 이름 붙이리오	物豈稱吾某姓名
관물觀物하며 괜찮은지 여부만 보면 되지	觀物只應觀美惡
홍색 자색 복사니 앵두니 정하려고 해서야	肯將紅紫定桃櫻

홀로 앉아서 돌아갈 생각을 하다
獨坐思歸

나그네 되어 해 지나며 더욱 시만 읊조릴 뿐 　　爲客經年益苦吟
오대산 동림에 칩거하던 옛일 자꾸 떠오르네 　　五臺頻憶閉東林
푸른 솔숲 방장실에 돌아갈 계책 세웠나니 　　靑松丈室有歸計
푸른 하늘 저녁 구름이 마음 멀리 일으키네 　　碧落暮雲生遠心
혜초蕙草 장막 향 피우면 산은 어두워지려 하고 　　蕙帳焚香山欲暝
학 소리에 꿈 깰 때면 달도 막 잠기려 하리 　　鶴聲回夢月初沉
또 생각나는 것은 천추의 성수聖壽 비는 일 　　仍思祝聖千秋事
비가 완하浣河 지나가며 봄물이 불어났더라네 　　雨過浣河春水深

대마도의 객관에서 소회를 쓰다
馬島客館寫懷

늙어 가며 장부 생활 못하는 내가 슬픈데	老去嗟吾不丈夫
삼가 조정 명령 받고 멀리 배를 띄웠다네	恭承朝命遠乘桴
허리 꺾어 잠정적으로 기미羈縻의 계책을 이뤘다만	折腰暫遂羈縻計
어느 해 생취生聚해 평정하여 오吳를 못으로 만들거나[89]	生聚何年定沼吳

본법사에서 밤에 앉아서
本法寺夜坐

적막한 여관방에서 비단 병풍 둘러친 채	旅館寥寥繞錦屛
깊은 밤 가부좌하니 유독 정신이 또렷또렷	夜深趺坐獨惺惺
구름 걷힌 맑은 하늘 은하는 싸늘한데	淸空雲盡天河冷
초승달 서쪽 잠기니 오경이 되려는 듯	微月西沉欲五更

유대에게 주다
贈柳岱

멀리 황막한 남만南蠻을 떠도는 몸	流落蠻荒遠
꿈속에나 찾아가는 나의 고향 산천	鄕關在夢中
죽고 사는 것은 원래 명이 있느니	死生元有命
길이 막혔다 한탄할 것이 뭐가 있으랴[90]	何用嘆途窮

승태의 시에 차운하다
次承兌韻

세간 어디에서 장주藏舟할 곳 찾을까　　　世間何處覓藏舟
하늘 밖 선산仙山으로 가는 길은 까마득　　天外仙山去路脩
한 조각 외로운 배 창해 멀리 흘러온 몸　　一片孤帆滄海遠
흰머리로 부질없이 떠도는 이 삶을 한하노라　白頭空恨此生浮

본법사에서 밤에 앉아서
本法寺夜坐

마음의 달은 휘영청 밝아 빛이 갈수록 선명하고	心月高明色轉鮮
자비의 꽃은 옥산玉山처럼 고독하고 견고해라	悲花玉立且孤堅
정신을 집중해 성오省悟하니 정채精彩가 발하고	神凝有省生精彩
안목을 정하니 허공 꽃 없이 장연障緣을 벗었어라	眼定無花脫障緣
선은 남종南宗 위해 단단히 무장을 하였고	禪爲南宗荷戈甲
시는 북야北野와 짝하며 새 시를 앗았다오	詩從北野奪新篇
송원의 한 물줄기 그대 있음을 알겠노니	松原一派知君在
그밖에 어느 종파가 일변日邊[91]에 또 있겠는가	更有何宗在日邊

매화를 보고
見梅[1]

눈 내린 가지는 원래 얼음 자태[92]   自是氷姿雪下枝
달빛 밝을 때의 암향暗香과 소영疏影[93]이여   暗香踈影月明時
가련타 옛날 양주 관아에 있던 것을[94]   可憐昔在楊[2]州閣
굳이 역사驛使 보내 이 물가에 심었는고[95]   驛使何勞種此涯

---

1) ㉮ 丁本에는 '梅' 아래 '花'가 있다. 2) ㉯ '楊'은 '揚'의 오기인 듯하다.

백운사
白雲寺

[1]
개인 봄날 골짜기엔 오직 새소리	洞裏春晴唯鳥啼
난봉亂峯 서쪽 푸른 구름 덮인 오솔길	碧雲微逕亂峯西
중 하나 지팡이 끌고 어딜 가는지	一僧何處携金茦[1)
개울 하나 건너고 또 하나 건너고	渡一溪橋又一溪

[2]
외로운 배 행장 꾸려 산성 쪽으로	孤舟行李指山城
너른 바다 거센 물결 갈 길이 아득	鯤海鯨波渺去程
밝은 달 아래 홀로 기대 다른 뜻은 없고	獨倚月明無別意
오천 리 밖 북쪽으로 돌아가고픈 심정뿐	五千里外北歸情

---

1) ㉠ '茦'은 '策'의 오기인 듯하다.

꿈에서 벗을 보고는
夢見友人

창려昌黎가 황천으로 돌아간 그 뒤로는　　一自昌黎泉下歸
태전太顚을 아는 이가 세상에 드물기만[96]　太顚相識世間稀
조각배가 천지 밖에 한번 나간 뒤로는　　扁舟一入天池外
슬프도다 멀리 옷 부쳐 줄 사람 없으니　　惆悵無人寄遠衣

일본의 원이 교사[97]에게 주다
贈日本圓耳敎師

[1]

집으로 돌아갈 활로에서 머뭇거리지 말고	歸家活路莫遲留
위음威音의 나반那畔[98]을 곧바로 뚫어 버릴지어다	直透威音那畔休
물을 볼 땐 텅 비어 머문 곳 없게 할지니	鑑物冲虛無所住
기틀을 돌려 고요히 함은 유래가 있느니라	回機寂照有來由
정문안頂門眼[99]을 천주天主처럼 구비할 것이요	頂門具眼如天主
주후부肘後符를 국후國侯처럼 차고 다닐지라[100]	肘後懸符似國候[1)]
허깨비 바다에 노닐며 부세浮世의 중생을 건져 주고	浮世度生遊幻海
무저선無底船[101] 타고서 파도에 맡겨 둘 일이로다	駕船無底任波頭

[2]

참선은 조사의 관문을 깨뜨릴지니	叅禪須破祖師關
범 묶고 용 잡는 일 등한히 하지 말라	縛虎拏龍莫等閑
하늘을 놀래고 땅을 울릴 수 있어야만	直得驚天動地去
비로소 고향 땅에 돌아갈 수 있으리라	此時方得[2)]到家山

[3]

나그네 길에서 맞는 새해요	客路逢新歲
찬 매화 핀 해국海國의 봄이로다	寒梅海國春
아침에 거울을 쥐고 비춰 보니	朝來攬明鏡
백발인 사람이 도시 누구인지	白髮是何人

---

1) ㉠ '候'는 '侯'의 오기인 듯하다. 2) ㉮ '得'은 저본에 대부분 '淂'으로 썼다. 지금 고쳐서 본자 '得'으로 쓴다. 아래도 이와 같아 다시 주를 달지 않는다.

왜승에게 주면서 겸하여 나그네의 회포를 쓰다
贈倭僧兼用旅情

[1]
봄은 가고 방초의 푸른빛만 뜰에 가득	春去芳非綠滿庭
옛날 노닐던 송백이 꿈속에 푸르러라	舊遊松栢夢中靑
멀리서도 알겠네 밤중의 일만 이천 봉	遙知萬二千峯夜
바다 달이 여전히 옥 병풍을 비출 줄을	海月依前照玉屛

[2]
적막해라 깊은 절간 작은 뜰도 닫힌 채	深院寥寥閉小庭
봄 지고 풀만 푸르러 객수客愁에 젖던 차에	客愁春盡草靑靑
생각 밖에 날아온 이 시구를 얻고 나서	等閑得此飛來句
다 읊고는 그리워져 비단 병풍에 기대었소	吟罷相思倚錦屛

선소와 헤어지며
別仙巢

그대 성명 익히 들은 지 이미 십 년[102]	聞飽聲名已十年
부운浮雲처럼 모였다 흩어져 처량하기만	浮雲聚散却悽然
선창에 비가 지나니 꽃은 싸락눈처럼 지고	禪窓雨過花如霰
객사에 봄이 깊으니 버들은 연기와 같아라	客舍春深柳似烟
매양 어긋나는 사람의 일 참으로 몽환夢幻인데	人事每違眞夢幻
부생浮生에 한번 만난 이것도 좋은 인연이오	浮生一會好因緣
다른 때 혹 다시 만나 노닐 수 있다면	他時倘遂重遊計
흰 달 금모래 위에서 몰현沒絃[103]을 타 봅시다	皓月金沙奏沒絃

승태의 시에 차운하다
次承兌韻

[1]

강변 누원樓院 속의 우리 혜휴惠休[104] 스님	江樓院裡惠休師
남을 힘껏 도와주며 말도 자비롭기만	利物多方語帶悲
마조馬祖가 산 귀신 울음에 어찌 미혹되리오	馬祖豈迷山鬼泣
덕운德雲은 야호野狐의 의혹을 능히 해소했다오[105]	德雲能散野狐疑
근기에 따라 말고 폄은 우레가 치는 것 같고	對機舒卷如雷震
세상 건지려 역경譯經함은 실 뽑는 것과 같네	濟世繙經比繹絲
먼 나그네 돌아가려니 공연히 부끄러워	退席空慙遠遊子
촌심寸心은 다시 뵙기를 기대하고 있소이다	寸心留待再叅期

[2]

나그네 조각배로 바다와 산을 넘어	遊子扁舟渡海山
멀리 방장 찾아 선관禪關을 두드렸네	遠尋方丈問禪關
내일 아침 연운燕雲[106] 따라 떠나가오만	明朝却向燕雲去
꿈속에선 그래도 이 땅 돌아오리라	孤夢猶應此地還

일본의 승려에게 주다
贈日本僧

[1]
본래 생하는 것도 멸하는 것도 없는 때에　　本自無生無滅時
누가 몽둥이 들어 누구를 또 친단 말인가　　阿誰下捧¹⁾又誰治
봄 깊어 홍색이 복사꽃 들어와 피었기에　　春深紅入桃花發
다시 높은 가지 향해 미간 펴고 웃었노라　　更向高枝笑展眉

[2]
백억으로 몸 나누어 일정한 때가 없이　　百億分身無定時
인연 따라 주역 맡아 누구하고나 어울리네　　隨緣作主大家治
봄바람 저 너머 오르락내리락 꾀꼬리 소리　　鶊鶊上下春風外
어느 곳 농아聾兒인들 미간을 펴지 않으리오　　何處聾兒不解眉

---
1) ㉡ '捧'은 '棒'의 오기인 듯하다.

달마의 후품
達麽後品

옥호玉毫가 빛을 거두고 시간이 많이 흘러서	玉毫收彩已多時
말세의 중생들을 어떻게 다스릴 수 없네	傲世頑愚未可治
다비茶毘 뒤의 이야기를 어떻게 말로 다하리오	茶毘後品難陳說
어찌나 울었는지 송운의 눈썹도 다 희었소	泣盡松雲白雪眉

달마가 금릉에 도착해서
達麽到金陵

가난한 집 무딘 도끼 어렵사리 얻어서　　　艱得貧家鉏斧子
부자인 양 자랑하러 금릉金陵까지 왔다가는　有懷誇富到金陵
아뿔싸 곤륜崑崙의 저자에서 제값도 받지 못한 채　自慚不售崑崙市
시월의 언 강물 갈댓잎 타고 서쪽 건너갔다나요　一葦西杭十月氷

형체를 머물러 만방으로 응하다
留形應方

중생 구하라는 유명遺命 잊은 적 있으리오	度生遺訣未嘗忘
마른 형체 세상에 머물러 만방으로 응했지요	留得枯形應萬方
범과 용 항복 받는 기막힌 계책이 있었어도	伏虎降龍雖活茱[1)]
마침 황벽黃檗[107]을 만나서는 어쩔 줄을 몰랐다오	適逢黃蘗[2)]却蒼黃

―――――――――

1) 엮 '茱'은 '策'의 오기인 듯하다. 2) 엮 '蘗'은 '檗'의 오기인 듯하다.

원길의 시에 차운하다
次元佶韻

[1]
만나고 흩어짐은 모두 숙세의 인연	聚散皆因宿有緣
해동에서 이 자리 함께할 줄 알았으랴	海東那料此同筵
봄 정자에서 달여 준 차를 마시노라니	春亭烹進仙茶飮
푸른 풀 내 낀 꽃이 눈앞에 가득하네	靑草烟花滿眼前

[2]
황정黃庭[108]을 쥐고 비결을 묻고 싶어서	欲把黃庭問神訣
멀리 상해桑海[109] 건너 선인의 문 두드렸소	遠勞桑海欵仙扃
사미 불러 차 석 잔 내어오게 하니	喚沙彌進茶三琬
동원東院의 종풍은 옛 전범이 있구려	東院宗風古典刑

숙로의 시에 차운하다
次宿蘆韻

고깃덩어리에 면목面目¹¹⁰이 없다면	赤肉團前無面目
누구인가 가죽에 싼 이 뼈다귀는	誰將臭骨裹閑皮
아무리 보려고 해도 볼 수가 없는데	看來已是不着忍
더군다나 붓으로 그 모양을 그리오	況用中書描畫伊
고래가 바닷물을 모조리 마셔 버리면	鯨怒飲乾滄海水
밝은 달 아래 산호 가지 드러나는 법	月明露出珊瑚枝
몸 뒤집어 서릿발 칼날 빼어 든다면[111]	翻身直把露刃劒
삼세三世의 불조佛祖라도 누가 감히 엿보리오	三世佛祖誰敢窺

참현하는 사람에게 주다[112]
贈叅玄人

[1]
부자夫子가 말하지 않으려 한 곳이요[113]	夫子不言處
정명淨名이 아무 말도 하지 않은 때라[114]	淨名無語時
우레 치며 천지를 진동시키면	雷聲動天地
돌멩이가 훈지를 연주하리라[115]	頑石吹塤箎[1)

[2]
대마주對馬州 저 동쪽 야마대夜馬臺를 향해	對馬州東夜馬臺
나그네 배 밝은 달 먼 돛 띄웠나니	客舡明月遠帆開
매화의 공안을 손에 쥐고 가서	梅花公案提持去
북야北野의 사당 앞에 한 수 청하려고	北野祠前請盆來

[3]
법은 경산徑山의 전범을 인가받았고	法許徑山範
시는 북야의 비법을 전수받았네	詩傳北野神
숭산嵩山의 가르침 가슴에 새기고서	服膺嵩嶺筞[2)
언제나 자기 몸에 가까이 둔다네요	長與自家親
물을 대하여 아무리 흥치가 많아도	對物雖多興
공空을 보면 이미 몸으로 깨달은 것	觀空已悟身
그래서 능히 먼 나그네로 하여금	能令遠遊子
죽원竹園의 봄을 함께 감상하게 했다네요	同賞竹園春

---

1) ㉢ '箎'는 '篪'의 오기인 듯하다. 2) ㉢ '筞'은 '策'의 오기인 듯하다.

이 진사의 시에 차운하다[116]
次李進士韻

[1]
보고 싶어도 보지 못했나니	相見不相見
천 리 멀리 남방의 강변에서	千里楚江潯
장맛비 내리는 텅 빈 숲 저녁이요	積雨空林夕
시름도 하 많은 들 학의 마음이라	多愁野鶴心
옛 연못에는 연무 낀 풀 암담하고	古塘烟草暗
성 위 나무에선 저녁매미 울어대네	城樹暮蟬吟
기둥에 기대어 몇 번 돌아보는 사이	倚柱幾回首
젖은 구름이 먼 산 위에서 일어나네	濕雲生遠岑

[2]
서울에 손 되어 오래 돌아가지 못한 채	作客京華久不歸
누런 먼지에 성가시게 하의荷衣만 더럽혔네	黃塵擾擾汚荷衣
몇 번 줄 없는 곡조[117] 타려고도 하였지만	幾回擬鼓無絃曲
슬프다 지음知音은 세상에 드물기만 하였으니	怊悵知音世所稀

화첩에 제하다
題畫帖

[1]
동자童子는 거문고 안고 童子抱琴服
노생老生은 지팡이 끌고 老生携杖藜
인가가 정녕 어디엔가 있으렷다 人家定何處
분명히 난립한 봉우리 서쪽 너머 應在亂峯西

[2]
오래된 나무들 푸르른 숲길 古木靑林路
푸른 산에 해가 떨어지는 때 蒼山落日時
거문고 끌고서 어디로 가시는고 携琴何處去
알겠네 벗님과 약속이 있군그래 知有故人期

[3]
먼 하늘 저녁에 흰 눈이 내리고 白雪遙天暮
고목 가운데엔 찬 구름이 걸렸네 寒雲古木中
푸른 당나귀 타고 홀로 가는 나그네 靑驢獨歸客
도롱이 삿갓 쓴 이 뉘 집 늙은이인지 簑笠是誰翁

[4]
푸른 바다 내 낀 물결 저 멀리 碧海烟波遠
느릿느릿 조각배의 돛대 그림자 扁舟帆影遲
절은 일천 나무숲 속에 깊숙하고 寺深千樹裏
중은 저녁 해 지는 때에 지나가네 僧過夕陽時

[5]

한산寒山[118]의 손가락 끝에 있는 저 달은　　　　寒山指頭月
만고토록 하늘에 차갑게 달렸건만　　　　　　　萬古在天寒
옆에서 구경하는 많은 사람들은　　　　　　　　多少傍觀者
종이 그림 보느라 괜히 애쓰누나　　　　　　　　徒勞紙上看

[6]

소무蘇武가 눈 덮인 천산天山 속에서　　　　　　蘇武天山雪
염소 돌본 지 어언 십구 년　　　　　　　　　　看羊十九年
전속국典屬國에 임명되어 돌아오면서　　　　　　歸來典屬國
백룡白龍 연무 속에 너를 놔주었구나[119]　　　　放爾白龍烟

[7]

두 그루 회나무 뉘 집 나무인고[120]　　　　　　䨺[1)]檜誰家樹
반공중에 바람과 비가 차갑도다　　　　　　　　半天風雨寒
구천에선 휘고 꺾이는 일이 없이　　　　　　　　九泉無曲折
용처럼 뿌리로 똬리 틀고 있겠지　　　　　　　　知有蟄龍蟠

[8]

옛날 그때 공봉자供奉子[121]는　　　　　　　　　當時供奉子
초산楚山 구름 달을 보고 울었는데　　　　　　　啼月楚山雲
지금은 술 훔쳐도 잡아가는 사람 없어[122]　　　盜酒無人縛
떼를 지어 날뛰며 울부짖고 난리로세　　　　　　騰跳亂叫羣

---

1) ㉮ '䨺'은 '雙'의 오기인 듯하다.

사명당대사집 권7 끝
四溟堂大師集卷之七終¹⁾

---

1) ㉿ 甲本에는 '四溟堂大師集卷之七終'이 없다.

주

1 백억의 분신分身 : 불보살이 중생을 구제하기 위하여 자기의 실신實身을 여러 가지 몸으로 바꾸어 세상에 출현하는 것을 말한다. 분신은 화신化身 혹은 수적垂迹이라고 도 하고, 실신은 본지本地라고도 한다.
2 이환離幻이 바뀌어서 박망후博望侯가 되었는걸 : 사명당이 승려의 신분에서 일본 가는 사신으로 몸이 바뀌었다는 말이다. 이환은 사명당의 자字이고, 박망후博望侯는 전한前漢 장건張騫의 봉호封號이다. 장건이 무제武帝의 명을 받고 대하大夏에 사신으로 나가서 황하黃河의 근원을 찾을 적에 뗏목을 타고 달포를 지나 은하수 위로 올라가서 견우牽牛와 직녀織女를 만나고 왔다는 전설이 있기 때문에 이렇게 말한 것이다. 『天中記』 권2.
3 작원鵲院 : 작원천鵲院遷을 말한다. 낙강洛江에 있는데, 협곡의 입구가 험난하게 막혀 있어서 임진년에 왜적이 여기에 왔다가 하루 동안 머뭇거리고 나서야 통과했다는 일화가 전한다. 그 터는 밀양시密陽市 삼랑진읍三浪津邑에 있다.
4 분성盆城 : 김해金海의 옛 이름이다.
5 백월百越 : 중국에서 고대에 남방의 월인越人을 통틀어 부르던 명칭인데, 여기서는 일본의 뜻으로 쓰였다.
6 허후許后 : 금관가야金官伽倻의 시조 김수로왕金首露王의 왕비인 허황옥許黃玉을 말한다. 시호諡號는 보주태후普州太后이다. 본래 아유타국阿踰陀國의 공주인데, 오빠 장유 화상長遊和尙과 함께 많은 종자를 거느리고 배를 타고서 김해 남쪽 해안에 도착한 뒤에 수로왕과 결혼하여 거등왕居登王 등 아들 열 명을 낳았으며, 아들 두 명이 모친인 허씨 성을 사용하도록 허락을 받아 한국의 허씨 성이 있게 되었다고 한다.
7 서주西州에서 태어난~집안의 후예로서 : 서주西州 또는 서하西河는 황해도 풍천豊川의 옛 이름으로, 대사 본인이 풍천 임씨의 후예라는 말이다.
8 섭공葉公의 저녁 음빙飮冰 : 사신의 명을 받고서 근심하며 애를 태우는 것을 말한다. 음빙은 얼음물을 마신다는 말이다. 초楚나라 섭공자고葉公子高가 제齊나라에 사명使命을 받들고 갈 적에 "내가 아침에 명령을 받고 나서 저녁에 얼음물을 마셨으니, 이는 나의 몸속이 뜨거워졌기 때문이다.(吾朝受命而夕飮冰。我其內熱與。)"라고 심경을 토로한 고사를 인용한 것이다. 『莊子』 「人間世」.
9 비지비지로 비지를~줄은 몰랐다오 : 예전에는 그 사람의 입장이 되어 그 사람의 심경을 이해할 줄 몰랐는데, 이제 자기가 그런 입장이 되고 보니 새삼 그 상황이 이해된다는 말이다. 『莊子』 「齊物論」의 "나의 손가락을 가지고 그의 손가락이 나의 손가락이 아니라고 설명하기보다는, 나의 손가락이 아닌 것을 가지고 그의 손가락

이 나의 손가락이 아님을 설명하는 것이 훨씬 낫고, 나의 말을 가지고 그의 말이 나의 말이 아니라고 설명하기보다는, 나의 말이 아닌 것을 가지고 그의 말이 나의 말이 아님을 설명하는 것이 훨씬 나으니, 천지는 하나의 손가락이요, 만물은 하나의 말이다.(以指喩指之非指。不若以非指喩指之非指也。以馬喩馬之非馬。不若以非馬喩馬之非馬也。天地一指也。萬物一馬也。)"라는 말을 전용한 것이다.

10 대붕大鵬이 물을~리를 내달리리라 : 대붕이 바다 위에서 활주로처럼 삼천 리를 치달려 마침 불어오는 회오리바람을 타고 구만리 하늘 위로 올라간다는 이야기가 『莊子』「逍遙遊」 첫머리에 나온다.

11 일위一葦 : 갈댓잎 하나라는 뜻으로, 배를 비유하는 시어이다. 『詩經』「衛風」〈河廣〉의 "하수河水가 넓다고 누가 말하는가, 갈댓잎 하나로 건너갈 수 있는걸.(誰謂河廣。一葦杭之。)"이라는 말에서 나온 것인데, 참고로 소식의 「前赤壁賦」에 "한 조각 작은 배가 떠가는 대로 맡겨 두고, 아득히 만경창파를 건너가노라.(縱一葦之所如。凌萬頃之茫然。)"라는 명구가 나온다.

12 탄환彈丸 같은 섬 하나 : 일본을 말한다. 탄환은 흑자탄환黑子彈丸의 준말로, 매우 작은 것을 비유하는 말이다. 북주北周 유신庾信이 지은 「哀江南賦」의 "땅은 검은 사마귀만 하고, 성은 탄환과 같다.(地惟黑子。城猶彈丸。)"라는 말에서 유래한 것이다.

13 황하黃河의 근원은~뗏목 띄웠는지 : 장건의 고사를 인용한 것인데, 442쪽 주 2) 참조.

14 팔월의 뗏목 : 옛날에 바다와 은하수의 길이 통해서, 어떤 사람이 8월에 뗏목을 타고 하늘에 올라가 견우牽牛와 직녀織女를 만나고 왔다는 전설이 진나라 장화張華의 『博物志』 권10에 나온다.

15 팔 굽히고~꺾는 일 : 자기보다 윗자리에 있는 사람에게 굽신거리며 절하는 것을 말한다. 참고로 진나라 도잠陶潛이 팽택 현령彭澤縣令으로 있을 적에, 군郡에서 파견한 독우督郵의 시찰을 받게 되었는데, 아전이 도잠에게 의관을 갖추고 독우에게 인사를 해야 한다고 하자, 도잠이 탄식하면서 "내가 쌀 다섯 말 때문에 허리를 꺾어 향리의 어린 아이에게 굽신거릴 수는 없다.(我不能爲五斗米折腰向鄕里小兒。)"라고 하고는, 즉시 수령의 인끈을 풀어 놓고 고향으로 돌아갔던 고사가 전한다. 『晉書』「隱逸傳」〈陶潛〉.

16 귀국鬼國 : 귀방鬼方과 같은 말로, 멀리 떨어진 변방의 미개한 민족을 가리키는 말이다.

17 평경萍梗 : 물 위에 떠다니는 부평浮萍과 단경斷梗이라는 말로, 사람의 행지行止가 불안정한 것을 비유한다.

18 사명당은 1604년 7월 하순에 대마도에 도착하여 경도京都 오산五山의 윤번승輪番僧들이 머무는 서산사西山寺 이정암以酊庵에 유숙하였다. 객관이란 서산사 이정암을

말한다. 왜란 전 정탐사로 파견된 황윤길, 김성일 등도 여기서 묵었다.

19 존성存省하는 공부에도~가하지 못했다오 : 존성은 존양성찰存養省察, 혹은 조존성찰操存省察의 준말인데, 사명당이 유가儒家의 이 용어를 쓴 것이 주목된다. 존양은 『孟子』「盡心 上」의 "마음을 보존하여 성을 기르는 것은 하늘을 받들어 섬기는 일이다.(存其心。養其性。所以事天也。)"라는 말에서 나왔고, 조존操存은 조즉존操則存의 준말로, 마음을 다스려서 올바른 방향으로 이끄는 것을 말하는데, 『孟子』「告子 上」의 "붙잡으면 있다가도 놓아 버리면 없어지고, 일정한 때가 없이 들락날락하면서 어디로 가는지 종잡을 수가 없는 것, 이것이 바로 마음이라는 것이다.(操則存。舍則亡。出入無時。莫知其鄕。惟心之謂與。)"라는 말에서 나온 것이다.

20 등고登高 : 높은 언덕에 오른다는 뜻인데, 옛날에 중구重九의 명절을 맞으면 문사文士들이 등고회登高會를 열어 높은 언덕에 올라가서 시문을 짓고 국화주를 마시며 풍류를 즐기는 풍속이 있었기 때문에 이렇게 말한 것이다.

21 셰자桂子는 구름~향기 나부끼겠지 : 당나라 송지문宋之問의 시 〈靈隱寺〉를 인용한 것으로, 중추仲秋 전후의 시절을 가리킨다.

22 초창해라 이~거품과 같으니 : 참고로『莊子』「刻意」에 "우리 인생은 물 위에 떠 있는 거품과 같고, 죽음이란 그 거품이 꺼지는 것과 같다.(其生若浮。其死若休。)"라는 말이 나온다.

23 금선씨는 색화色花~문도에게 보여 주고 : 염화시중拈花示衆의 고사를 인용한 것이다. 금선씨는 대각금선大覺金仙, 즉 불타를 말한다. 송나라 휘종徽宗 선화宣和 원년(1119)에 조서詔書를 내려 불타를 대각금선으로 바꿔 부르게 했다는 기록이『宋史』「徽宗本紀」에 나온다.

24 대귀씨는 찰간刹竿을 넘어뜨려 점안하였네 : 가섭迦葉이 석존의 법을 이어 선禪의 정신을 후대에 전해 주었다는 말이다. 대귀씨는 마하가섭摩訶迦葉의 의역意譯이다. 대음광大飮光이라고도 한다. 아난阿難이 가섭에게 "세존이 금란가사金襴袈裟를 전한 외에 별도로 무슨 물건을 또 전해 주었습니까?"라고 물었는데, 가섭이 "아난이여." 하고 부르자, 아난이 바로 "예!"라고 대답하니, "문 앞의 찰간을 넘어뜨려라.(倒卻門前刹竿著)"라고 일갈一喝한 선종의 이른바 가섭도각찰간迦葉倒卻刹竿의 공안이 전한다. 이는 언어 문자에 집착하는 사량 분별을 내려놓으라는 뜻이다. 찰간이 쓰러진다는 것은 설법이 끝났거나 승부가 이미 결판났음을 의미한다. 찰간은 사원의 앞 혹은 대웅전 아래에 세우는 깃대와 비슷한 물건으로, 설법이나 특별한 의식이 있을 때에 이를 매달아 놓아 대중에게 알리는 역할을 한다.『無門關』제22칙,『五燈會元』권1「二祖阿難尊者」. 점안은 눈동자를 찍는다는 뜻으로, 생명력을 불어넣어 정신을 전하는 것을 비유하는 말이다. 진나라의 저명한 화가 고개지顧愷之가 초상화를 그리면서 몇 년 동안 눈동자를 찍지 않았는데, 그 이유를 묻자, "그림 속에 정신을 전해서

살아나게 하는 것은 바로 눈동자 속에 있기 때문이다.(傳神寫照。正在阿堵中。)"라고 대답한 고사에서 유래한 것이다. 『世說新語』「巧藝」.

25 연묵淵默 : 깊은 못과 같은 고요한 침묵을 말한다. 참고로『莊子』「在宥」에 "죽은 자처럼 가만히 있어도 용의 문채가 드러나고, 깊은 못처럼 잠자코 있어도 우레 소리가 울린다.(尸居而龍見。淵默而雷聲。)"라는 말이 나온다.

26 유응流應 : 응대여류應待如流, 즉 물이 흐르는 것처럼 막힘없이 바로 응해 주는 것을 말한다.

27 상로霜露 : 서리와 이슬이라는 뜻으로, 돌아가신 어버이를 생각하는 효자의 마음을 비유할 때 쓰는 말이다.『禮記』「祭義」에 "서리와 이슬이 내린 때에 군자가 이를 밟다 보면 처창한 마음이 들게 마련인데, 이는 날씨가 싸늘해져서 그런 것이 아니다.(霜露旣降。君子履之。必有悽愴之心。非其寒之謂也。)"라는 말이 나오는데, 한나라 정현鄭玄이 해설하기를 "추운 계절이 돌아오매 어버이의 생각이 사무치는 것을 말한 것이다."라고 하였다.

28 서쪽 오운五雲~위궐魏闕이 머나멀고 : 임금님 계신 서쪽의 도성 하늘이 멀기만 하다는 말이다. 오운은 제왕이 있는 곳에 떠 있다는 오색구름을 말하고, 위궐은 고대 궁문宮門 위의 누관樓觀으로 대궐 혹은 조정을 가리킨다. 참고로『莊子』「讓王」에 "몸은 강과 바다 위에 있어도 마음은 항상 위궐 아래에 있다.(身在江海之上。心居乎魏闕之下。)"라고 말한 중산中山의 공자公子 모牟의 이야기가 나온다.

29 연상烟霜 : 희끄무레한 달빛을 뜻하는 시어이다. 연상煙霜 혹은 상연霜煙이라고도 한다.

30 정중편正中偏 그리고 편중정偏中正이여 : 조동종曹洞宗의 오위五位에 나오는 용어이다. 오위는 마음과 법계를 대하는 다섯 가지 입장으로, 정중편·편중정·정중래正中來·편중지偏中至·겸중도兼中到를 말한다. 정正은 음陰으로 진여眞如의 본체本體를 의미하고, 편偏은 양陽으로 생멸生滅하는 현상을 의미한다. 정중편은 평등 가운데 차별이 있음을 의미하고, 편중정은 차별이 곧 평등임을 의미한다. 여기에 기초하여 정중동靜中動의 수행 공부를 정중래라고 하고, 동중정動中靜의 수행 공부를 편중지라고 하며, 이 두 가지를 겸하여 자유자재한 경지에 이르는 것을 겸중도라고 한다. 이를 정편오위正偏五位, 혹은 동산오위洞山五位, 군신오위君臣五位라고도 한다.

31 백념白拈 임제는~돌돌 말았네 : 백념은 선가의 용어인 백념적白拈賊의 준말로, 신출귀몰한 도적이라는 뜻이다. 칼을 들지 않고 맨손으로 도적질을 하면서 자취를 남기지 않는다는 해석과, 백주白晝에 사람들이 보는 앞에서 교묘하게 도적질한다는 해석이 있는데, 선기禪機가 신속하고 민첩한 것을 비유하는 말로 흔히 쓰인다.

32 대은大隱 : 큰 은자, 즉 진정한 은자라는 뜻인데, 진나라 왕강거王康琚의 〈反招隱詩〉

에 "작은 은자는 산림 속에 숨고, 큰 은자는 조시朝市 속에 숨는지라, 백이는 수양산에 숨었고, 노자는 주하사柱下史 벼슬에 숨었다네.(小隱隱陵藪。大隱隱朝市。伯夷竄首陽。老聃伏柱史。)"라는 명구가 있다.『文選』권22.

33 적지寂知 : 선림의 용어인 공적영지空寂靈知의 준말로, 우리의 본래 마음은 텅 비고 고요하며 신령스럽게 알아차리고 있다는 뜻이다.

34 구름은 하늘에~속에 있느니 : 당나라 선승 약산 유엄藥山惟儼과 이고李翶의 문답으로 전해지는, 선종의 이른바 이고문도李翶問道의 공안을 인용한 것이다. 낭주 자사朗州刺史 이고가 약산에게 "어떤 것이 도입니까?(如何是道)"라고 묻자, 약산이 위와 아래를 가리키며 "알겠습니까?"라고 하니, "모르겠습니다."라고 하였다. 이에 약산이 "구름은 푸른 하늘에 있고 물은 병 속에 있습니다.(雲在青天水在瓶)"라고 하니, 이고가 이 말에 깨닫는 점이 있었다고 한다.『景德傳燈錄』권14「藥山惟儼」,『五燈會元』권5「刺史李翶章」.

35 유한한 인생이~어긋날 수밖에 : 참고로『莊子』「養生主」에 "우리의 생명은 유한한 데 반하여, 우리의 사려는 끝이 없다. 유한한 것을 가지고 끝이 없는 일을 따른다면 위태로울 뿐이다. 그럼에도 사려를 계속한다면 더더욱 위태로울 뿐이다.(吾生也有涯。而知也無涯。以有涯隨無涯。殆已。已而爲知者。殆而已矣。)"라는 명언이 나온다.

36 늙어서 고향~길도 희미하기만 : 중국 선종의 초조인 달마가 죽은 지 3년 뒤에, 위魏나라 송운宋雲이 총령蔥嶺에서 달마를 만났는데, 그때 그가 짚신 한 짝만을 들고 서천西天으로 가더라는 이야기가 전한다.『五燈會元』「東土祖師」〈初祖菩提達磨祖師〉.

37 경루瓊樓 : 경루옥우瓊樓玉宇, 즉 신화에 나오는 월궁月宮 속의 누각으로, 보통은 임금이 있는 대궐을 비유하는데, 여기서는 누선樓船의 뜻으로 쓰였다.

38 한만汗漫 : 광대무변한 공간을 가리키는 말로, 여기서는 바다를 뜻한다.

39 혜고蟪蛄 : 가을매미인데, 단명短命을 비유하는 말로 쓰인다.『莊子』「逍遙遊」의 "하루살이 벌레는 초하루와 그믐을 알지 못하고, 가을매미는 봄과 가을을 알지 못한다.(朝菌不知晦朔。蟪蛄不知春秋。)"라는 말에서 유래한 것이다.

40 삼청三淸 : 도교의 이른바 삼동교주三洞教主가 거하는 최고의 선경仙境, 즉 삼청경三淸境의 준말로, 옥청玉淸·상청上淸·태청太淸을 말하는데, 여기서는 천상을 뜻하는 말로 쓰였다.

41 장풍長風을 타고픈 거친 담기膽氣로 : 장풍만리長風萬里의 고사를 인용한 것이다. 남조南朝 송宋의 좌위장군左衛將軍 종각宗愨이 소년 시절에 숙부 종병宗炳의 질문을 받고 자신의 뜻을 토로하면서 "장풍을 타고서 만 리의 파도를 깨부수고 싶다.(願乘長風破萬里浪)"라고 말한 일화가 전한다.『宋書』권76「宗愨傳」. 장풍은 멀리서 불어오는 거센 바람을 말하고, 담기는 겁을 내지 않는 용맹한 기운을 말한다.

42 창포菖蒲 : 창포검菖蒲劍을 말한다. 칼이 창포의 잎처럼 길쭉하면서 양쪽에 날이 있

기 때문에 붙여진 이름이다. 『萬機要覽』「軍政編三」〈禁衛營〉'軍器'.

43 고래 물결~옥산玉山처럼 무너지네 : 누대에서 바다를 바라보며 술에 거나하게 취한 것을 비유한 것이다. 삼국시대 위魏나라 혜강嵇康이 체격 좋고 풍채가 뛰어났으므로 그를 보는 사람들마다 찬탄해 마지않았는데, 그에 대해서 친구인 산도山濤가 "평소에는 오연傲然한 모습을 보이는 것이 마치 소나무가 홀로 서 있는 것과 같은데, 술에 취하기만 하면 한쪽으로 몸이 기울어지는 것이 마치 옥산이 무너지려 하는 것과 같다.(巖巖若孤松之獨立. 其醉也. 傀俄若玉山之將崩.)"라고 평한 고사가 전한다. 『世說新語』「容止」.

44 밧줄 청한 사람 : 한 무제 때의 간의대부諫議大夫 종군終軍을 말한다. 그가 긴 밧줄(長纓) 하나만 주면 남월南越에 가서 그 추장을 결박하여 궐하闕下에 바치겠다고 청한 고사가 전한다. 『漢書』「終軍傳」.

45 유악帷幄의 운주運籌도~할 듯 : 미리 치밀하게 작전을 세워서 일본의 항복을 받아낼 만한 역량은 아무래도 장량張良에게 미치지 못할 것이라는 뜻의 겸사謙辭이다. 유악의 운주는 전투가 벌어지기 전에 장막 속에서 먼저 필승의 전략을 세운다는 말인데, 한 고조 유방이 그의 모신謀臣인 장량에 대해 "장막 속에서 전략을 세워 천 리 밖의 승부를 결정짓는 것은 내가 자방보다 못하였다.(夫運籌策帷帳之中. 決勝於千里之外. 吾不如子房.)"라고 칭찬한 고사에서 유래한 것이다. 자방子房은 장량의 자字이고, 유후留侯는 그의 봉호封號이다. 『史記』「高祖本紀」.

46 한 소리~구천九天의 정이로세 : 피리 소리가 마치 인간 세계에 대한 정을 그래도 못 잊어서 하늘에서 선인이 불어 주는 것 같다는 말이다. 생학笙鶴은 학을 탄 선인의 피리 소리라는 뜻으로, 원래 피리의 명인이었다가 나중에 신선이 되어 학을 타고 가족들을 찾아온 왕자교의 전설에서 나온 것이다.

47 백유白楡 : 하늘의 성신星辰을 뜻하는 시어이다. 고악부古樂府 농서행隴西行의 "하늘 위에 무엇이 있는가 하면, 역력히 심어 놓은 백유 나무들.(天上何所有. 歷歷種白楡.)"이라는 말에서 나온 것이다.

48 옥경玉京 : 백옥경白玉京의 준말로, 하늘 나라를 가리킨다.

49 적관赤關에는 안덕천황安德天皇의 유상遺像을 모신 신사神祠가 있다. 사명당은 대마도를 떠나 적관의 안덕천황의 신궁을 보고 시를 지었는데, 이것이 관례가 되어 이후 이곳을 지나다니던 조선통신사들이 여기에 들러 이 시에 차운하여 시를 지었다고 한다.

50 어찌하여 너에게~못 하고서 : 참고로 『孟子』「梁惠王 下」에 "너에게서 나온 것은 너에게로 돌아간다.(出乎爾者. 反乎爾者.)"라는 증자曾子의 말이 인용되어 나온다.

51 불원복不遠復 : 멀리 가지 않고 되돌아온다는 뜻으로, 잘못을 깨닫고서 금세 바른 길로 들어서는 것을 말한다. 『周易』「復卦」 초구初九 효사에 "멀지 않아서 되돌아오니,

후회하는 일이 없을 것이요, 크게 좋을 것이다.(不遠復。无祗悔。元吉。)"라는 말이 나온다.

52 오직 모른다는 말만 전하고 : 달마가 처음 중국에 들어왔을 적에 양 무제 소연蕭衍이 "어떤 것이 성제의 첫째가는 뜻인가.(如何是聖諦第一義)"라고 묻자, 달마가 "확연하여 성이라고 할 것도 없다.(廓然無聖)"라고 대답하였고, 다시 "나를 대하는 자는 누구인가.(對朕者誰)"라고 묻자, "모르겠다.(不識)"라고 대답한 일화가 『碧巖錄』 제1칙에 나온다.

53 방할棒喝 : 선사의 몽둥이와 고함 소리라는 뜻이다.

54 번갯불 흐르는~밟고 다니리라 : 참고로 『碧巖錄』 제7칙 「雲門好日」에 "천천히 걸으며 흐르는 물소리 밟고 다니고, 멋대로 보며 날아간 새의 자취를 그려 낸다.(徐行踏斷流水聲。縱觀寫出飛禽跡。)"라는 설두 중현雪竇重顯의 송頌이 있다.

55 소계자蘇季子 : 계자는 전국시대 종횡가縱橫家인 소진蘇秦의 자字이다. 그가 뛰어난 말솜씨로 합종책合縱策을 주장하여 연燕·제齊·초楚·조趙·위魏·한韓 등 육국六國의 제후를 설득해서 종약장縱約長이 된 고사가 유명하다. 『史記』 「蘇秦列傳」.

56 육기六奇 : 육출기계六出奇計, 즉 한나라 진평陳平이 고조高祖 유방劉邦을 위해 내놓은 여섯 가지 기이한 계책이라는 말로, 승리를 보장하는 뛰어난 작전을 뜻한다. 여섯 가지 내용은 『史記』 「陳丞相世家」에 나온다.

57 장협長鋏 : 전국시대 제齊나라 풍환馮驩이 맹상군孟嘗君의 식객이 되었을 때, 하등下等 막객幕客의 대우를 받으며 밥상에도 고기반찬이 올라오지 않자, 장검의 칼자루를 두드리면서 "장검이여 돌아가자, 밥상에 고기가 없으니.(長鋏歸來乎。食無魚。)"라고 노래했던 고사가 전한다. 여기서는 귀거래사歸去來辭의 뜻으로 쓰였다. 『戰國策』 「齊策 四」, 『史記』 「孟嘗君列傳」.

58 단지 긴~계책이 없어서 : 밧줄로 왜왕을 묶어서 끌고 올 수가 없어서 고민이라는 말이다.

59 타증墮甑 : 땅에 떨어져 깨진 시루라는 뜻으로, 이미 지나간 일은 돌이킬 수가 없으니 더 이상 쓸데없이 뒤돌아보며 후회할 필요가 없다는 말이다. 후한後漢의 맹민孟敏이 시루를 시장에 팔려고 등에 지고 가다가 땅에 떨어져 깨졌는데도, 그가 거들떠보지 않고 미련 없이 떠나가는 모습을 보고는 곽태郭泰가 그 이유를 묻자, "이미 깨진 시루를 다시 본들 무슨 소용이 있겠는가.(甑以破矣。視之何益。)"라고 대답했다는 내용이 『後漢書』 권68 「孟敏傳」에 보인다.

60 별비사鼈鼻蛇 : 코가 자라 코처럼 생긴 독사毒蛇라는 뜻으로, 선림에서 흔히 본래의 진면목眞面目을 비유할 때 쓰는 표현인데, 여기서는 설봉별비사雪峰鼈鼻蛇라는 공안을 만들어 낸 당사자인 당나라의 설봉 의존雪峰義存 선사를 말한다. 설봉이 어느 날 "남산에 한 마리 별비사가 있으니, 여러분은 아무쪼록 조심해야 할 것이다.(南山

有一條鼈鼻蛇。汝等諸人切須好看。)"라고 하니, 설봉의 문하인 장경 혜릉長慶慧稜과 현사 사비玄沙師備와 운문 문언雲門文偃이 각각 다르게 반응하는 모습을 보인 고사가 『碧巖錄』제22칙에 나온다. 이 화두를 설봉간사雪峰看蛇라고도 한다.

61 **한 입으로~수만 있다면** : 마조 도일의 서강수西江水 고사를 인용한 것이다.

62 **산호수珊瑚樹 가지가~창파에서 나오리라** : 어떤 승려가 파릉 호감巴陵顥鑑 선사에게 "무엇이 취모검이냐?(如何是吹毛劍)"라고 묻자, 파릉이 "산호수 가지마다 달빛이 환히 비친다.(珊瑚枝枝撐著月)"라고 대답한 고사가 전한다. 취모검은 그 칼날 위에 모발이 닿기만 해도 그대로 잘라질 만큼 예리한 검이라는 뜻으로, 반야般若 자성自性을 비유하는 말이다. 파릉은 운문 문언의 법사法嗣이다. 이 공안은 운문이 자기의 기신忌辰에 제물로 올려 주면 좋겠다고 칭찬한 이른바 파릉의 삼전어三轉語 중의 하나이다. 『碧巖錄』제100칙, 『人天眼目』권2.

63 **화지囮地** : 홀연히 칠통漆桶이 탁! 하고 깨지는 소리라는 뜻의 '화지일성囮地一聲'의 준말로, 참선하다가 돈오頓悟하여 견성見性한 상태를 나타내는 말이다.

64 **암두巖頭** : 당나라 선승 암두 전활巖頭全豁을 말한다. 그는 덕산 선감德山宣鑑의 제자로, 설봉 의존과 동문이다. 동정호洞庭湖 주변의 와룡산臥龍山 암두에서 종풍을 크게 떨치다가, 희종僖宗 광계光啓 3년(887) 4월에 난적亂賊의 칼날 아래 태연자약하게 한 소리 크게 할喝을 하고 60세의 나이로 목숨을 마쳤다. 시호諡號는 청엄 대사淸儼大師이다.

65 **나귀 똥** : 『從容錄』제18칙 「趙州狗子」에 "나귀 똥으로 만나는 사람마다 눈알을 바꾼다.(驢糞逢人換眼珠)"라는 표현이 나온다. 본문에 나온 안정眼睛이란 사물의 핵심을 꿰뚫어볼 수 있는 안목을 뜻하고, 나귀 똥은 지극히 하찮고 쓸모없는 것을 비유한 말이다. 귀한 눈을 천한 나귀 똥으로 바꾸어 주겠다는 것은 지극히 역설적인 표현이다. 이는 핵심을 꿰뚫어 보는 그 안목조차도 이리저리 따지고 분별하는 사유가 작동하는 것으로, 분별이 일체 통하지 않는 나귀 똥으로 그것을 바꿔 주겠다는 의미를 함축하는 것이다.

66 **송원종松源宗** : 이는 임제종 가운데서도 황룡파를 잇는 영서 계통이 아니라 양기파에 속하는 일파로서, 당시 경도의 불교문학단佛敎文學壇에서 일정한 활동 영역을 가지고 있었던 것 같다.

67 **남종南宗에 귀 뚫린 객** : 남종의 법문을 듣고 깨달은 자라는 말이다. 남종은 중국 선종 가운데 육조 혜능 계열의 돈오頓悟를 위주로 하는 종파를 가리키고, 북종北宗은 점오漸悟를 위주로 하는 신수神秀 계열의 종파를 가리킨다. 우리나라는 모두 남종 계열이다. 귀 뚫린 객(穿耳客)은 선림의 용어로, 법문을 듣고 도를 깨닫는 영리한 납승衲僧을 말한다. 혹 이국인異國人이나 보리달마菩提達磨를 칭하기도 한다. 참고로 『碧巖錄』제55칙의 협주夾注에 "귀 뚫린 객은 만나기 어렵고, 각주구검刻舟求劍의

사람만 많이 만나네.(罕逢穿耳客。多遇刻舟人。)"라는 말이 나온다.

68 세상 모두~깬 사람이로세 : 참고로 초나라 굴원屈原의 「漁父辭」에 "세상은 모두 혼탁한데 나만 홀로 맑고, 사람들은 모두 취했는데 나만 홀로 깨었는지라, 그래서 조정에서 쫓겨났다.(擧世皆濁我獨淸。衆人皆醉我獨醒。是以見放。)"라는 말이 나온다.

69 죽림원竹林院 : 죽림원은 일명 삼정사三井寺로 불리는 사찰에 속하는 암자이다. 일본 천태종의 3대 교주 원진圓珍이 당나라 천태산에서 구법하고 돌아올 때 태풍을 만났는데, 신라명신新羅明神에 의하여 구출되었다. 귀국 후 원진은 이를 기념하여 신라선신당新羅善神堂 곧 삼정사를 지었고, 이는 지금까지도 보존되고 있다.

70 북신北辰 : 임금이 거하는 도성, 즉 한양의 하늘을 가리킨다. 『論語』「爲政」의 "덕정德政을 펴게 되면, 가만히 제자리를 지키고 있는 북신北辰 주위로 뭇별들이 향해 오는 것처럼 될 것이다.(爲政以德。譬如北辰居其所。而衆星共之。)"라는 말에서 나온 것이다.

71 벽운碧雲 탕혜湯惠가~머물고 있나니 : 시를 잘 짓는 승태가 질간에 거주한다는 말이다. 벽운은 시승詩僧 혹은 시승의 작품을 말하고, 탕혜는 남조 송의 저명한 시승인 탕혜휴湯惠休를 말한다. 임궁琳宮은 사찰의 별칭이다.

72 남선南禪 : 돈오頓悟를 위주로 하는 육조 혜능 계열의 종파로서, 남종南宗을 말한다.

73 창생을 널리~있다 하리라 : 승태는 남종의 선사로서 덕천 막부의 측근에 있었으므로, 조선 피로인들의 쇄환에 절대적 영향력을 가졌다는 뜻을 이와 같이 우회적으로 표현한 것이다.

74 사명 대사가 일본에 있는 동안 일본의 많은 승려, 문인, 무인, 화가들이 찾아와 시와 문 혹은 찬贊이나 화제畫題를 청하였다. 오초도 그중 한 사람이다. 이 화제 가운데 칠언시 4행은 대사의 친필 복사본으로 세간에 전해지고 있다.

75 청안靑眼 : 반가운 눈빛이라는 뜻으로, 지기知己와 같은 말이다.

76 나중에 신광神光의~받지 못했더라면 : 달마가 혜가에게 전법傳法한 것을 말한다.

77 아양峨洋의 노래 : 지기知己가 이해해 주는 노래를 말한다. 거문고의 명인 백아伯牙가 고산高山에 뜻을 두고 연주하면 그의 지음知音인 종자기鍾子期가 "좋구나. 아아峨峨하여 태산泰山과 같도다." 하였고, 유수流水에 뜻을 두고 연주하면 "좋구나. 양양洋洋하여 강하江河와 같도다."라고 평했다는 고사에서 유래한 것이다. 『列子』「湯問」.

78 짐朕을 대한~모른다고 대답하고는 : 달마가 양 무제를 처음 만나서 대화를 나눈 장면을 인용한 것이다.

79 굴현屈眴의 전의田衣를 건네주어 : 의발衣鉢을 전수했다는 말이다. 굴현은 굴현포屈眴布, 즉 목면木棉의 화심花心으로 짠 가는 베를 말하는데, 달마가 전한 칠조의 七條 衣의 가사袈裟는 바로 서역西域의 이 베로 짰다는 전설이 전한다. 전의는 가사袈裟

의 별칭이다. 승복을 누벼 지은 형상이 논밭의 두둑과 비슷하다고 해서 붙여진 이름인데, 수전의水田衣 혹은 전상의田相衣라고도 한다.

80 황매우黃梅雨 : 매실이 누렇게 익을 무렵에 내리는 비라는 뜻으로, 줄여서 매우梅雨라고도 하는데, 보통 초여름부터 시작되는 장맛비를 가리킨다. 이 기간 동안에는 공기가 음습陰濕하여 곰팡이가 쉽게 슬기 때문에 매우霉雨라고 부르기도 한다.

81 왕로王老 : 속성이 왕씨王氏인 당나라의 선승 남전 보원南泉普願을 말한다. 왕노사王老師라고도 한다. 남전이 제자인 조주 종심趙州從諗과 달구경을 하면서 "왕노사는 20년 전에도 이렇게 달구경을 하였다.(王老師二十年前亦曾恁柚來)"라고 술회한 남전 완월南泉翫月의 공안이 『禪苑蒙求』 권상에 보인다. 여기서 왕노사는 남전이 자칭한 것이다. 이 고사는 보통 시간을 초월하여 자재한 내심內心의 경계를 비유할 때 쓰이곤 한다.

82 자호子湖 : 남전 보원의 법사인 이종리종利蹤 선사를 말한다. 구주衢州 자호산子湖山의 정업원定業院에 주석하였으므로, 세상에서 자호 이종子湖利蹤이라고 불렀는데, 그의 상당上堂 법어法語에 "30년 동안 자호에 머물면서, 두 때 재 지내는 죽에 기력이 왕성하다. 일없이 산에 올라 한 바퀴 도나니, 물어보자, 지금 사람 아는지 모르는지.(三十年來住子湖。二時齋粥氣力麤。無事上山行一轉。借問時人會也無。)"라는 내용이 있다. 『五燈會元』 권4 「衢州子湖巖利蹤禪師」.

83 영취산靈鷲山에서 꽃을~빙긋이 웃었는데 : 염화시중拈花示衆의 고사를 말한다. 음광飮光은 가섭迦葉을 말한다. 마하가섭摩訶迦葉을 의역意譯하여 대음광大飮光 혹은 대귀씨大龜氏라고 한다.

84 아뇩지阿耨池 : 아뇩달지阿耨達池의 준말로, 청량지淸涼池 혹은 무열뇌지無熱惱池로 의역되는데, 인도 북쪽의 대설산大雪山과 향산香山의 중간에 있다고 한다. 참고로 대승불교에서는 궁극의 깨달음을 무상정등정각無上正等正覺이라는 뜻의 아뇩다라삼먁삼보리阿耨多羅三藐三菩提라고 칭한다.

85 낭고성浪古城 : 임진왜란의 출병 거점인 나고야성(名護屋城)을 말한다. 당시 나고야성은 130개 정도나 되는 전국의 다이묘(大名)들이 진을 쳤던 곳으로 오사카성(大坂城) 다음으로 규모가 큰 것이었다고 한다. 지금은 그 자취만이 남아 있다. 1993년도에 나고야성박물관이 세워져 임진왜란과 관련된 우리나라의 자료들도 많이 전시되어 있다.

86 성광聖狂은 삿된~걷기가 쉽고 : 성자聖者도 자칫 잘못하면 광자狂者가 걸어간 길을 그대로 밟을 수가 있다는 말이다. 참고로 『書經』 「多方」에 "성자라도 생각을 제대로 하지 않으면 광자가 되고, 광자라도 생각을 제대로 하면 성자가 된다.(惟聖罔念作狂。惟狂克念作聖。)"라는 말이 나온다.

87 장부臧不는 대도를~밟기가 어렵다만 : 악인은 선인의 정대한 길을 함께 걸어가기가

어렵다는 말이다. 장부臧不는 선악善惡을 뜻한다. 장부臧否라고도 한다.
88 입춘 : 여기 입춘은 새해의 입춘이 아니라 남방의 봄같이 따뜻한 날을 그렇게 표현한 것이다. 그들이 대마도를 떠나 경도로 향한 것은 11월 말이었다.
89 허리 꺾어~못으로 만들거나 : 사명당 자신의 의지와는 관계없이 일단 허리를 굽혀서 일본과 협약을 맺긴 하였지만, 국력을 빨리 길러서 일본을 정벌하여 원수를 갚아야 할 것인데, 그때가 언제쯤이나 될는지 모르겠다는 말이다. 허리를 꺾는다는 것은 자기보다 윗자리에 있는 사람에게 허리 굽혀 인사하는 것을 말한다. 기미羈縻의 계책은 이웃 나라를 임시로 회유하여 우호 관계를 유지하는 외교 정책을 말한다. 생취生聚는 생취교훈生聚敎訓의 준말로, 인구를 증가시키고 재물을 비축하며 백성을 가르치고 훈련시켜서 원수의 나라에 충분히 복수할 정도로 부강하게 만드는 것을 말한다. 춘추시대 때 오왕吳王 부차夫差가 월왕越王 구천句踐을 부초夫椒에서 크게 이기고 나서, 이 기회에 항복을 받아야 한다는 오원伍員의 충고에도 불구하고 월왕의 화의和議를 받아들이자, 오원이 "월나라가 십 년 동안 인구를 번식시키고 재물을 비축하며 십 년 동안 인민들을 가르치고 훈련시킨다면, 앞으로 이십 년쯤 뒤에는 오나라가 완전히 망하여 못으로 변하고 말 것이다.(越十年生聚。十年敎訓 二十年之外。吳其爲沼乎。)"라고 하였는데, 과연 그 뒤에 구천이 와신상담한 끝에 오나라를 멸망시킨 고사가 전한다.『春秋左氏傳』「哀公」원년.
90 길이 막혔다~뭐가 있으랴 : 참고로 삼국시대 위魏나라 완적阮籍이 혼자 수레를 타고 나갔다가 길이 막히면 문득 통곡하고 돌아왔다는 궁도곡窮途哭의 고사가 전하는데, 보통 곤경에 처해서 희망이 전혀 없는 상태를 비유하는 말로 쓰이곤 한다.『晉書』「阮籍傳」.
91 일변日邊 : 태양 주변이라는 말로, 천변天邊과 같이 매우 먼 지방을 가리키는 표현인데, 여기서는 해 뜨는 주변의 일본이라는 뜻으로 쓰였다.
92 얼음 자태 : 매화를 비유한 표현인데, 소식의 〈詠梅西江月〉이라는 사詞에 "뼈가 옥 같으니 어찌 장무를 근심하랴. 자태가 얼음 같아서 절로 선풍이 있도다.(玉骨那愁瘴霧。冰姿自有仙風。)"라는 구절이 나온다.
93 암향暗香과 소영疏影 : 은은한 향기와 성긴 그림자라는 뜻으로, 매화를 비유하는 표현들이다. 송나라의 고사高士 임포林逋가 매화를 읊은 〈山園小梅〉의 "맑고 얕은 물에 성긴 그림자 가로 비끼고, 황혼녘 달빛 속에 은은한 향기 떠도누나.(疏影橫斜水淸淺。暗香浮動月黃昏。)"라는 명구에서 유래한 것이다.
94 가련타 옛날~있던 것을 : 남조南朝 양梁의 시인 하손何遜의 동각관매東閣觀梅 고사를 인용한 것이다. 그가 양주揚州에 부임했을 때 관사 앞에 매화 한 그루가 서 있는 것을 보고는 매일 그 밑에서 시를 읊으며 노닐었는데, 낙양洛陽에 돌아오고 나서도 그 매화를 잊지 못해 다시 그곳으로 보내 줄 것을 간청하여 재차 부임한 뒤에 마

침 활짝 핀 매화꽃 그늘 아래에서 하루 종일 소요逍遙하며 시를 읊었던 고사가 있다. 그런데 두보가 다시 이 일화를 인용하여 "동각의 관청 매화 시흥을 북돋우니, 하손이 양주에 있을 때도 아마 이와 같았으리.(東閣官梅動詩興。還如何遜在揚州。)"라는 시구를 내놓으면서 이 고사가 더욱 널리 알려지게 되었다. 『杜少陵詩集』 권9 〈和裵迪登蜀州東亭送客逢早梅相憶見寄〉.

95 굳이 역사驛使~물가에 심었는고 : 이 역시 남조 송 육개陸凱의 역사매화驛使梅花 고사를 인용한 것이다. 역사驛使는 공문이나 서신을 전달하는 사람을 말한다.

96 창려昌黎가 황천으로~세상에 드물기만 : 당시 천대 받던 승려인 사명당에 대해서 신분을 차별하지 않고 평등하게 대해 주며, 옛날 유학자인 한유韓愈와 승려인 태전太顚의 관계처럼 돈독한 우의를 보여 주는 문사文士가 지금은 거의 찾아볼 수 없게 되었다는 말이다. 창려는 창려백昌黎伯에 봉해진 한유를 가리킨다. 그가 조주 자사潮州刺史로 있을 적에 친하게 지냈던 노승 태전과 작별하면서 자신의 의복을 남겨 주기까지 했던 이야기가 그의 「與孟尙書書」에 실려 있다.

97 원이 교사圓耳敎師 : 원이 교사는 경도京都 흥성사興聖寺의 주지이다. 사명당이 이 절을 방문하였을 때 절에 소장하고 있던 대혜 종고大慧宗杲의 친필 전서를 열람한 뒤 발문을 적어 주었다. 대마도에서부터 안내해 온 현소玄蘇의 부탁으로 사명당이 그를 제자로 받아들이면서 호기號記와 함께 게송 세 수를 지어 향상일로의 남종선지南宗禪旨를 일깨워 주었다. 『四溟堂大師集』에는 게송 세 수만 실려 있으나, 현재 흥성사에는 게송과 함께 호기를 붙인 친필 휘호가 남아 있다. 이에 따르면 "(원이의) 자를 허응虛應이라 하고 호를 무염無染이라 하니, 관음 대사의 군생群生을 화란에서 구제한다는 뜻에 따른 것이다."라고 하였는데, 여기에는 자국 고승의 법호를 심어 주려는 의도가 있었던 것으로 보인다. 게송을 적은 다음 '경산후손徑山後孫 사명 송운 돈頓'이라 하여, 자신도 원이와 같이 대혜의 적자임을 밝혔다.

98 위음威音의 나반那畔 : 과거 장엄겁莊嚴劫 최초의 불佛인 위음왕불威音王佛이 세상에 나오기 이전의 절대 무한의 경계를 뜻하는 선림의 용어로, 부모미생이전父母未生以前의 본래면목을 찾아야 한다는 말과 비슷한 표현이다.

99 정문안頂門眼 : 정수리에 달린 눈이라는 뜻으로, 범부의 육안이 아니라, 진실한 정견正見을 갖춘 혜안慧眼을 말하는 선림의 용어이다. 마혜수라천摩醯首羅天(S Maheśvara)은 범인의 두 눈 이외에 별도로 정문頂門에 또 다른 하나의 눈을 가지고서 비상한 시력을 과시한다는 고사에서 유래한 것이다. 일척안一隻眼 혹은 활안活眼이라고도 한다. 참고로 『碧巖錄』 제35칙에 "만약 정수리에 안목이 있지 않고, 팔꿈치 뒤에 호신부護身符가 있지 않으면, 왕왕 면전에서 빗나가고 말 것이다.(若不是頂門上有眼。肘臂下有符。往往當頭蹉過。)"라는 말이 나온다.

100 주후부肘後符를 국후國侯처럼 차고 다닐지라 : 주후부는 팔꿈치 뒤에 차고 다니면

서 항상 안전을 도모하는 호신부護身符라는 뜻으로, 진여眞如와 불성佛性 등을 비유하는 선림의 용어이다. 춘추시대 진晉나라 정공定公의 재상인 조간자趙簡子가 주후肘後의 보부寶符를 상산常山에 숨겨 두고는 여러 자제들에게 찾게 한 뒤에 부符를 얻은 무휼毋卹에게 자리를 물려준 고사에서 유래한 것이다. 국후는 제후諸侯와 같은 말이다.

101 무저선無底船 : 밑바닥 없는 배라는 뜻으로, 일체의 집착을 멀리 여의고 해탈의 경지에 들어간 것을 비유하는 선림의 용어이다. 몰저강沒底舡 혹은 몰저선沒底船이라고도 한다.

102 그대 성명~십 년 : 선소, 곧 현소의 성명을 들은 지 10년이 되었다고 한 것은 대사가 서생포 왜성에서 가등청정과의 첫 회담이 있었던 1595년을 가리키는 것으로 보인다.

103 몰현沒絃 : 몰현금沒絃琴, 즉 줄이 없어서 소리가 나지 않는 거문고라는 뜻의 선림의 용어로, 보통 불립문자不立文字 교외별전敎外別傳의 선가禪家 특유의 종풍을 비유할 때 쓰는 표현이다. 무현금無絃琴이라고도 한다. 이는 진晉나라 도연명陶淵明이 거문고를 탈 줄도 모르면서 술 마시고 흥취가 일어나면 무현금을 매만지며 "거문고의 정취만 느끼면 되지, 굳이 줄을 퉁겨서 소리를 낼 것이 있으리오.(但識琴中趣,何勞絃上聲.)"라고 했다는 고사에서 유래한 것이다. 『宋書』 권93 『隱逸傳』〈陶潛〉.

104 혜휴惠休 : 시승詩僧이라는 뜻이다.

105 마조馬祖가 산~능히 해소했다오 : 전거 미상이다. 야호野狐 운운은 당나라 백장 회해百丈懷海 선사가 "인과에 어둡지 않다.(不昧因果)"라고 대답하여 야호를 구제한 고사와 관련이 혹 있지 않나 추측해 본다.

106 연운燕雲 : 북쪽 하늘을 뜻하는 시어이다. 중국의 연주燕州와 운주雲州의 병칭으로 화북華北 지역을 가리키기도 하고, 옛날 연燕나라 지역인 요동遼東, 혹은 연경燕京의 구름이라는 뜻으로 쓰이기도 한다.

107 황벽黃蘗 : 당나라 단제 선사斷際禪師 황벽 희운黃蘗希運을 말하는데, 여기서는 사명당이 유명遺命을 받든 스승 서산 대사西山大師를 비유하는 말로 쓴 것이 아닌가 한다.

108 황정黃庭 : 도교의 경서인 『老子黃庭經』을 가리킨다.

109 상해桑海 : 부상扶桑의 바다라는 말로, 동해東海를 가리킨다.

110 면목面目 : 우리의 주인공인 본래면목本來面目을 말한다. 참고로 임제종의 창시자 임제 의현臨濟義玄은 이 본래면목 대신에 무위진인無位眞人이라는 말을 애용하였는데, 그의 문집인 『臨濟錄』에 "고깃덩어리 속에 하나의 무위진인이 있어서, 항상 여러분들의 감각기관을 통해 들락거리고 있다.(赤肉團上有一無位眞人,常從汝等諸人面門出入.)"라는 말이 실려 있다.

111 몸 뒤집어~빼어 든다면 : 참고로 북송北宋 임제종臨濟宗 양기파楊岐派의 승려인 오

조 법연五祖法演 선사가 조주趙州의 무자無字 화두에 대해서 "조주가 칼을 빼어 들었나니, 서릿발처럼 그 빛이 뻗치도다. 뭐라고 또 물어보려 하면, 당장에 몸이 두 동강 나리로다.(趙州露刃劍。寒霜光焰焰。更議問如何。分身作兩段。)"라고 말한 내용이 『法演禪師語錄』 권3에 나온다.

112 여기서 참현參玄이란 불법의 현지玄旨를 참구參究한다는 말이다. 『景德傳燈錄』 권30에 "삼가 참현하는 사람에게 아뢰노니, 광음을 헛되이 보내지 마시기를.(謹白參玄人。光陰莫虛度。)"이라는 말이 나온다. 참고로 대사가 경도에 머물 때 청년 유학자 임라산林羅山(1583~1657)이 찾아와 『論語集註』에 나오는 "경이란 주일무적을 이르는 말이다.(敬者。主一無適之謂。)"라는 구절에 대하여 질문하고 답한 내용이 『羅山文集』 권60 「雜著」에 '韓客筆語'라는 제목으로 실려 있다. 당시 사명당은 "그대는 아직 나이가 젊은데도 주관이 뚜렷하며, 책을 보는 안목이 뛰어나다."라고 칭찬하였다고 한다. 라산은 등원성와藤原惺窩(1561~1619)에게 주자학을 배웠는데, 등원은 승려로서 조선에서 왜군에게 피랍되어 간 학자 강항姜沆(1567~1618)에게 주자학을 배웠다. 라산은 이후 조선통신사가 내왕할 때 외교문서의 초안을 관장하면서 덕천德川 시대 유교문화의 초석을 놓는 데 중요한 역할을 하였다. 사명당의 시는 라산과의 문답이 있은 뒤 그에게 적어 주었지만, 라산이 유교적 해석에만 관심을 두어 시는 편집한 것이 아닐까 생각된다.

113 부자夫子가 말하지~한 곳이요 : 부자는 공자를 말한다. 그가 "나는 말을 하지 않으려 한다.(予欲無言。)"라고 하자, 자공子貢이 "말씀을 하지 않으시면 저희가 어떻게 도를 전하겠습니까?"라고 하니, 공자가 "하늘이 무슨 말을 하던가. 그럼에도 불구하고 사시는 운행하고 만물은 자라난다.(天何言哉。四時行焉。百物生焉。)"라고 대답한 말이 『論語』 「陽貨」에 나온다.

114 정명淨名이 아무~않은 때라 : 정명은 인도 비야리국毘耶離國의 장자長者로서 석존의 속제자俗弟子였다는 유마거사維摩居士를 가리킨다. 그가 중생의 병이 다 낫기 전에는 자신의 병도 나을 수 없다면서 드러눕자, 석가모니가 문수보살文殊菩薩 등을 보내 문병케 하였는데, 여러 문답이 오가던 끝에 문수가 불이법문不二法門에 대해서 물었을 때 유마가 말없이 아무런 대답도 하지 않자, 문수가 탄식하며 "이것이 바로 불이법문으로 들어간 것이다.(是眞入不二法門也)"라고 했다는 이야기가 『維摩經』 「入不二法門品」에 나온다.

115 우레 치며~훈지를 연주하리라 : 그가 쾅 하고 칠통漆桶을 깨뜨려 언어가 끊어진 경지를 증득하면, 산하대지도 모두 반가워하며 그의 깨달음을 경축해 줄 것이라는 말이다. 훈지는 질나팔과 저라는 뜻으로, 화목하게 지내는 형제 혹은 그처럼 친하게 지내는 관계를 비유할 때 쓰는 말이다. 훈지壎篪라고도 한다. 『詩經』 「小雅」 〈何人斯〉의 "맏형은 질나팔을 불고, 둘째 형은 저를 분다.(伯氏吹壎。仲氏吹篪。)"라는 말에서 비롯

된 것이다. 또 동진東晉의 축도생竺道生이 강소江蘇 호구산虎丘山에서 돌멩이들을 모아 놓고『涅槃經』의 천제성불闡提成佛의 설을 강의하면서 "나의 이야기가 불심佛心과 계합契合하는가?" 하고 물으니, 돌멩이들이 머리를 끄덕였다는 '생공설법生公說法 완석점두頑石點頭'의 고사가 전한다.『蓮社高賢傳』「道生法師」,『佛祖統紀』권 26.

116 이는 일본에서 지은 시 가운데 조선인과 관련된 유일한 시이다. 사행使行 가운데는 승속으로서 배행한 인사가 적지 않았을 것이다. 승려는『四溟堂大師集』의 편집자인 혜구惠球 등 다섯 명이었으나 속인으로 배행한 인물은 아직 알려진 사람이 없다. 이 진사의 시에 차운하면서 지은 둘째 시에서 자신이 옛날 봉은사의 주지직을 마다하고 서산 문하로 들어갔던 일을 회상하고 있다. 이 진사의 이름은 미상이다.

117 줄 없는 곡조 : 무현금無絃琴과 같은 말이다.

118 한산寒山 : 당나라의 저명한 시승詩僧으로, 풍간豊干·습득拾得과 함께 천태 국청사國淸寺의 삼은三隱으로 일컬어진다.

119 소무蘇武가 눈~너를 놔주었구나 : 한 무제漢武帝 때 소무가 중랑장中郎將의 신분으로 흉노에 사신으로 갔을 적에, 흉노의 선우單于가 그를 굴복시키려고 온갖 회유와 협박을 가해도 소용이 없자, 북해北海(바이칼호) 주변의 황량한 변방에 그를 안치하고 염소를 치게 하기도 하였다. 모진 고초를 겪으면서도 끝까지 절개를 지켜 굴복하지 않다가, 소제昭帝 때에 와서 흉노와 화친을 맺고 기지를 발휘한 끝에 19년 만에 귀국하여 전속국典屬國의 작위에 봉해지고 중이천석中二千石의 연봉을 받았다. 백룡白龍은 신강성新疆省 천산天山 남쪽의 백룡퇴白龍堆라는 사막의 준말인데, 당시에 흉노의 영토였다.

120 두 그루~집 나무인고 : 참고로 진晉나라 도연명이 자기 집 주위에 버드나무 다섯 그루가 있었으므로, 오류선생五柳先生이라고 자칭했다는 고사가 있다.『宋書』권93「隱逸傳」〈陶潛〉.

121 공봉자供奉子 : 동물원의 원숭이처럼 사람들의 구경거리를 위해 잡혀 온 원숭이를 말한다. 당나라 소종昭宗이 파천播遷했을 때 어가를 따라온 사람 중에 원숭이를 훈련시켜 재롱을 잘 부리게 한 사람이 있었는데, 그 원숭이가 백관의 반열을 따르며 말을 잘 알아듣자, 소종이 그 원숭이에게 붉은 비단의 조복緋袍을 하사하면서 손공봉孫供奉이라고 칭한 고사가 전한다. 공봉후供奉猴라고도 한다.『淵鑑類函』「獸」〈獼猴三〉.

122 술 훔쳐도~사람 없어 : 원숭이인 손오공孫悟空이 옥황상제의 선도仙桃와 선주仙酒를 훔쳐 먹고 천상에서 난동을 부리다가 결국 부처님 손바닥 안에서 벗어나지 못한 채 사로잡혀 500년 동안 오행산五行山에 갇히는 신세가 된다는『西遊記』의 이야기를 인용한 것이다.

유명조선국 자통광제존자 사명당 송운 대사 행적

문제자 방장산인 해안 지음

삼가 살피건대, 현겁賢劫의 네 번째 지존至尊[1]은 사바세계의 사천하四天下에 나와 쌍림雙林에서 교화를 펼치며 유독 염부閻浮(인도)에 거하였고, 천축의 28조 보리달마는 대해大海 안의 삼천주三千洲에 나와 척리隻履(신발 한 짝)로 근기에 응하며 진조震朝(중국)에 맨 먼저 건너왔다. 그리하여 만대萬代에 믿고 의지할 바가 있게 되었고, 즉시에 해탈하는 길이 무궁히 펼쳐지게 되었다.

천 겹의 보배 실로 짠 그물 속에는 성인과 범부가 들어 있고, 한 면의 옛 거울에 비치는 광명 속에는 스승과 제자가 들어 있다. 혹은 남산南山의 남쪽과 북산北山의 북쪽에서 대역大易의 근심이 없는 것(無悶)을 달갑게 여기고, 중용中庸의 후회하지 않는 것(不悔)을 좋아하는가 하면,[2] 혹은 풍채가 훤칠하여 두 발로 십주十洲와 삼도三島를 두루 밟고, 기백이 웅혼하여 안광眼光을 오호五湖와 사해四海에 내쏘기도 한다.

나아가 방포方袍[3]의 신분으로 나라를 위해 헌신하며 생민生民을 널리 구제할 적에는, 웅변을 폭포처럼 쏟아내고 고목에 생기를 불어넣듯 하면서, 불조佛祖의 인장印章을 허리에 차고서 천하의 사람들을 모두 제압하기도 한다. 그리하여 하늘에 닿은 파도를 가로지르고 배를 삼키는 교룡蛟龍을 희롱하는가 하면, 부요扶搖의 풍력風力을 억누르고 하늘에 드리운 날개를 띄우기도 하나니,[4] 이런 인물은 기국器局이 워낙 영위英偉하고 절륜絶倫해서 말로는 형용할 수 없는 점이 있다.

만력萬曆 38년(1610, 광해군 2) 경술년 8월 26일에 임제臨濟의 법맥을 이어받은 후손인 가야산 사명당四溟堂 송운 대사松雲大師가 입적하였다. 법휘法

諱는 유정惟政이고, 자字는 이환離幻이다. 속성俗姓은 임씨任氏이니 풍천豊川의 명망 높은 가문이다.

증조부 효곤孝昆은 문과文科에 급제하여 관직이 장악원 정掌樂院正에 이르렀는데, 일찍이 대구大丘의 수령으로 있을 적에 밀성密城(밀양)에다 터를 잡고 살기 시작하였다. 그는 유학幼學 종원宗元을 낳았고, 종원은 교생校生 수성守成을 낳았으며, 수성은 달성 서씨達城徐氏에게 장가들었다.

서씨가 어느 날 저녁에 주부의 거처에 있다가 잠깐 졸면서 꿈을 꾸었는데, 누런 두건을 두른 황금빛 사람이 흰 구름을 타고 높은 누대에 올라가서 늙은 선옹仙翁에게 허리를 굽혀 절을 하니, 선옹이 미소를 지으며 말하기를, "이 사람은 고해苦海를 건네주는 장년삼로長年三老(뱃사공)인데, 어찌하여 나에게 와서 절을 하시는가?"라고 하였다. 그 소리를 귀로 듣는 순간에 갑자기 놀라 꿈에서 깨고 보니, 마치 오래 굶주렸다가 한 번 배불리 먹은 것 같고, 뭔가 잃어버렸다가 다시 찾은 것 같은 느낌이 들면서, 두려운 생각과 함께 온몸에 소름이 끼쳐 왔다.

그런 일이 있은 뒤로부터는 웃어도 잇몸을 보이지 않았으며 감히 트림이나 한숨이나 하품이나 기지개도 하지 않았다. 그리하여 1년 뒤인 가정嘉靖 23년(1544) 갑진년 10월 17일에 대사를 낳았으니, 그때는 우리 중종中宗 성효 대왕誠孝大王이 즉위하신 지 39년이 되는 해였다.

대사는 태어나면서부터 우뚝하여 보통 아이와는 완전히 달랐다. 모래를 쌓고 담벼락에 그림을 그려 불상佛像이나 불탑佛塔 모양을 만들어 놓고는 꽃을 꺾어 공양을 하고 합장合掌을 하였으며 가부좌跏趺坐를 하고 대하기도 하였다. 길에서 자라를 잡아가는 사람을 만나서는, 주워 모은 밤과 그것을 바꿔서 깊은 못에다 놓아주었는데, 사람들이 이것을 보고는 기이하게 여겼다.

일곱 살 되던 해에 조부가 정훈庭訓[5]을 대신하였는데, 그 뜻을 정밀하게 터득하지 않음이 없었다. 그리고 1년이 지나자 마침내 구류九流[6]를 좁게 여기는 뜻을 내어 탄식하기를, "유가儒家의 도는 세간世間의 법이니, 어찌 구경究竟의 법이 되겠는가."라고 하고는, 곧바로 황악산黃嶽山 직지사直旨寺의 신묵 화상信默和尙에게 귀의하였는데, 강론講論을 한 번 듣고는 벌써 그 선지禪旨를 깨달았다.

신유년(1561, 명종 16)에 선과禪科에 급제하였다. 이에 당시의 학사學士 대부大夫로서, 가령 박사암朴思菴(朴淳)·이아계李鵝溪(李山海)·고제봉高霽峰(高敬命)·최가운崔駕運(崔慶昌)·허미숙許美淑·임자순林子順(林悌)·이익지李益之(李達)와 같은 사람들이 모두 대사와 수창酬唱하여 명성이 사림詞林에 전파되었다. 하곡荷谷(許篈)과 황유촌黃柳村(黃汝獻)도 대사의 재질을 탄상嘆賞하였다.

을해년(1575, 선조 8)에 상문桑門(佛門)의 공망公望으로 선종 사찰의 주지가 되었으나, 곧바로 옷깃을 떨치고 묘향산에 들어가서 처음으로 청허 대사에게 구적扣寂[7]하였는데, 언하言下에 크게 깨닫고는 승당입실升堂入室[8]하여 선등禪燈을 높이 매다는 것을 조력하였다. 횡해黌海(學海)의 물결 속에서 뗏목과 배를 띄우고(方之舟之) 자맥질과 헤엄을 치면서(泳之游之)[9] 꼬박 3년을 보내고는, 그만두고 금강산으로 물러나 보덕사報德寺에서 세 철의 여름을 안거한 뒤에 남쪽으로 팔공八公·청량清涼·태백太伯 등 여러 산들을 유력遊歷하였다.

병술년(1586, 선조 19) 봄에 옥천沃川 산상山上의 동암東庵[10]에 이르렀다. 한밤의 소나기에 뜰의 꽃들이 모두 떨어지자, 눈물을 흘리며 장탄식을 하다가 개중介衆(대중)을 불러 말하기를, "시서詩書 3만 개의 두루마리와 경론經論 5천 상자와 『장자』, 『노자』 등 제가諸家는 단지 심心이라는 글자 하나를 말했을 뿐이다. 내가 그것을 입에 올려 애면글면 애를 쓰기보다는 일태극一太極[11]의 위와 천하모天下母[12]의 첫 구절의 이쪽저쪽에 마음을 돌리는 것이 훨씬 나을 것이다."라고 하고는, 곧장 문도를 해산하고 선실禪室에 들어앉아 아무 말 없이 10여 일을 보내었다.

기축년(1589, 선조 22)에 오대산五臺山 영감난야靈鑑蘭若에 이주移住하였는데, 역옥逆獄(鄭汝立의 옥사)에 잘못 걸려들어 강릉부江陵府에 잡혀 왔으나, 여러 유사儒士들이 대사의 억울함을 변호해 주어 풀려 나왔다. 경인년(1590, 선조 23)에 풍악楓嶽에서 노닐며 또 여름 세 철을 안거하였다.

임진년(1592, 선조 25) 여름에 왜적이 창궐猖獗하여 살기등등殺氣騰騰하게 영동嶺東으로 침입해서 이미 유점사楡岾寺에까지 들어왔다. 대사가 문도 몇 사람과 함께 왜적과 글로 문답하며 흉봉凶鋒을 함부로 쓰지 말라고 알아듣게 타이르니, 왜적들이 잠시나마 경복敬服하는 기색이 있었다. 대사는 또 즉시 석장錫杖을 날려 고성高城으로 들어가서 글로 문답하며 살생殺生을 좋아하지 말라고 타이르니, 적장賊將 세 사람이 합장하며 그 훈계를 들었다. 그리하여 아홉 고을이 죽음을 면할 수 있게 되었으니, 이는 대개 대사의 자비慈悲의 힘을 입은 것이었다.

선묘宣廟가 서쪽으로 행행行幸하고 도성西幸이 함락되매, 오직 얼룩무늬 옷을 입은 왜적들이 날뛰는 그림자만 보일 뿐이었다. 대사는 절치부심切齒腐心하며 손에 창을 쥐고서 항왜抗倭의 의병들을 모집하여 수백 명의 승려와 함께 급히 순안군順安郡으로 달려가니, 여러 의승들도 모두 달려와서 당시에 수천의 병력을 이루었다.

이때에 청허 대사淸虛大師는 제도諸道의 승병을 총섭總攝하라는 조정의 명령을 받았으나, 늙고 병들었다는 이유로 사양하고는 대사를 천거하여 자기를 대신하게 하였다.[13] 이에 대사가 마침내 대중人衆을 거느리고 체찰사體察使 유공柳公 성룡成龍을 따르며 중국 장수와 함께 앞서거니 뒤서거니 하면서 바둑 꽃놀이패(碁劫)의 형세를 도운 결과, 이듬해 정월에 평양平壤을 수복하고 행장行長을 달아나게 하였다. 그리고는 도원수都元帥 권공權公 율慄을 따라 영남嶺南으로 내려가서 의령宜寧에 진陣을 머물러 두고는 죽이고 노획鹵獲한 것이 상당히 많았다. 상이 이를 가상하게 여겨 갑오년(1594, 선조 27) 봄에 절충장군折衝將軍 첨지중추부사僉知中樞府事를 제수除授

하였다.

 총병總兵 유정劉綎이 대사에게 부산의 왜영[14]으로 들어가서 청정淸正을 타이르도록 부탁하였으므로 모두 세 차례 왕복하였다. 청정이 조선의 보배가 무엇인지 물었는데, 대사가 대답하기를, "근년에는 조선에 보배로 여길 만한 것이 없고, 오직 당신의 머리를 보배로 삼는다."라고 하니, 청정이 무릎을 치며 경탄하였다.

 상이 갑자기 명하여 대내大內로 불러들이고는 평생의 일을 자세히 묻고 나서 하교下敎하기를, "그대가 산인山人의 신분으로 의리에 분발하여 왜적을 토벌하였고, 심지어는 왜적의 소굴에 드나들면서 위험한 지경을 빠짐없이 경험하였으니, 내가 가상하게 여기는 바이다. 옛날에 유병충劉秉忠[15]과 요광효姚廣孝[16]는 모두 산인의 신분으로 남다른 공훈을 세워서 후세에 그 명성을 전하였다. 지금 나라의 형세가 이와 같으니, 그대가 만약 머리를 기르고서 세상에 나온다면, 응당 백 리百里의 땅을 위임할 것이요, 삼군三軍을 통솔하는 명을 내릴 것이다."라고 하니, 대사가 손을 모으고 눈물을 뿌리며 사례하기를, "주상 전하께서 이미 추구芻狗[17]에게 도적을 막도록 허락하셨으니, 사문沙門인 소신小臣이 어찌 감히 보답하여 나라가 길이 보존되도록 하지 않겠습니까."라고 하였다. 상이 무고武庫의 갑옷과 병장기를 대사에게 내주게 하였다.

 대사가 영남으로 돌아와서 군병을 주둔하고 초격抄擊하는 한편, 용기龍起·팔공八公·금오金烏 등 여러 산성山城을 잇따라 수축하여 우뚝하게 보장保障이 되게 하고, 각처의 방어시설을 엄히 정돈하였다. 그런 뒤에 즉시 인수印綬와 전마戰馬를 반납하고 척적尺籍[18]을 비국備局에 바치고는 소장疏章을 올려 사직을 청하였으나 조정에서는 돈유敦諭하며 허락하지 않았다.

 정유년(1597, 선조 30) 겨울에 마귀제독麻貴提督을 따라 도산島山에 들어가고, 무술년(1598, 선조 31)에 또 유 제독劉提督을 따라 예교曳橋에 들어가서 모두 으뜸가는 공을 세웠다. 전후에 걸쳐 4천여 석石의 군량을 비축하였고, 병기와 갑옷도 만萬으로 헤아렸다.

임인년(1602, 선조35) 가을에 가선대부嘉善大夫 동지중추부사同知中樞府事로 승진하였고, 부친은 가선대부嘉善大夫 한성좌윤漢城左尹에 추증追贈되었다. 신축년(1601, 선조 34)에 부산釜山에 성을 쌓고, 내은산內隱山으로 돌아갔다.

계묘년(1603, 선조 36)에 명을 받고 서울에 왔다. 갑진년(1604, 선조 37)에 국서를 받들고 일본에 갔다. 여러 왜인들이 말하기를, "이 이가 보배를 말했다는 화상인가?"라고 하였다. 대마도에서 일본의 서울(京都)에 가니, 여러 대수大帥들이 모두 신심을 내어 약속을 받아들였다. 승려들이 사슴 떼처럼 모여들어 가르침을 받기를 원하자, 대사가 일일이 가르쳐서 미혹을 깨우쳐 주니, 모두 머리를 땅에 대고 예배하며 부처님이라고 일컬었다.

급기야 가강家康을 만나서 양국의 생령이 오래도록 도탄에 빠진 정상을 자세히 말하였다. 가강도 불교에 귀의한 자였으므로, 대사의 말을 듣고는 신심을 내어 부처님처럼 공경하였다. 그리하여 협약을 제대로 맺고 귀국하게 되었는데, 그 기회에 포로로 잡혀간 남녀 1천5백 명[19]을 한꺼번에 데려오면서 스스로 곡식을 마련하여 그들을 먹이며 귀환하였다.

을사년(1605, 선조 38)에 복명復命하였다. 여름에 가의대부嘉義大夫 행용양위대호군行龍驤衛大護軍으로 승진하면서 부친은 자헌대부資憲大夫 형조판서刑曹判書에 추증되고 모친은 정부인貞夫人에 추증되었으며, 조부는 통정대부通政大夫 승정원좌승지承政院左承旨 겸 경연참찬관經筵參贊官에 추증되고 조모는 숙부인淑夫人에 추증되었으며, 증조부는 통훈대부通訓大夫 통례원좌통례通禮院左通禮에 추증되고 증조모는 숙인淑人에 추증되었다. 또 어마御馬와 저사紵絲의 표리表裏를 하사하여 표창하였다.

이때 청허淸虛는 이미 입적한 뒤였다. 대사는 바로 묘향산에 들어가서 그 영탑影塔에 예배하고 보현사普賢寺에서 복제服制를 마쳤다.

병오년(1606, 선조 39) 봄에 영선군營繕軍을 거느리고 법궁法宮(대궐의 정전)의 공사에 나아갔으며, 삼강동三江洞[20]에 초막을 지었다. 정미년(1607, 선조

40) 가을에 은퇴를 청하고 치악산雉岳山으로 돌아왔다.

무신년(1608, 선조 41)에 선묘宣廟의 휘음諱音(訃音)을 듣고 서울에 가서 배곡拜哭하였는데, 그로 인해 병을 얻어 매우 괴로워하였다. 금상今上이 서쪽 변방에서 호인胡人의 침입에 대비하게 하려 했으나, 명에 응하지 못한 채 가야산伽耶山에 들어가 조리하니, 상이 누차 어약御藥을 하사하였다.

경술년(1610, 광해군 2) 가을에 상이 염려하여 서울에 와서 치료받게 할 목적으로 방백方伯으로 하여금 돈유敦諭하며 상경하도록 하였다. 이에 대사가 계월桂月(8월)의 달이 이지러지기 시작한 지 6일째 되는 날에 대거 불도佛徒들을 모아 놓고 고하기를, "사대四大가 가합假合한 이 몸이 이제 진원眞源으로 돌아가려 한다. 어찌 번거롭게 왕래하여 이 허깨비 같은 몸을 수고롭게 해야 하겠는가. 내가 이제 입멸入滅하여 자연의 변화에 따르려 한다."라고 하였다. 시자가 몸을 씻겨 주고 나서 홀연히 모두 보응報應하고 먼 길을 떠났으니, 세수世壽 67세 중에 붕鵬처럼 나타났다가 학鶴처럼 돌아간 행적[21]이 53년 하고 3개월이었다.

창월暢月(11월) 20일에 사원의 서쪽 기슭에서 다비를 행하니, 상서로운 빛이 하늘에 뻗치고 날아가는 새들이 놀라서 지저귀었다. 이에 정수리의 구슬 하나를 모셔다 석종石鍾을 만들어 봉안하고 그곳에 솔도파窣堵波(탑)를 세웠다.

그밖에 사자四子[22]와 이두李杜(이백과 두보)의 시를 소재穌齋(노수신) 상공에게 배운 일 등은 도인道人의 여사餘事로서, 후학을 깨우치는 일은 되지 못하겠기에 여기에 죄다 기록하지 않는다.

혹은 그 빛을 일하日下[23]에 전하고 혹은 자취를 호산湖山에 흩으매, 구중궁궐에서 목을 늘이고 생각하고 천 리 밖으로 정성을 치달렸다. 그리하여 지검芝檢(詔書)이 자주 내리면서 사신의 그림자가 바위와 계곡에까지 이어졌으니, 이는 대사가 구한 것인가, 아니면 대사에게 주어진 것인가.[24]

아! 대사가 이때에 와서 교화를 행한 것이 이와 같았고, 이때에 세상을 떠나면서 자연의 변화에 순응한 것(處順)이 이와 같았다.[25] 진리의 들보가 부러져 꺾이고,[26] 밤에 골짜기에 배를 숨겼나니,[27] 지혜의 물은 숨어서 흐르고 조수 물결이 거세게 일어났다. 분분紛紛하게 기고만장하여 자기 소견만 고집하며 혼자 잘난 체하는 자들이 많으니, 우리 대사가 아니면 내가 누구에게 돌아가겠는가. 오디를 먹고서는 좋은 소리를 하기 마련인데(食甚好音),[28] 향을 훔치고서도 코를 막는가 하면(偸香掩鼻),[29] 적반赤斑을 바꿔서 두각頭角이라고 칭하는 자들[30]이 얼마나 되는지 또 모른다.

　보잘것없는 소제자小弟子 해안海眼은 오석령烏石嶺과 망주정望洲亭[31] 주변 말석末席 아래에서 노닌 더러운 찌꺼기에 불과하다. 그런데 대사의 방에 들어가서 절도節度에 맞게 노닌 적제자適弟子 혜구惠球와 단헌丹獻 등이 팔방의 횡려黌侶(학우)들과 서로 의논하여 말하기를, "청허淸虛는 능인能仁(釋尊)으로부터 63대代요, 임제臨濟로부터 25세 직손直孫이다. 영명永明(永明延壽)은 법안종法眼宗이고, 목우자牧牛子(普照知訥)는 별종別宗이고, 강월헌江月軒(懶翁)은 평산平山(平山處林)에서 파派가 나뉘었다. 그런데 본비本碑(許筠)가 지은 비명의 내용을 보면 우리 대사가 임제에게서 전해 받은 소목昭穆의 차서次序가 잘못되었으니, 가령 후세의 지혜에 눈이 멀고 귀가 먹은 자들이 세월이 오래 지나도 그대로 전하기만 한다면, 눈 밝고 귀 밝은 이들을 놀라게 하는 일이 있지 않겠는가."라고 하고는, 해안이 외손제구外孫齊臼[32]는 부족해도 동호董狐[33]의 직필直筆은 있다고 하여 본비本碑를 가지고 와서 재삼 요청하기에 31년이 지난 창룡蒼龍(太歲) 용집龍集(歲次) 백룡白龍(경진년, 1640, 인조 18) 용월龍月(辰月, 즉 3월) 사토일射兎日에 삼가 지었다.

有明朝鮮國慈通廣濟尊者四溟堂松雲大師行蹟[1]

　　　　　　　　　　　　　　　門弟子 方丈山人 海眼撰
　謹按賢刼[2]第四尊。娑婆之界四天下。而雙林演化。獨在於閣浮。天竺二十八祖。大海之內三千洲。而隻履投機。首來於震朝。萬代之依憑有所。

即時之度脫無窮。千重寶絲網裏。聖乎凡乎。一面古鏡光中。師也弟也。或有南山之南。北山之北。甘心大易之無悶。好是中庸之不悔。或有風神擧擧。脚跟遍於十洲三島。氣岸雄雄。目光射於五湖四海。至於方袍徇國。普濟生民。縱辯懸河。噓枯吹生。直佩佛祖之印。踏殺圓首之叢。橫際天之波濤。弄吞舟之鰲鱻。壓扶搖之風力。擧垂天之羽翼者。其爲器局。英韙絕特。有不得容言者矣。萬曆三十八年庚戌八月二十六日。濟下來孫伽耶山四溟堂松雲大師入寂。法諱惟政。字曰離幻。俗姓任氏。豊川望族也。曾大父孝昆。文科官掌樂院正。曾守大丘。仍以家密城。生幼學宗元。宗元生校生守成。守成娶達城徐氏。徐氏忽一夕在中饋。因假寐。夢見黃幘金人。乘白雲上高臺。磬折於老仙翁。仙翁微笑曰。此是苦海上。長年三老。胡爲乎來禮。入耳之頃。蘧蘧然驚覺。若久飢而一飽。如有失而還得。瞿瞿如也。寒粟生體。自爾笑不至矧。未敢噦噫欠伸者。過朞。嘉靖二十三年甲辰十月十七日生焉。我中宗誠孝大王三十九年也。生而岐嶷。迥異凡兒。聚沙畫墁。摸樣像塔。採花爲供。掌合趺對。路逢捉鷙者。拾栗償之。放諸深淵。見者異之。七歲王父代以庭訓。莫不精詣。跨一星終有隘九流意。歎曰。儒道世典。豈是究竟法乎。迺投黃嶽山直旨寺信嘿和尙。講下已悟禪旨。辛酉中禪科。一時學士大夫。如朴思菴李鵝溪高霽峰崔駕運許美淑林子順李益之之輩。咸與之酬唱。傳播詞林。荷谷黃柳村。亦爲之嘆賞焉。乙亥歲以桑門公望。住持禪宗。即拂衣入妙香山。始扣寂於淸虛大師。言下大悟。升堂入室。助懸禪燈。覺海波中。方之舟之。泳之游之。恰三年。辭退金剛山。結三夏於報德寺。南遊八公淸涼太伯諸山。丙戌春到沃川山上東庵。一夜驟雨。庭花落盡。迺流涕以長太息。招語介衆曰。詩書三萬軸。經論五千函。莊老列諸家。秖言心字而已。吾伊上口。跛跛挈挈。莫若歸心於一太極之上。天下母之初一句子之那畔更那畔矣。即散門徒。塞兌禪室者。旬有餘日。己丑迻住五臺山靈鑑蘭若。誤絓逆獄。逮于江陵府。諸儒士爲之訟其寃得釋。庚寅遊楓嶽。又結三夏。壬辰夏倭賊猖獗。殺氣憑陵。到於嶺東。已入楡岾寺。師

與門徒若干人。書以往復。譬解凶鋒。則輒有敬服之色。即飛錫入高城。以
書勸其勿嗜殺。則賊將三人。拱手聽戒。九郡之得免虔劉者。盖師之慈悲
力也。宣廟西幸。都城失守。只見斑衣陸梁之影。大師麟齗戟手。抗義募集。
與數百僧。亟赴順安郡。諸義僧皆來。會有衆數千矣。時清虛大師。以朝命。
捴攝諸道僧兵。辤以老病。薦師自代。遂統大衆。從體察使柳公成龍。與天
將爲之後先。以助碁疚之勢。明年正月破平壤。走行長。因隨都元帥權公
慄。下嶺南。留陣宜寧。殺獲頗多。上嘉之。甲午春授折衝將軍。僉知中樞
府事。劉捴兵綎。命師入釜營。諭清正。凡三返。正問朝鮮之寶。大師對曰。
近年朝鮮無以爲寶。唯汝頭以爲寶。正擊節驚嘆。上遽命詣內。備問平生。
下敎曰。爾以山人。奮義訂賊。至於出入賊窟。備經危險。予用嘉焉。昔劉
秉忠姚廣孝。俱以山人。建立殊勳。名流後世。今國勢如此。爾若長髮。則
當委以百里之寄。授以三軍之命矣。大師合爪甲。揮涕泣而謝曰。主上殿
下。旣許蒭狗以防盜。沙門小臣。敢不報之以耐久。上以武庫鎧仗給之。師
返嶺南。留兵抄擊。連築龍起八公金烏諸山城。屹爲保障。各餙[3]儲胥。然
後卽上印綬戰馬。以尺籍納于備局。抗章乞閑。朝廷敦諭不許。丁酉冬從麻
提督貴。入島山。戊戌又從劉提督。入曳橋。皆有首功。前後備餉四千餘石。
器甲萬計。壬寅秋陞嘉善大夫同知中樞府事。父贈嘉善大夫漢城左尹。辛
丑築釜山。還內隱山。癸卯承命來京。甲辰奉國書徃日本。諸倭相謂曰。此
是說寶和尙耶。自馬島抵其都。諸大帥皆信受約束。緇流麕至。願受敎。師
一一指迷。卽皆頂禮稱佛。及見家康。備言兩國生靈久陷塗炭。康亦歸心釋
敎者也。聞而發信。敬之如佛。克成和好而歸。因括回被擄男女一千五百。
自備穀餔之而還。乙巳復命。夏陞嘉義大夫行龍驤衛大護軍。父贈資憲大
夫刑曺判書。母贈貞夫人。祖贈通政大夫承政院左承旨兼經筵叅賛官。祖
母贈淑夫人。曾祖贈通訓大夫通禮院左通禮。曾祖母贈淑人。賜御馬紵表
裏以奬之。時淸虛已際寂。師便入妙香山。禮其影塔。仍守制普賢寺。丙午
春領營繕軍。赴法宮役。結茅三江洞。丁未秋乞骸還雉岳山。戊申聞宣廟諱

音。抵洛拜哭。因得病甚苦。今上欲令備胡西陲。不獲應命。入伽耶山調治。上屢賜御藥。庚戌秋上念之。欲其就醫京山。令方伯敦遣。桂月月缺之六日。大會諸禪那告曰。四大假合。今將返眞。何用屑屑。徃來勞此幻軀。吾今入滅。以順大化也。侍者澡身。熱⁴⁾然長徃。盡報也。六十七禩。鵬顯鶴歸者。五十三夏三箇朔。暢月二十日荼毗於寺之西麓。祥光燭天。飛鳥驚噪。於是輂頂珠一具。鑿石鍾藏之。樹窣堵波於其地。自餘學四子李杜詩於穌齋相公等事。道人之餘事。非所以警後學。故不盡述焉。或傳光日下。或散迹湖山。九重延想。千里馳誠。芝檢數數。影綴嵒溪。則求之歟。與之歟。嗚呼適來之時。行化也如彼。適去之時。處順也如此。法樑摧折。夜壑藏舟。慧水潛流。潮波汩起。般紛紛矯矯冗冗。各守己見自高者多。微我師吾誰與歸。其食甚好音。偸香掦鼻。改赤斑稱頭角者。又不知其幾多。秖如小弟子海眼。烏石嶺望洲亭邊末席下穢淬者也。而大師之室。中節適弟子。惠球丹獻等。與八表鸑侶。相爲之議曰。淸虛是能仁六十三代。臨濟二十五世直孫也。永明則法眼宗也。牧牛子則別宗也。江月軒則分派於平山。本碑中吾師之傳於臨濟。昭穆失次。若後世盲聾乎智者。愈久而愈傳。無乃有駭耳目者乎。以海眼雖乏外孫蘁臼。且有董狐直筆。持其本碑。再三爲請故。

越三十一年蒼龍龍集白龍龍月射兔日謹書。

---

1) ㉘ 이 행적문은 저본에는 권두 서문의 아래에 있었지만 편찬자가 여기로 옮겼다. 甲本·乙本·丙本·丁本에는 없다.　2) ㉘ '刦'은 '劫'의 오기인 듯하다.　3) ㉘ '飭'은 '飾'의 오기인 듯하다.　4) ㉘ '熱'은 '遽'의 오기인 듯하다.

유명조선국 자통홍제존자 사명 송운 대사 석장 비명 병서

　상교象敎[34]가 동쪽으로 삼한三韓에 전해지고 나서 교敎와 율律을 아울러 제창하고 원圓과 점漸의 문이 나뉜 가운데, 수천 년 동안 가려伽黎(袈裟)를 입은 자들마다 자기들이 석가모니의 보배를 손에 넣었다고 자랑하였다. 그러나 그중에서 오직 목우牧牛(普照知訥)와 강월江月(普濟懶翁)이 홀로 황매黃梅(弘忍)의 종지宗旨를 얻어 울연蔚然히 선문禪門의 우두머리가 되었으니, 겸추鉗鎚를 한번 휘두르매 만인萬人이 모조리 쓰러졌다. 그리하여 열반묘심涅槃妙心과 정법안장正法眼藏이 청구靑丘의 땅에 은밀히 전해지게 되었으니, 어찌 기이하다고 해야 하지 않겠는가.

　보제普濟로부터 5대를 전하여 부용 영관芙蓉靈觀에 이르는데, 그때 청허淸虛 노사老師가 입실제자入室弟子를 칭하였다. 그는 혜관慧觀과 묘오妙悟의 경지에서 전배前輩보다 뛰어난 점이 있었으니, 그야말로 근대의 임제臨濟요, 조동曹洞이라고 칭할 만하였다. 그 뒤에 그의 법을 이어받은 사람이 없지 않았으나, 치문緇門에서는 사명 대사四溟大師를 성대히 추대하며 서산西山의 법통을 이을 만하다고 말을 하니, 어쩌면 그 말이 맞는 듯도 싶다.

　대사의 이름은 유정惟政이고, 자字는 이환離幻이며, 사명四溟은 자호自號이다. 그의 선비先妣가 분만分娩하던 날에, 백운白雲에 올라타고서 누런 두건을 두른 황금빛 사람을 데리고 만 길 높은 누대에 올라가니 신선 노인이 그 위에 걸터앉아 있었으므로 바로 땅에 이마를 대고 예배하는 꿈을 꾸었는데, 그 꿈을 깨고 나서 대사를 낳았다.

　대사는 태어나면서부터 총명하고 산처럼 우뚝하여 보통 아이와 같지 않았다. 조금 커서는 장난하는 것도 좋아하지 않았는데, 다른 아이들과 함께 냇가에서 노닐 때면, 혹 모래를 다져서 탑을 만들고 돌을 세워서 불상을 만들기도 하였으며, 혹 꽃을 꺾고 밤을 주워다가 공양供養을 하기도 하였다.

어느 날 그물질하는 어떤 사람이 큰 자라를 잡아 가는 것을 보고는 모아 놓은 밤으로 그 값을 치르고서 못 속에 놓아주었는데, 이에 다른 아이들이 감복하여 모아 놓은 밤을 모두 대사의 앞에 갖다 놓자, 대사가 매우 균등하게 나누어 주고 자기는 빈손으로 마을로 돌아가니, 노인들이 이것을 보고서 기이하게 여겼다.

7세에 대사의 조부祖父가 역사를 가르쳐 주었는데, 대사가 묻기를, "학자學者의 업業은 귀한 것입니까, 천한 것입니까? 만약 귀한 것이라면 학문을 게을리하지 않겠습니다."라고 하니, 조부가 이르기를, "세간世間의 일 중에서 학문보다 귀한 것은 없다. 고금古今의 성현聖賢들도 모두 학문을 통해서 성취하였으니, 어찌 감히 소홀히 해서야 되겠느냐."라고 하였다.

이에 대사가 말하기를, "성현聖賢의 마음으로 업業을 한다면 귀하겠지만, 이를 어긴다면 천하겠습니다. 그런데 세상에서 배우는 것을 보면, 사람을 해치는 설은 많고 사람을 좋게 만드는 교훈은 적으니, 어찌 귀하다고 할 수 있겠습니까."라고 하니, 조부가 이르기를, "사람을 좋게 만들고 사람을 해치는 것은 공허한 말에 있지 않고, 오직 마음이 착하냐의 여부에 달려 있는 것이니, 너의 말이 지당하다."라고 하였다. 이에 대사는 힘껏 공부하며 게으름을 부리지 않았다.

13세에 유촌柳村 황여헌黃汝獻[35]에게서 『맹자』를 배웠다. 어느 날 저녁에 책을 덮고 탄식하기를, "세속의 학문은 비천하고 누추한 데다 세상 인연에 얽매여 번거로우니, 어찌 무루無漏의 학문을 배우는 것만 하겠는가."라고 하고는, 곧바로 황악산黃嶽山 직지사直旨寺의 신묵 화상信默和尙에게 나아가 머리를 깎았다. 『전등록傳燈錄』을 처음 보았으나 다 익히기도 전에 이미 심오한 뜻을 깨달았으므로, 여러 노숙老宿들이 모두 그에게 와서 모르는 것을 물어보았다.

신유년(1561, 명종 16)에 선과禪科에 급제하였다. 화려한 명성이 점차 드러나매, 당시의 학사學士 대부大夫와 시인詩人으로서, 가령 박사암朴思菴(朴淳)·이아계李鵝溪(李山海)·고제봉高霽峰(高敬命)·최가운崔駕運(崔慶昌)·허미숙許美淑·임자순林子順(林悌)·이익지李益之(李達)와 같은 사람들이 모두 대사와 즐겁게 지내면서 시문을 주고받아 사림詞林에 전파되었는데, 사람들이 이를 미담으로 여겼다.

언젠가는 하곡荷谷(許篈)과 한문韓文(한퇴지의 시문) 중에서 가장 긴 글을 한 번 보고 외우기로 내기를 하였다. 그런데 대사가 착오 없이 암송을 하자, 하곡이 바로 손으로 쓴 사본寫本을 대사에게 내주기도 하였다. 기고봉奇高峯(奇大升)이 말하기를, "이런 것을 믿고서 자족自足한다면 학문이 분명히 발전하지 않을 것이다. 쓸데없는 일에 허비한다면 애석한 일이다."라고 하니, 대사가 송구한 심정으로 가르침을 받들고서 부지런히 힘쓰며 조금도 게을리하지 않았다.

그리고는 소재穌齋(盧守愼) 상공에게서 사자四子를 배우고, 또 이백李白과 두보杜甫의 시를 배웠는데, 이로부터 문장이 날로 더욱 발전하였다. 그리고 내전內典의 그 많은 글들도 모두 섭렵涉獵하였으므로, 방포方袍(袈裟)를 걸치고 축분竺墳(불전)을 익히려는 자들이 산문山門에 구름처럼 모여들었다.

을해년(1575, 선조 8)에 공문空門(불문)의 중망衆望에 의해 선종禪宗의 사찰을 주지住持하게 되었으나 이내 작별을 고하고는 석장錫杖을 떨치고 떠나서 묘향산으로 들어가 비로소 청허淸虛의 좌하座下에서 공부하게 되었다. 노사老師가 심지心地를 일깨우며 곧바로 성종性宗을 가르쳐 주니, 대사가 당장에 크게 깨닫고는 즉시 쓸데없는 언어들을 쓸어버리고 노닥거리는 습관을 끊어 버렸다. 그리하여 종전에 시문으로 유희游戲하던 것들을 기어綺語라고 참회하고는 한결같이 안심安心과 정성定性에 뜻을 두어 3년 동안 고행한 끝에 그 정법正法을 모두 증득하였다.

무인년(1578, 선조 11)에 노사에게 작별 인사를 올리고 풍악楓嶽으로 향하여 보덕사報德寺에서 세 철의 여름을 안거安居한 뒤에, 남쪽으로 팔공산八公山·청량산清凉山·태백산太伯山 등 여러 산들을 유력遊歷하였다.

병술년(1586, 선조 19) 봄에 옥천沃川 산상山上의 동암東菴에 이르렀다. 어느 날 밤 소나기에 뜰에 피어 있던 꽃들이 모두 떨어지자, 대사가 홀연히 무상無常의 이치를 깨닫고서 문인門人을 불러 말하기를, "어제는 꽃이 피었는데, 오늘은 빈 가지만 남았다. 인간 세상이 변화하여 없어지는 것도 이와 같다. 뜬 인생이 하루살이와 같은데, 광음光陰을 헛되이 보낸다면 실로 가련한 일이다. 그대들은 각기 영성靈性을 갖추고 있는데, 어찌하여 반조返照하여 일대사一大事를 끝마치려고 하지 않는가. 여래如來도 우리의 마음속에 있는 것인데, 어찌하여 꼭 밖으로 내달려 구하면서 세월을 허송한단 말인가."라고 하였다. 그리고는 즉시 문도門徒를 해산하고 홀로 선실禪室에 들어가서 입을 다물고 가부좌跏趺坐를 틀고 앉아서 혹 열흘이 되어도 나오지 않았는데, 그 모습을 엿보면 오뚝하니 움직이지 않는 것이 흡사 진흙으로 빚은 조각 같았다.

기축년(1589, 선조 22)에 오대산五臺山 영감난야靈鑑蘭若에 주석住錫하였는데, 역옥逆獄(鄭汝立의 옥사)에 잘못 걸려들어 강릉부江陵府에 구금拘禁되었으나, 유사儒士들이 대사의 억울함을 변호해 주어 석방되었다. 경인년(1590, 선조 23)에 풍악楓嶽에서 노닐며 또 여름 세 철을 안거하였다.

임진년(1592, 선조 25) 여름에 왜적倭賊이 영동嶺東에 침입하여 유점사楡岾寺까지 몰려왔다. 이때 혹자가 말하기를, "우리나라 사람이 길잡이 노릇을 한다."라고 하니, 대사가 말하기를, "왜적이라면 글로 타이르기 어렵겠지만, 그래도 우리나라 사람이 있으면 잘 일러서 깨우칠 수 있겠다."라고 하고는, 10여 명의 문도를 이끌고 곧장 산문山門으로 들어가니 왜적들이 문도를 모두 결박하였다. 대사가 홀로 중당中堂에 이르니, 왜적의 두목이 대사가 비범한 것을 알고는 빈주賓主의 예禮로 대하면서 문도를 풀어 주었다. 대사가 글로 써서 문답을 하니 왜적들이 공경하며 심복하고는 깊은 산속을 가리키며 보내 주었다.

대사가 문도에게 말하기를, "여래如來가 세상에 나오는 것은 원래 중생을 구호救護하기 위해서이다. 이 왜적들이 기세가 등등하니 함부로 인명人命을 해칠까 두렵다. 내가 응당 가서 이 미친 왜적들을 타일러 흉봉凶鋒을 거두도록 할 것이니, 그러면 자비慈悲의 가르침을 저버리지 않을 수 있을 것이다."라고 하였다. 그리고는 즉시 석장錫杖을 날려 고성高城으로 들어가니, 적장賊將 세 사람이 모두 대사를 예우禮遇하였다. 대사가 글로 문답하며 살생殺生을 좋아하지 말라고 타이르니, 적장 세 사람이 모두 손을 모으고 훈계를 받아들였으며, 3일 동안이나 대사를 머물게 하여 대접을 하고는 성 밖에 나와서 전송하기까지 하였다. 아홉 고을이 죽음을 면할 수 있었던 것은 대개 대사의 공이었다.

선묘宣廟가 서쪽으로 몽진蒙塵하자, 불의不義에 항거하여 비분강개悲憤慷慨하며 승려들에게 말하기를, "우리들이 이 국토에 태어나 거하면서 숨 쉬고 밥 먹고 여유 있게 지내며 지금까지 살아온 것은 조그마한 것도 모두가 임금님 덕분이다. 이렇게 어렵고 위태한 때를 만나서 어떻게 차마 가만히 앉아서 볼 수만 있겠는가."라고 하고는, 즉시 수백 명의 승병僧兵을 모집하여 급히 순안順安으로 달려가니, 그때 모인 대중이 수천 명을 헤아렸다.

이때에 청허 대사清虛大師는 제도諸道의 승병을 총섭摠攝하라는 조정의 명령을 받았으나, 노쇠하다는 이유로 사양하고는 대사를 천거하여 자기를 대신하게 하였다. 이에 대사가 마침내 대중大衆을 거느리고 체찰사體察使 유공柳公 성룡成龍을 따르며 중국 장수와 협동하여, 이듬해 정월에 평양平壤을 깨뜨리고 행장行長을 달아나게 하였다. 그리고는 도원수都元帥

권공權公 율慄을 따라 영남嶺南으로 내려가서 의령宜寧에 주둔하며 죽이고 노획鹵獲한 것이 상당히 많았다. 상이 이를 가상하게 여겨 당상의 직계職階를 제수除授하였다.

갑오년(1594, 선조 27) 봄에 총병 유정摠兵劉綎이 대사에게 부산의 왜영倭營으로 들어가서 청정淸正을 타이르도록 부탁하였으므로 모두 세 차례 왕복하며 모두 요령 있게 처리하였다. 청정이 묻기를, "조선에 보배가 있는가?"라고 하니, 대사가 그 소리에 응하여 대답하기를, "없다. 보배는 일본에 있다."라고 하였다. 청정이 다시 묻기를, "그것이 무슨 말인가?"라고 하자, 대사가 말하기를, "지금 우리나라에서는 당신의 머리를 보배로 여기고 있다. 그러니 보배가 일본에 있는 것이다."라고 하니, 청정이 놀라면서 탄복하였다.

상이 대사를 궁중으로 불러들이고는 평생의 일을 자세히 묻고 나서 하교下敎하기를, "옛날에 유병충劉秉忠과 요광효姚廣孝는 모두 산인山人의 신분으로 남다른 공훈을 세워서 후세에 그 명성을 전하였다. 지금 나라의 형세가 이와 같으니, 그대가 만약 머리를 기르고 세상에 나온다면, 응당 백 리의 땅을 위임할 것이요, 삼군三軍을 통솔하는 명을 내릴 것이다."라고 하니, 대사가 감히 그럴 수 없다고 사양하였다. 상이 무고武庫의 갑옷과 병장기를 대사에게 지급하게 하였다.

대사가 영남嶺南으로 돌아와서 군병軍兵을 주둔하고 초격抄擊하는 한편, 용기龍起·팔공八公·금오金烏 등 여러 산성山城을 잇따라 수축修築하여 우뚝하게 보장保障이 되게 하고, 각처의 방어시설을 엄히 정돈하였다. 그런 뒤에 즉시 인수印綬와 전마戰馬를 반납하고 척적尺籍(軍籍)을 비국備局에 바치고는 소장疏章을 올려 사직을 청하였으나 조정에서는 돈유敦諭하며 허락하지 않았다.

정유년(1597, 선조 30) 겨울에 제독 마귀提督麻貴를 따라 도산島山에 들어가고, 무술년(1598, 선조 31)에 또 유 제독劉提督을 따라 예교曳橋에 들어가서 모두 으뜸가는 공을 세웠다. 전후前後에 걸쳐 4천여 석石의 군량을 비축하였고, 병기와 갑옷도 만萬으로 헤아렸다. 상이 가상하게 여겨서 특별히 가선대부嘉善大夫의 품계를 내리고 동지중추부사同知中樞府事를 제수하였다. 신축년(1601, 선조 34)에 부산성釜山城을 쌓고 내은산內隱山으로 돌아갔다.

계묘년(1603, 선조 36)에 명을 받고 서울에 왔다. 갑진년(1604, 선조 37)에 국서國書를 받들고 일본에 갔다. 여러 왜인倭人들이 말하기를, "이 이가 보배를 말했다는 화상和尙인가?"라고 하였다. 대마도對馬島에서 일본의 서울에 가니, 여러 대수大帥들이 모두 신심信心을 내어 약속을 받아들였다. 승려들이 사슴 떼처럼 모여들어 가르침을 받기를 원하자, 대사가 일일이 가르쳐서 미혹迷惑을 깨우쳐 주니, 모두 머리를 땅에 대고 예배하며 부처님이라고 일컬었다.

그리고 대사가 가강家康을 만나게 되어서는, "양국兩國의 생령生靈들이 오래도록 도탄塗炭에 빠졌으므로 내가 널리 구제하기 위해 왔다."라고 말하였는데, 가강도 불교에 귀의한 자였으므로, 대사의 말을 듣고는 신심을 내어 부처님처럼 공경하였다. 그리하여 협약을 제대로 맺고 귀국하게 되었는데, 그 기회에 포로로 잡혀간 남녀 1천5백 명을 한꺼번에 데려오면서, 스스로 곡식을 마련하여 그들을 먹이며 바다를 건너 돌아왔다.

을사년(1605, 선조 38)에 복명復命하였다. 상이 그 공로를 가상하게 여겨, 가의대부嘉義大夫의 품계를 더하고, 어마御馬와 저사紵絲의 표리表裏를 하사하여 표창하였다.

이때 청허淸虛는 이미 시적示寂한 뒤였다. 대사는 바로 묘향산에 들어가서 그 영탑影塔에 예배하고 그대로 보현사普賢寺에서 복제服制를 마쳤다.

병오년(1606, 선조 39) 봄에 영선군營繕軍을 거느리고 법궁法宮(대궐의 正殿)의 공사에 나아갔으며, 삼강동三江洞에 초막을 지었다. 정미년(1607, 선조 40) 가을에 은퇴를 청하고 치악산雉岳山으로 돌아왔다.

무신년(1608, 선조 41)에 선묘宣廟의 휘음諱音(訃音)을 듣고 서울에 가서 배

곡배哭拜하였는데, 그로 인해 병을 얻어 매우 괴로워하였다. 금상今上이 서쪽 변방에서 호인胡人의 침입에 대비하게 하려 했으나, 명에 응하지 못한 채 가야산伽耶山에 들어가 조리調理하니, 상이 누차 어약御藥을 하사하였다.

경술년(1610, 광해군 2) 가을에 상이 염려하여 서울에 와서 치료받게 할 목적으로 방백方伯으로 하여금 돈유敦諭하며 상경하도록 하였다. 8월 26일에 대사가 불도佛徒들을 크게 모아 놓고 고하기를, "사대四大가 가합假合한 이 몸이 이제 진원眞源으로 돌아가려 한다. 어찌 번거롭게 왕래하여 이 허깨비 같은 몸을 수고롭게 해야 하겠는가. 내가 이제 입멸入滅하여 자연의 변화에 따르려 한다."라고 하였다. 그리고는 마침내 가부좌跏趺坐한 자세로 유연悠然히 서거逝去하였다.

11월 20일에 문도門徒가 유골遺骨을 받들어 사원의 서쪽 기슭에서 다비茶毗를 행하니, 상서로운 빛이 하늘에 뻗치고 날아가는 새들이 놀라서 지저귀었다. 이에 정수리의 구슬 하나를 모셔다 석종石鐘을 만들어 봉안하고 그곳에 솔도파窣堵波(탑)를 세웠다.

대사의 속성俗姓은 임씨任氏이니, 풍천豊川의 명망 있는 가문이다. 증조부 효곤孝昆은 문과文科에 급제하여 관직이 장악원 정掌樂院正에 이르렀는데, 일찍이 대구大丘의 수령으로 있을 적에 밀양密陽에 터를 잡고 살기 시작하였다. 그는 유학幼學 종원宗元을 낳았고, 종원은 교생校生 수성守成을 낳았는데, 수성이 달성 서씨達城徐氏에게 장가들어 갑진년(1544, 중종 39) 10월 17일에 대사를 낳았다.

대사는 세수 67세를 향유하였고, 법랍은 55년이었다. 사시私諡는 자통홍제존자慈通弘濟尊者[36]이다.

대사가 젊은 날에 많이 저술한 것이 우리 중씨仲氏 하곡荷谷에게 있었는데, 병화兵火로 없어지고 말았다. 문인門人이 세상에 전송傳誦되는 것들을 모아 일곱 권으로 만들어서 전하게 되었는데, 아는 자는 그 청섬淸贍한 맛

사명당대사집 • 475

을 감상할 수 있을 것이다.

아! 대사는 말세末世의 시끄러운 시대에 태어나 융마戎馬 사이에 시달리면서 국가를 위해 강한 왜적을 막다 보니, 법실法室을 선양宣揚하고 중생을 교화하는 데에는 미처 겨를이 없었다. 그래서 대사를 아는 정도가 얕은 자들은 혹 뱃사공 노릇을 하는 데에는 뜻을 두지 않고 그저 세상을 구하기에 급급했다고 나무라기도 한다. 그러나 그들이 어찌 마군魔軍을 소탕하여 환난을 구제하는 것이야말로 그 집안의 공덕임을 알 수 있겠는가. 그리고 유마힐維摩詰은 아무 말 없이 곧장 불이법문不二法門에 들어갔으니, 또 무엇하러 시끄럽게 잔소리를 늘어놓겠는가.

나는 비록 유가儒家에 속한 사람이긴 하지만, 대사와 제형弟兄의 교분이 있기 때문에 대사를 가장 잘 알고 있다. 한번 물어보노니, 오늘날 세상에서 목우牧牛와 강월江月의 도맥道脈을 이을 사람으로, 우리 대사를 제외한다면 또 누가 있겠는가. 뒤에 반드시 분변할 사람이 있을 것이다. 이에 다음과 같이 명銘을 붙인다.

생각건대 박가범薄伽梵[37]이	維薄伽梵
인도에서 불법佛法을 제창한 뒤로	倡法竺乾
열반의 묘한 그 마음이	涅槃妙心
등燈에서 등으로 전해졌네[38]	燈以燈傳
진단眞丹[39]의 동쪽 나라인	眞丹之東
우리 삼한三韓까지 멀리 왔나니	遜我三韓
누가 영명永明을 이었는가 하면	疇承永明
강월江月이 홀로 둥글었다네[40]	江月獨圓
그 마지막 빛을 이은 이들 중에서	嗣其末照
서산西山이 누구보다도 앞장섰나니	西山最先
지혜의 횃불을 새벽에 밝히고	慧炬晨朗

예지叡智의 거울을 밤중에 걸었다네	智鏡宵懸
제자들이 많이 모여들어	于于上足
백과 천으로 헤아렸는데	其指百千
오직 헌걸찬 우리 종봉鍾峰⁴¹이	只詡鍾峰
미혹의 냇물의 뗏목이 되었다네	能筏迷川
종봉의 교화로 말하면	鍾峰之敎
가없이 널리 구제하였나니	廣濟無邊
선이란 선은 모두 닦으면서	備修衆善
세상 인연에 물들지 않았다네	不染群緣
거두어 속에다 감추어 두면⁴²	卷而懷之
병발瓶鉢⁴³로 소연히 지내었고	瓶鉢蕭然
꺼내어 그것을 쓰게 되면	出而用之
깃발과 창이 앞에 있었다네	旌戟在前
악마를 꺾고 고통에서 꺼내 주어	摧魔拔苦
국가가 그 덕분에 병들지 않았는데	邦賴不瘨
수포獸袍⁴⁴와 황금 인장을 내렸어도	獸袍金章
그 총애를 뜬구름처럼 여겼다네	寵若浮烟
아득히 고해 속으로	茫茫苦海
동쪽 이단夷亶⁴⁵이 가라앉자	東浸夷亶
우리 자비의 배를 띄워서	泛我慈航
저 완악한 오랑캐를 감화시켰다네	格彼苗頑
둘러서서 바라보는 훼복卉服⁴⁶들은	環觀卉服
목마른 자가 물을 찾듯 하였나니	如渴赴泉
꿇어앉아 약속을 받들게 하여	跪奉約束
왕의 법도를 제대로 선포하였다네	王略克宣
국난이 수습의 기미를 보이자	國難甫野

돌아가고픈 마음 더욱 설레어	歸興愈翩
허깨비 몸 은퇴를 청하면서	思乞幻軀
여생을 요양할까 생각하였다네	以養殘年
법궁法宮의 공사를 감독하다가	法宮董旅
몸이 병든 것을 좋은 핑계로	因疢就便
절간에 물러나 한가히 노닐며	優游紺宇
모두 내려놓고 편히 쉬었다네	偃息靑蓮
부디 오래도록 장수를 누리면서	庶享大耋
더욱 중현重玄⁴⁷을 연설하길 기대했는데	益演重玄
어찌하여 쌍수雙樹⁴⁸에 뜻하지 않게	云胡雙樹
인천人天의 대중이 모여들었는가	遽集人天
단특檀特의 산악⁴⁹이 무너지고	嶽摧檀特
니련泥連의 강물⁵⁰이 메말랐나니	河涸泥連
백호白毫는 빛을 감추고	瓊毫閟彩
금불상은 미소를 잃었도다	金相失姸
적멸이 낙이라 하더라도	寂滅爲樂
모르는 자는 눈물을 흘리나니	昧者涕漣
신실한 우리 불교 신도들이	烝哉梵徒
비단과 돈을 모금하였다네	募化繒錢
탑과 사당 세워 보답하나니	塔廟以報
스승님과 부처님 은혜	師恩佛恩
가야산 홍류동 물굽이에	虹流之隩
상설象設⁵¹을 일으켰다네	象設興焉
원력이 하 크기도 하니	願力所弘
겁이 다한들 없어지리오	銷劫不騫
찬송하는 노래 그치지 않으매	謳頌勿替

비석에 이를 글로 새겼다네	琬琰斯鐫
두타頭陀는 빙긋 미소짓고	頭陀微笑
마힐摩詰은 말이 없었나니	摩詰無言
가르치고 교화하는 두 가지는	立訓顯化
모두가 제전蹄筌[52]일 뿐이로세	二俱蹄筌
무쟁삼매無諍三昧[53]를 얻었는지라	無諍三昧
실實과 권權[54]이 모두 가하니	可實可權
해와 달처럼 밝고 밝아서	明明日月
만고토록 길이 빛나리로다	萬古長鮮

有明朝鮮國慈通弘濟尊者四溟松雲大師石藏碑銘并序[1)]

自象敎之東被三韓也。敎律並倡。圓漸分門。數千年來。蒙伽黎者。人人各自誇握牟尼之寶矣。唯牧牛江月。獨得黃梅宗旨。蔚爲禪門之冠。鉗鎚一震。萬人皆廢。俾涅槃妙心正法眼藏。秘傳於靑丘之域。豈不异哉。普濟五傳。爲芙蓉靈觀。而淸虛老師。稱入室弟子。其慧觀妙悟。有出於前輩。寔近代之臨濟曹洞也。厥後嗣法者。不無其人。而緇門盛推四溟大師。謂可繼西山之傳。或庶幾乎哉。師名惟政。字離幻。四溟其自號也。其先姓姙曰。夢駕白雲。携黃幘金人。躋萬仞高臺。則有仙老踞其上。即頂禮。覺而誕師。生而聰穎。嶷然不類常兒。稍大。不好弄偕。羣童嬉游川上。則或團沙爲塔。堅石爲佛。或採花拾栗爲蒲供。一日見罟者或捉大鱉。聚栗償之。放諸淵中。羣童感之。咸以所收栗。置師前。師分餉甚均。空手以歸鄕。諸老見而異之。七歲其王父誨以史。師問曰。學者之業。貴歟賤歟。若貴則當學之不倦乎。王父曰。世間事。無貴於學。古今聖賢。皆由學就。其敢忽諸。曰若以聖賢之心爲業則貴矣。違是則賤也。世所學多害人之說。而少成人之訓。槩可謂貴乎。曰成人害人。不在空言。唯係心之善否。汝言至哉。師力學不解。十三學孟子於黃柳村汝獻。一夕廢卷。歎曰。俗學賤陋。世緣膠擾。豈若學無漏之學乎。即投黃嶽山直指寺禮信默和尙被剃。初閱傳燈錄。未熟。已悟奧旨。諸老宿皆就質焉。辛酉中禪科。華聞漸彰。一時學士大夫詩人。如朴思菴李鵝溪高霽峰崔駕運許美淑林子順李益之之輩。咸與之驩。唱和詩翰。傳播詞林。人以爲美談。嘗與荷谷。約一覽韓文最鉅篇。誦之不錯。荷谷亟以手寫本償之。奇高峰曰。恃此自足。則學必不進。可惜虛費枉功矣。師竦神受敎。勤苦不少懈。因受四子於穌齋相。又學李杜詩。自是文章日益進。而內典千函。亦盡涉獵。方袍習笁墳者。雲集山門矣。乙亥歲以空門衆望。住持禪宗。告辭拂錫而去。入妙香山。始受益於淸虛座下。老師提醒心地。直授性宗。師言下大悟。即掃薙群言。斷除閑習。從前游戲詞家。懺爲綺語。一志於安心之性。苦行三載。盡得其正法。戊寅別老師向楓嶽。結三夏於報德寺。南遊八公山淸凉大伯諸山。丙戌春到沃川山上東菴。一夜驟雨。庭花盡落。師忽悟無常。招門人語之曰。昨日開花。今日空枝。人世變滅。亦復如是。浮生若蜉蝣。而虛度光陰。實爲矜悶。汝等各具靈性。盍反求之以了一大事乎。如來在我肚裏。何必走外求。而蹉過日時耶。即散門徒。獨入禪室。杜口結跏。或旬日不出。窺之則兀若塑人。己丑住五臺山靈鑑蘭若。誤絓逆獄。拘于江陵府。儒士輩訟其冤得釋。庚寅遊楓嶽。又結三夏。壬辰夏倭賊闌入嶺東。至楡岾寺時。或云我人爲導。師曰。若賊難以書諭。倘有我人。則亦可譬解。率十餘徒。直入山門。賊悉縛之。獨師至中堂。則頭倭知其非常。待以賓主。解其徒。師書以往復。諸倭敬服。指送山深處。師語門徒曰。如來出世。元爲救護衆生。此賊張甚。恐肆殘害。吾當徃諭狂賊。俾戢凶鋒。則庶不負慈悲敎也。即飛錫入高城。則賊將三人。俱加禮遇。師以書勸其勿嗜殺。則三將皆拱手受戒。挽三日設供出城。祖之九郡之得免虔劉者。盖師功也。宣廟西幸。抗義慷慨。語諸僧曰。我等生居國土。息食優游。閱有年紀者。秋毫皆上力也。値此艱危。其忍坐視。即募數百僧。亟赴順安。則諸義僧皆來。會有衆數千矣。時淸虛以朝命。總攝諸道僧兵。辭以耗薦。師自代。遂統大衆。從體察使柳公成龍。脇同天將。明年正月。

破平壤走行長。因隨都元帥權公慄下。嶺南駐扎。於宜寧。頗多殺獲。上嘉之。授堂上階。甲午春劉總兵綎。命師入釜營。諭淸正。凡三返。盡得其要領。正問朝鮮有寶乎。師應聲對曰。無有。寶在日本。何謂也。曰方今我國。以若頭視寶。是在日本也。正乃驚歎。上招詣內閣。備問平生。下敎曰。昔劉秉忠姚廣孝。俱以山人。建立殊勳。名流後世。今國勢如此。爾若長髮。則當任之百里之寄。授以三軍之命矣。師謝不敢而退。上以武庫鎧仗給之。師返嶺南。留兵抄擊。連築龍起八公金烏諸山城。屹爲保障。各飾儲胥然後。卽上印綬戰馬。以尺籍納于備局。抗章乞閑。朝廷敦諭不許。丁酉冬從麻提督貴。入島山。戊戌又從劉提督。入曳橋。皆有首功。前後備餉四千餘石。器甲萬計。上嘉之。特階嘉善。授同知中樞府事。辛丑築釜山。還內隱山。癸卯承命來京。甲辰奉國書徃日本。諸倭相謂曰。此說寶和尙耶。自馬島抵其都。諸大帥皆信受約束。緇流麇至。願受敎。師一一指迷。卽皆頂禮稱佛。及見家康。備言兩國生靈久陷塗炭。吾因普濟而來。康亦歸心釋敎者。聞而發信心。敬之如佛。克成和好而歸。因括回被擄男女一千五百。自備穀餔之。還渡海。乙巳復命。上嘉其勞。就加嘉義階。賜御馬紵絲表裏以獎之。時淸虛已示寂。師便入妙香山。禮其影塔。仍守制普賢寺。丙午春領營繕軍。赴法宮役。結茅三江洞。丁未秋乞骸。還雉岳山。戊申聞宣廟諱音。抵洛拜哭。因得病甚苦。今上欲令備胡西陲。不獲應命。入伽耶山調治。上屢賜御藥。庚戌秋上念之。欲其就醫京山。令方伯敦遣。八月二十六日。師大會諸禪那告曰。四大假合。今將返眞。何用屑屑往來勞此幻軀。吾將入滅。以順大化也。遂趺座悠然而逝。十一月二十日。門徒昇蛻骨。茶毘於寺之西麓。祥光燭天。飛鳥驚噪。於是輂頂珠一具。鑿石鍾藏之。樹宰堵坡於其地云。師俗姓任氏。豊川望族也。曾大父孝昆。文科官掌樂院正。曾守大丘。因以家密陽。生幼學宗元。宗元生校生守成。娵達城徐氏。以嘉靖甲辰十月十七日生師。享世壽六十七。而法臘五十五。私諡曰慈通弘濟尊者。師少日多所著述。在我仲氏荷谷。所失於兵火。門人袞其傳誦者。爲七卷以傳。知者賞其淸贍云。嗚呼師之生。當俶擾之代。偪側戎馬間。與國家捍强賊。其於宣揚法室。振刷迷徒。盖未之暇。淺之乎知師者。或病其乏津筏。而徒區區救世爲。夫豈知誅魔濟難。是渠家功德。而摩詰無言。直入不二法門。又奚用嘵嘵立訓乎。不佞雖儒家者流。以弟兄之交。知師最深。試問今世續牧牛江月之道脈者。捨吾師其誰。後必有辨之者。仍係之以銘曰。

維薄伽梵	倡法竺乾	涅槃妙心	燈以燈傳
眞丹之東	迤我三韓	疇承永明	江月獨圓
嗣其末照	西山最先	慧炬晨朗	智鏡霄[2]懸
于于上足	其指百千	只詡鍾峰	能筏迷川
鍾峰之敎	廣濟無邊	備修衆善	不染塵緣
卷而懷之	甁鉢蕭然	出而用之	旄戟在前
摧魔拔苦	邦賴不殞	獸袍金章	寵若浮烟
茫茫苦海	東浸夷亶	泛我慈航	格彼苗[3]頑
環觀卉服	如渴赴泉	跪奉約束	王略克宣
國難甫夷	歸與愈翩	思乞幻軀	以養殘年
法宮董旅	因痎就便	優游紺宇	偃息靑蓮
庶享大耊	益演重玄	云胡雙樹	遽集人天
嶽摧檀特	河涸泥連	瓊毫閟彩	金相失姸
寂滅爲樂	昧者涕漣	烝哉梵徒	募化繪錢
塔廟以報	師恩佛恩	虹流之隩	象設輿焉
願力所弘	銷刼不騫	謳頌勿替	琬琰斯鐫
頭陁微笑	摩詰無言	立訓顯化	二俱蹄筌
無諍三昧	可實可權	明明日月	萬古長鮮

1) ㉑ 이 비명은 저본에는 권두의 서문 아래에 있었는데, 편찬자가 여기로 옮겼다. 甲本·乙本·丙本·丁本에는 없다. 2) ㉺ '霄'는 '宵'의 오기인 듯하다. 3) ㉑ '苗'는 '苖'와 의미가 통한다.

대저 대도大道는 도라고 하지 않지만, 이를 얻으면 사람들이 크게 여기고, 상덕上德은 덕이라고 하지 않지만, 이를 행하면 사람들이 위로 여긴다. 누가 부도지도不道之道와 부덕지덕不德之德 알아서 인간 세상에 행할 수 있겠는가.

우리 스님은 어려서부터 풍채가 비범하였으며, 젊은 나이에 출가하여 승려가 되었다. 법호法號는 유정惟政이요, 자字는 이환離幻이며, 사명四溟과 종봉鍾峯은 그의 당호堂號이다. 영남嶺南에서 태어나 한수漢水 북쪽에서 자랐으며, 방장方丈과 봉래蓬萊와 묘향妙香 등의 산들은 스님이 모두 평생에 유희游戱한 곳이다.

늦은 나이에 서산 대사西山大師에게서 법法을 얻고는, 그동안 왕복하던 길에서 수레의 방향을 돌려 예전의 잘못을 단박에 깨달았으니, 천강남청茜絳藍青[55]으로 비유하기에 또한 충분하였다. 이로부터 낭괄囊括 습명襲明하며 도리로 자기를 제어하였으므로,[56] 사람 중에서 이를 아는 자는 아무도 없었다.

마침 국가의 운세가 막히는 때를 만나 해도海島의 왜적이 분수를 모르고 날뛰어 삼경三京(서울과 개성과 평양)이 함락되니, 난여鑾輿(임금의 수레)가 서리와 이슬을 맞고 묘사廟社(종묘와 사직)가 바람과 먼지에 휩쓸리게 되었다. 하늘 아래 어느 땅에 있든 간에 임금의 신하 아닌 사람이 없고 보면, 스님도 칼을 짚고 종군하여 나라의 은혜에 보답할 것을 생각하였다. 그리하여 왜적에 항거하여 출입하며 스스로 송운松雲이라고 일컬으면서, 부전不戰으로 싸움을 하고 무사無事로 일을 하여 행군하되 행렬이 없는 듯하고 휘두르되 팔이 없는 듯이 하였으며, 쳐부수되 상대가 없는 듯하고 무기를 쥐어도 무기가 없는 듯이 하였다. 8년 동안의 전쟁에서 흰 칼날이 앞에서 교차했어도 죽음을 보기를 사는 것처럼 여겼으니, 실로 부동심不動心의 소유자라고 할 만하였다.

사명使命을 받들고 일본에 갈 적에 파도가 흉용洶湧하였으나, 말하지 않고도 지휘하여 그 땅을 휩쓸어 버린 뒤에 마침내 편안하고 태평하게 돌아왔으니, 대도大道를 쥐고 갔다(執大象而往)고 해야 하지 않겠는가.[57] 위에서 말한바 부도지도不道之道와 부덕지덕不德之德을 오직 스님이 깊이 알고서 시행했다고 할 것이니, 내가 어떻게 그런 줄을 아느냐 하면, 바로 이 때문이다.

아! 살아 있는 자는 죽게 마련이니, 살기만 하고 죽지 않는 것이 가능하겠는가?『도덕경』에 이르기를 "몸은 죽어도 망각되지 않는 자는 오래 사는 것이다."[58]라고 하였다. 이 말이 옳은가, 그렇지 아니한가. 스님이 입적하실 때에도 범상하지 않았는데, 다비茶毗를 행하던 날에는 팔방에서 사람들이 구름처럼 모여들어 모두 여상如喪의 탄식[59]을 발하고 애모哀慕하며 혼절昏絶하기도 하였다. 도를 지닌 이가 세상을 떠나면 그 법도가 이와 같아서 그런 것이니, 부도浮屠를 세우고 영당影堂을 짓는 것은 스님의 본의本意가 아니라고 할 것이다.

나도 서산西山의 문하에 있으면서 스님과 함께 출입한 것이 여러 해 되었는데, 금란金蘭[60]이 먼저 떠나고 공蚕이 거蛭를 잃었으니,[61] 비록 아양峨洋의 노래가 있다 한들 누구를 위해 다시 연주하겠는가. 아! 슬프다. 이 사람을 위해서 애통해하지 않고서 누구를 위해 애통해하겠는가?[62]

스님이 지은 잡록雜錄은 모두 어떤 상황을 당하여 별로 생각하지도 않고 붓 가는 대로 휘두른 것일 뿐이니, 이는 형산荊山에 옥돌이 하도 흔해서 까치에게 옥돌을 집어 던지는 것[63]과 같다고나 하겠다. 문인門人 혜구惠球 등이 망실亡失하고 남은 것 중에서 간신히 약간의 시문을 얻어 공인工人들을 모아 간행하게 하고는 나에게 글을 요청하였다. 이에 내가 재주 없는 것도 잊어버리고서 우선 그 시말始末을 서술하게 되었으니, 황견유부黃絹幼婦의 문사文辭[64]는 뒷날 작자作者인 군자君子가 써 주시기를 기대하는 바이다.

명나라 만력萬曆 임자년(1612, 광해군 4) 맹하孟夏(4월) 재생백哉生魄(16일)에 뇌묵당雷默堂(處英)은 삼가 발문을 짓다.

夫大道不道.[1] 而得之則人大之。上德不德。而行之則人上之。孰能知不道之道不德之德而行乎人世也哉。吾師也。夙挺風儀。妙年出家。法號惟政。字曰離幻。四溟鍾峯。其軒號也。生於嶺南。長於漢北。方丈蓬萊妙香諸山。皆平生游戲處也。晚年得法於西山大師。回車復路。頓覺前非。茜絳藍靑。亦足爲喩。從此囊括襲明。以理自勝。人莫得以知焉。遭値國運之否。海賊匪茹。侵陷三京。蠻輿霜露。廟社風塵。普天率土。莫非王臣。則師亦杖劍從軍。思報國恩。抗賊出入。自稱松雲。以不戰爲戰。以無事爲事。行無行擴無臂。仍[2]無敵執無兵。八年干戈。白刃交前。視死若生可謂不動心也。奉使日本。波濤洶湧。指顧不言。厥土風靡。畢竟安平泰而還。不曰執大象而往耶。向所謂不道之道。不德之德。唯師之所深知而所施行者也。吾何以知其然哉。以此。嗚呼。生者死之。徒生而不死。可得乎。道德經云。死而不亡者壽也。其然邪。不然邪。師之告寂也。豈其凡哉。闍維之日。八表雲臻。哀慕頓絶。俱興如喪之嘆。有道者之去世也。法如是故也。立浮屠建影堂者。非師之本意也。某亦在西山門下。與師同爲出入者。積有年矣。金蘭先逝。蛩失其蚷。雖有峨洋。爲誰更奏。嗚呼痛哉。非夫人之爲慟其誰哉。師所著雜錄。皆臨機不徑意。而信筆[3]揮之。如荊山人之抵鵲也。門人惠球等。亡失之餘。僅得若干篇。鳩工繡梓。請余爲序。忘其不才。姑敍其始末。而其黃絹幼婦之辞。以俟作者之君子。

皇明萬曆壬子。孟夏。哉生魄。雷默堂謹跋。

---
1) ㉮ '夫大道不道……雷默堂謹跋'까지의 雷默堂의 跋文은 乙本과 丙本에는 없다.
2) ㉯ '仍'은 '扔'의 오기인 듯하다.　3) ㉰ '筆'은 '筆'과 통용된다.

아! 우리 서산과 사명 두 분의 대사는 실로 선가禪家의 종주요, 도류道流의 의표가 되는 분들이다. 그 전법의 연원의 조예의 천심에 대해서는 후생이 감히 만에 하나도 엿볼 수 없는 점이 있으나, 이에 대해서는 설자說者들이 이미 상세히 논하였다.

가는 곳마다 음영吟詠하며 저작著作한 잡록雜錄들이 얼마나 되는지 모를 정도로 많은데, 혹 병화에 유실되고 남은 것들을 겨우 주워 모았으니, 이는 태산에 터럭 하나 정도라고나 하겠다.

당시에 문인들이 문단의 거장들에게 질정을 받고 간행할 것을 모의하여 세상에 반포하였다. 부화浮華한 글을 세상에 드러내 밝히는 것이 두 분 대사의 본래의 뜻은 아니라고 하더라도, 이를 통해서 문장의 일단을 엿볼 수가 있었다.

그런데 불행히도 세월이 오래 흐르면서 판본이 이지러져서, 한 세상을 빛내며 만인의 입에 오르내리던 글이 마침내 인멸湮滅되어 전해질 수 없게 되었다. 그리하여 두 분 대사의 덕업이 문사文辭 사이에 드러난 것을 추적하여 그 미지微旨를 밝힐 길이 없게 되었으니, 어찌 불도로서 탄식할 일이 아니겠으며, 장래의 수치스러운 일이 되지 않겠는가?

이에 몇 명의 동지들과 함께 우리의 역량이 모자라는 것도 생각하지 않고서 공인들을 모아 중간함으로써 길이 불후不朽하게 되기를 도모하였다.

아! 천도는 주성周星(歲星)이 반드시 되돌아오는 이치가 있으니, 사문斯文의 흥망도 어쩌면 기대할 수가 있을 것이다. 뒤에 보는 자들도 이에 대해서 감회가 있을 것이다.

임진년 8월 일에 문인 공봉산인公峯山人 성일性一은 삼가 적다.

嗚呼。惟我西山四溟兩大師。實禪家之宗。而道流之表也。其傳法淵源。造詣淺深。有非後生之窺闖其萬一。而說者已能詳之矣。其所著作雜錄之隨遇而吟詠者。不知其幾許篇章。而或遺失於兵火中。僅存於掇拾之餘者。一毫芒於泰山耳。當時門人輩。相與就正於詞林伯。謀諸繡梓。印布於世。則耀姱詞曒朗。雖非兩大師素願。可見文章之緒餘矣。不幸歲久。板本刓缺。使輝映乎一世。膾炙乎萬口者。遂就湮滅而無傳。則兩大師德業之發於文辭間者。無所尋逐而闖其微旨。豈非緇徒之歎惜。而爲將來之羞也耶。玆與若干同志。不計蚊山之負。鳩工重刊。永圖不朽。噫。天道周星。理有必反。斯文興喪或者有待。後之覽者亦將有感於此也歟。

　歲壬辰仲秋日。門人公峯山人。性一謹誌。

주

1 현겁賢劫의 네 번째 지존至尊 : 석가모니불을 말한다. 현겁은 1천 부처가 세상에 출현하는 현재겁現在劫이라는 뜻의 불교 용어인데, 과거장엄겁過去莊嚴劫·미래성수겁未來星宿劫과 합쳐서 삼대겁三大劫이라고 한다. 석가모니는 이른바 현겁천불賢劫千佛 가운데에서 구류손불拘留孫佛·구나함모니불拘那含牟尼佛·가섭불迦葉佛에 이어 네 번째의 부처에 해당한다.

2 남산南山의 남쪽과~좋아하는가 하면 : 세상을 피해 숨어 살면서 도를 즐기는 것을 말한다. 후한後漢의 법진法眞이 태수太守로부터 간곡히 출사出仕의 요청을 받았는데, 법진이 "만약 나를 관리로 만들려고 하면, 나는 북산의 북쪽이나 남산의 남쪽으로 들어가서 숨어 살 것이다.(若欲吏之。眞將在北山之北南山之南矣。)"라고 말하니, 태수가 더 이상 말을 꺼내지 못했다는 고사가 전한다.『後漢書』「逸民列傳」〈法眞傳〉. 또『周易』「乾卦」의 '잠룡潛龍'에 대해 공자가 문언文言에서 설명하면서 "세상을 피해 숨어 살면서도 근심이 없고, 남의 인정을 받지 못해도 근심이 없다. 즐거우면 행하고 걱정되면 떠난다. 그의 뜻이 확고해서 동요시킬 수가 없다.(遯世無悶。不見是而無悶。樂則行之。憂則違之。確乎其不可拔。)"라고 말한 대목이 나오고,『中庸』에 "군자는 중용의 도를 따를 뿐, 세상에서 숨어 살며 누가 알아주지 않아도 후회하지 않는다.(君子依乎中庸。遯世不見知而不悔。)"라는 말이 나온다.

3 방포方袍 : 방포객方袍客의 준말로, 승려를 가리킨다. 방포는 방형方形으로 된 비구의 가사袈裟를 가리킨다. 방복方服이라고도 한다.

4 부요扶搖의 풍력風力을~띄우기도 하나니 : 구만리 창공으로 비상하는 대붕大鵬의 기상이 있다는 말이다.『莊子』「逍遙遊」에 대붕을 설명하면서 "그 날개가 마치 하늘가에 드리운 구름과 같다.(其翼若垂天之雲。)"라고 한 말과 "회오리바람을 타고 위로 솟구치는 것이 구만리다.(搏扶搖而上者九萬里。)"라고 한 말이 나온다.

5 정훈庭訓 : 부친의 가르침을 말한다. 공자가 뜰에 서 있을 적에, 아들 백어伯魚가 종종걸음으로 그 옆을 지나가자, 공자가 시詩와 예禮를 배우라고 훈계한 고사에서 유래한 것이다.『論語』「季氏」.

6 구류九流 : 선진先秦 시대의 아홉 개 학술의 유파로, 유儒·도道·음양陰陽·법法·명名·묵墨·종횡縱橫·잡雜·농農 등의 학파를 말하는데, 여기서는 불교에서 말하는 외교外教 일반을 가리킨다. 불교에서는 자신의 가르침을 내교內敎라고 하고, 구류九流 등 백가百家를 외교라고 한다.

7 구적扣寂 : 마음속의 생각을 글이나 시로 표현하여 토로하는 것을 말한다. 진晉나라 육기陸機의 문부文賦에 나오는 "없는 집에 부과하여 내놓으라 요구하고, 적막한 곳

을 두드려서 소리를 찾아낸다.(課虛無以責有。叩寂寞而求音。)"라는 말에서 유래한 것이다. 고적叩寂이라고도 한다.

8 승당입실升堂入室 : 학문의 조예가 깊은 것을 비유하는 말이다. "자로子路는 마루에까지 올라왔고 방에만 들어오지 못했을 뿐이다.(由也升堂矣。未入於室也。)"라는 공자의 말에서 유래한 것이다. 『論語』「先進」.

9 뗏목과 배를~헤엄을 치면서 : 참고로 『詩經』「邶風」〈谷風〉에 "깊은 곳에 가서는 뗏목을 띄우고 배를 탔으며, 얕은 곳에 가서는 자맥질을 하고 헤엄을 쳤다.(就其深矣。方之舟之。就其淺矣。泳之游之。)"라는 말이 나온다.

10 옥천沃川 산상山上의 동암東庵 : 옥천산沃川山 상동암上東庵으로 번역하기도 한다.

11 일태극一太極 : 만물이 각자 하나의 태극을 지니고 있다는 말로, 송대宋代 성리학性理學의 이일분수理一分殊 사상과 직결되는 학설이다. 『朱子語類』 권94에 "물건마다 하나의 태극을 지니고 있고, 사람마다 하나의 태극을 지니고 있다.(物物有一太極。人人有一太極。)"라는 주희朱熹의 명제命題가 나오고, 또 『近思錄』권1 「道體」〈太極圖說〉 부분에도 "만물이 하나의 태극이다.(萬物一太極)"라는 말과 "하나의 존재 속에 하나의 태극이 각각 구비되어 있다.(一物各具一太極)"라는 주희의 주석이 보인다.

12 천하모天下母 : 천하의 어미라는 뜻으로, 도道의 별칭이다. 『老子』 25장에 "어떤 물건이 혼돈의 상태로 이루어졌는데, 천지의 생성보다도 앞서 있다. 소리도 없고 형체도 없이, 홀로 존재하며 변화하지 않고, 두루 행해지면서도 위태롭지 않으니, 천하의 어미가 될 만하다. 내가 그 이름을 알지 못하므로, 일단 도라고 부르기로 하였다.(有物混成。先天地生。寂兮寥兮。獨立不改。周行而不殆。可以爲天下母。吾不知其名。字之曰道。)"라는 말이 나온다.

13 이때에 청허~대신하게 하였다 : 청허 대사는 전쟁 초기에 평양에서 도총섭으로 승군을 지휘하였는데, 10월 초 사명당이 도착하자 그를 의승도대장義僧都大將에 임명하여 군대의 실질적 통솔을 맡겼다. 다음해 4월 퇴각하는 일본군을 따라 서울에 진입하고 처영의 승군과 함께 안성에 진을 치자, 서산 대사는 모든 일을 부탁하고 산으로 들어갔다. 그러나 이후로도 사명당은 공식적으로는 처음의 직책을 그대로 유지하였다.

14 부산의 왜영 : 엄격하게 말하면 울산 서생포 왜성이다.

15 유병충劉秉忠 : 원나라 초기의 학자 겸 정치가이다. 20여 세의 나이에 승려가 되어 법명을 자총子聰이라고 하였다. 원 헌종元憲宗 6년(1256)에 지금의 내몽고內蒙古 지역에 길지를 택해서 개평성開平城, 즉 상도上都를 건설하였다. 세조世祖 원년(1264)에 유지를 받들어 환속한 뒤에, 대도大都, 즉 북경성北京城 건설을 주도하였으며, 세조에게 건의하여 국호를 대원大元으로 확정하였다. 문집에 『藏春集』이 있다. 『元史』 권157.

16 요광효姚廣孝 : 원래의 이름은 천희天禧, 또 도연道衍이라고 하였으며, 자字는 사도 斯道였다. 14세 때에 불문佛門에 들어갔다가, 명나라 태조太祖의 넷째 아들인 연왕 燕王, 즉 성조聖祖를 도와 태조의 황태손皇太孫으로 제위에 오른 혜제惠帝를 축출하고 정난靖難 일등공신에 책봉되었으며, 이때 광효라는 이름을 하사받았다. 『太祖實錄』과 『永樂大典』을 편찬했으며, 그의 문집으로 『逃虛集』이 세상에 전한다. 『明史』권 145.

17 추구芻狗 : 풀 강아지, 즉 풀을 묶어서 개 모양으로 만든 것을 말한다. 보통 추구芻狗라고 한다. 옛날에 제사를 지낼 때 쓰던 것인데, 제사가 끝나고 나면 바로 내버리기 때문에, 소용이 있을 때 이용하다가 소용이 없을 때는 버리는 천한 물건의 비유로 쓰인다. 참고로 『老子』 제5장에 "천지는 불인하여 만물을 추구로 여긴다.(天地不仁。以萬物爲芻狗。)"라는 말이 나오는데, 이는 봄과 여름에는 만물을 낳고 기르다가 가을과 겨울이 되면 다시 본래의 상태로 되돌아가게 하는 것을 말한다.

18 척적尺籍 : 군령軍令과 군공軍功을 기재한 장부를 말한다. 군적軍籍과 같은 말이다.

19 1천5백 명 : 정확한 숫자는 1,391명이다.

20 삼강동三江洞 : 오늘날의 삼청동을 말한다. 월사月沙 이정구李廷龜(1564~1635)가 그 당시 대사가 삼청동 초옥에 머물며 궁궐 역사를 감독하던 현장을 방문한 뒤 시를 남겼다. 『月沙集』 권17.

21 붕鵬처럼 나타났다가~돌아간 행적 : 법랍法臘을 말한다. 대붕大鵬이 바다 위에서 구만리 창공으로 올라가 남명南溟에서 북명北溟으로 날아간 『莊子』「逍遙遊」의 이야기와 요동遼東 사람 정령위丁令威가 신선술을 닦은 뒤에 천 년 만에 한 마리 학이 되어 고향에 왔다가 떠나갔다는 『搜神後記』 권1의 이야기를 인용한 것이다. 참고로 붕현학귀鵬顯鶴歸는 고운 최치원의 이른바 사산비명四山碑銘 중 무염 화상無染和尙 비명에 나오는 표현이다.

22 사자四子 : 고대 유가儒家의 대표적 인물인 공자·증자·자사·맹자, 혹은 그들의 언행록이라 할 『論語』·『大學』·『中庸』·『孟子』를 가리키기도 하고, 고대 도가의 대표적 인물 혹은 그 저술인 『老子』·『莊子』·『文子』·『列子』를 가리키기도 하는데, 여기서는 노수신이 유불도에 통달했던 점을 감안할 때 아무래도 후자가 아닌가 생각해 보지만 미상이다.

23 일하日下 : 경도京都를 가리킨다. 옛날에는 제왕을 태양에 비유하였으므로, 제왕이 있는 곳을 일하 혹은 일변日邊이라고 하였다.

24 이는 대사가~주어진 것인가 : 임금이 사명당을 아껴서 파격적으로 예우했다는 말이다. 공자의 제자 자금子禽이 자공子貢에게 "선생님은 어떤 나라에 가시든지 반드시 정사에 참여하시는데, 이는 선생님이 구한 것인가, 아니면 선생님에게 주어진 것인가?(夫子至於是邦也。必聞其政。求之與。抑與之與。)"라고 묻자, 자공이 "선생님은

온화하고 순량하고 공경하고 검소하고 겸양하는 덕을 바탕으로 해서 구해 얻으시는 것이니, 선생님이 구하는 방식은 다른 사람이 구하는 방식과는 다르다고 해야 할 것이다.(夫子溫良恭儉讓以得之。夫子之求也。其諸異乎人之求之與。)"라고 대답한 내용이 『論語』「學而」에 나온다.

25 대사가 이때에~이와 같았다 : 참고로 『莊子』「養生主」에 "마침 그때에 태어난 것은 선생이 올 때가 되었기 때문이요, 마침 이때에 세상을 떠난 것은 선생이 갈 때가 된 것이니 순순히 따라야 할 일이다. 자기에게 닥친 시운을 편안히 여기고서 자연의 변화를 편안한 마음으로 따른다면, 슬프고 기쁜 따위의 감정이 들어올 수 없을 것이다.(適來。夫子時也。適去。夫子順也。安時而處順。哀樂不能入也。)"라는 말이 나온다.

26 진리의 들보가 부러져 꺾이고 : 철인哲人의 죽음을 비유한 말이다. 공자가 세상을 떠나기 일주일 전에 아침 일찍 일어나서 뒷짐을 진 채 지팡이를 끌고 문에서 소요하면서 "태산이 무너지는구나. 들보가 부러져 꺾이는구나. 철인이 시드는구나.(太山其頹乎。梁木其壞乎。哲人其萎乎。)"라고 노래하였는데, 자공子貢이 이 노래를 듣고는 "태산이 무너지면 우리가 장차 어디를 우러러보며, 들보가 꺾이고 철인이 시들면 우리가 장차 어디에 의지하겠는가."라고 탄식하면서 달려가니, 공자가 "사야, 네가 어찌하여 이렇게 더디게 오느냐.(賜爾來何遲也)"라고 하며 자신이 죽을 것을 알려 준 고사가 『禮記』「檀弓 上」에 나온다.

27 밤에 골짜기에 배를 숨겼나니 : 인간이 어떻게 항거할 수 없는 운명적인 죽음을 형용하는 말이다.

28 오디를 먹고서는~하기 마련인데 : 은혜를 받으면 누구나 감화되어 귀의하게 마련이라는 말인데, 『詩經』 노송魯頌 반수泮水의 "저 부엉이 퍼덕거리며 날아와서, 반궁泮宮 숲속에 모여 앉도다. 우리 뽕나무 오디를 먹고, 나에게 좋은 소리를 안겨 주도다.(翩彼飛鴞。集于泮林。食我桑黮。懷我好音。)"라는 말에서 유래한 것이다.

29 향을 훔치고서도~막는가 하면 : 좋은 향내를 맡으면서도 악취가 난다며 코를 막는다는 뜻으로, 남의 훌륭한 점을 질시하여 교묘한 말로 무함하여 해치는 것을 비유하는 말이다. 진晉나라 가충賈充이 무제武帝로부터 하사받은 기이한 향을, 그의 딸 가오賈午가 훔쳐서 몰래 사통私通하는 한수韓壽에게 주었는데, 한수가 그 향을 몸에 바르고 다니다가 향내로 인해 사통한 사실이 드러나 정식으로 혼인하게 되었다는 한수투향韓壽偸香의 고사가 전한다. 『世說新語』「惑溺」. 또 전국시대 초楚나라 왕이 위魏나라에서 보낸 미인을 총애하자, 초왕의 부인 정수鄭袖가 그 미인의 환심을 산 뒤에 그녀를 아끼는 척하면서 "왕이 그대의 아름다움을 좋아하지만, 그대의 코는 싫어하니, 왕을 볼 때에는 반드시 그대의 코를 가리도록 하라.(王愛子美矣。雖然惡子之鼻。子爲見王。則必掩子鼻。)"라고 해서 그대로 따르도록 유도하고는, 다시 왕에게는 "아마도 왕의 냄새를 싫어하는 것 같다.(其似惡聞王之臭也)"라고 말을 하여, 그 미인의 코

를 베게 한 '위주엄비魏姝掩鼻'의 고사가 전한다. 『戰國策』 권17 「楚策四」. 여기에서는 이 두 고사를 단장취의斷章取義한 것이다.

30 적반赤斑을 바꿔서~칭하는 자들 : 깨달았다고 속이면서 중생을 기만하는 사이비似而非 선지식善知識들을 말한다. 임제종臨濟宗 황룡파黃龍派의 황룡 혜남黃龍慧南 선사의 상당 법문 중에 "머리에 뿔 달린 황룡 하나를 제외하고는, 나머지 모두가 붉은 얼룩무늬 뱀뿐이로구나.(除却黃龍頭角外。自餘渾是赤斑蛇。)"라는 말이 있다. 『五燈會元』 권16 「洪州法昌倚遇禪師」.

31 오석령烏石嶺과 망주정望洲亭 : 스승과 제자의 추억이 어린 도량을 말한다.

32 외손제구外孫虀臼 : 절묘하게 글을 잘 짓는 솜씨를 말한다. 후한後漢 한단순邯鄲淳이 효녀 조아曹娥를 위해서 지은 이른바 조아비曹娥碑 뒷면에 후한後漢의 채옹蔡邕이 황견유부외손제구黃絹幼婦外孫虀臼라는 여덟 글자의 은어隱語를 써 넣었는데, 이는 절묘絶妙한 호사好辭라는 뜻이다. 황견은 오색 실(色絲)이니 절絶이 되고, 유부는 소녀小女이니 묘妙가 되고, 외손은 딸의 자식(女子)이니 호好가 되고, 제는 매운(辛) 부추이고 구臼는 받는 것(受)이니 사辭가 된다. 『世說新語』 「捷悟」.

33 동호董狐 : 직필直筆로 유명한 춘추시대 진晉나라의 사관史官이다. 진 영공晉靈公이 조순趙盾을 죽이려 하자 조순이 도망갔다가, 조천趙穿이 영공을 죽인 뒤에 조순이 돌아오자, 동호가 "조순이 그 임금을 죽였다.(趙盾弑其君。)"라고 기록하여 조정에 보였다. 조순이 자기가 죽이지 않았다고 강변하자, 동호가 "그대는 일국의 정경으로 도망을 하면서 국경을 넘지도 않았고, 돌아와서는 역적을 토벌하지도 않았으니, 그대가 죽인 게 아니고 누구인가.(子爲正卿。亡不越境。反不討賊。非子而誰。)"라고 하였는데, 이 일과 관련하여 공자가 "동호는 옛날의 훌륭한 사관이었다. 그의 서법은 숨기는 일이 없었다.(董狐。古之良史也。書法不隱。)"라고 찬양한 고사가 전한다. 『春秋左氏傳』 「宣公」 2년.

34 상교象敎 : 불교를 가리킨다. 석가모니가 세상을 떠난 뒤에 제자들이 그를 흠모한 나머지 나무를 깎아 부처의 형상을 만들어서 사람들을 가르친 데에서 유래한 것이다.

35 유촌柳村 황여헌黃汝獻 : 황희 정승의 5세손이다. 그는 은퇴 후 영동 황간에 송안정送雁亭을 짓고 독서와 후진을 양성하며 여생을 보냈는데, 아마도 달성에 외가를 둔 소년 시절의 대사가 이 무렵 그의 문하로 들어가 글을 배운 것 같다.

36 자통홍제존자慈通弘濟尊者 : 이 시호는 허균이 지은 것이다. 사명당이 입적한 지 3년째 되는 1612년에 영당을 짓고 문집을 간행하며 석장비를 세우는 세 가지 일을 동시에 진행하였다. 이 중 문집의 서문과 비문의 찬술을 부탁받은 허균이 비문을 지으면서 사명당과 같은 위인의 비문에 마땅히 시호가 있어야 할 것이라고 생각했다. 옛날의 시호는 덕이 높은 분이면 개인이 지어 바치는 예가 있었다는 사실을 알고 있던 그는 자기가 사시私諡를 짓기로 하고 시호에 주를 붙이는 형식의 글을 지었다.

시호 : 조선국 선종 제14대 직전 서산청허부종수교보제등계의 입실전법제자 사명자통홍제존자(朝鮮國禪宗第十四代直傳西山淸虛扶宗樹敎普濟登階入室傳法弟子 四溟慈通弘濟尊者).

"위는 송운 노사의 시호이다. 말법을 붙들어 구한 것을 자慈라 하고, 한 교에 구애되지 아니함을 통통이라 하며, 은택이 많은 백성들에게 끼친 것을 홍弘이라 하고, 그 공이 (국토를) 거듭 회복한 것을 제濟라 하니, 이것이 (시호를 내려) 이름을 바꾸는 것이다.……임자년 2월 2일 교산."

37 박가범薄伽梵 : 석가모니에 대한 존칭이다. 여래십호如來十號의 하나인 bhagavat를 음역音譯한 것으로, 바가바婆伽婆라고도 하며, 이를 의역意譯하여 세존世尊 혹은 유덕有德이라고 한다.

38 열반의 묘한~등으로 전해졌네 : 석존 입멸 후에 마하가섭摩訶迦葉으로부터 보리달마菩提達磨에 이르기까지 전등傳燈의 계보系譜가 이루어졌다는 말이다.

39 진단眞丹 : 고대 인도에서 중국을 부른 칭호이다. ⓈCīna-sthāna의 음역音譯으로, 진단震旦·신단神丹·진단眞旦·진단振旦·진단振丹·전단旃丹·지난指難·지난脂難이라고도 하였으며, 약칭略稱 cīna의 음역으로, 지나支那·치나致那·지나指那·지나止那·지나脂那라고도 하였다.

40 누가 영명永明을~홀로 둥글었다네 : 허균은 이 명銘에서도 서산西山이 영명永明과 강월江月의 법맥을 이었다고 말하고 있는데, 이에 대해서는 바로 위에 나오는 해안海眼의 '송운대사행적松雲大師行蹟'에서 신랄하게 반박하고 있다. 참고로 허균은 '청허당집서문淸虛堂集序文'에서도 이 주장을 똑같이 반복하며 비교적 구체적으로 그 계보를 밝히고 있는데, 무슨 근거로 이렇게 말하는지는 알 수 없으나 흥미로운 주장이 아닐 수 없다. 영명은 송나라 법안종法眼宗의 제3조 영명 연수永明延壽 선사를 가리키고, 강월은 강월헌江月軒의 준말로 고려 말의 보제 나옹普濟懶翁을 가리킨다.

41 종봉鍾峯 : 사명당의 별호이다.

42 거두어 속에다 감추어 두면 : 참고로 공자가 위衛나라 거백옥蘧伯玉을 군자라고 칭찬하면서 "나라에 도가 행해지면 벼슬을 하고, 나라에 도가 행해지지 않으면 자기의 마음을 거두어서 속에다 감추어 둘 줄을 안다.(邦有道則仕. 邦無道則可卷而懷之)"라고 말한 내용이 『論語』「衛靈公」에 나온다.

43 병발瓶鉢 : 물을 담는 정병淨瓶과 밥을 담는 발우鉢盂를 말하는데, 석장錫杖과 함께 승려의 필수품으로 꼽힌다.

44 수포獸袍 : 수금獸錦의 도포라는 뜻으로, 금수禽獸의 무늬를 수놓아 화려하게 직조織造한 비단옷을 말한다. 참고로 두보의 시에 "천자의 배 젓는 것을 잠시 멈추게 하고, 수금의 도포를 새로 하사받았다네.(龍舟移棹晚. 獸錦奪袍新.)"라는 표현이 있다. 『杜少陵集』 권8 〈寄李十二白二十韻〉.

45 이단夷亶 : 이주이주夷洲와 단주亶洲, 혹은 이주夷州와 단주亶州의 병칭으로, 일본을 가리킨다. 단주는 단주澶州 혹은 단주澶洲라고도 한다. 『後漢書』「東夷傳」〈倭〉에 "또 이주夷洲와 단주澶洲가 있는데, 전하는 말에 의하면, 진시황秦始皇이 방사方士 서복徐福으로 하여금 동남동녀 수천 명을 데리고 바다에 들어가서 봉래蓬萊의 신선을 찾도록 하였으나 찾지 못하자, 서복이 죽임을 당할까 두려워한 나머지 감히 돌아가지 못하고 결국 이 섬에 머물러 대대로 살면서 수만의 가호를 이루었다.(又有夷洲及澶洲. 傳言秦始皇遣方士徐福將童男女數千人入海. 求蓬萊神仙不得. 徐福畏誅不敢還. 遂止此洲. 世世相承. 有數萬家.)"라는 기록이 있다.

46 훼복卉服 : 섬 오랑캐가 입는 갈포葛布의 복장이라는 뜻으로, 일본을 가리킨다. 『書經』「禹貢」에 "섬 오랑캐는 훼복을 공물로 바친다.(島夷卉服)"라는 말이 나온다.

47 중현重玄 : 거듭 현묘하다는 말로, 심오한 도의 세계를 가리킨다. 『道德經』1장의 "현묘하고 현묘하니 모든 오묘함의 문이로다.(玄之又玄. 衆妙之門)"라는 말에서 나온 것이다.

48 쌍수雙樹 : 사라쌍수沙羅雙樹의 준말로, 석가모니가 입멸했던 장소에 서 있었던 나무 이름인데, 사찰 경내에 있는 거목을 비유하기도 한다. 학수鶴樹라고도 한다.

49 단특檀特의 산악 : 단특산檀特山, 즉 석가모니가 전세에 수대나 태자須大拏太子의 신분으로 보살행菩薩行을 닦으며 고행을 했다는 산 이름이다. 단타산檀陀山・단나가산檀拏迦山・탄택가산彈宅迦山 혹은 대택산大澤山으로 칭하기도 한다.

50 니련泥連의 강물 : 니련선하尼連禪河를 말한다. 석존이 출가한 뒤에 이 강가에서 고요히 앉아 사유하며 6년 동안 고행하다가 나중에 고행을 버리고 이 강물에 목욕하여 몸을 정결히 한 뒤에 목우녀牧牛女 난다바라難陀波羅, 즉 미가彌迦의 유미乳糜 공양을 받고 체력을 회복하여 이 강물 대안對岸의 필바라수畢波羅樹, 즉 보리수菩提樹 아래에서 성도成道했다고 한다.

51 상설象設 : 원래는 불상佛像을 말하는데, 보통 초상화를 봉안한 사당을 가리키게 되었다.

52 제전蹄筌 : 토끼 잡는 그물과 물고기 잡는 통발이라는 뜻으로, 보통 어떤 목적을 달성하기 위한 수단의 뜻으로 쓰이는데, 여기서는 궁극적인 깨달음을 위한 경론의 언어문자를 비유하는 말로 쓰였다. 전제筌蹄라고도 한다. 『莊子』「外物」에 "물고기를 잡고 나면 통발을 잊기 마련이고, 토끼를 잡고 나면 덫을 잊기 마련이다. 마찬가지로 말이라는 것도 가슴속의 뜻을 전하기 위한 수단에 불과하니, 그 속뜻을 알고 나면 말을 잊어버리기 마련이다. 내가 어떻게 말을 잊어버린 사람을 만나 그와 함께 말을 해 볼 수 있을까.(筌者所以在魚. 得魚而忘筌. 蹄者所以在免. 得免而忘蹄. 言者所以在意. 得意而忘言. 吾安得夫忘言之人而與之言哉.)"라는 내용이 나온다.

53 무쟁삼매無諍三昧 : 공空의 이치에 투철하기 때문에 가可와 불가不可가 없어서 타인

과 아예 다툼이 일어나지 않는 경지라는 말인데, 부처의 제자 중에 해공제일解空第一인 수보리須菩提가 가장 수승하게 이 경지를 증득했다고 한다.

54 실實과 권權 : 실은 진실眞實의 가르침이라는 뜻으로 일승一乘을 가리키고, 권은 방편方便의 가르침이라는 뜻으로 삼승三乘을 가리킨다.

55 천강남청茜絳藍靑 : 쪽(藍)과 꼭두서니(茜)에서 나온 청색과 홍색이 쪽과 꼭두서니보다 더 진하다는 뜻으로, 제자가 스승을 능가할 정도로 재능이 워낙 출중한 것을 비유하는 말인데, 제자가 스승보다 낫게 되어 스승의 은혜에 보답한다는 뜻으로도 흔히 쓰인다.

56 낭괄囊括 습명襲明하며~자기를 제어하였으므로 : 사명당이 뛰어난 재능을 소유했음에도 불구하고, 자기를 내세우지 않고 항상 다른 사람과 잘 어울리며, 정대한 도리에 입각해서 행동했다는 말이다. 낭괄囊括은 주머니를 여민다는 뜻으로, 속에 감추어 두고서 밖으로 드러내지 않는 것, 혹은 입을 다물고 말을 하지 않는 것을 말한다. 괄낭括囊이라고도 한다. 『周易』 「坤卦」 육사六四에 "주머니 끈을 묶듯이 하면 허물도 없고 칭찬도 없을 것이다.(括囊无咎无譽)"라는 말이 나온다. 습명襲明은 자기의 밝은 지혜를 덮어 드러나지 않게 하면서 타인을 포용하여 조화를 이루는 것을 말한다. 『老子』 27장에 "성인은 언제나 타인을 포용하여 잘 돌보기 때문에 버려지는 자가 없고, 물건에 대해서도 그렇게 하기 때문에 버려지는 물건이 없다. 이렇게 하는 것을 습명이라고 한다.(聖人常善救人。故無棄人。常善救物。故無棄物。是謂襲明。)"라는 말이 나온다. 또 한유韓愈가 친하게 지낸 노승 태전太顚에 대해서 "형해를 도외시하고 도리에 입각하여 자신을 제어하며 외물外物의 침해를 받지 않는 사람(能外形骸。以理自勝。不爲事物侵亂)"이라고 평한 말이 「與孟簡尙書書」라는 글에 나온다.

57 마침내 편안하고~하지 않겠는가 : 참고로 『老子』 35장에 "대도大道를 쥐고 천하에 가면, 어디를 가더라도 해를 받지 않고 편안하며 태평하다.(執大象。天下往。往而不害。安平太。)"라는 말이 나온다.

58 몸은 죽어도~사는 것이다 : 『老子』 33장에 나오는 말이다.

59 여상如喪의 탄식 : 여상은 여상고비如喪考妣의 준말로, 백성들이 마치 부모상을 당한 것처럼 사명당의 죽음을 슬퍼하며 탄식했다는 말이다. 『書經』 「舜典」의 "임금이 세상을 떠나자 백성이 마치 부모의 상을 당한 것처럼 삼년복을 입었고, 천하에 음악 소리가 끊어져 조용하였다.(帝乃殂落。百姓如喪考妣三載。四海遏密八音。)"라는 말에서 나온 것이다.

60 금란金蘭 : 쇠와 난초라는 뜻으로, 서로 마음을 알아주는 붕우를 비유하는 말이다. 『周易』 「繫辭 上傳」의 "두 사람이 마음을 같이하면 쇠도 자를 수 있고, 그런 사람들의 말에서는 난초 향기가 풍겨 나온다.(二人同心。其利斷金。同心之言。其臭如蘭。)"라는 말에서 유래한 것이다.

61 공공이 거허를 잃었으니 : 단짝으로 지내던 사람을 잃었다는 말이다. 공공거허蛩蛩距虛라는 전설 속의 기이한 짐승이 있는데, 이 두 짐승은 상호 유사하게 생긴 데다가 항상 떨어지지 않고 붙어살면서 서로를 도와준다고 한다. 참고로 한유韓愈의 시에 "시종일관 거허와 공공처럼 함께 살고 싶은데, 맹동야孟東野는 머리를 돌려 보지도 않는구나.(願得終始如駏蛩。東野不廻頭。)"라는 구절이 보인다.『韓昌黎集』권5「醉留東野」. 일설에는 공공과 거허가 두 짐승이 아니라 한 짐승이라고도 한다. 거허距虛는 岠虛 혹은 岠虛라고 쓰기도 한다.

62 이 사람을~위해 애통해하겠는가 : 뇌묵당雷默堂 처영處英이 사명당의 죽음을 슬퍼하는 것을 공자가 제자 안연顏淵의 죽음을 슬퍼한 것에 비유한 것이다. 안연이 죽자 공자가 곡하며 매우 애통해하였는데, 종자從者가 "선생님께서 너무 애통해하십니다.(子慟矣)"라고 하니, 공자가 "내가 너무 애통해하느냐? 하지만 이 사람을 위해 애통해하지 않고서 누구를 위해 애통해하겠느냐?(有慟乎。非夫人之爲慟。而誰爲。)"라고 말한 내용이 『論語』「先進」에 보인다.

63 형산荊山에 옥돌이~던지는 것 : 사명당은 아무렇게나 썼어도 사람들은 그 글을 모두 귀한 보배처럼 여겼다는 말이다. 참고로 한漢나라 환관桓寬의 『鹽鐵論』「崇禮」에 "남월 지방에서는 공작의 깃털을 문호에다 마구 꽂아놓고, 곤산 주변에서는 옥돌을 까마귀와 까치에게 마구 집어던진다.(南越以孔雀珥門戶。崐山之旁以玉璞抵烏鵲。)"라는 말이 나온다.

64 황견유부黃絹幼婦의 문사文辭 : 절묘하게 잘 지은 문장을 말한다.

옮긴이의 말

　사명당의 시를 보면, "내 머리카락이 하얗게 세고 몸이 바짝 마른 것은 입으로 먹지 못해서가 아니요, 왜왕倭王의 목에 밧줄을 걸어서 끌고 올 계책이 마땅치 않아서 그렇다."라는 구절이 나오고, 또 "내가 기미羈縻의 계책을 이루기 위해서 왜왕에게 잠깐 허리를 굽히긴 하였다만, 우리나라의 국력을 길러서 어느 때나 왜놈의 땅을 정벌하여 못으로 만들어 버릴거나."라는 시구도 보인다.

　또 『분충서난록奮忠紓難錄』을 보면, 사명당이 가등청정加藤淸正에게 보낸 답서에서 "일본이 이유 없이 군대를 움직여 우리의 생민生民을 짓밟아 죽이고 우리의 종사宗社를 도탄에 빠뜨리고 우리의 윤기倫紀를 무너뜨리고 우리의 실려室廬를 결단내었으니, 신하가 되고 자식이 된 마음으로서는 우리 백성 백만 명을 일본에 보내어 그들의 목숨을 한 번 뺏고 두 번 뺏게 하여 무궁한 원수를 갚도록 한다 해도, 생령生靈의 원한을 씻을 수가 없을 것이다. 이 때문에 영웅의 눈물이 비록 밥을 먹는 사이라 하더라도 마를 때가 없는 것이다."라고 하였다.

　철천지한徹天之恨이라는 말이 있다. 일본이 얼마나 우리의 땅에서 잔혹한 짓을 저질렀으면, 얼마나 처절하게 비통한 심정이 가슴에 사무쳤으면 불도를 닦는 수행자로 하여금 이처럼 피눈물 나는 말을 토로하게 하였을까. 우리는 그동안 사명당이 말한 대로, 월왕越王 구천勾踐이 오왕吳王 부차夫差에 대한 원수를 갚기 위해서 절치부심切齒腐心하며 와신상담臥薪嘗膽한 것처럼, 인구를 증가시키고 재물을 비축하며 백성을 가르치고 훈련시켜서 남만南蠻의 저 못된 부족을 철저하게 응징하여 복수를 하였던가. 아니 오히려 복수하기는커녕 다시 그자들에게 되먹혀서 36년의 쓰라린 식민통치를 당한 것이 지나간 우리의 역사가 아니었던가.

지난 2012년 임자년은 60갑자甲子가 일곱 번 돌아 임진왜란이 발발한 지 420년이 되는 해였다. 우리 국민 중에 혹 이런 기막힌 역사적 사실을 기억하고서 마음속으로 그때의 일을 떠올리고 다짐하며 결의한 사람이 과연 몇이나 될는지. 반성하지 않는 일본은 언젠가 또 똑같은 일을 저지를 것이고, 정신을 차리지 못하는 조선은 언젠가 또 똑같은 일을 당하고 말 것이다. 아, 언제까지나 길이 탄식하고만 있을 것인가. 조선 민족이여, 단군조선의 후예여.

         2013년 3월 3일, 무원재에서 역자 이상현 삼가 씀

찾아보기

가선대부嘉善大夫 동지중추부사同知中樞府
  事 / 462
가야산伽耶山 / 69
가의대부嘉義大夫 행용양위대호군行龍驤衛
  大護軍 / 462
가주嘉州 / 123
각림사覺林寺 / 332
감겁減劫 / 341
감만戡轡 / 377
강릉江陵 / 259, 471
강선정降仙亭 / 174, 212
강월江月 / 468, 476
강월헌江月軒 / 464
경 법사冏法師 / 286
경산徑山 / 437
경 장로冏長老 / 65
경절徑截 / 293
고운孤雲 / 115
고제봉高霽峰 / 459, 470
공겁空劫 / 294
공문空門 / 376
공봉자供奉子 / 440
공왕空王 / 294
관동關東 / 260
관서關西 / 180
교산蛟山 허단보許端甫 / 48
교외별전敎外別傳 / 279
구 방백具方伯 / 260

구승九僧 / 45
구품연대九品蓮臺 / 358
권공權公 율栗 / 460, 473
권선문勸善文 / 334
금강연金剛淵 / 261
금계錦谿 / 118
금릉金陵 / 433
금오金烏 / 301
금오산金烏山 / 126, 181
기고봉奇高峯 / 470
기도箕都 / 190
기 수재奇秀才 / 262
김천金泉 / 197
김해金海 / 139, 374

낙산洛山 / 239
낙천당樂天堂 / 245
난 법사蘭法師 / 290
남관묘南關廟 / 143
남선南禪 / 408
남원南原 / 183
남종南宗 / 304, 423
낭고성浪古城 / 416
녹문 장천鹿門長川 / 203
뇌묵당雷默堂 / 485
능인能仁 / 464

사명당대사집 • 499

ㄷ

단양丹陽 / 230, 371
단헌丹獻 / 464
달마達麽 / 386, 391, 399, 409, 432, 433, 457
달성達城 / 112
담 상공譚相公 / 185
대군大君 이씨李氏 / 319
대마도對馬島 / 380, 381, 385, 387, 389, 419, 474
대마주對馬州 / 437
대매大梅 / 253
대의 장로大義長老 / 293
덕운德雲 / 430
덕천가강德川家康 / 388, 396, 462, 474
『도덕경』 / 484
돈교頓敎 / 318
동림사東林寺 / 250
동림정사東林精舍 / 251
동명관東溟館 / 384
동암東菴 / 471
동호東湖 / 116
동화사桐華寺 / 117
두류산頭流山 / 288
두타頭陀 / 479
등계登階 / 324, 343

ㅁ

마귀痲貴 / 461, 473
마조馬祖 / 430
마힐摩詰 / 479

만경대萬景臺 / 127
만실萬室 / 385
만취晩翠 / 252
만폭동萬瀑洞 / 202
말후구末後句 / 297
매죽梅竹 / 173
『맹자』 / 469
맹호연孟浩然 / 101
명주溟州 / 98, 256
목우牧牛 / 468, 476
목우자牧牛子 / 464
몽촌夢村 / 182
묘향산妙香山 / 351, 459, 474
무외 장로無畏長老 / 111
무위진인無位眞人 / 400
무쟁삼매無諍三昧 / 479
묵 산인默山人 / 300
미륵보살 / 332

ㅂ

박사암朴思菴 / 459, 470
반야사般若寺 / 208
방할棒喝 / 400
백련사白蓮社 / 120, 210, 184
백운교白雲橋 / 194
백운사白雲寺 / 425
백 정랑白正郎 / 217
법안종法眼宗 / 464
법화경 / 207
법화참문 / 316
벽송 지엄碧松智嚴 / 325, 343
변 주서邊注書 / 141, 242

별종別宗 / 464
보덕사報德寺 / 471
보현보살 / 318
보현사普賢寺 / 462, 474
복주福州 / 88, 90
본법사本法寺 / 398, 403, 420, 423
본비本碑 / 464
부벽루浮碧樓 / 89, 101, 114, 177, 190
부산釜山 / 378, 379, 473
부용 영관芙蓉靈觀 / 325, 343, 468
부자夫子 / 437
부휴자浮休子 / 135, 279
북망산 / 192
북야北野 / 423, 437
북야신北野神 / 397
분성盆城 / 374, 375
불이법문不二法門 / 476
불정암佛頂庵 / 67, 199
비로자나毘盧遮那 / 318
비선정祕仙亭 / 215

사명四溟 / 457, 468, 483, 486
삼강동三江洞 / 462
상롱암上聾庵 / 356
상야수上野守 / 407
상원祥原 / 222
상주 대사尙珠大師 / 338
상진霜津 / 402
서도西都 / 194
서산西山 / 483, 484, 486
서소西笑 / 349, 351

서애西厓 / 46, 87, 99, 150
서울 / 241
서원사西原寺 / 88
서주西州 / 376
서천西天의 심법心法 / 197
서 청안徐淸安 / 146
석장 비명石藏碑銘 / 468
석종石鍾 / 463, 475
선가 조파禪家祖派 / 383
선교도총섭禪敎都摠攝 / 324
선묘宣廟 / 472
선소仙巢 / 263, 351, 382, 383, 386, 391, 396, 417, 429
선종대왕宣宗大王 / 318
선죽교善竹橋 / 227
설봉 장로雪峯長老 / 223
성 수재成秀才 / 249
성일性一 / 486
성종性宗 / 470
소계자蘇季子 / 402
소릉少陵 / 133
소무蘇武 / 440
소재穌齋 / 463, 470
손 만호孫萬戶 / 234
솔도파窣堵波 / 463, 475
송도松都 / 148, 257
송암松庵 / 66, 129, 187, 205
송운松雲 / 137, 351, 378, 398, 432, 457, 468
송원종松源宗 / 405, 417
수뢰秀賴 / 396
수 법사琇法師 / 294
수성守成 / 458, 475
숙로宿蘆 / 353, 436

순 장로淳長老 / 299
숭산嵩山 / 437
승태承兌 / 406, 408, 412, 422, 430
시왕동十王洞 / 200
신경信敬 / 100, 264
신녕新寧 / 196
신농神農 / 305
신묵 화상信默和尙 / 459, 469
신안사新安寺 / 84, 251
심검당尋劍堂 / 332
심 명부沈明府 / 64, 83, 118, 211, 251
심휴문沈休文 / 63
쌍운당雙運堂 / 185
쌍회당雙檜堂 / 211

아미타불 / 358
악양岳陽 / 115
안현수安玄壽 / 345
안황安皇 / 395
암두巖頭 / 404
양왕梁王 / 291
양 책사楊冊使 / 130
어산 찰방魚山察訪 / 228
언우鰋鰅 / 291
역옥逆獄 / 176, 460, 471
연경燕京 / 113
연경蓮經 / 332
연 선자蓮禪子 / 283
연 장로蓮長老 / 285
연 참학衍叅學 / 296
염화拈花 / 279, 377

영감난야靈鑑蘭若 / 460, 471
영명永明 / 464, 476
영운 장로靈雲長老 / 280
영은사靈隱寺 / 217
영진靈眞 / 304
영취산靈鷲山 / 413
오대산五臺山 / 460, 471
오산五山 / 404
오산五山의 제덕諸德 / 349, 351
오초悟初 / 409
옥련玉蓮 / 265
완산完山 / 182
왜성倭城 / 411
왜승倭僧 / 399, 400, 409, 413, 428
왜영倭營 / 473
왜적倭賊 / 224
요광효姚廣孝 / 461, 473
용천관龍泉館 / 218
우학于學 / 341
욱 산인昱山人 / 68, 85, 179
운 선자雲禪子 / 288
웅 상인雄上人 / 121
원광圓光 / 349, 351, 414, 435
원 사미圓沙彌 / 287
원이 교사本圓耳教師 / 427
원 장로圓長老 / 209
원장포元長浦 / 184
원적암圓寂庵 / 131
원준 장로圓俊長老 / 316
원효대元曉臺 / 220
월정사月精寺 / 261, 334
유공柳公 성룡成龍 / 460, 472
유대柳岱 / 421
유마힐維摩詰 / 476

유병충劉秉忠 / 461, 473
유점사楡岾寺 / 324, 460, 471
유정劉綎 / 461, 473
유정惟政 / 458, 468, 483
유 정랑兪正郎 / 94
유 제독劉提督 / 473
은 대사訔大師 / 137
은산철벽銀山鐵壁 / 287, 295
은 어산誾漁山 / 225
음광飮光 / 413
응 도자鷹道者 / 297
응상 선자應祥禪子 / 58, 170
의승義僧 / 222, 324
의지義智 / 263
이 수사李水使 / 233
이아계李鵝溪 / 459, 470
이익지李益之 / 459, 470
이 자사李刺史 / 214
이 정자李正字 / 97
이 진사李進士 / 438
이 찰방李察訪 / 132
이 한림翰林韻 / 89, 101, 102, 177
이환離幻 / 458, 468, 483
일 대사日大師 / 292
일본日本 / 305
일주 선자一珠禪子 / 303
일태극一太極 / 459
임자순林子順 / 459, 470
임제臨濟 / 386, 457, 464, 468

자씨妷氏 / 335

자장子長 / 140, 241
자통홍제존자慈通弘濟尊者 / 475
작원鵲院 / 373
장년삼로長年三老 / 458
장주藏舟 / 422
장흥長興 / 238
적관赤關 / 392, 395
『전등록傳燈錄』 / 469
절충장군折衝將軍 첨지중추부사僉知中樞府事 / 460
정공鄭公 / 257
정명淨名 / 437
정명공주貞明公主 / 319
정 생원鄭生員 / 95
정응 선자正凝禪子 / 295
정자鄭子 / 169, 243
정 종사鄭從事 / 96, 232
정중래正中來 / 385
정중편正中偏 / 385
조동曹洞 / 468
조 목사曹牧使 / 142, 244
조신調信 / 263
조운강趙雲江 / 63
조주趙州 / 300
조주구자趙州狗子 / 297
조파祖派 / 413
존성存省 / 381
종봉鍾峰 / 45, 477, 483
종원宗元 / 458, 475
죽도竹島 / 376
죽령竹嶺 / 372
죽림원竹林院 / 407
죽촌도竹村圖 / 128
중사中使 / 231

중종中宗 / 458
즉심즉불卽心卽佛 / 326
지호 선백智湖禪伯 / 302
지호 선사智湖禪師 / 235
직지사直旨寺 / 459, 469
진주眞珠 / 124
진주 자사眞珠刺史 / 86
진천震川 / 144
진평陳平 / 402
진헐대眞歇臺 / 201

찬공贊公 / 195
찬사贊師 / 254
『참문懺文』 / 316
창려昌黎 / 426
천 산인天山人 / 84
천준天俊 / 322
천태天台 / 286
천하모天下母 / 459
청랭각淸冷閣 / 229, 354
청량산淸涼山 / 471
청류벽淸流壁 / 194
청정淸正 / 461
청평사淸平寺 / 206
청학동靑鶴洞 / 282, 389
청허淸虛 / 324, 459, 460, 462, 464, 470, 472, 474
총령慈嶺 / 391
최가운崔駕運 / 459, 470
최고죽崔孤竹 / 147
최 종성崔鍾城 / 151

추수秋水 / 209
축융봉祝融峯 / 378
춘주 자사春州刺史 / 198
취모검吹毛劍 / 283
치악산雉岳山 / 463

탄준坦俊 / 99
탕혜휴湯惠休 / 302
태백산太伯山 / 471
태연 장로太然長老 / 378
태전太顚 / 426

팔공산八公山 / 471
편중정偏中正 / 385
평산平山 / 464
평수길平秀吉 / 396, 416
풍천豊川 / 458, 475

하곡荷谷 / 125, 459, 470, 475
하양河陽 / 195
한 감사韓監司 / 136
한방응韓方應 / 315
한음漢陰 / 127, 146
한 상사韓上舍 / 240
한 장로閑長老 / 284

함양咸陽 / 186
해공海公 / 196
해서海西 / 85, 179
해안海眼 / 464
해운海雲 / 178
해주海州 / 91
해형海兄 / 289
행각승行脚僧 / 172
향로봉香爐峯 / 193
허미숙許美淑 / 459, 470
허 사인許舍人 / 138
허생許生 / 247
허후許后 / 375
혜구惠球 / 47, 464, 484
혜윤惠允 / 236
혜응 선자惠凝禪子 / 298
혜전惠全 / 322

혜휴惠休 / 430
호사湖寺 / 149
홍도원洪度院 / 345
홍 양성洪陽城 / 237
홍 정언洪正言 / 113
『화엄경』 / 318
화엄해회華嚴海會 / 328
화첩畫帖 / 439
환인桓仁 / 335
황벽黃檗 / 386, 434
황여헌黃汝獻 / 459, 469
황주黃州 / 119
회답사回答使 / 152
회문시回文詩 / 262
효곤孝昆 / 458, 475
흥성암興成庵 / 347

사명 유정四溟惟政
(1544~1610)

대사의 법명은 유정惟政, 자는 이환離幻이며, 호에는 사명四溟·종봉鍾峰·송운松雲 등이 있다. 1544년에 밀양군 무안면 고라리에서 태어났으며, 속성은 풍천豊川 임씨任氏이다. 17세에 직지사 신묵信默 화상에게 출가하였고, 18세에 승과에 응시하여 선과禪科에 장원급제하였다. 43세가 되던 1586년 봄에 옥천沃川 상동암上東庵에서 간밤의 비바람에 떨어진 낙화를 보고 문득 '무상無常의 법'을 깨달았다. 1592년 임진왜란이 일어나자 대사는 승장으로서 활동하면서 대일 외교에도 주력했는데, 왜장 가등청정加藤淸正과 회담하던 중 "그대의 목이 우리의 보배"라고 말하기도 하였다. 전쟁 후 일본에 사신으로 가서 일본의 화평에 대한 의지를 이끌어 내는 동시에 일본에 억류 중인 조선의 피로인들을 송환하는 데 진력하였다. 그 결과 1605년에 일본에서 1,391명의 피로인들이 송환되었고, 1607년에는 대마도로부터 1,418명이 송환되었다. 68세가 되던 1610년 8월 26일 여러 제자들에게 작별을 고한 뒤 적멸寂滅에 들었다. 3개월 뒤에 화장하고 해인사 서쪽 기슭(현 해인사 홍제암 뒤)에 부도를 세웠다. 허균이 비문을 찬술하면서 사적으로 자통홍제존자慈通弘濟尊者라는 시호를 지어 바쳤다.

옮긴이 이상현

서울대학교 문리과대학 종교학과를 졸업하고 한국경제신문에서 기자로 활동하였다. 이후 동국대학교 불교대학원에 입학하여 석사를 마치고, 민족문화추진회 국역연수원의 연수부, 상임연구원, 전문위원을 거친 뒤, 한국고전번역원의 수석연구위원으로 재직하였다. 현재 한국고전번역교육원에서 고전을 강의하고 있다. 저서로『역사의 고향』, 논문으로「추사秋史의 불교관」등이 있고, 번역서로『가정집稼亭集』,『도은집陶隱集』,『계원필경집桂苑筆耕集』,『원감국사집圓鑑國師集』,『기암집奇巖集』,『대각국사집大覺國師集』등이 있다.

증의 및 윤문
조영록(동국대학교 사학과 명예교수)
박인석(동국대학교 불교학술원 조교수)